Edwin Klein

Rote Karte für den DFB

Die Machenschaften im deutschen
Profifußball

Droemer Knaur Verlag

© Droemersche Verlagsanstalt Th. Knaur Nachf. München 1994
Das Werk einschließlich aller seiner Teile ist urheberrechtlich ge-
schützt. Jede Verwertung außerhalb der engen Grenzen des
Urheberrechtsgesetzes ist ohne Zustimmung des Verlags unzulässig
und strafbar. Das gilt insbesondere für Vervielfältigungen, Überset-
zungen, Mikroverfilmungen und die Einspeicherung in elektroni-
schen Systemen.
Für Hinweise auf Veränderungen und Ergänzungen
ist die Redaktion dankbar.
Zuschriften an Droemer Knaur Verlag, 81664 München.
Umschlaggestaltung: Agentur Zero, München
Satz: Compusatz GmbH, München
Druck und Bindung: Franz Spiegel Buch, Ulm
Printed in Germany
ISBN 3-426-26732-2

5 4 3 2 1

Inhalt

1. Faszination Fußball

Die einen springen auf, als hätte man ihnen eine Nadel in das Gesäß gejagt. Ihre Arme fliegen hoch, die Finger abgespreizt, der Mund aufgerissen zu einem Schrei der Begeisterung, der in jedem Mietwohnhaus dazu führen würde, sich eine Anzeige wegen Ruhestörung einzuhandeln. Auch tagsüber. Die anderen geben sich zurückhaltender, nicken wohlwollend und klatschen angemessen, wobei sie darauf achten, daß man auch ihre Rolex sieht, das schöne teure Kettenarmband, den Diamantring am kleinen Finger, oder ihr gutgeschminktes Gesicht, den geschmeidigen, in ein hautenges Kostüm gezwängten Körper mit den langen Beinen.

Die einen, das sind die typischen Fans, die sich mitreißen lassen, die fiebern, buhen, toben, schreien und den Mann in Schwarz-Grün am liebsten in den Schwitzkasten nehmen würden und noch mehr, falls aus ihrer Sicht eine Fehlentscheidung fällt. Sie schlagen sich übermütig auf die Knie, dem Nachbarn auf die Schulter und können einem Unbeteiligten aus Versehen oder Überschwang schon einmal die Currywurst vom Pappteller wischen; sie leben und sterben mit ihrer Mannschaft.

Die anderen dagegen fassen es als Pflicht auf, die messerscharfe Bügelfalte in den harten Sitz aus Kunststoff zu drücken, den teuren italienischen Laridorschuhen die rauhen Betonstufen zuzumuten, weil sie sich aus beruflichem Interesse bei bestimmten Gelegenheiten sehen lassen müssen. Oder weil ihre gesellschaftliche Stellung es verlangt, einem solchen Spektakel beizuwohnen. Es gehört nun mal dazu, bei besonderen Ereignissen dabei zu sein, sei es am Boxring, beim Autorennen oder in der Ringerhalle. Glitzerwelt und Schweißwelt harmonieren nicht miteinander, aber jede braucht die andere.

Fußball, das ist Show, Theater, Machogehabe, übertriebene Selbstdarstellung und Zurschaustellung von körperlichen

Attributen, und alles gewürzt mit artistischen Einlagen, die dem Zuschauer die Sprache verschlagen.

Fußball, das ist Wut, Freude, Leid, Überschwang, und das sind Tränen. Vor Schmerzen und wegen der Niederlage. In einem von der Deutschen Sportpresse preisgekrönten Artikel des Journalisten Natan ist zu lesen: »Fußball bedeutet heute eine gefährliche Konkurrenz für das Theater, einfach weil dieser Sport bei einer Maximaldauer von zwei Stunden Konflikt, Katharsis und oft nervenaufreibende Lösungen unter Einbehaltung der klassischen Einheit von Ort, Zeit und Handlung garantieren kann.«

Fußball also ein Phänomen der Massen, und das schon über Jahrzehnte. Oft totgesagt, um dann wieder phoenixgleich aufzuerstehen. Aber in den Köpfen der wahren Fans braucht Fußball nicht aufzuerstehen, er ist immer präsent:

Weißt du noch, 1954 …

Oder Frankfurt gegen Real, was für ein Krimi …

Damals in Wembley: war das nun ein Tor oder war es …

Dann die Coladose und dieser Boni … wie heißt der noch mal?

Es gibt nicht wenige, die sämtliche Nationalspieler seit dem überraschenden Erfolg von Bern aufzählen können, alle Tore einer Saison im Kopf haben und wissen, wer wen gefoult und aus welchem Grund die Rote Karte bekommen hat. Zu Recht oder weil der Gegenspieler halt dank seiner schauspielerischen Fähigkeiten einen Elfmeter herausschinden konnte. Sie reden über Willis Eisenfuß, Emmas linke Klebe und Kaltz' Bananenflanke.

Jedes Wochenende, von August bis Mai, erlebt Deutschland eine Völkerwanderung, lediglich zu Weihnachten und Neujahr unterbrochen von einer mehrwöchigen Pause. Hunderttausende kennen samstags oder sonntags nur ein Ziel und lassen sich mitreißen vom Spielgeschehen, geboren aus Witz oder einstudierter Taktik, aus Kampf und Niedertracht, Genialität und Dummheit.

Durch dick und dünn gehen die Fans für ihre Mannschaft. Sie tragen Mützen, Schals und Pullover in den Vereinsfarben, lassen sie sich sogar auf Brust und Po tätowieren. Eine Beziehung, die ein Leben dauert, und das nicht nur in der höchsten Klasse.

Zweiundzwanzig Mann und ein Ball, regelüberwacht durch drei Männer in Schwarz, den Schiedsrichter mit seinen beiden Linienrichtern, fegen die Straßen leer oder lassen die Einschaltquoten hochschnellen auf 65 Prozent, wie am 8. Juni 1990, als Deutschland 1:0 gegen Argentinien gewann und wieder Weltmeister wurde.

Bei Bundesligabegegnungen können schon mal mehr als 80 000 zahlende Zuschauer im Stadion sein, wie zu den goldenen Zeiten von Hertha BSC in der Saison 1969/70 gegen den 1. FC Köln. Zwischendurch lockte die launische Diva Hertha, wenn überhaupt, gerade 1000 ins Berliner Olympiastadion. Ein verlorenes Häuflein der ewig Treuen. Mittlerweile ist es auch durch die Amateure wieder etwas besser geworden.

Zweitligisten geben sich mit weniger zufrieden als die Oberklasse; der Break-Even-Point, bei dem die Ausgaben gedeckt sind, liegt bei den meisten um die 3000 Zuschauer. Und je weiter man in die einzelnen Ligen hinuntersteigt, desto weniger haben Interesse – abgesehen von den eingefleischten Fans –, sich ein Spiel anzuschauen.

Allerdings lassen Schlagerspiele der Verbandsliga manchmal die Kassen der Vereine kräftig klingeln, wenn der Tabellenerste zu Hause gegen einen Verfolger anzutreten hat. 5000 bis 6000 Zuschauer, das kann schon mal sein. Aber oft müssen sich Vereine mit 10 Prozent davon zufriedengeben. Und über Oberligen, Landesligen, Bezirksoberligen, Bezirksligen, Kreisligen A bis D oder A- bis C- Klasse und die Reserveklassen – die rote Laterne, was die Rangfolge der Spielklassen angeht –, schrumpft die Zahl bis auf zehn Aufrechte und weniger, die am Spielfeldrand stehen. Da macht sich der Kassenwart erst gar nicht die Mühe, das Eintrittsgeld abzukassieren. »Gib nachher ein Bier aus, dann ist die Sache geritzt.«

Und trotzdem, auch die zehn Aufrechten – unter ihnen

immer der Hauptsponsor, ein Bäcker- oder ein Schlosser-
meister – haben ihren Spaß. Sie freuen sich genauso wie die
Besucher in den riesigen Stadien. In der tiefsten Provinz
werden die gleichen Emotionen geweckt wie in der großen
weiten Welt des runden Leders. Buhen, Johlen und Klatschen kann von einer auf die andere
Sekunde das gefüllte Rund in einen Hexenkessel verwan-
deln.

2. Keiner weiß warum

Nicht nur auf dem Rasen gibt es zwei Parteien, die mehr oder
weniger regelgerecht versuchen, das runde Leder zwischen
den Pfosten eines 7,32 Meter mal 2,44 Meter großen Recht-
ecks verschwinden und im Netz zappeln zu lassen. Auch auf
den Rängen stehen und sitzen die Gegner, oft verharmlosend
als Fans bezeichnet. Ausschreitungen, negative Begleiter-
scheinung, im Sport allgemein, sind heute eher die Regel. Im
Verlauf von Krawallen versuchen die treuen Anhänger, die
zeitweise mehr oder weniger brutalen Attacken ihrer Vorbilder durch eigene Aktionen zu überbieten: Rangeleien, Schlä-
gereien, es fließt Blut. Und es gibt Verletzte und Tote. Fußball
– ein Ventil, sich auf vielfältige Art gehenzulassen. Leider oft
auch auf Kosten der Gesundheit anderer.
Warum weckt Fußball, das am weitesten über die Erde
verbreitete Kampfspiel, solche Begeisterung? Keiner weiß es
so recht. Viele Analytiker haben versucht, es tiefenpsycho-
logisch zu erklären. Schichtenmodelle mußten herhalten,
Psychogramme, Persönlichkeitsstrukturen wurden erstellt,
das typische Verhalten der Besucher erforscht. Fans werden
nach Berufsgruppen und sozialem Background abgeklopft,
die Intelligenz befragt, die Schulbildung zitiert. Aber zu
einem stichhaltigen Ergebnis, das man hätte als Erklärung
ausweisen können, kam noch niemand. Fußball bietet eben

alles: Unterhaltung, Show, sportliche Leistung und damit Kurzweil und ... ein großes Maß an Überraschung. Abgesehen von verkauften Spielen mit schon vorher feststehendem Ausgang, eine Erscheinung, die überall anzutreffen ist, weiß vorab niemand genau, welche Mannschaft als Sieger den Platz verlassen wird. Gut, da gibt es den Favoriten, der der Papierform nach einfach gewinnen muß, auch 89 Minuten lang die Szene beherrscht, mit Ball und Gegner spielt und dann in den letzten Sekunden ein Tor kassiert. Oder die Mannschaft, die schon gleich zu Beginn in Führung geht, sich anschließend erfolgreich einigelt, nicht mehr in die Nähe des gegnerischen Strafraumes kommt und die zwei Siegpunkte mit nach Hause entführt. All das kann geschehen. Über neunzig Minuten ein null zu null und dann in der Verlängerung plötzlich sechs Tore. Oder ein Keeper, der während 1000 Minuten ohne Gegentor bleibt und plötzlich in einem Spiel fünf kassieren muß.

»Fußball, das ist mein Leben.« Unrecht haben Spieler nicht, wenn sie das behaupten. Für Millionen Fans weltweit gilt das gleiche.

Zyniker formulieren nur spitze Worte, mokieren sich über das Triviale, das Stumpfsinnige und die Brutalität, finden aber leider keine Erklärung für das Phänomen an sich. Das verunsichert sie, das wurmt sie ungemein, die sie sich doch so gerne zur Intelligenz zählen. Und durch Intelligenz ist alles zu begründen, so ihre Auffassung.

Analytiker, in vorgegebenen Bahnen und Strukturen denkend, denen es schwerfällt, Skepsis und Logik unter einen Hut zu bringen, weisen schon vorab jede Gefühlsreaktion von sich, falls man sie auf Fußball und Emotionen anspricht. Gefühle kämem bei ihnen nie auf, so eine mannschaftliche Interaktion biete ja nichts Weltbewegendes. Und ausgerechnet sie sind es dann, die bei einem Spiel ausflippen, wenn sich ein traumhaft geschlagener Paß mit dem Attribut genial versehen läßt. Oder wenn ein Angriff mit einem Höchstmaß an Konspiration vorgetragen wird, das einem John le Carré zur Ehre gereicht hätte.

Von Frauen, obwohl viele schon in Mannschaften um Punkte kämpfen, heißt es, sie würden nicht verstehen, was dort auf dem Rasen vor sich geht. Sie wenden sich ab, finden den Sport zu machohaft und brutal. Andere turnt es an, sie knabbern an den Fingernägeln, zwicken den Begleiter unentwegt in den Oberschenkel, springen von ihren Sitzen und applaudieren sich die Hände wund. Aber anschließend, wenn der Sieg gebührend gefeiert wird, schätzen alle zumindest das kitzelige Ambiente.

Herkunft, Bildung, gesellschaftlicher Status: all das mag noch so unterschiedlich sein. Urplötzlich fühlen sich die Zuschauer auf seltsame Weise vereint, wenn es um ein mitreißendes Spiel geht. Und noch mehr vereint fühlen sie sich, wenn Deutschland gegen Italien spielt, oder gegen England, Brasilien ... Und falls Deutschland hinten liegt, sitzen plötzlich zehn Millionen Bundestrainer vor dem Bildschirm, die gestikulieren, fluchen, schreien, Vorschläge machen und alles besser können als der arme Berti.

Ein gutes Spiel – zu beschreiben, was alles dazu gehört, fiele den meisten schwer –, und alle sind sie plötzlich fasziniert, ohne eine Erklärung zu finden. Sogar diejenigen, die noch nicht wußten, daß es zweiundzwanzig Mann sind, die hinter einem Ball herlaufen und den schwarzen Mann in der Mitte bisher stets für einen Berufstrauernden gehalten haben.

3. Die Gefahr

Sich um ein Viereck, 100 bis 110 Meter lang und 64 bis 75 Meter breit, zu scharen, ist für viele der einzige Lebensinhalt. Warum auch nicht? Andere haben weniger.

Aufgeregt warten manchmal Tausende auf das Eintreffen der 22 Aktiven. Angeführt von drei Männern in Schwarz-Grün laufen oder marschieren sie ein und stellen sich auf dem Platz auf. Rot ist der Untergrund der Spielfläche meist in den unteren Ligen, dazu hart und uneben. In den beiden Oberklassen bis zur Landesliga mit dichtem Rasen bewachsen, akurat gepflegt, sauber geschnitten und regelmäßig bewässert.

Aber wehe, der Fußball erfüllt die in ihn gesteckten Erwartungen nicht. Immer öfter kann man unter den mitgereisten Fans viele gleichgültige Gesichter ausmachen, bei Länderspielen wie auch bei Bundesligabegegnungen. Sie sind enttäuscht, die Randalierer fühlen sich zu Krawallen aufgerufen.

In der Presse ist nachzulesen, daß 1993 der erste deutsche Sieg auf schottischem Boden zwar historische Bedeutung hatte, aber auch, was die Leistung anging, peinlich war. Die Truppe um Berti Vogts demonstrierte einen ärmlichen, langweiligen Fußball. Und nach dem Spiel war das Interesse der Medien auch ausgesprochen dürftig. Keiner wollte an den Torschützen eine Frage richten. Und wenn schon die ARD, die für teures Geld die Übertragungsrechte gekauft hatte, meinte, das Preis-/Leistungsverhältnis stimme nicht, dann ist das ein Alarmzeichen.

Der Kommentar des Bundestrainers Vogts sagt alles: »Mit der Art und Weise, wie wir heute Fußball gespielt haben, kann und will ich nicht zufrieden sein.«

Genau hier beginnt die Gefahr – eigentlich hat sie schon bei der Weltmeisterschaft 1982 in Spanien begonnen, als Deutschland mit 1:0 gegen Österreich gewann und man von Schiebung sprach –, denn eines darf nicht geschehen: daß sich ähnlich der Politikverdrossenheit auch eine Fußballverdrossenheit wie ein Virus ausbreitet. Aber die Verdrossenheit wird zunehmen, falls die hochdotierten Kicker nicht endlich bereit sind, in sogenannten Freundschaftsspielen Leistung zu zeigen. Das erwartet der Zuschauer, dafür bezahlt er seinen Eintritt.

Es genügt nicht, wenn vor einer Begegnung von den Spielern Versprechungen gemacht werden – wir werden kämpfen bis zum Umfallen, jeder gibt sein bestes –, die sie später nicht einlösen: Nach den Enttäuschungen im letzten halben Jahr wollen wir wieder ein gutes Länderspiel zeigen.

Es genügt auch nicht, daß der DFB und sein Chefcoach die Ballartisten an der Ehre packen. Wenn es um nichts geht, dann kommt auch keine Leistung. Es sei denn, man hat, wie 1992 nach der 1:3-Blamage gegen Brasilien in Porto Alegre, Uruguay als Gegner vor sich und nutzt konsequent die Chance, sich mit 4:1 zu rehabilitieren. Oder es kommt zu einer Europameisterschaftsrevanche gegen Dänemark. »Tiefpunkt war das verlorene EM-Finale gegen Dänemark, das für alle, auch alle Fans, eigentlich doch schon vor dem Anpfiff gewonnen war«, ist im DFB-*Journal* im Rückblick auf das Jahr 1992 zu lesen.

Der Zuschauer ist sehr sensibel geworden, was Leistung, Einsatz und körperliche Bereitschaft anbelangt. Und man darf ihn nicht überstrapazieren mit Skandalen und unschönen Ereignissen. Fouls gehören bei diesem Männersport nun mal dazu, so die Auffassung vieler. Mehr aber auch nicht, das kann man noch verkraften. »Gott sei Dank haben wir nicht das Problem der anderen Sportarten. Bei uns gibt es kein Doping.« So die offizielle Meinung aller Funktionäre, spricht man sie auf dieses Thema an. Wenn sie sich nur irren sollten, sei ihnen verziehen.

4. Zelle für Zelle

Der DFB ist ein vielstöckiges Gebäude, bewohnt von Armen und Reichen, Jungen und Alten, Männern und Frauen, die sich in eine Gruppe aus elf Spielern oder Spielerinnen einbinden und auf Leistung aus sind, sich miteinander messen mit Toren, Punkten und dem Tabellenplatz. Von Mannschaften der 4. Kreisklasse oder C-Klasse bis hin zur ersten Bundesliga reicht dieser Wettkampf.

Den sportlichen Möglichkeiten entsprechend, fehlt in der untersten Etage, den Kreisligen, die Trainer- und Funktionärsebene. Hier geht es nicht um das große Geld, um schöne Reisen, um hohe Prämien und um millionenschwere Werbeverträge. Es geht um Spesen in Höhe von zehn Mark pro Spiel, um eine Runde Bier, die der Vereinsvorsitzende ausgibt, um 30 Pfennig Kilometergeld und um einen Trainingsanzug für die laufende Saison, der gehegt und gepflegt werden muß, damit er die Spielzeit übersteht, und den einer aus dem Vorstand – er nennt sich gerne Manager – irgendwo auftreibt.

Es kann auch schon mal auf der untersten Ebene vorkommen, daß ein Sponsor dem Verein 2000 Mark zukommen läßt mit der Auflage, die Spieler einzukleiden. Das arrangiert dann der selbsternannte Manager. Er sucht ein Sportgeschäft auf, kauft fünfzehn billige Trainingsanzüge zu je 80 Mark und läßt sich eine Rechnung ausstellen über 2000 Mark. Abgesehen davon, daß er 800 Mark in die eigene Tasche steckt, rüstet der gute Manager, die treue Seele des Vereins, zuerst einmal sich, seine Frau und seine beiden Kinder mit der Sportkleidung aus. Und dann die Mannschaft. Und die Spieler der Kreisklasse B, froh über den kostenlosen Trainingsanzug, interessiert nicht, von wem und für welchen Preis sie ihn bekommen. Hauptsache, sie haben einen. Und falls sich einer erdreisten sollte, doch nachzufragen – er würde vom Manager abgekanzelt werden wie ein Schuljunge: Eine solche Undankbarkeit wäre ihm noch nie begegnet. Etwas umsonst erhalten und dann auch noch mosern.

Die Spieler verhalten sich also ruhig, bis hoch in die oberste Spielkasse. Sie agieren lieber an jedem Samstag oder Sonntag, kämpfen, rennen, schießen und fluchen auf die harten Rotsandplätze, schlecht ausgerüstet mit Schuhen aus dem Sonderangebot und Hosen, oftmals vor Verlegenheit bei einem Sportkollegen geliehen. Aber es macht ihnen Spaß. Und sie tun es freiwillig. Woche für Woche. Manche Ehe ging schon darüber in die Brüche, andere fanden erst auf dem Sportplatz zueinander.

Wie Zellen mutet die Struktur des DFB an, jeder Verein ist allein verantwortlich für sich. Abgeschottet und in Einzelkämpfermanier wursteln sie vor sich hin. Vereine auf gleicher Ebene sind Konkurrenten, mit denen man um Punkte streitet und um zwei Meter Bandenwerbung, hundert Mark Einnahme im Jahr und die Förderung durch den Landessportbund. Der eine ist oftmals des anderen Teufel, Gott sei Dank meist nur kurz vor dem Spiel. Dann wirft man sich böse Blicke zu, ballt eine Faust und zeigt auf die Schuhspitze, was so viel bedeutet wie: Junge, heute wirst du sie zu spüren bekommen.

Nach dem Spiel noch das gemütliche Beisammensein, und damit hört die Gemeinsamkeit, was die Vereine betrifft, auch schon auf. Sie streiten sich, wenn es um die Zuteilung von Fördermitteln geht, und sie pokern, falls man an sie mit der Forderung herantritt, daß auch sie im Winter 40 Mark pro Abend für die Benutzung der gemeindeeigenen Turnhalle bezahlen sollen. Auf der Jagd nach Minisponsoren versuchen sie sich auszustechen, denn der Geldpott, den man in der Kreisklasse zusammenkratzen und verteilen kann, enthält nie mehr als 5000 oder maximal 10 000 Mark. Um doch noch etwas von dem Geldsegen abschöpfen zu können, werden Vereinszeitungen gedruckt und siebzig Prozent des Umfangs mit Werbung vollgekleckert: die Seite zu 200 Mark.

Wechselt ein Spieler innerhalb einer Gemeinde oder einer Kleinstadt den Verein, dann können schon mal heftige Diskussionen entstehen, bis hin zu wüsten Beschimpfungen. Aber das legt sich wieder. Und alljährlich zur Kirmes, wenn jeder Verein seinen eigenen Wein- oder Bierstand betreibt – oft die Haupteinnahmequelle im Jahr –, findet zur vorgeschrittenen Stunde die allgemeine Verbrüderung statt. »Wir müßten uns zusammenschließen«, so die einen. Und die anderen meinen: »Dann wären wir in der Kreisklasse nicht zu schlagen.«

Aber es kommt dann doch nicht dazu, denn Vereinszusammenlegungen sind ausgesprochen selten. Jeder Verein möchte sich und seine Struktur und die Vereinsarbeit, wie immer sie definiert sein mag, erhalten. Und die meist übergewichtigen Herren des Vorstands kleben an ihren Pöstchen: Der Vereinsvorsitzende, sein Stellvertreter, die Beisitzer des sogenannten Präsidiums. Und natürlich auch Sportwart, Jugendwart, Geschäftsführer und Schriftführer. Um Kassenprüfer zu werden – eine Funktion, die nur einmal im Jahr zur Hauptversammlung gefordert ist –, stehen Mitglieder Schlange.

Gar nicht so einfach für einen Verein, mit all den Problemen fertig zu werden und die Interessen der Mitglieder unter einen Hut zu bekommen.

Nach oben geben sich die Vereine offen, ebenso wie von oben nach unten, denn hier fehlt der direkte Konkurrenzkampf. Aber all die abgeschotteten Zellen auf gleicher Ebene, die um Punkte kämpfen, um Plazierungen, Auf- oder Abstieg, sind Rivalen unter der Obhut des DFB.

Die aus der Kreisklasse pflegen Beziehungen zur Oberliga, weil der Vorsitzende irgendwann in der Oberliga gespielt hat. Und vielleicht einmal alle zwei Jahre können sie einen Oberligisten zu einem Trainingsspiel auf dem harten Rotsandplatz bewegen. Für 1000 bis 3000 Mark. Das wird dann ein Fest. Oder die alten Herren der Traditionsmannschaft mit Wolfgang Overath und anderen Größen der Vergangenheit treten im Rahmen einer Wohltätigkeitsveranstaltung an.

Wenn ein kleiner Verein schon so viele Probleme hat, um wieviel größer müssen die Probleme in der zweiten und in der ersten Bundesliga sein? Wenn es um einen Millionenetat geht, um Spielerein- und -verkäufe, mindestens sechsstellig, in der obersten Liga sogar siebenstellig? Lothar Matthäus kam für vier Millionen zurück nach München, der Holländer Ruud Gullit sollte für die doppelte Summe zu den Bayern wechseln, was schließlich dann doch scheiterte. Gullit bleibt in Italien. Dafür zahlte Bayern München bereits 1992 für den Spieler Thomas Helmer acht Millionen an Borussia Dortmund, das war der bisher teuerste Transfer innerhalb der Bundesliga. Und Karlheinz Riedle war bei seiner Rückkehr in die Bundesliga der für einen deutschen Verein bisher teuerste Wechsel überhaupt mit 9,5 bis 12,7 Millionen, so ganz einig ist man sich nicht. Dortmund nennt 9,5 Millionen, Rom 12,7.[1]

Bei solchen Summen redet man nicht mehr über Trainingsanzüge, eine Spende von 2000 Mark oder die jährliche Reise der Mannschaft in den Schwarzwald.

Vereine im Lizenzfußball sind Unternehmen, die auf Gewinn ausgerichtet sind und eine große Verantwortung haben gegenüber ihren Angestellten und Mitarbeitern. Und die Vereine schleppen im bezahlten Fußball ständig mehr als 100 Millionen Schulden hinter sich her, mit der allgegenwärtigen Drohung, die Lizenz zu verlieren, falls es ihnen nicht gelingt, den Etat auszugleichen. Nürnberg hat Verbindlichkeiten von knapp 16 Millionen, der VfB Stuttgart welche von 8,7 Millionen, Dresden immer noch ungefähr 10 Millionen, obwohl man die teuersten Spieler bereits verkauft hat, um die DFB-Auflagen zu erfüllen. Sogar wenn Vereine einen Profi sehr günstig ins Ausland verkaufen können, wie der 1. FC Köln Thomas Häßler für 17,5 Millionen[2] an Juventus Turin, reichen die Einnahmen nicht, um den Schuldenstand zu drücken. Zeitweise war während der Saison 1992/93 die Kölner Kasse, belastet durch Verbindlichkeiten in Höhe von 9 Millionen, so leer, daß sich die Rheinländer keinen Abwehrspieler leisten konnten, um der drohenden Abstiegsgefahr zu entgehen.[3]

Genau wie in der Kreisklasse tobt auch im bezahlten Fußball der Konkurrenzkampf untereinander, allerdings auf einer anderen und härteren Ebene. Jeder Verein buhlt um Sponsoren, denn allein von den Eintrittsgeldern kann man heute die Spieler nicht mehr bezahlen. Zeiten, in denen ein Bundesligaprofi 1700 Mark im Monat verdienen durfte, sind längst passé.

Die Sponsoren orientieren sich wie überall nur an der Leistung. Ein Verein, der in der Tabelle oben steht, garantiert mehr Sendeminuten im Fernsehen als ein Abstiegskandidat. Und jede potentielle Sendeminute wird mit einem bestimmten Gegenwert veranschlagt, der sich dann im Angebot des Sponsors an den Verein niederschlägt.

Die ganz Großen brauchen sich nicht um Sponsoren zu bemühen, sie können auswählen und entscheiden sich für das Produkt, welches gut zum Image des Vereins paßt. Computernamen prangen auf Trikots, die Embleme von Automobilkonzernen und Banken oder das unverwechselbare Logo eines Versicherungskonzerns. Gut 30 Millionen Mark nehmen die Vereine allein aus der Trikotwerbung ein. Sponsoren sind weiß Gott keine Samariter oder Geldverschwender, und entsprechend der Höhe des Marktwertes eines Vereins fällt auch ihr Interesse aus. Deutsche Meister sind allemal gefragt, dabei muß es überhaupt keine Beziehung geben zwischen dem Sport und dem Produkt, für das geworben wird.

Weil sich der Marktwert der Bundesliga in den letzten zehn Jahren vervielfacht hat – allein das Budget verdoppelte sich seit 1988, innerhalb von fünf Jahren, auf 250 Millionen –, die Vereine mehr und mehr einnehmen, die Spieler immer teurer werden, was wiederum zur Folge hat, daß die meisten Clubs hoch verschuldet sind – Zinsen in Höhe von zwei bis drei Millionen pro Jahr für Bankverpflichtungen sind für einen Verein keine Seltenheit –, trifft man oft Manager aus Konzernen in den oberen Etagen der Vereine an. Inzwischen geht es um Jahresetats von gut 50 Millionen, mehr als manch ein mittelständischer Betrieb mit 300 Beschäftigten an Umsatz macht. Bayern München ist mit einem Umsatz von 65,2 Millionen Mark im Geschäftsjahr 1992 vor Borussia Dortmund mit 53,6 Millionen der Krösus der Liga und erwirtschaftete – wie der Schatzmeister auf der Jahreshauptversammlung am 15. November 1993 verkündete – in der Saison 1992/93 einen Gewinn von 4,8 Millionen Mark (Dortmund 4,6 Millionen) und glich dadurch den Vorjahresverlust von 1,5 Millionen mehr als aus. Das ist um so erstaunlicher, weil man nur 25,2 Millionen Mark an Einnahmen durch Spielerverkäufe – unter anderem Effenberg, Mazinho, Wohlfarth, Laudrup und Berthold – vorweisen kann, denen 38,9 Millionen an Ausgaben für Matthäus, Jorginho, Scholl, Helmer und Valencia gegenüberstehen. Obendrein ist die Mannschaft weder Meister geworden, noch hat sie sich – das trifft leider auch auf die Saison 1993/94 zu – für einen internationalen Wettbewerb qualifizieren können. Wie finanziell gesund müssen die Bayern, die auf einen Zuschauerschnitt von über 40 000 pro Heimspiel kommen, also sein, wenn sie im Transfergeschäft mehr als 13 Millionen Verlust machen, auf keine Einnahmen aus internationalen Begegnungen zurückgreifen können und trotzdem einen Überschuß in Millionenhöhe erwirtschaften?

Viele sehen darin einen Erfolg des Managements. Und weil die Bundesligavereine immer profimäßiger gemanagt werden (müssen), erlangen sie immer mehr Abstand zum DFB, was das Finanzielle anbelangt. Aber das kann und will der DFB nicht dulden, denn Selbständigkeit der Clubs ist ihm ein Greuel, ist ein Schwund an Macht, untergräbt die Stellung des Verbandes und führt dazu, daß Sanktionen nicht die erhoffte Wirkung zeigen. Was dem DFB bleibt, ist der Rückzug auf Satzung und Statuten. Besonders das Lizenzspielerstatut wird »mehr oder weniger willkürlich angewandt, wenn es um die Lizenz eines Vereines geht«, meint Horst Kletke, Anwalt der Vereinigung der Vertragsfußballspieler (VdV), der Spielergewerkschaft im deutschen Fußball.

5. Der Deutsche Fußball-Bund

Panik und Angst

Ruft man in Frankfurt beim DFB an, um Auskunft zu erhalten, dann wird man geschickt abgeblockt. Die Mitgliederzahlen des Verbandes und die Anzahl der Vereine erfährt man noch, zu mehr sind die Angestellten des Verbandes nicht bereit.

Bittet jemand schriftlich um die Zusendung der DFB-Statuten, selbstverständlich gegen eine Unkostenerstattung – es gibt keine Reaktion. Zumindest gab es in meinem Fall keine, sieht man einmal davon ab, daß mir der DFB eine Broschüre

20

über den Bundesjugendtag 1992 zukommen ließ. Es gab auch dann kein Entgegenkommen, als Bekannte es in meinem Auftrag, aber unter ihrem Namen probiert haben. Sogar der Landessportbund Koblenz mauert massiv, wenn es darum geht, als Außenstehender Einblick zu nehmen in Satzung, Regularien und Ordnungen.

Fährt ein Interessierter nach Frankfurt, um Dinge einzusehen, die in der Presse nachzulesen sind – hat er ebenfalls keinen Erfolg. Selbst als ich mich angekündigt habe mit dem Wunsch, fürs Fernsehen ein Interview zu machen, hörte ich zuerst gar nichts, und nach vielen Telefonaten kam schließlich die Ablehnung. Lapidar die diversen Gründe, die mir mitgeteilt wurden: Entweder heißt es, die Herren, die man ansprechen möchte, hätten zu tun, seien in einer Konferenz oder einer wichtigen Besprechung. Dann auch wieder, sie seien außer Haus, leider wegen privater Verpflichtungen unabkömmlich, zuweilen auch schon mal im Ausland und im wohlverdienten Urlaub.

Man könnte dies noch als Diskretion, als eine besondere Form der Zurückhaltung auslegen, würde der DFB nicht in einem andern Fall jede vornehme Zurückhaltung aufgeben. Da droht der DFB, ein gerichtliches Verfahren einzuleiten oder kündigt eine einstweilige Verfügung an. Plötzlich erwacht der Gigant, richtet sich zu seiner vollen Größe auf, powert mit all seiner Macht, und das bei einem Vorfall, der so nichtig ist, daß man ihn normalerweise nie erwähnen würde. Erst die Reaktion des DFB mißt ihm eine Bedeutung bei, die er im Grunde genommen nie gehabt hat. Ursache der Überreaktion war im Februar 1992 ein Interview in der Illustrierten *Quick*, die es heute nicht mehr gibt. Um eine – allerdings juristische – Reaktion des DFB zu erhalten, genügte schon eine harmlose Äußerung innerhalb dieses Interviews. Auf die Frage des Journalisten: » …wie halten es die Fußballprofis (mit Doping)« hatte ich geantwortet: »Mindestens siebzig bis achtzig Prozent aller Profis in Deutschland treten mehr oder weniger regelmäßig gedopt an.«

Anlaß für das Interview war das Erscheinen meines Romans *Bitterer Sieg*, der den Spitzensport mit seinen mehr oder weniger schönen Randbereichen zum Thema hat. Die Reaktion des DFB erfolgte prompt in Form eines Einschreibens mit Rückschein.

Dem DFB war es anscheinend ungemein wichtig, sein Anliegen auch tatsächlich an den Empfänger zu bringen. Ausgehend von meiner Äußerung aus dem Interview schreibt er:»Wir fragen uns, ob Sie diese Behauptung tatsächlich gemacht haben, sie aufrechterhalten oder widerrufen.« Und im folgenden Absatz steht:»Ihrer Antwort sehen wir innerhalb von zwei Wochen entgegen und behalten uns anschließend alle rechtlichen Schritte vor.«

Dieses vom Chefjustitiar des DFB, Dr. Goetz Eilers, unterzeichnete Schreiben macht Eindruck auf den Unbedarften, sieht er sich doch einem Verband gegenüber, ausgestattet mit Möglichkeiten, die normalerweise einem einzelnen nicht zur Verfügung stehen. Was unternimmt also eine Privatperson, falls sie sich entsprechend geäußert haben sollte? Sie widerruft, obwohl man das Schreiben des DFB von der Diktion her in die Rubrik einordnen könnte: getroffene Hunde bellen. Diese Folgerung ist überdeutlich, da ich ja nur von »Profis in Deutschland« und nicht von Fußballern gesprochen hatte.

Aber ich habe nicht widerrufen, habe noch nicht einmal auf das Schreiben vom 4. März 1992 reagiert. Allerdings täuschte ich mich, als ich glaubte, damit sei der Fall ausgestanden. Der Deutsche Fußball-Bund schläft nicht, wenn es um sein Image geht und um die Möglichkeit, sich nach außen darzustellen. Mit Datum vom 24. März 1992 erhielt ich per Einschreiben/Rückschein einen Brief des DFB, in dem der Verband drohte, rechtliche Schritte gegen mich einzuleiten, weil ich meine Behauptung noch nicht widerrufen hatte.

Diese Geste, den Betreffenden von geplanten Schritten zu unterrichten, kann man noch als fair bezeichnen. Allerdings hätte man sich dieses Schreiben sparen können, dazu brauchte man das *Quick*-Interview nur genau durchzulesen.

Auch auf diesen Brief sah ich keine Veranlassung, zu reagieren. Ich wartete auf die rechtlich eingeleiteten Schritte. Bis heute.

Gleichfalls mit Datum des 24. März 1992 ging beim Verlag Rasch und Röhring, Hamburg, in dem das Buch *Bitterer Sieg* erschienen ist, ein weiteres Schreiben ein mit der Androhung einer einstweiligen Verfügung, weil ich den DFB und die Spieler in meinem Buch der Manipulation mit verbotenen Substanzen bezichtigt haben soll. Außerdem warf man mir vor, ich hätte dem Verband und seinen Vertragspartnern Machenschaften, Absprachen und unerlaubte finanzielle Zuwendungen unterstellt.

Einstweilige Verfügungen machen dann einen Sinn, wenn in einer Veröffentlichung, von der man Kenntnis erlangt, Dinge behauptet werden, die nicht stimmen. Oder wenn jemand Personen verunglimpft und beschimpft. Erfährt jemand davon, der sich auf diese Weise brüskiert oder bloßgestellt fühlt, dann kann er sich an ein Gericht wenden, seine Bedenken vorbringen, die entsprechenden Passagen angeben und Gegenbeweise präsentieren. Das Gericht prüft anschließend, ob der Einwand berechtigt ist.

So der normale Weg, der, wenn überhaupt, meist nur dann beschritten wird, wenn es sich um ein Sachbuch handelt. Der DFB begründet in seinem Brief, warum man gerichtliche Schritte einleiten will:

»Durch kaum verhüllte Andeutungen und völlig aus der Luft gegriffene Beschuldigungen fühlen sich der Deutsche Fußball-Bund und viele seiner Spieler zu Unrecht der Manipulation mit verbotenen Substanzen bezichtigt.«

Diese Begründung ist, zumindest was die Buchveröffentlichung betrifft, ihrerseits vollkommen aus der Luft gegriffen. Fußball als Sportart wird in *Bitterer Sieg* überhaupt nicht angesprochen, das Wort Fußball fällt auf mehr als 500 Seiten lediglich ein einziges Mal. Es taucht die Frage auf, wo der

DFB und viele seiner Spieler – falls überhaupt einer der Aktiven, auf die man sich beruft, mit dem Verband gesprochen hat – die Andeutungen und Beschuldigungen herhaben wollen. Aus dem Buch bestimmt nicht.

Im letzten Absatz des Briefes geht es munter weiter, so als müsse man sich trotz allem rechtfertigen: »Außerdem treffen Machenschaften, Absprachen und finanzielle Zuwendungen ... nicht zu.«

Kein Wort in meinem Buch unterstellt dem DFB und seinen Vertragspartnern Machenschaften, Absprachen und finanzielle Zuwendungen. Außerdem handelt es sich um einen Roman, in dem sowieso alle Namen, Fakten, Vorfälle und Ereignisse verschlüsselt dargestellt werden. Keine Einrichtung wird mit ihrem richtigen Namen erwähnt.

In Hamburg beim Verlag war man mehr als erstaunt. Der Verlag Rasch und Röhring beriet sich mit mir und schaltete einen Rechtsanwalt ein, der mit einem Antwortschreiben auf die angedrohte einstweilige Verfügung reagierte. Im vorletzten Absatz heißt es darin: »Ich (der Rechtsanwalt) wäre Ihnen sehr dankbar, wenn Sie mir das Ergebnis dieser angekündigten rechtlichen Schritte übermitteln würden.«

Und dann warteten Verlag, Rechtsanwalt und ich und waren neugierig, mit welcher Begründung oder mit welcher Ausrede man antworten würde. Leider kam keine Antwort durch den DFB. Vielleicht, weil er nicht mit dem schnellen Einschalten eines Anwaltes gerechnet hatte, der in seinem Schreiben darlegte: »Ihre Vorwürfe können hier nicht nachvollzogen werden.«

Oder lag es vielleicht doch eher daran, daß sich einer der Herren die Mühe gemacht hat, das Buch durchzublättern und dann im DFB-Haus in Frankfurt, der Otto-Fleck-Schneise 6, Entwarnung gab?

Natürlich taucht die Frage auf: Warum diese übereilte Reaktion des DFB? Warum die Blöße, die er sich durch sein vorschnelles Verhalten gegeben hat? Grassiert vielleicht unterschwellig doch die Sorge um seine Stellung und um seinen Einfluß, obwohl der Verband eine Wahnsinnsmacht hat, sich auf ausgezeichnete Anwälte stützen kann und von Politik und Medien hofiert wird?

Eine mögliche Erklärung bietet die Aussage eines Bundesligaspielers, der mehrfach Erfahrungen mit der Administration des DFB hat sammeln können: »Die haben doch in Frankfurt eine wahnsinnige Angst, ihren Posten zu verlieren. Denen geht doch die Muffe eins zu hunderttausend.«

Die Sprache des Sportlers – er kennt die Eigenart vieler Funktionäre, sich in den Vordergrund zu spielen, an Posten zu kleben und Privilegien zu nutzen – ist deftig, aber genau das scheint die Erklärung zu sein: Angst. Angst davor, jemand könnte an den hehren Grundfesten des Fußballs rütteln und dann auch noch Erfolg haben. Dann doch lieber gleich drohen und die Macht des Apparates spüren lassen, als warten, bis eine Entwicklung nicht mehr steuerbar ist.

Aber es gibt auch noch eine andere Form der Angst, und zwar bei denen, die mit dem DFB ihre Erfahrungen gesammelt haben und über den Verband sprechen wollen. Dabei habe ich im Verlauf der Recherchen seltsame Verhaltensweisen beobachten können.

Da war zum Beispiel der Präsident eines Bundesligaclubs, der sich anbot, mit mir einen Film über Fußball und den DFB zu drehen und mir zugleich zusicherte, ich könne von ihm umfangreiche Unterlagen erhalten. Aus dem Film ist noch nichts geworden, die umfangreichen Unterlagen durfte ich zum Teil einsehen, aber kopiert oder ausgehändigt hat er mir nur wenige Seiten. Und je näher die einzelnen Gesprächstermine rückten, die wir verabredet hatten, desto mehr suchte er nach Ausflüchten, nicht mit mir reden zu müssen.

»Wenn das hier publik wird«, der Präsident deutete auf einen Schrank und grinste, »dann geht der DFB die Wupper hinunter.« So optimistisch äußerte er sich noch während eines Vorgesprächs. Später, als ich ihn endlich interviewen konnte, wurde er immer kleinlauter. Darauf angesprochen, gab er schließlich zu, daß er sich als Präsident aus dem bezahlten Fußball verabschieden könne, wenn er plaudern würde. Es gebe nur zwei Gründe für ihn, restlos auszupakken. Erstens: sein Verein steige aus dem bezahlten Fußball ab, was unwahrscheinlich sei. Zweitens: er gäbe seinen Posten als Präsident auf, was im Augenblick, da sein Verein nicht absteige, genauso unwahrscheinlich sei, obwohl er versicherte, amtsmüde zu sein. Immerhin erfuhr ich von ihm einige brisante Dinge, mußte mich aber verpflichten, seinen Namen nicht zu erwähnen. Schließlich rang ich ihm die Zusicherung ab, daß ich mich in einem Streitfall vor Gericht auf ihn beziehen dürfe. Bei diesem Präsidenten verwischten sich die Grenzen zwischen Angst, Vorsicht und dem Wunsch, die Machenschaften des Verbandes anzuprangern.

Ähnlich erging es mir mit Spielern, die zuerst Feuer und Flamme waren, sich dann aber mehr und mehr in Zurückhaltung übten. Einer gab offen zu, er habe Angst vor dem DFB, der genügend Möglichkeiten habe, mit Repressalien zu drohen. Außerdem wolle er noch weiter im Fußball beschäftigt bleiben. Von Vereinsseite hat man ihm in Aussicht gestellt, daß er nach seiner Karriere Co-Trainer werden könne. Allein diese vage Zusicherung genügte, mit Informationen mir gegenüber äußerst spärlich umzugehen.

Es ist nun mal so: etwa die Hälfte der Spieler bleibt irgendwie mit ihrer Sportart verbunden, sie werden Jugendtrainer, Manager oder machen in Zukunft als Anlageberater ihre Geschäfte mit den ehemaligen Kollegen. Nie und nimmer werden sie sich in der Öffentlichkeit negativ über den DFB äußern, immerhin verdienen sie mit dem Fußball direkt oder indirekt ihr Geld.

Die andere Hälfte – von ihnen wird noch die Rede sein – findet im Anschluß an ihre aktive Zeit nicht oder nur sehr schwer Tritt, sackt oft ab, etliche werden sogar zu Sozialfällen und Alkoholikern. Bedauerlich sei das, aber leider auch nicht in den Griff zu bekommen, das wurde mir wiederholt mitgeteilt, denn sie hörten auf niemanden und wollen sich nicht helfen lassen. Zu kraß gestalte sich in vielen Fällen der Unterschied zwischen Popularität und Realität, was viele der ehemaligen Sportgrößen nicht verkraften könnten.

»Gegen den DFB kommt man nicht an«, werde ich fortlaufend entmutigt, so auch von dem ehemaligen Bundesligaprofi Stefan Lottermann, Experte in Sachen Profi-Fußball. Aber Stefan Lottermann ist nicht nur ein Experte, sondern auch Präsident der Vereinigung der Vertragsfußballspieler (VdV). In dieser Spielervereinigung sind inzwischen mehr als sechshundert Fußballprofis organisiert. Eine stattliche Anzahl, wenn man bedenkt, daß es gerade mal achthundert in Deutschland gibt. Und genau diese Form der Organisation ist dem DFB absolut nicht recht, weil der Verband die Spieler nun nicht mehr einzeln greifen kann und sie durch die Vereinigung geschützt werden.

Daß man gegen den DFB nicht ankommt, will ich vorerst nicht wahrhaben, fahre wiederholt nach Frankfurt in die Geschäftsstelle der VdV und spreche mit Lottermann. Mehr als vier Stunden Tonbandaufzeichnungen kann ich am Ende als Ergebnis vorweisen, mit prägnanten Aussagen und Insiderinformationen des Präsidenten der VdV, der mir offen wichtige Zusammenhänge und Hintergründe erklärt. Dazu händigt er mir Materialien aus, verbunden mit dem Angebot, mir jederzeit zur Verfügung zu stehen. Ich hatte den Eindruck, als sei es ihm ein Anliegen, mich beim Erstellen des Buches über den Deutschen Fußball-Bund zu unterstützen, weil die Vereinigung der Vertragsfußballspieler schon seit Jahren einen Kampf gegen den Giganten führt.

Wenige Tage, bevor das Buch in Satz geht, rufe ich Stefan Lottermann an und unterrichte ihn darüber, daß der Justitiar des Verlages Bedenken gegen einige seiner Äußerungen – sie betreffen die Führungsriege des DFB – angemeldet habe, weil er darin einen Verstoß gegen § 185, Kundgebung der

Mißachtung, sowie Formalbeleidigungen und unzulässige Kritik sehe. Das war am 25. November 1993. Am 26. November erhalte ich von Lottermann ein Fax, in dem er mir mitteilt: »In keinem Fall stehe ich Ihnen in einer oder mehreren geplanten Veröffentlichungen als Quelle zur Verfügung.«

So kann es einem ergehen, wenn man in Sachen DFB recherchiert. Auch die starke »Bank« Lottermann, auf die ich gesetzt habe – immerhin müßte ihm als ehemaligem Aktiven, der nicht zuletzt aufgrund seiner jetzigen Position die Szene durch Vier-Augen-Gespräche mit den Profis wie kein Zweiter kennt, an einer Besserung der Kräftekonstellation zwischen Verband und Spielern zugunsten der letzteren gelegen sein –, war der Belastung nicht gewachsen. Allerdings kann ich den Präsidenten der VdV auch verstehen, denn er muß in Zukunft weiter mit den Herren in der Frankfurter Zentrale auskommen. Durch seine offenen Worte hätte er sich nur Feinde in der Vorstandsetage des DFB eingehandelt. Selbstverständlich respektiere ich Lottermanns Wunsch. Er wird also in diesem Buch nicht mit Äußerungen zitiert werden, die er mir gegenüber gemacht hat.

Aber nicht erst durch Lottermanns Rückzieher ist mir klar geworden: Es ist nicht einfach, das DFB-Gebilde ins Wanken zu bringen, weil sich der Verband der Hilfe der Politik sicher weiß. Solange ein Helmut Kohl bei bestimmten Spielen den Anstoß gibt oder medienwirksam aufs Tor schießt, der damalige Innenminister Seiters eine rosarot gefärbte Eröffnungsrede hält wie im Oktober 1992 auf dem DFB-Bundestag in Berlin, so lange wird der Verband von der Politik gedeckt und geschützt.

Und umgekehrt kann sich die Politik auch auf den DFB verlassen. Als die Bundesregierung 1990 an den Verband mit der Bitte herantrat, sich für die Aktion »Keine Macht den Drogen« zu engagieren, initiierte der DFB die Kampagne und schaltete die Agentur Abold aus München ein.

Dieses Zusammenwirken mit Bonn ist eine weitere Erschwernis bei dem Unterfangen, den DFB zu erschüttern und zu demaskieren. Erst recht, weil sich der Verband auf eine starke Hauspresse stützen kann.

Aber genau das machte die Aufgabe nur reizvoller. Und so bin ich nach Monaten der Recherche, den unvorhergesehenen »Nackenschlägen« und nach vielen Gesprächen trotz allem zur Auffassung gelangt: Der Deutsche Fußball-Bund ist zu erschüttern und kann demaskiert werden.

Zwar befürchtete auch ein ehemaliges Mitglied des DFB-Vorstandes, es müsse auswandern, wenn herauskommt, daß er mir gewisse Details des DFB verraten habe. Konkret auf eine bevorstehende Gefahr angesprochen, erklärte der Mann, der DFB verfüge über Mittel und Wege, jeden fertigzumachen, der gegen den Verband vorgehe. Ihn habe man auch fertiggemacht, deshalb habe er vor einigen Jahren seinen Vorstandsposten aufgegeben, um nur noch im Landesverband zu arbeiten.

Der ältere Herr mit der Halbglatze gab auf meine Frage offen zu, daß er große Angst habe. Sehr konspirativ verliefen deshalb unsere Treffen, meist auf einem Bahnhof, so zweimal in Düsseldorf, weitab von seinem Wohnsitz.

Bisher zumindest geht die Taktik des DFB also auf, denn es hat noch keiner gewagt, die Säulen des Verbandes auf ihre Standfestigkeit hin zu überprüfen.

Aber der DFB ist angreifbar, und seine Standfestigkeit gerät schnell ins Wanken, wenn man genau das untersucht, was der Verband durch eine einstweilige Verfügung hat unterbinden wollen: Aktive und Vereine manipulieren mit verbotenen Substanzen,[4] Spiele werden abgesprochen, die Profis erhalten unrechtmäßig finanzielle Zuwendungen,[5] es kommt zur Bestechung von Schiedsrichtern.[6] Nicht zu vergessen die »moderne Form des Sklavenhandels«, wie ein Profifußballer den Spielertransfer bezeichnet.[7] Ein dunkles Kapitel im Fußball und zudem juristisch mehr als fragwürdig.

Die Altherrenriege

Wie von selbst bietet sich der Vergleich an zwischen dem Internationalen Olympischen Komitee (IOC) – »dieser elitäre Verein alternder Gurus, denen die Entwicklung des Sports zu Gladiatorenkämpfen entgleitet, ruiniert die olympische Idee«[8] – und dem Deutschen Fußball-Bund (DFB). Mit einer einzigen Einschränkung: Es ist weltweit unmöglich, einen Sportfunktionär zu finden, der dem IOC-Präsidenten Samaranch ebenbürtig ist, was dessen faschistische Vergangenheit unter Franco, das Intrigenspiel um die Wahl des IOC-Präsidenten 1980 in Moskau, das Taktieren beim Verkauf von Senderechten, das Ausnutzen der Gunst der Stunde und den Machtrausch – der Katalane bat König Juan Carlos, die Spiele von Moskau nicht zu boykottieren, ansonsten wäre er nicht gewählt worden – anbelangt.

Samaranch, »den 150 000 aufgebrachte Spanier 1977 mit Sprechchören aufgefordert hatten, zu verschwinden, weil er der wütenden Menge als Präsident Kataloniens nicht mehr genehm war ... «[9] Samaranch, der Herr der Ringe, der den olympischen Sport endgültig in Ketten gelegt hat – er »verkauft die Leistung von Athleten wie ein Zuhälter seine Hure«, heißt es[10] –, »Samaranch, der größte Dopingsünder«, so tituliert ihn eine Zeitschrift.[11] Das soll zum »heiligen Juan Antonio«[12] genügen, dem selbsternannten König des Sports, der selbst Minister und Bürgermeister warten läßt, falls sie in Lausanne, seinem Amtssitz, um eine Audienz bitten. Eine deutsche Delegation mit Eberhard Diepgen, Bürgermeister von Berlin, hat diese Erfahrung machen müssen, als man im September 1992 persönlich die Bewerbung für die Olympischen Spiele im Jahre 2000 abgegeben hat.

Aber hier wie dort handelt es sich um Einrichtungen, ausgestattet mit einer ungeheuren Machtfülle – das beginnt im Fußball schon in den Regional- und Landesverbänden –, die den Sport bis in den letzten Winkel reglementieren und beeinflussen, ihn mißbrauchen, keinen Widerspruch dulden und jeden Gegner sofort an die Wand drücken. Hier wie

dort eine Einrichtung mit einem Monopol auf gewisse Übertragungsrechte: einmal alle vier Jahre bei olympischen Win-
ter- und Sommerspielen, und in Deutschland im Fußball das
ganze Jahr über, Woche für Woche.

Hier wie dort ein Funktionärsverein, der der Wirklichkeit
weit enteilt ist und die Pensionsgrenze – wenn überhaupt –
sehr großzügig jenseits der gesetzlichen Altersgrenze ansie-
delt. Spitzenfunktionäre beenden nicht von selbst ihre »Karriere«, sie sterben in ihrem Amt.

Hier wie dort eine mimosenhafte Einrichtung, die nichts
mehr aufregen kann als Kritik an der Führung, Kritik am
Auftreten der Funktionäre und Kritik an der Art, wie der
Sport verschachert wird. Deshalb bemüht man sich, wie es
so schön heißt, »mit einer Stimme zu sprechen«. Der Präsident des DFB, Egidius Braun, scheint sicher zu sein, daß dies
in seinem Verband gelingt, »weil alle Delegierten als oberste
Maxime haben, dem Fußball zu dienen«.

Hier wie dort eine Organisation, die sich selbst Reglements
gegeben hat, die ihr das Überleben garantieren.

Hier wie dort Sportvereinigungen, die nur ausgewählten
Journalisten zu vorher abgesprochenen Fragen Rede und
Antwort stehen. Hier wie dort eine berechnende und sich gut
verkaufende Blauäugigkeit, was Doping betrifft. Doping, das
überall anzutreffen ist, angeblich nur nicht bei ihnen. Des-
halb besteht auch kein Handlungsbedarf im eigenen Haus,
Gelder für den sauberen Sport einzusetzen, der bei jeder
Gelegenheit lautstark von anderen Sportarten gefordert wird.
Und weil beide Einrichtungen so einmalig sind, zu den
reichsten Organisationen überhaupt gehören und diktieren
können, wer als Sponsor und als Hausfernsehkanal geduldet wird, nehmen sie für sich das Recht in Anspruch, ihren
Kompetenzbereich gegen Eindringlinge durch Verträge und
Absichtserklärungen abzugrenzen wie Hunde ihr Terrain
mit Duftmarken. Das IOC macht dies als Dachverband aller
Nationalen Olympischen Komitees weltweit, der DFB zumindest für die Bundesrepublik Deutschland. Allerdings
kann der DFB sicher sein, europa- und weltweit Schützen-

hilfe von der UEFA (Union Européenne de Football Association), Bern, und der FIFA (Fédération Internationale de Football Association), Zürich, zu erhalten, da er Mitglied dieser internationalen Organisationen ist. Zudem verteidigt ein Mitarbeiter der UEFA, Thomas Grimm, den deutschen Fußball, sobald man ihn auf Themen wie Transfer und Ablösesummen anspricht, so vehement, als sei er bereits in Bedrängnis geraten. Und Guido Tognoni, Pressesprecher der FIFA, ist der Überzeugung, daß Politiker und alle anderen sich nur aus Publizitätsgründen auf den Fußball stürzen.

Warum die beiden Spitzenverbände ausgerechnet in der Schweiz residieren, konnte mir niemand sagen. Tognoni von der FIFA verweist auf die Neutralität der Schweiz, die auch andere Organisationen zu schätzen wüßten.

Unweigerlich taucht in diesem Zusammenhang die Frage bei Institutionen wie dem DFB auf: Wie kann es zu seiner solchen Überalterung in der Führung – der Präsident ist siebenundsechzig, sein Vertreter kaum jünger, Kindermann, der ehemalige DFB-Chefankläger weit über siebzig, aber immer noch für den DFB über seinen Mitgliedsverband tätig, Johannes Malka, Vorsitzender des Schiedsrichterausschusses, ist ebenfalls über siebzig, 1992 verstarb neunzigjährig Alwin Knoblehar, Mitglied des Steuer- und Wirtschaftsausschusses und hinterließ, glaubt man dem Vorsitzenden Edgar Roth, eine spürbare Lücke – und einer so eklatanten Anhäufung von Inkompetenz kommen, was die sportliche Seite betrifft? Immerhin ist der DFB zuständig für den Profifußball, obwohl er sich nach außen so gerne für den Amateursport einsetzt. Aber bisher hat es noch kein ehemaliger Profifußballer geschafft, in Vorstand oder Beirat gewählt zu werden.

Eine Erklärung für den Fußball und die übrigen Sportarten könnte sein: Alle auf der Aktivenschiene, also Athleten, Trainer und Betreuer, sehen allein den sportlichen Aspekt und interessieren sich reichlich wenig für das Funktionärswesen, das ihnen teilweise sogar sehr suspekt ist und dem sie mit Widerwillen begegnen. Die Folge ist: Praktisch im geheimen und unbeachtet hangeln sich über Jahrzehnte die kleinen Funktionäre, die im sportlichen Bereich nicht anerkannt werden und sich deshalb im verwaltungstechnischen profilieren, nach oben. Sie bilden Zwangsgemeinschaften nach dem Motto: Wenn du mir, dann ich dir. So werden Mißliebige vereint aus dem Weg geräumt, man schlägt sich gegenseitig vor und besetzt sukzessive die entscheidenden Posten. Und wer diese Show vier Jahrzehnte durchsteht, mit dreißig ganz unten begonnen hat – unter anderem die Fähigkeit des Buckelns, des unbedingten Gehorsams und der Ergebenheit besitzt –, erlangt eben erst mit sechzig und später die richtige Reife für eine Führungsposition.

Die Mitglieder

Kennt man die Struktur des Deutschen Fußball-Bundes, dieses Giganten in Sachen sportlicher Unterhaltung und dessen behäbiges Agieren, fällt es einem schwer zu verstehen, weshalb die Massen so begeistert sind. Moderner Fußball, der die Zuschauer mitreißt, und ein Verband, durchsetzt mit verkrusteten Strukturen, die jede Innovation abblocken – größer kann ein Gegensatz nicht sein. Aber so ist es im Sport nun mal häufig. Bezeichnend ist auch das Phänomen, daß viele der Funktionäre überhaupt nicht wissen, wie der Spieler aussieht, über den man gerade spricht oder verhandelt.

Der Ursprung des Fußballs liegt in England, dem Mutterland des Sports schlechthin. Dort praktizierte man schon Mitte des 19. Jahrhunderts auf Schulen eine Mischung aus Fußball, Football und Rugby. Während Sheffield 1855 der erste Fußballclub der Welt überhaupt war, man bereits wenig später in Ligen um Punkte und Plazierungen spielte, begann der Countdown in Deutschland knapp fünfzig Jahre später: genau 1900 mit der Gründung des Deutschen Fußball-Bundes. Übrigens: 1. Deutscher Fußballmeister wurde 1903 der VfB Leipzig.

Inzwischen sind wir – wer gebraucht nicht gerne das Wort »wir«, wenn es um die deutschen Erfolge im Fußball geht – mehrfacher Weltmeister, Europameister und noch vor Brasilien, Italien und England die Fußballnation schlechthin.

Wie es sich für den Sport gehört, gibt es auch oder besonders im deutschen Fußball einen Dachverband, eben diesen DFB, den einige als graue Diva bezeichnen, andere, wegen seiner oft kleinlichen Entscheidungen, als Mimose und auch als Krake. Krake deswegen, weil vieles undurchsichtig ist, undurchsichtig gehalten und präsentiert wird, als lege man es darauf an, Dinge zu vertuschen.

Nach dem Zweiten Weltkrieg schlossen sich die Regional- und Landesverbände im DFB zusammen und gehören ihm seitdem als ordentliche Mitglieder an. Es sind dies:

I: Der Westdeutsche Fußballverband als Regionalverband und die in ihm zusammengeschlossenen Landesverbände:
     a) Fußballverband Mittelrhein
     b) Fußballverband Niederrhein
     c) Fußball- und Leichtathletikverband Westfalen

II: Der Süddeutsche Fußballverband als Regionalverband und die in ihm zusammengeschlossenen Landesverbände:
     a) Badischer Fußballverband
     b) Bayerischer Fußballverband
     c) Hessischer Fußballverband
     d) Südbadischer Fußballverband
     e) Württembergischer Fußballverband

III: Der Norddeutsche Fußballverband als Regionalverband und die in ihm zusammengeschlossenen Landesverbände:

a) Bremer Fußballverband
b) Hamburger Fußballverband
c) Niedersächsischer Fußballverband
d) Schleswig-Holsteinischer Fußballverband

IV: Der Fußballregionalverband Südwest als Regionalverband und die in ihm zusammengeschlossenen Landesverbände:
a) Fußballverband Rheinland
b) Saarländischer Fußballverband
c) Südwestdeutscher Fußballverband

Als Folge der Deutschen Einheit kamen am 21. November 1990 auf dem sogenannten »Außerordentlichen Wiedervereinigungsbundestag« in Leipzig, wo am 28. Januar 1900 in der Gaststätte »Mariengarten« 86 Vereine den Deutschen Fußball-Bund (DFB) gründeten, die Mitglieder aus den neuen Bundesländern hinzu.

V: Der Nordostdeutsche Fußballverband als Regionalverband und die in ihm zusammengeschlossenen Landesverbände:
a) Berliner Fußballverband
b) Fußballverband Brandenburg
c) Fußballverband Mecklenburg/Vorpommern
d) Fußballverband Sachsen-Anhalt
e) Sächsischer Fußballverband
f) Thüringer Fußballverband

Der DFB unterscheidet in § 6 der Satzung zwischen ordentlichen und außerordentlichen Mitgliedern. Ordentliche Mitglieder sind die Regional- und Landesverbände. Ordentliches Mitglied im Fußballverband kann nach § 7 der Satzung werden, wer durch Bundestagsbeschluß des DFB aufgenommen wird, wie im November 1990 in Leipzig die Verbände der neuen Bundesländer.
Im Gegensatz zu den ordentlichen Mitgliedern erlangen Ver-

eine der Lizenzligen ihre außerordentliche Mitgliedschaft nach § 7, Absatz 4 der Satzung allein durch die Erteilung der Lizenz. In § 1, Absatz 4 des Lizenzspielerstatuts steht:

> »Vereine, die Mannschaften der Lizenzligen unterhalten, und Spieler, die nicht Amateurspieler sind und in dieser Mannschaft gegen Entgelt spielen, bedürfen einer Lizenz des DFB.«

In Absatz 5 wird ergänzt:

> »Die Lizenzligavereine bleiben Mitglieder der für sie zuständigen Mitgliedsverbände des DFB.«

Wahrlich riesig mutet einen der DFB an, vergleicht man ihn mit anderen Sportverbänden. Auf mehr als fünf Millionen Mitglieder und etwa 27 000 Vereine, verteilt auf 21 Landes- und 5 Regionalverbände, kann er sich stützen. Und aus diesen Vereinen rekrutieren sich ungefähr 140 000 Mannschaften, die Woche für Woche auf dem Platz stehen. Daß es nicht nur Männer sind, die sich den Regeln des Verbandes unterwerfen, zeigen die 3606 Frauenmannschaften. Fußball ist gesellschaftsfähig, nicht geschlechtertrennend und, was die Anzahl der Mitglieder betrifft, jeder anderen organisierten Form des Sports in Deutschland und sogar weltweit haushoch überlegen. Das weiß man auch in den heiligen Hallen des DFB, der nichts unversucht läßt, seine Macht ausbaut und mit Hilfe von Werbeagenturen, Anzeigen und Fernsehübertragungen ständig an einem Positivimage bastelt.

Zu seinen Mitgliedern hat der DFB ein ganz besonderes Verhältnis. Will ein außerordentliches Mitglied, also ein Bundesligaclub, den DFB verlassen, dann verliert er automatisch die Lizenz. Das gleiche geschieht, wenn ein Verein aus dem bezahlten Fußball in die Oberliga absteigen muß oder per Beschluß durch den Liga-Ausschuß – eine DFB-Instanz, die die wirtschaftliche Leistungsfähigkeit jedes Vereins durch ein Gutachterteam überprüfen läßt – die Lizenz wegen mangelnder finanzieller Sicherheiten verweigert bekommt.

»Der DFB ist ein Monopolbetrieb in Sachen Fußball, und wer nicht mitspielt ...« Horst Kletke, Anwalt der VdV, erklärt, so habe er sich vor Gericht über den Verband geäußert. Weiterhin sagt er, daß sich der DFB gut »in die Bewertungsrichtlinien eines Kartells« einordnen lasse.

Ein ordentliches Mitglied – darunter sind die Regional- und Landesverbände zu verstehen – kann aus dem DFB austreten, wenn dies dem Verband sechs Monate vor dem Austrittstermin per Einschreibebrief mitgeteilt worden ist. Allerdings kann eine Aufkündigung laut § 8 der Satzung nur dann ausgesprochen werden, »wenn auf einem vorhergehenden Verbandstag der Austritt aus dem DFB mit der für Satzungsänderungen dieses Mitgliedsverbandes vorgesehenen Mehrheit beschlossen worden ist«.

Abgesehen davon, daß Mitglieder ihre Vertreter zu Sitzungen des Beirats und des DFB-Bundestags entsenden dürfen, gehört es laut § 11 zu ihren Rechten, »innerhalb ihrer Bereiche alle mit der Pflege des Fußballsports zusammenhängenden Fragen selbständig« zu regeln, »soweit nicht diese Fragen der Beschlußfassung durch den DFB vorbehalten sind«. Pflege des Fußballsports meint in diesem Zusammenhang allein den Amateurbereich – die Profis gehen ihre eigenen Wege –, aus dem sich der DFB seit 1963, dem Gründungsjahr der Bundesliga, mehr und mehr zurückgezogen hat. Amateurfußball bringt nichts ein und fällt in die Zuständigkeit der Landesverbände. Eine Ausnahme ist das Spiel um die Deutsche Amateurmeisterschaft. Das ist Sache des DFB.

Wichtiger noch als die Rechte sind die Pflichten der Mitglieder, die in § 13 geregelt werden. Demnach sind die Mitgliederverbände verpflichtet,

»– die Entscheidungen der DFB-Organe durchzuführen,

- Streitigkeiten, die aus der Mitgliedschaft beim DFB mit diesem oder überregional zwischen ihnen erwachsen, den zuständigen Organen des DFB zur Entscheidung zu unterbreiten,
- nach Ausschöpfung des DFB-Instanzenzuges unter Vermeidung des ordentlichen Rechtsweges ein Schiedsgericht anzurufen.«

Streitigkeiten, die sich aus der Mitgliedschaft im DFB ergeben, werden demnach durch den DFB nach dessen Statuten und Rechtsverständnis geregelt, und zwar »unter Vermeidung des ordentlichen Rechtsweges«.

Falls alle Instanzen des DFB erschöpft sind, dann bleibt dem Mitglied noch die Möglichkeit, seinen Zwist mit einem anderen Mitglied oder mit dem Verband vor einem Schiedsgericht auszutragen. So sieht es § 14 der Satzung vor. Aber auch hier gilt die Einschränkung: »...unter Ausschluß des ordentlichen Rechtsweges ...«

Die innere Struktur des DFB – formal ist er ein eingetragener Verein und laut Satzung zur Gemeinnützigkeit verpflichtet – ist mehr als beamtenhaft. Auf den unteren Verwaltungsebenen – so ein ehemaliges Mitglied des DFB-Vorstandes, das noch auf Landesebene tätig ist – hat jeder Angst, eine Entscheidung zu treffen: »Chefjustitiar Eilers hat seine Leute im Griff, da muckt keiner auf.«

Allein das Präsidium kennt diese Scheu nicht, denn seine Vertreter wenden sich bei jeder Gelegenheit, am häufigsten wohl Mayer-Vorfelder, an die Presse. Das Präsidium ist der oberste Rat im Fußball. Zwar wird meistens nicht bekannt, wer namentlich für oder gegen etwas gestimmt hat. Aber wehe, eine Entscheidung erweist sich als falsch und hat unangenehme Konsequenzen, wie es nach der WM 1974 der Fall war, als sich einige der Funktionäre, die gegen den Standort Düsseldorf und den teuren Ausbau des Stadions gestimmt hatten, durch mangelndes Zuschauerinteresse bestätigt sahen.

»Jeder wartet doch bloß auf einen Fehler des anderen, um ihm ein Füßchen zu stellen«, berichtet das ehemalige Vorstandsmitglied.

Das Gerüst des DFB ist seine Satzung, die dem Verband aber allein nicht auszureichen scheint, Macht gegenüber seinen Mitgliedern zu demonstrieren. Deshalb existieren neben der Satzung noch verschiedene Ordnungen:

Spielordnung,
Schiedsrichterordnung,
Jugendordnung,
Rechts- und Verfahrensordnung,
Geschäftsordnung,
Finanzordnung,
Ehrungsordnung,
Trainerordnung,
Lizenzspielerstatut.

In typisch deutscher Manier ist für jeden möglichen Fall vorgesorgt. Greift die Satzung nicht, dann irgendeine der Ordnungen. Spieler haben es mit vielen Paragraphen zu tun, die einander zum Teil widersprechen und, wie Experten meinen, gegen geltendes Recht verstoßen. Jeder Profi muß den sogenannten Schiedsvertrag – womit er DFB-Recht anerkennt und auf die Klärung durch ein ordentliches Gericht verzichtet – unterschreiben, ansonsten erhält er keine Lizenz.

Außerdem werden Bestimmungen hingebogen, wie man es gerade braucht: Unter Umgehung des Lizenzspielerstatuts – das Statut ist eine Anleitung, die unter Oberaufsicht des DFB den Betrieb im bezahlten Fußball durch Paragraphen regeln soll – ermöglichte man Thomas Allofs 1989 die kurzfristige Rückkehr aus Frankreich in die Bundesliga, obwohl ein zweimaliger Wechsel innerhalb einer Transferperiode laut Statut undenkbar war.

In einem anderen Fall wurde dem 1. FC Nürnberg, der die 1992 vom DFB angeordneten Sparmaßnahmen nicht erfüllt

hatte, weder die Lizenz entzogen, wie § 9 des Lizenzspielerstatuts es vorsieht, wenn die wirtschaftliche Leistungsfähigkeit eines Vereins nicht mehr gegeben ist, noch wurde er mit
einer Geldstrafe belegt.

Und in der Angelegenheit Dresden verstößt der DFB gegen
die eigene Satzung (§ 43 Absatz 1 m), wenn er seltsame
Strafen ausspricht – vier Punkte Abzug für die kommende
Saison wegen Bilanzfälschung und Verschweigen von
Schulden in Millionenhöhe, nicht für die laufende –, die
eine sportliche Hypothek auf die Zukunft bedeuten. Eine
ungewöhnliche Form von prognostischer Ahndung, obwohl
jeder weiß, daß man nur etwas aberkennen kann, was auch
wirklich vorhanden ist. Noch 1985 argumentierte der DFB
gegenüber Kickers Offenbach genau umgekehrt: »Punktabzug gibt es nur in derselben Saison.«

Überall und immerzu begegnen einem im Fußball Paragraphen und Bestimmungen. Im Anhang an das 355 Seiten
starke DFB-Werk *Satzung und Ordnungen* befindet sich ein
ausführliches Stichwortverzeichnis, in dem, Stand 1. Februar 1993, bezeichnenderweise ein Stichwort fehlt: Doping.
Dafür aber werden Begriffe aufgeführt wie: »Wohltätigkeits-
spiel«, »Verdienstnadel«, »Übernachtungskosten«, »Ord-
nungsruf« oder »Ehrenschild«, um nur einige zu nennen.

Organe des DFB

»Die Fußball-Landes- und Regionalverbände im Gebiet der
Bundesrepublik Deutschland haben zur Wahrung ihrer Interessen im In- und Ausland den Deutschen Fußball-Bund
gebildet.

Oberster Grundsatz des DFB ist die Ausübung des Fußballspiels als Amateursport ...«

So heißt es in der Präambel, die der Satzung vorgeschaltet
ist. Doch wenn sich der DFB als die Fußballinstanz in
Deutschland schlechthin darauf beruft, den Amateursport
zu fördern und dies sogar zu seinem obersten Grundsatz

erhebt, dann ist das nicht mehr als ein Alibi. Alle Regularien, Ordnungen und Statuten sind überwiegend auf den bezahlten Fußball zugeschnitten.

Damit seine Interessen auch gewahrt werden, stehen dem DFB folgende Organe zur Verfügung:

1. Bundestag
2. Beirat
3. Vorstand
4. Präsidium
5. Bundesausschüsse
6. Rechtsorgane

Bundestag und Beirat sind die satzunggebenden, Präsidium und Vorstand – im Vorstand sind zugleich auch die Bundesausschüsse durch ihre Vorsitzenden vertreten – die verwaltenden, Sportgericht und Bundesgericht die rechtsprechenden Organe.

Der Bundestag

In jedem dritten Kalenderjahr hält der DFB eine Versammlung ab, die er als »Bundestag« bezeichnet. Unter »Bundestag« versteht gemeinhin jeder die Abgeordneten in Bonn, also unsere Vertreter im Parlament. Fast könnte man meinen, der DFB sehe sich in einer ähnlichen Rolle wie der Staat, weil er die Zusammenkunft seiner Delegierten auch als Bundestag bezeichnet. Aber laut Klaus Koltzenburg, Mitarbeiter der DFB-Pressestelle, wird das Treffen der Delegierten schon seit jeher so bezeichnet.

Die letzte DFB-Versammlung, der 34. Ordentliche Bundestag, wurde vier Wochen nach dem Tod des Präsidenten Hermann Neuberger im Oktober 1992 in Berlin abgehalten. Einberufen wird der Bundestag durch den Vorstand des DFB mit einer Frist von sechs Wochen »unter gleichzeitiger Bekanntgabe der Tagesordnung«.

Der Bundestag setzt sich zusammen aus den:

1. Delegierten der 5 Regionalverbände
2. Delegierten der 21 Landesverbände
3. Delegierten der 42 Vereine der Lizenzligen
4. Mitgliedern des Vorstandes
5. Mitgliedern der Rechtsorgane und Ausschüsse
6. Ehrenmitgliedern

Die Regionalverbände (Süddeutscher, Westdeutscher, Norddeutscher, Südwestdeutscher und Nordostdeutscher Fußballverband) stellen jeweils zwei Delegierte.
Alle 21 Landesverbände sind in den Regionalverbänden zusammengeschlossen. Je nach Mitgliedsstärke entfallen dann auf die einzelnen Landesverbände innerhalb des Regionalverbandes zwischen 18 (Südwestdeutscher Fußballverband) und 44 (Süddeutscher Fußballverband) Delegierte.
Ein großes Mitspracherecht mit insgesamt 42 Stimmen – seit der Saison 1993/94 nur noch 38 Stimmen, weil die Zweite Liga um vier Clubs reduziert worden ist – haben die Delegierten des bezahlten Fußballs, denn jeder Lizenzverein stellt einen Vertreter. Nicht vergessen darf man in diesem Zusammenhang den Vorstand des DFB, der es allein auf mehr als zwanzig Stimmen bringt.
Der DFB als eingetragener Verein behauptet von sich, er sei gemeinnützig, und verlangt dies auch von seinen Mitgliedern. Jeder Funktionär und Delegierte hat sein Amt ehrenamtlich auszuüben. Ihm steht lediglich ein Tagegeld in Höhe von 20 Mark zu sowie eine Aufwandsentschädigung von 10 Mark pro Tag zuzüglich Fahrtkostenersatz.
Inwieweit Horst Schmidt, Generalsekretär und Vorstandsmitglied des gemeinnützigen DFB, in einen Gewissenskonflikt gerät, weil er gleichzeitig auch noch Geschäftsführer eines Wirtschaftsbetriebes, der verbandseigenen Reisebüros Euro Lloyd ist,[13] bleibt ihm überlassen. Es hat aber den Anschein, als sei er als Generalsekretär des Verbandes nicht genügend ausgelastet.

Unterrepräsentiert sind die Vertreter der neuen Bundesländer. Zum einen gibt es dort nur wenige Vereine im
bezahlten Fußball, zum anderen entfallen auf den Nordostdeutschen Fußballverband – er umfaßt alle neuen Bundesländer – lediglich 25 Stimmen. Im Präsidium wie im
Vorstand sind insgesamt nur zwei Verteter der Ex-DDR
zu finden – darunter Dr. Hans-Georg Moldenhauer, ehemaliger Präsident des Deutschen Fußball-Verbandes (DFV),
der jetzt für Fragen der neuen Bundesländer zuständig
ist –, was die neuen Bundesländer inklusive der Vertreter
der Lizenzligen zu gerade 31 Delegierten berechtigt. Umgelegt auf die Bevölkerung und die Anzahl der Vereine
stünden ihnen mehr Delegierte zu. Im DFB wie in den
anderen Sportverbänden wird auf diese Art und Weise –
einige nennen es »demokratische Bevormundung« – die
Vergangenheit bewältigt und »Politik« gegen den Sport
aus der Ex-DDR gemacht.
So wie in der richtigen Politik, bilden sich auch beim Bundestag des DFB Gruppierungen, die versuchen, ihre Interessen durchzusetzen. Schließen sich der Süddeutsche Fußballverband, die Vertreter der Lizenzligen und der Westdeutsche Fußballverband zusammen, dann können sie jeden beliebigen Antrag durchboxen, da zur wirksamen Beschlußfassung lediglich die einfache Mehrheit genügt.
Stimmenthaltungen werden nicht mitgezählt.
Eine Dauerfehde besteht zwischen Amateuren und Berufsfußballern, wo es um das liebe Geld geht. Oft geraten dabei
die Lizenzvereine durch Absprachen der Landesverbände
ins Hintertreffen, nicht zuletzt auch deswegen, weil die
beamtenhafte Funktionärsstruktur und Führungshierarchie
in den Landes- und Regionalverbänden der des DFB ähnelt.
Alles, was im bezahlten Fußball mit Geld, Werbung und
Sponsoren zusammenhängt, ist diesen traditionsbehafteten
Funktionären ein Dorn im Auge, weil aus ihrer Sicht die
Amateure stets zu kurz kommen. Immer wieder soll es
Anträge von altgedienten Funktionären geben, die den bezahlten Fußball abschaffen wollen.

»Dem Bundestag steht die Beschlußfassung in allen Bundes-
angelegenheiten zu, soweit sie nicht satzungsgemäß anderen Organen des DFB übertragen ist.«

Unter anderem genehmigt die Versammlung auch den Haushaltsplan für die nächsten drei Kalenderjahre und die Festsetzung etwaiger Umlagen, aus denen sich der DFB zum Teil
finanziert, falls einmal die Übertragungsrechte und die Einnahmen aus Länderspielen nicht ausreichen sollten.

Landes- und Regionalverbände können durch den Bundestag aufgenommen und ausgeschlossen werden. Die Auflösung des DFB und die Verwendung seines Vermögens wären
ebenfalls Angelegenheiten des Bundestages.

Nur bei Satzungsänderung bedarf es einer Zweidrittelmehr-
heit, ansonsten genügt die einfache Mehrheit. Grundsätzlich
sind die Wahlen geheim, es sei denn, es gibt nur einen
Vorschlag. Dann kann auch eine offene Abstimmung erfolgen.

Beschlußfähig ist ein Bundestag, wenn mindestens die Hälfte der Gesamtstimmen vertreten ist. Dabei kann ein Delegierter bis zu drei Stimmen, die ihm sein Mitgliedsverband
übertragen hat, auf sich vereinen. »Zur einheitlichen Stim-
menabgabe«, wie es in der Satzung heißt. Eine beschlußun-
fähige DFB-Versammlung kann »innerhalb der nächsten
drei Stunden mit mündlicher Ladung an Ort und Stelle für
einen Zeitpunkt des nächsten Tages mit einer Ladungsfrist
von mindestens acht Stunden erneut einberufen werden«.
Gelingt dies nicht, »so ist der Bundestag innerhalb einer
Woche und höchstens sechs Wochen erneut einzuberufen«.
In einem solchen Fall ist die Versammlung ohne Rücksicht
auf die Anzahl der Gesamtstimmen beschlußfähig.

Eine Besonderheit ist vom außerordentlichen Bundestag in
Leipzig, 21. November 1990, zu berichten. Unter Punkt drei
der Tagesordnung steht: »Aufnahme des Nordostdeutschen
Fußballverbandes und der in ihm zusammengeschlossenen
Landesverbände ... als ordentliche Mitglieder des DFB ...«
Der Bundestag – »anwesend waren 168 Delegierte ein-
schließlich der Mitglieder des Vorstandes mit 171 Stim-

men« – beginnt laut Niederschrift um 10.30 Uhr und endet um 12.08 Uhr.

Weiterhin heißt es: »Der Bundestag beschloß gemäß § 7 der Satzung des DFB einstimmig, den am 21. November in Leipzig neugegründeten Nordostdeutschen Fußballverband als Regionalverband ... in den Deutschen Fußball-Bund aufzunehmen.«

Am 21. November 1990 gegründet und am 21. November 1990 bereits ordentliches Mitglied im DFB – das hat bisher noch kein Regionalverband geschafft.

Der Beirat

Der Beirat ist zuständig für alle Angelegenheiten, die ihm der Bundestag überträgt. Vertreten ist in ihm der gesamte Vorstand des DFB, erweitert um je zwei weitere Vertreter der Bundesliga und der 2. Bundesliga. Die Vorsitzenden der Rechtsorgane (Bundesgericht und Sportgericht) haben lediglich beratende Stimme.

Demnach setzt sich der Beirat zusammen aus den:

1. Mitgliedern des Vorstandes
2. Vorsitzenden der Mitgliedsverbände
3. Vorsitzenden der Ausschüsse, die nicht bereits dem Vorstand angehören
4. Mitgliedern des Liga-Ausschusses
5. je zwei weiteren Vertretern der Bundesliga und der 2. Bundesliga, die von der jeweils zuständigen Versammlung der Vereine zu wählen sind
5. Vorsitzenden der Rechtsorgane

Geleitet werden die Sitzungen des Beirates durch den Präsidenten oder einen seiner Vertreter.

In § 29, Absatz 2 der Satzung heißt es: »Der Beirat kann Bestimmungen und Ordnungen und andere nicht satzungsändernde Beschlüsse des Bundestages bei Dringlichkeit vorbehaltlich der Genehmigung durch den nächsten Bundestag einstweilen in und außer Kraft setzen, jedoch nicht die Beschlüsse des letzten Bundestages.«

Große Macht kommt somit dem Beirat bezüglich des bezahlten Fußballs zu, denn er darf zum Beispiel über Fassung und Änderung des Lizenzspielerstatuts und der Trainerordnung befinden. Allerdings kann der Bundestag solche Beschlüsse »mit Wirkung vom nächsten 1. Juni an aufheben oder abändern«. Man hat den 1. Juni deshalb als Stichtag gewählt, weil bis zu diesem Zeitpunkt normalerweise die laufende Saison abgeschlossen ist und somit Änderungen erst für die kommende wirksam werden.

Alle Beschlüsse des Bundestages sind für den Beirat verbindlich, der trotzdem eine Sonderstellung genießt. Der Satzung entsprechend hat der Beirat die Befugnis, nach dem letzten Bundestag für einen Zeitraum von drei Jahren Dinge im Profifußball so zu ändern und zu gestalten, wie er es für richtig und sinnvoll erachtet. Außer Kraft gesetzt werden können diese Änderungen erst von dem neu einzuberufenden Bundestag für den darauffolgenden Stichtag 1. Juni.

Einberufen wird der Beirat schriftlich vom Vorstand. Innerhalb von zwei Wochen muß der Beirat einberufen werden, wenn sechs Mitgliedsverbände dies beantragen; mindestens dreimal im Jahr soll der Beirat tagen.

Der Vorstand

Laut DFB-Protokoll sind am 23. Oktober 1992 in Berlin insgesamt 203 Delegierte zusammengekommen – Frauenanteil knapp zehn Prozent –, um einen neuen Vorstand zu wählen. Ein Delegierter soll gefehlt haben. Im DFB-eigenen Mitteilungsblatt *Journal* ist von 209 Delegierten die Rede. Da jedoch bis zu drei Stimmen auf einen Abgeordneten übertragen werden können, wird die tatsächliche Anzahl der Delegierten nicht so hoch gewesen sein.

»Der 67 Jahre alte Aachener Egidius Braun wurde von 206 Delegierten einstimmig zum neuen Präsidenten des 5,3 Millionen Mitglieder zählenden Verbandes gewählt«, heißt es dann auch an anderer Stelle.[14] Die derzeitige frauenlose DFB-Führung – obwohl es seit dem Trierer Bundestag, 1989, in § 2 der Satzung heißt: »Jedes Amt im DFB ist Frauen und Männern zugänglich« – sieht wie folgt aus:

Präsidium

Präsident:	Egidius Braun, Aachen
Vizepräsidenten:	Gerhard Mayer-Vorfelder, Stuttgart
	Ernst Knoesel, München
Schatzmeister:	Karl Schmidt, Klein-Winternheim
Vertreter der Regional- und Landesverbände:	Engelbert Nelle, Hildesheim
	Hans-Georg Moldenhauer, Magdeburg

Vorsitzender	
des Spielausschusses:	Hermann Selbherr, Wangen
des Jugendausschusses:	Willi Scheuerl, Gelsenkirchen
des Kontrollausschusses:	Horst Hilpert, Bexbach
des Schiedsrichter- ausschusses:	Johannes Malka, Herten
des Steuer- und Wirtschaftsausschusses:	Edgar Roth, Limburg
Beisitzer:	Boris Bockelmann
Vertreter der Mitgliedsverbände:	Friedel Gütt, Hamburg
	Uwe Hammer, Berlin
	Otto Höhne, Berlin
	Hans Kindermann, Stuttgart
	Theo Zwanziger, Altendiez
Vorsitzender des Liga-Ausschusses:	Gerhard Mayer-Vorfelder
Stellvertreter:	Hans Spick, Duisburg

Vertreter der Bundesliga: Franz Böhmert, Bremen

Vertreter der 2. Liga: Karl-Ernst Engelbrecht,
Darmstadt

Sicherheitsbeauftragter: Wilhelm Hennes, Aachen

DFB-Generalsekretär: Horst R. Schmidt, Aschaffenburg

Beauftragter für DSB-
Angelegenheiten: Boris Bockelmann, Mannheim

Aufgabe des Vorstandes ist es, die Interessen des DFB wahrzunehmen. Das heißt, daß er die einzelnen Ausschüsse überwacht und ihre Beschlüsse, falls erforderlich, außer Kraft setzen kann. Allerdings endet die Macht des Vorstandes vor den Rechtsorganen, die unabhängig von den Weisungen des DFB sind. So zumindest steht es in der Satzung. Bei grober Pflichtverletzung kann der Vorstand einzelne Mitglieder, auch die der Ausschüsse, mit sofortiger Wirkung von einer Tätigkeit im DFB entbinden. Ob dies jemals geschehen ist, konnte nicht eruiert werden.

Der Vorstand mischt sich auch in die sportlichen Belange ein, denn er allein ist zuständig, wenn ein Spieler zu einem ausländischen Verein wechseln möchte. Es genügt nicht, daß sich die Vereine einig sind, da der Transfer nach den Richtlinien des DFB und der UEFA – bei Nicht-EU-Staaten durch die der FIFA – abgewickelt wird.

Zuständig ist der Vorstand auch, falls sich ein Verein im bezahlten Fußball dahingehend beschwert, der Gutachterausschuß habe seine wirtschaftliche Leistungsfähigkeit falsch beurteilt – davon hängt unter Umständen die Lizenz der kommenden Saison ab, so wie im Fall Dresden. Dann wendet der Verein sich mit der Bitte um Korrektur an den Vorstand, der beschlußfähig ist, wenn mindestens die Hälfte aller Vorstandsmitglieder anwesend ist. Durch diesen Modus hat der DFB-Vorstand dem VfL Wolfsburg am 3. Juli 1993 per Gnadenakt die Lizenz für die Saison 1993/94 zugestanden, obwohl der Liga-Ausschuß den Lizenzentzug am 21. Juni mit der Nichterfüllung der gestellten Bedingungen begründete.

»Beschlüsse des Vorstandes können, wenn nicht mehr als drei seiner Mitglieder widersprechen, auch im schriftlichen Umlaufverfahren gefaßt werden.« Hier hat der Vorstand ein ähnliches Instrumentarium wie der Beirat, für den das schriftliche Umlaufverfahren ebenfalls eine Möglichkeit zur Meinungsbildung darstellt.

Weil nun aber auch der umfangreiche Vorstand des DFB noch zu unflexibel und unbeweglich ist, überträgt er einfach dem Präsidium gewisse Aufgaben und Pflichten. Und das Präsidium – Präsident, zwei Stellvertreter, Schatzmeister und je ein Vertreter der Regional- und Landesverbände – hat dem Vorstand lediglich von den in einer besonderen Geschäftsordnung zusammengefaßten Aufgaben zu berichten.

So bestimmt das Präsidium – dazu hört es sich den Vorschlag des Spielausschusses an – den Austragungsort für Länderspiele, Meisterschaftsendspiele und Pokalspiele.

Außerdem kann das Präsidium einem Gnadengesuch stattgeben, falls ein Spieler von einer der anderen DFB-Instanzen oder der Rechtsorgane bestraft worden ist. Vorher müssen allerdings »der Vorsitzende der zuletzt tätigen Rechtsinstanz und der Vorsitzende des Kontrollausschusses bzw. sein Vertreter gehört werden«.

In diesem Punkt unterscheiden sich Präsidium und Vorstand: Während der Vorstand sich lediglich über Entscheidungen der Ausschüsse hinwegsetzen kann (Liga-Ausschuß, Kontrollausschuß), geht die Kompetenz des Präsidiums noch weiter und erstreckt sich auch auf die Rechtsorgane (Schieds- und Bundesgericht). Geradezu überflüssig erscheint in diesem Zusammenhang § 2 der Rechtsordnung, in dem es in Absatz 2 heißt: »Die Rechtsorgane sind unabhängig.«

Auch die Beschlüsse des Präsidiums können im schriftlichen Umlaufverfahren gefaßt werden. Wie mir ein ehemaliges Mitglied des Vorstandes versicherte, setzt man dieses

Verfahren meist dann in Gang, wenn man Zeit gewinnen will, weil man so stets die Post für eine Verzögerung verantwortlich machen kann. Außerdem bietet sich dadurch für jedes Mitglied die Möglichkeit, Kollegen anzurufen und Stimmen zu »fangen«.

Betrachtet man die vielen tausend Mannschaften und Vereine, zusammengefaßt in den Landes- und Regionalverbänden als Basis, dann spitzt sich die Machtverteilung im Fußball mehr und mehr zu, bis sie sich nur noch auf wenige Personen konzentriert: über den Bundestag hin zum Beirat, von dort zum Vorstand und weiter bis zum Präsidium. Übrig bleibt zuletzt der Präsident, der in vielen Belangen allein entscheiden kann, obwohl dies laut Satzung nicht vorgesehen ist.

»Der Präsident entscheidet, zumindest war das unter Neuberger so, und telefoniert dann reihum. Wehe, einer hat nicht gespurt.« So das ehemalige Vorstandsmitglied, das inzwischen nur noch in einem Landesverband tätig ist.

Heute jedoch scheint das unter Egidius Braun als Präsident und Ernst Knoesel – er ist einer der zwei Vizepräsidenten – anders zu sein. An den Fäden ziehen sollen der andere DFB-Vize Mayer-Vorfelder, Chefjustitiar Goetz Eilers und Ligadirektor Wilfried Straub.

Die Rechtsorgane

Um die gesamte Bandbreite der gründlich durchorganisierten DFB-Administration aufzuzeigen, sind an dieser Stelle schon einige Ausführungen zu den Möglichkeiten des Verbandes nötig, sich im Streitfall oder bei unsportlichem Verhalten gegenüber seinen Mitgliedern durchzusetzen.

Als erstes erwähnt werden muß das Schiedsgericht, das für Streitigkeiten der Mitglieder untereinander und für Streitigkeiten des Verbandes mit den ordentlichen Mitgliedern, also den Regional- und Landesverbänden, zuständig ist. Jede der Parteien benennt einen Schiedsrichter, die sich wiederum auf einen gemeinsamen Vorsitzenden, der die Befähigung zum Richteramt haben soll, zu einigen haben.

Um Profisportler und die Lizenzvereine zu reglementieren, bedient sich der DFB seiner eigenen Rechtsorgane Bundesgericht und Sportgericht, die ihre Aufgabe nach den Bestimmungen der Satzung wahrzunehmen haben.

Sie bestrafen nach § 40 »...Verstöße gegen das DFB-Recht und entscheiden über Streitigkeiten nach dem DFB-Recht, soweit die Entscheidung nicht ausdrücklich einem anderen DFB-Organ vorbehalten ist«.

Das Sportgericht – es setzt sich zusammen aus einem Vorsitzenden und zwölf Beisitzern – fungiert als erste Instanz und spricht Recht bei Vergehen der Lizenzvereine und Lizenzspieler, falls diese gegen Vorschriften des Lizenzspielerstatuts verstoßen haben. Außerdem ahndet es sportliche Verstöße »in und im Zusammenhang mit Bundesspielen«. Jede Rote Karte hat also ihr sportgerichtliches Nachspiel. Zugleich jedoch entscheidet diese Instanz auch über Einsprüche und die Wertung von Bundesspielen, so im Mai 1993 im Fall Eintracht Frankfurt: Stuttgarts Trainer Daum – er stellte im September 1992 im Spiel Stuttgart–Leeds United vier Ausländer auf –, fand damals in dem Frankfurter Kollegen Heese, was das Zählen angeht, einen Nachahmer. In der Begegnung Frankfurt gegen Uerdingen (5:2) wechselte Heese für den verletzten Slobodan Kompljenovic – er wird nicht als Ausländer, sondern als »Fußball-Deutscher« behandelt (dazu muß der Betreffende fünf Jahre in der Bundesrepublik gelebt haben) – mit dem Slowaken Marek Penska den vierten Ausländer ein. Das Sportgericht wandelte den Sieg in eine 0:2-Niederlage um und erkannte den Frankfurtern beide Punkte ab.

Gibt es Streit mit Trainern oder Schiedsrichtern – das Sportgericht ist gefragt. Trainer Winfried Schäfer, Karlsruhe, mußte regelmäßig vor dem Sportgericht erscheinen, da er zu sehr am Spielfeldrand herumgetobt, nicht den entsprechenden Abstand zur Außenlinie eingehalten und die Anweisungen der Schiedsrichter, auf seinem Platz zu bleiben, nicht befolgt hat. Gut 30 000 Mark Strafe zahlte er deshalb in den vergangenen Jahren, weil »Intimfeind« Kindermann so häufig Verfahren vor dem Sportgericht gegen Schäfer eingeleitet hat. Über dem Sportgericht thront das Bundesgericht – ein Vorsitzender und acht Beisitzer – als nächsthöhere Rechtsmittelinstanz, falls jemand nicht mit der Entscheidung des Sportgerichts einverstanden ist oder »gegen Entscheidungen der obersten Rechtsorgane der Mitgliedsverbände« vorgehen möchte.

Außerdem ist das Bundesgericht »zuständig zur Entscheidung gemäß der besonderen Bestimmungen in der Satzung und den Ordnungen das DFB«.

Folgender Strafkatalog erwartet den Sportsünder:

1. Verwarnung
2. Verweis
3. Geldstrafe
4. Verhängung eines Platzverbotes für einzelne Personen
5. Verbot auf Zeit oder Dauer, ein Amt im DFB, seinen Mitgliedsverbänden und deren Vereinen zu bekleiden
6. Sperre auf Zeit oder auf Dauer
7. Ausschluß auf Zeit oder auf Dauer
8. Ausschluß von der Benutzung der Einrichtungen des DFB einschließlich Lizenzentzug
9. Verbot, sich während eines oder mehrerer Spiele im Innenraum des Stadions aufzuhalten
10. Entzug der Zulassung für Trainer auf Zeit oder Dauer
11. Platzsperre
12. Aberkennung von Punkten
12. Versetzung in eine tiefere Spielklasse.

Um die Wirksamkeit der Strafen noch zu erhöhen, wird zusätzlich in § 43, Absatz 2 der Satzung angedroht: »Die Strafen können auch nebeneinander verhängt werden.«

Allerdings gibt es im Lizenzspielerstatut – nach diesem Statut sind für die Anklage bei den Rechtsorganen zuständig der Kontroll- und der Liga-Ausschuß – wiederum eine Besonderheit und zugleich eine Abschwächung, denn § 19, Absatz 3 besagt: »Zur Ahndung von Verstößen wirtschaftlicher Art kann der Kontrollausschuß im Einvernehmen mit dem Liga-Ausschuß mit den betroffenen Vereinen eine Vertragsstrafe vereinbaren.«

Während Sportgericht und Bundesgericht mit einer Strafkumulation drohen, ist paradoxerweise nach § 19, Absatz 3 des Lizenzspielerstatuts eine Strafe mit dem Verein aushandelbar. Dynamo Dresden profitierte im Mai 1993 von dieser Regelung und feilschte mit den DFB-Funktionären Gramlich und Ehrt um das richtige Maß.

Des weiteren nimmt sich der DFB auch noch das Recht, »erzieherisch« auf die zu Bestrafenden einzuwirken: »Außerdem sind erzieherische Maßnahmen zulässig (z. B. Auflagen und Bußen).« So ist es in der Satzung in § 43, Absatz 2 nachzulesen.

Viele der oben aufgeführten Strafen sind aus der Presse bekannt. Manche muten an, als hätte jemand ein Kind beim Naschen überrascht, weshalb es während einer bestimmten Zeit nicht die Küche oder das Wohnzimmer betreten darf. Für Trainer und Angehörige eines Vereins kommt dies dem Verbot gleich, sich im Innenraum des Stadions aufzuhalten. Dabei ist die erste Sitzreihe oft nur drei Meter entfernt.

Äußerst auslegungsfähig sind die gehäuft auftretenden Anhängsel »auf Zeit oder auf Dauer«. Damit behält sich der DFB das Recht vor, bei besonders Unartigen die Strafzeit etwas in Richtung Dauer zu verschieben.

Damit der eingetragene gemeinnützige Verein DFB auch funktioniert, müssen die Rechtsorgane Bundesgericht und Sportgericht funktionieren. Als Äquivalent dazu gibt es laut § 47 der Satzung auch noch den Kontrollausschuß, dem Hans Kindermann zwei Jahrzehnte vorstand und der jetzt von Horst Hilpert geleitet wird, im Hauptberuf Vorsitzender des Landesarbeitsgerichts im Saarland. Aufgabe dieses Ausschusses ist:

»... die Erhaltung der Vorschriften des Lizenzspielerstatuts ... zu überwachen, und bei Verstößen ... Anklage bei den zuständigen Rechtsorganen zu erheben;
Unsportlichkeiten (zu) verfolgen, die im Zusammenhang mit den Bundesspielen begangen werden ...«

Außerdem kann der Kontrollausschuß gegen die Entscheidungen der Rechtsorgane Rechtsmittel einlegen.
Kritiker und Zyniker meinen, der DFB sei nur in der Lage,
den Profifußball mit Hilfe des Kontrollausschusses und des
Sportgerichts zu reglemetieren und bei der Stange zu halten.
Kraft der Satzung kann der Verband dadurch alle Bestrebungen vereiteln, die auf mehr Eigenständigkeit der Vereine
hinauslaufen. Dabei hilft besonders die Gummiformulie-
rung »unsportliches Verhalten«. In Verbindung mit zum
Teil unverständlichen Strafen – gegen die die Lizenzfußballer nicht aufzumucken wagen, da die Rache des DFB sich im
Lizenzentzug oder zumindest in einer langen Sperre äußern
könnte –, wird so der Zusammenhalt garantiert. Wie so oft
im Sport gilt auch im DFB: Es gibt keine Instanz, die die
Kontrolleure kontrolliert! Das macht den Verband vordergründig unangreifbar und öffnet gleichzeitig der Willkür Tür
und Tor. Willkürlich muten manche Entscheidungen des
Vorstandes an, auf dem Gnadenweg einen Beschluß aufzu-
heben, weil einfach keine neuen Beweise mehr zugelassen
werden.
Der Tatbestand ist also der gleiche wie zuvor, allein die
Bewertung durch den Vorstand ist eine andere, und nur
deshalb erhielt der VfL Wolfsburg am 3. Juli 1993 seine
Lizenz. Die ungewöhnliche Begründung des DFB: »Wolfsburg hatte schon am 15. Juni alle Bedingungen erfüllt, aber
der VfL bestätigte unglücklicherweise Fehler, die dem Liga-
Ausschuß aufgefallen waren. Diese Bestätigung hat sich nun
als falsch herausgestellt.«
Wolfsburgs Anwalt Schickhardt hätte sich demnach nicht
die Mühe machen müssen, am 29. Juni 1993 persönlich 46
Seiten Unterlagen in Frankfurt beim Verband abzugeben.

Als verlängerter Arm des DFB nicht vergessen werden dürfen der Liga-Ausschuß und das Ständige Schiedsgericht, die besonders bei der Lizenzerteilung der Vereine gefragt sind. Dazu mehr an anderer Stelle, wenn es um Dresden und die abenteuerlichen Entscheidungen des DFB außerhalb jeder Rechtsnorm geht.

Und falls sich jemand in seiner sportlichen Ehre angegriffen fühlt, auch das soll vorkommen, hat er im DFB die Möglichkeit, das Ehrengericht anzurufen. Dadurch entfällt für den Beschuldigten in gleicher Sache ein Verfahren vor den anderen Organen des Verbandes.

Wende und Neubeginn

Nach dem Tode des im September 1992 verstorbenen DFB-Präsidenten Hermann Neuberger flackerte Hoffnung auf, der Verband könne sich eventuell verjüngen, zeitgemäßer agieren und sich in Form und Leistung den Profis anpassen. Neuberger war bekannt für seine kompromißlose Mitsprache bei der Aufstellung der Nationalmannschaft, für seinen harten Führungsstil und das Abkanzeln von Verbandsfunktionären und Trainern, einschließlich eines Franz Beckenbauers. Zweimal ließ Neuberger den »Kaiser Franz« abblitzen, als dieser Uli Stein für ein Länderspiel aufstellen wollte: 1986 bei der WM in Mexiko, woraufhin der Torhüter seinen Abschied aus der Nationalmannschaft nahm, und dann wieder 1989, als Beckenbauer der Überzeugung war, der Frankfurter Profi sei der Beste. »Stein, kommt nicht in Frage«, soll der »Diktator«, wie Uli Stein den verstorbenen DFB-Präsidenten in seinem Buch *Halbzeit* bezeichnet, gesagt haben.

Aber der neugewählte Präsident Egidius Braun, Träger der goldenen Ehrennadel des Verbandes, von vielen »Pater Braun« genannt und um Schlichtung bemüht, gab sofort »Entwarnung«: Er wolle »in Kontinuität« die Arbeit seines Vorgängers fortsetzen. »Das heißt aber nicht kopierendes Nachwirken. Ich will die richtig erkannte Linie fortsetzen, aber auch mit Kreativität neuen Problemen begegnen.« Dann ergänzte er noch unter dem gequälten Stöhnen einiger Delegierter, die Schlimmes ahnten: »Wir wollen das Vermächtnis Hermann Neubergers mit überzeugender Arbeit fortsetzen.« Solche pathetischen Worte konnte sich Egidius Braun – »ich glaube an die Macht der Argumente und der Vernunft« – auch deshalb leisten, weil der damalige Innenminister Seiters in seiner Eröffnungsrede voll des Lobes für den DFB war: »Der DFB ist ein wohlgeordneter Verband. Fußball ist bei uns Volkssport Nummer eins, und die Bundesliga als Leistungsspitze dieser Sportart gilt als eine der stärksten Ligen der Welt. Unsere Fußball-Nationalmannschaft ist seit vielen Jahren außerordentlich erfolgreich. So können die Verantwortlichen des DFB mit Stolz auf ihren Verband blicken, der in seiner sportlichen Leistungsfähigkeit, seiner organisatorischen Geschlossenheit und seinem modernen Management vorbildlich ist.«

Sicherlich war Seiters das Weltmeisterschaftsspiel Deutschland–Österreich vom 24. Juni 1982 in Gijon entfallen. Die Begegnung endete 1:0 für Deutschland. Keine Frage: Der DFB kann stolz auf die sportliche Leistungsfähigkeit der Nationalmannschaft sein.

Viele erinnern sich noch an dieses Spiel. Für jeden offensichtlich fand hier eine äußerst seltsame Begegnung statt, hochbezahlte Profis schienen einfach die Arbeit zu verweigern. Gleich in der elften Minute erzielte Horst Hrubesch ein Tor, und genau das genügte beiden Mannschaften, um weiterzukommen. Algerien – punktgleich mit Österreich und Deutschland, aber mit einem schlechteren Torverhältnis – mußte ausscheiden, weil die beiden anderen Teams die restlichen 79 Minuten vergaßen, Fußball zu spielen. Es ist schon seltsam, wie einig sich zweiundzwanzig Spieler von zwei gegnerischen Mannschaften – die eigentlich antreten, um zu gewinnen – bei bestimmten Ereignissen sein können! Die Zuschauer vor Ort und am Fernseher und sogar auch die Medien regten sich auf und sprachen von Manipulation. »Nicht nur die Algerier, die das knappe 1:0 um den zweiten

Platz in der Gruppe 2 bringt, fühlen sich zu Recht betrogen.«[15] Doch der DFB wiegelte ab und hoffte, wie so oft, daß sich die Wogen wieder glätten würden.

Man kann sich oft des Eindrucks nicht erwehren, daß bei großen Ereignissen bis zum Viertelfinale die Spiele so inszeniert werden, daß keiner der Favoriten ausscheiden muß. Bestimmt etwa derjenige, der das große Geld hat, auch das Ergebnis?

Um Egidius Braun zu verstehen und seine Innovationsfähigkeit einzuschätzen, muß man wissen, daß er unter Hermann Neuberger 15 Jahre lang Schatzmeister im DFB gewesen ist, in der Europäischen Fußballunion (UEFA) die Position eines Vizepräsidenten bekleidet und im Juni 1992 in Göteborg, Schweden, für eine weitere Amtszeit von vier Jahren in das Exekutivkomitee der UEFA gewählt wurde. Weiterhin ist Braun Vorsitzender der Kommission der Europameisterschaft, dann Leiter des »Büros« für den EM-Wettbewerb »U 21« und auch noch Vizepräsident der Finanzkommission. Braun, ein Funktionär aus Tradition und mit traditionell vielen Ämtern, soll nie gegen Neuberger aufbegehrt haben. »Wie soll denn von diesem Präsidenten etwas Neues kommen und wichtige Impulse ausgehen«, so ein Hamburger Teilnehmer des Berliner Bundestages.

Nun, die 203 (209?) Delegierten des Bundestages von 1992 sahen es anders und wählten ihren Präsidenten einstimmig. Überhaupt gab es nur Einstimmigkeit und keine Überraschungen auf diesem Bundestag des Fußballs im Bankettsaal des Palast-Hotels in Berlin.

Gerhard Mayer-Vorfelder, der so gerne Präsident geworden wäre, mußte sich mit dem Posten des Vizepräsidenten begnügen; er hat auch mit sechzig noch nicht das entsprechende Alter für die höchste Position des Verbandes erreicht. Präsidenten sind wie guter Wein. Bei Überschreiten eines gewissen Reifegrades werden sie aber auch leicht ölig.

Andere wiederum meinen, Mayer-Vorfelder wolle erst später Präsident des DFB werden, da er als Vorsitzender des Liga-Ausschusses wesentlich mehr Macht genieße und die

Geschicke im Fußball viel eindrucksvoller bestimmen könne. Auch im Sinne seines VfB.

Weil in den Wochen vor dem DFB-Bundestag genügend Absprachen getroffen wurden, setzten sich alle Präsidiumsmitglieder ohne Gegenkandidaten durch. Sehr souverän mutete das an. Als einziger erhielt der Vorsitzende des Liga-Ausschusses, Mayer-Vorfelder, eine Gegenstimme: der Alibiprotest. Man glaubt es nicht, aber innerhalb von sechs Minuten war die Wahlprozedur beendet.

Immerhin wurde anschließend von einigen Tagungsmitgliedern, die sich über dieses Hauruckverfahren beschwerten, zaghaft protestiert. Kein Wunder, denn die Kandidaten des Präsidiums mußten sich noch nicht einmal öffentlich vorstellen.[16] Wenn man weiß, daß vier Jahre zuvor Erich Mielke in diesem Saal die Meisterschaftsfeier des DDR-Meisters Dynamo Dresden veranstalten ließ, erinnert dieses Abstimmungsverhalten doch sehr an Verhältnisse wie in der DDR-Volkskammer.

Glatt ging alles über die Bühne. Ohne Vorstellung der Kandidaten, ohne jede Frage und erst recht ohne Diskussion wurden auch die Ausschüsse besetzt. Augen zu und Hand heben, hieß die Devise.

Kindermann, 22 Jahre lang oberster Chefankläger und DFB-Staatsanwalt, trat als Vorsitzender des Kontrollausschusses zurück, um nur noch über seinen Landesverband im Vorstand tätig zu sein. Das war die vielleicht einschneidendste Änderung, begleitet vom allgemeinen Aufatmen der Aktiven, die froh waren, den rigiden Chefankläger losgeworden zu sein.

Kritik wurde, von einer einzigen Ausnahme abgesehen, keine laut. Diese Ausnahme war Jürgen Werner, der nicht mehr länger Vorsitzender des Spielausschusses bleiben wollte – oder gehen mußte.

Dabei schlägt der Spielausschuß dem Präsidium lediglich Ort und Termin für Länderspiele, Meisterschafts- und Pokalspiele vor. Möglicherweise war sein Abschied Folge des Unmuts einiger Aktiver, Länderspiele seien falsch geplant, weil sie oft direkt im Anschluß an die Saison stattfänden.

Im DFB-*Journal* ist zu lesen: »Überraschend Abschied nahm dagegen Jürgen Werner (Hamburg), der sich seit 1986 im Amt des Spielausschußvorsitzenden große Anerkennung erworben hatte. Persönliche Gründe führte der Oberstudiendirektor an, wies auf die enorme zeitliche Belastung des Ehrenamtes hin. Viele werden diese Gedanken nachempfinden können, dennoch überwog das Bedauern zu diesem unerwarteten Schritt.«

Genau das ist für den DFB symptomatisch: Nach außen verkörpert er Einigkeit, unter der Decke brodelt es. Aber keiner wagt, den Mund aufzumachen. Jeder ist bestrebt, sich im DFB nach oben zu dienen, und das geht nun mal nicht, wenn man etwas in Frage stellt. Dieses Nach-oben-Dienen führt zu Verhaltensänderungen, wie einige sie bei Mayer-Vorfelder beobachtet haben wollen, der sich neuerdings als Verteidiger des Fußballabendlandes aufspielt, wenn es gegen aufmüpfige Vereinspräsidenten wie etwa Manfred Ommer, Homburg, geht.

Der Posten eines DFB-Präsidenten übt auf den ehemaligen Kultus- und jetzigen Finanzminister aus Baden-Württemberg den gleichen Reiz aus wie der Hase auf den Windhund bei einem Rennen. Und viele unterstellen ihm, er wäre noch rigoroser als der verstorbene Neuberger. Die Vorwürfe aus den DFB-Reihen gipfeln in der Vermutung, man habe Mayer-Vorfelder, den ehemaligen Querdenker, der sich mit jedem anlegte, mittlerweile in der Chefetage umgepolt und auf den historischen Fußballkurs eingeschworen: Mein ist der Ball, spricht der Herr.

Es ist schon seltsam, wie Funktionäre ohne Funktion noch Funktionär sein dürfen und an ihren Ämtern kleben. Viele sind bei ihren Vereinen nicht mehr in Amt und Würden, vertreten aber dennoch beim DFB die sogenannten Vereinsinteressen. Vor mehr als zwanzig Jahren war Karl-Ernst Engelbrecht im Vorstand von Darmstadt 98 und wurde in dieser Eigenschaft über die Versammlung der Bundesligavereine in den Liga-Ausschuß gewählt. Dort ist er heute immer noch, außerdem gehört Engelbrecht dem Schiedsgericht an. Wie kann jemand, der länger als ein Jahrzehnt nicht mehr im Verein aktiv ist, im Liga-Ausschuß die Vereinsinteressen vertreten? Das gleiche gilt für den Frankfurter Gramlich. Seit vielen Jahren ohne Funktion im Verein, ist er immer noch in der erweiterten DFB-Führung anzutreffen.

Die Mächtigen im Hintergrund

Was niemand vermutet: Die wahren Mächtigen des DFB stehen seit Neubergers Tod nicht in der ersten Reihe, kokettieren nicht zu offensichtlich mit der Presse und geben nicht fortwährend ein Interview nach dem nächsten. Die wahren Mächtigen sind keine Präsidenten und, abgesehen von Mayer-Vorfelder, auch keine Vizepräsidenten. Die Mächtigen im Fußball sind nicht die Landesfürsten und nicht die Mitglieder des Vorstandes oder Beirats, sondern sie sitzen in der DFB-Zentrale in den einzelnen Direktionen, von denen es seit der Umstrukturierung im Jahre 1991 fünf gibt:

1. Generalsekretariat
2. Recht – Personal – Verwaltung
3. Liga – Marketing – Wirtschaft – Finanzen
4. Jugend – Schule – Teammanagement – Ausbildung
5. Presse – Publikationen – PR

Diese fünf Abteilungen des DFB sind nicht gleichgewichtig, was Kompetenz und Macht anbelangt. So kommt der Direktion Jugend, Schule, Teammanagement, Ausbildung, geleitet von Direktor Bernd Pfaff, kaum eine Bedeutung zu, obwohl zu ihrem Aufgabenbereich unter anderem auch die A-Nationalmannschaft gehört, die Betreuung der Junioren-Nationalmannschaft, das Trainerwesen und der Mädchenfußball.
Generalsekretär des DFB und Nachfolger des unscheinbaren

Dr. Wilfried Gerhardt ist seit Juni 1992 Horst R. Schmidt, zugleich auch der Leiter des Generalsekretariats. Dieser Direktion obliegt es, DFB-Veranstaltungen zu organisieren (Länderspiele, Supercup und Pokalfinale). Weiterhin sind Schmidt und seine Abteilung zuständig für den Verkauf von Eintrittskarten, den Stadionbau, die Sicherheit, den Freizeit- und Breitensport. Die Pflege der Beziehungen zu FIFA und UEFA fällt genauso in Schmidts Kompetenzbereich wie die Verbindungen zu anderen Verbänden, die Koordination mit politischen Stellen und die Sportmedizin, um nur die wichtigsten Aufgabenfelder zu nennen.

Der Generalsekretär des DFB müßte eigentlich als solcher ausgelastet sein, sollte man meinen. Obwohl ihm noch ein zweiter Geschäftsführer zur Seite steht, ist es erstaunlich, daß auch das verbandseigene Reisebüro, seit dem 12. Februar 1993 in der DFB-Zentrale zu finden, von Schmidt mitverwaltet wird.[17]

»Mit Lothar Matthäus und Jürgen Klinsmann ins Flugzeug steigen, Fußball hautnah und live erleben, dazu die Welt entdecken – welcher Fan träumt nicht davon?« So wird für das Reisebüro im DFB-eigenen *Journal*, das viermal im Jahr erscheint, geworben.

Ganzseitig weist die Euro Lloyd darauf hin, daß man »alle Reisen der Deutschen Nationalmannschaft« organisiert, »vom Flug über die Unterbringung bis zum Transfer ins Stadion«.

Da das Reisebüro als eine GmbH im Handelsregister eingetragen ist, fällt es steuerlich aus der Gemeinnützigkeit, die der DFB für sich reklamiert, heraus. Gleichzeitig jedoch steht der Generalsekretär eines gemeinnützigen Verbandes, der auch noch dem Vorstand angehört, bei diesem Reisebüro als Geschäftsführer in der Verantwortung.

Goetz Eilers, seit zwanzig Jahren Chefjustitiar des DFB, ist Leiter der Direktion Recht, Personal, Verwaltung. Als ständigem Vertreter des Generalsekretärs und Personalchef der mehr als sechzig fest angestellten Damen und Herren untersteht ihm die gesamte Sportgerichtsbarkeit, die ordentliche

Gerichtsbarkeit sowie Fragen, die Satzung und Ordnungen betreffen. Eilers wird bei Vertragsangelegenheiten eingeschaltet, wenn Versicherungen abzuschließen sind und auch bei Doping-Kontrollen: er gehört nämlich der Dopingkommission an. Als Personalchef kann sich Eilers auf eine Hausmacht stützen, die nie gegen ihn angehen würde. Und da er sich als Jurist in allen rechtlichen Dingen bestens auskennt, zieht er nach Aussage von DFB-Kennern die Fäden hinter den Kulissen.

Eine direkte Beziehung zum Profifußball hat Eilers ebenfalls, denn sein Sohn Tom spielt beim FSV Mainz 05 in der Zweiten Liga.

Wilfried Straub, der bisher als Beruf stets »Ligasekretär« angegeben hat, ist aufgewertet und im Rahmen der Umstrukturierung der DFB-Zentrale zum Direktor befördert worden. Straub kennt den DFB von Grund auf, hat ihn seit mehr als dreißig Jahren durchlaufen und sich hochgedient und bildet zusammen mit Eilers die heimliche Machtspitze des Verbandes.

Straub, Leiter der Direktion Liga, Marketing, Wirtschaft, Finanzen, kümmert sich um die Verwaltung des bezahlten Fußballs, den Spielbetrieb, die Entwicklung von Marketing-Konzepten. Straub sucht den Kontakt zu Sponsoren und Agenturen, ist zuständig für Angelegenheiten des Hörfunks und des Fernsehens und zugleich alleiniger Geschäftsführer der DFB-Wirtschaftsdienste GmbH – am Anfang teilte er sich den Geschäftsführerposten mit Goetz Eilers. Niemand weiß so recht, was diese GmbH alles macht – handelt sie mit Fernsehrechten, ist sie für Sponsorenverträge zuständig? –, denn die Gesellschaft ist nicht zur Offenlegung ihrer Bilanzen verpflichtet. Über eines jedoch sind sich alle einig: der Verband erzielt durch sie hohe Gewinne, die nicht in der DFB-Bilanz ausgewiesen werden müssen.

Wenn es um das Ansehen des DFB geht, sträubt der Ligadirektor sich auch nicht, verbandseigene Schriften, die man ihm als Beweis präsentiert – so im Fall Dresden, als es um die Begründung für den Punktabzug ging und man ihn auf

ein DFB-Dokument ansprach –, einfach als Fälschung abzu-
tun.[18]

Wolfgang Niersbach komplettiert als Pressechef und Leiter
der Direktion für Presse, Publikationen und PR die DFB-
Zentrale. Viele, die mit Niersbach bisher zu tun hatten, sind
der Auffassung, man unterschätze den Pressechef.

In der Runde der Mächtigen fehlt nur noch einer: Finanzminister, Vizepräsident und Vorsitzender des Liga-Ausschusses – das erstemal wurde er 1986 in Bremen gewählt – in
einer Person: Mayer-Vorfelder, kurz MV genannt.

Als höchster Repräsentant aller Bundesligavereine wetterte
er jahrelang gegen den Ausverkauf deutscher Topspieler,
besonders nach Italien. Mayer-Vorfelder drohte damit, diese
Spieler sollten keine Berücksichtigung finden bei der Nominierung für die Nationalmannschaft. Gleichzeitig jedoch
läßt der ehemalige Kultus- und jetzige Finanzminister von
Baden-Württemberg im Sommer 1992 mit Matthias Sammer
einen hochkarätigen Spieler des VfB Stuttgart – dessen
Präsident MV ist – ohne Drohgebärden zu Inter Mailand
wechseln.

Das Magazin *Profi*, herausgegeben von der Spielervereinigung VdV, kommentiert den Sinneswandel von Mayer-Vorfelder – immerhin geht es jetzt um den eigenen Vorteil und
den des Vereins – wie folgt: »Keine apokalyptischen Abge-
sänge über den bevorstehenden spielerischen und wirtschaftlichen Niedergang des deutschen Fußballs oder des
Deutschen Fußballmeisters 1992.«

Mayer-Vorfelder, der gerne Vordenker in Sachen Fußball
sein möchte, beabsichtigt ein Stillhalteabkommen aller Pro-
fivereine zu installieren mit dem Ziel, keine Jugendspieler
mehr aus dem Osten abzuwerben. Damit wollte er den
Ausverkauf der neuen Bundesländer verhindern.

DFB-Präsident Egidius Braun sah das anders: »Wie halte ich
es mit der Freiheit? Dürfen wir als Verband durch irgendwelche Statuten oder Absprachen einem Jungen die Freiheit
nehmen, zu gehen, wohin er will?«

Mittlerweile hat der Liga-Ausschuß unter der Leitung von

MV den Transfer von Ost nach West geregelt. Verpflichten Westclubs einen Aktiven aus den neuen Bundesländern, dann zahlen sie, gestaffelt für die kommenden drei Jahre, einen Aufschlag auf die Ablösesumme, der sich von dreißig über zwanzig auf zehn Prozent reduziert. Ostclubs erhalten einen Abschlag in gleicher Höhe, falls sie einen Spieler im Westen »einkaufen«.

Wie deutlich bei Mayer-Vorfelder der Politiker durchschimmert, konnten die Spieler des VfB erkennen, als er in der sportlich depressiven Phase des Vereins im Herbst 1992 die vertraglich festgesetzten Prämien zu kürzen versuchte – wohlgemerkt, ohne die Spieler zu befragen. Medienwirksam trat Mayer-Vorfelder mit seiner »Kostendämpfungsverordnung« vor die Presse und tat seinen Vorschlag kund. Und als man dann nichts mehr hörte, dachte jeder, MV habe sich durchgesetzt.

In Wirklichkeit jedoch schaltete sich die Spielervereinigung VdV ein und brachte den DFB-Vizepräsidenten von seinem Vorhaben ab. Allerdings sah der keine Veranlassung zur öffentlichen Richtigstellung.

St. Pauli hat gleichfalls versucht, Prämien und/oder Gehälter nicht zu zahlen, als der Erfolg ausblieb. Trainer Michael Lorkowski verlangte »seinen Spielern Prämienverzicht ab, ohne den der einzelne nicht für das anstehende nächste Spiel aufgestellt werden sollte«.[19] Der Trainer mußte daraufhin gehen.

Mayer-Vorfelder, dem kein Parkett zu glatt ist, ließ es sich nicht nehmen, der Weltmeisterin Heike Drechsler 1993 in Stuttgart zu ihrem Sieg im Weitsprung zu gratulieren. Live und vor etwa einer Milliarde Fernsehzuschauer, kein Funktionär und Politiker kann eine solche Chance der Darstellung ungenutzt lassen. Die Pfiffe ignorierte er.

DFB-Funktionäre wie Mayer-Vorfelder gehen goldenen Zeiten entgegen, denn was die Zahl der Zuschauer betrifft, scheint es im Fußball wahrlich keine Limitierung zu geben. Auf den Sportseiten der Zeitungen war mehrfach die Rede von 31 Milliarden Fußballbegeisterten – wie das möglich sein soll, wird verschwiegen –, die »die Endrunde der Weltmeisterschaft 1994 in den USA rund um den Globus am Bildschirm verfolgen« werden.[20]

Damit nicht der Eindruck entsteht, Mayer-Vorfelder könne dem Fußball keine positiven Impulse geben, hier einige Beispiele für lobenswerte Verbesserungsansätze, entnommen aus dem DFB-Jahresbericht 1989-1992. Demnach plädiert der DFB-Vize

- für die Öffnung zu anderen Rechtsformen im Lizenzfußball, was die Vereine betrifft, »ohne die Grundprinzipien der Anbindung an den DFB wie die direkte Mitgliedschaft und einen Nutzungsvertrag prinzipiell zu ändern«,
- dafür, einen Teil des Fernsehgeldes für die Altersversorgung der Spieler zu benutzen,
- für eine funktionierende Transferstelle für Lizenzfußballer, weg von den Vermittlern,
- dafür, daß die Gelder aus den Transfergeschäften im Kreislauf der Vereine bleiben, weil es ansonsten an dem einzig schlagenden Argument für die Beibehaltung dieses Verfahrens fehle.

Eilers, Straub, Schmidt, Niersbach und auch Mayer-Vorfelder haben eines gemeinsam: Ohne Hermann Neuberger, den verstorbenen Präsidenten des DFB, gäbe es sie nicht in diesen bedeutenden Positionen. Neuberger hatte alle in der Hand und dort »geschmiert«, wo es nötig war, behauptet Ferdi Behles, ehemaliger Finanzminister des Saarlandes, der über Jahre gemeinsam mit Neuberger die Saarland-Sporttoto GmbH geleitet hat. Typisch für Neuberger sei dessen Äußerung bei der Amtseinführung von Behles gewesen: »Ich habe mir den Finanzminister als Juniorpartner an Land gezogen.« Dabei sei Neubergers Einfluß 1982 bei der Besetzung des Postens vollkommen unwichtig gewesen.

Immer noch schwebt Neubergers Schatten, dem sich der jetzige Präsident Braun, ein »Neuberger-Gewächs«, gar nicht entziehen will, über dem DFB. »Es müssen noch etliche Jahre vergehen«, meint Behles, »bevor einige im Verband es wagen, den Mund über Neuberger aufzumachen.« Er hofft, daß eines Tages Leute den Mut haben, die Wahrheit über Neuberger zu erzählen. Und es gebe viele, die was zu sagen hätten.

Aber schon zu Neubergers Zeiten hat man sich über den Präsidenten heimlich ausgelassen. In seiner Anwesenheit wurde gekatzbuckelt, man war stolz darauf, ihn duzen zu dürfen, »Hermann hier, Hermann da, aber sobald er weg war, wurden alle Schandtaten preisgegeben«.

Oder man hat sich über ihn lustig gemacht, wenn Neuberger wieder mal angegeben und seine Bedeutung überschätzt hat, wie 1982 bei der WM in Spanien. Neuberger habe damit geprahlt, gleich neben dem König Juan Carlos gesessen zu haben. »Wie haben Sie sich denn mit ihm unterhalten«, wollte Behles vom DFB-Präsidenten wissen, denn Behles zufolge spricht Neuberger kein Wort Englisch oder Spanisch.

Neuberger, ein gewiefter Taktiker, verkaufte sich der Öffentlichkeit als Prototyp eines Idealfunktionärs, der nur im Sinne des Sports handelt und dem das Wohl der Aktiven am Herzen liegt.

»Darauf geschissen hat er«, sagt ein ehemaliges Vorstandsmitglied. »Er hat allein seinen Vorteil gesehen.«

Neuberger habe nur Leute und Fußballer eingestellt, die ihm angenehm gewesen seien, weiß Behles zu berichten, unangenehme habe er einfach entfernen lassen.

Auch Behles hat Neubergers Macht zu spüren bekommen. Als Stellvertreter des Aufsichtsrates der Sporttoto GmbH, in den Neuberger nach seiner Pensionierung gewechselt ist, habe der DFB-Präsident mit der SPD dafür gesorgt, »daß man gegen ein CDU-Mitglied gestimmt hat, obwohl kein Grund vorlag«.

Dazu Dr. Wicklmayr, ehemaliger Innenminister des Saarlandes: »Es war schon eine sehr unschöne Weise, wie Neuberger Behles ausgebootet hat.« Er selbst habe auch ein gespanntes Verhältnis zu Neuberger gehabt, aber da er als

Innenminister in einer stärkeren Position gewesen sei, habe es ihm nichts ausgemacht.

Zwischen ihm und Neuberger, so Behles, habe es gleich vom ersten Tag an Streit gegeben. Als er am 1. Oktober 1982 bei der Saarland-Sporttoto GmbH angefangen habe, sei von Neuberger eine Sekretärin angewiesen worden, ihm, Behles, eine Namensliste all der Personen auszuhändigen, die er an Weihnachten mit Geschenken bedienen sollte. »Und zwar aus Toto-Mitteln. Da habe ich nicht mitgemacht.«

Neuberger ist für Behles ein symptomatisches Beispiel dafür, wie sich jemand mehr und mehr Macht verschafft. Bezeichnend für Neuberger ist laut Behles folgende Begebenheit Anfang der achtziger Jahre. Wiederholt trafen sich die Vertreter der einzelnen Toto-Lotto-Gesellschaften in Saarbrücken, unter ihnen auch der ehemalige Geschäftsführer aus Hannover. Nach einer Sitzung bittet Neuberger die Anwesenden auf das Dach der Saarland-Sporttoto GmbH und deutet auf die Staatskanzlei. »Da drüben ist die Staatskanzlei. Wenn ich pfeife, springen die.«

Der gemeinnützige Profifußball

Liest man Satzung und Ordnungen des DFB, dann gewinnt man den Eindruck, als versuche der Verband vieles bewußt zu verschleiern. Was in der Satzung noch klar und einleuchtend klingt – immerhin handelt es sich beim DFB um einen eingetragenen gemeinnützigen Verein –, wird durch die einzelnen Ordnungen unterlaufen und konterkariert. Im folgenden soll aufgezeigt werden, wie sich der DFB für einengende Paragraphen der Satzung elegant Auswege hat einfallen lassen, um zum Beispiel die Gemeinnützigkeit in einer Form zu umgehen, die sich als steuerlicher Bumerang erweisen kann. Die Satzung, das Grundgesetz für jede Vereinstätigkeit, legt fest, welche gemeinnützigen Zwecke sich der Verein zum Ziel gesetzt hat und wie sie verwirklicht werden sollen. Die Selbstlosigkeit, Ausschließlichkeit und Unmittelbarkeit der

Zweckverfolgung muß sich aus den Statuten ergeben. Und genau das wird in § 3 der DFB-Satzung nur ganz allgemein formuliert. Dort steht: Zweck und Aufgabe des DFB ist es insbesondere, »die Entwicklung des Fußballsports zu fördern«.

Der Gesetzgeber hat in § 52, Absatz 2 der Abgabenordnung (AO) ausdrücklich die Förderung des Sports als gemeinnützig anerkannt. Wenn es insbesondere eine Aufgabe des DFB ist, den Fußballsport zu fördern, so stimmt die Satzung exakt mit den steuerlichen Bestimmungen überein. Während aber die Satzung des Verbandes aus dem Jahre 1993 stammt, ist die Abgabenordnung seit Jahrzehnten in Kraft, sie war es teilweise schon vor dem Zweiten Weltkrieg. Somit kann laut Abgabenordnung nur schwerlich der Profisport als gemeinnützig anerkannt und damit für förderungswürdig befunden worden sein.

Auch wenn der DFB nach § 4 der Satzung »gemeinnützige Zwecke im Sinne des dritten Abschnitts der Abgabenordnung 1977« verfolgt, ist die heutige Realität im Berufssport mit seiner perfekten Vermarktung doch eine ganz andere als die in den siebziger Jahren.

»Nur der Amateursport ist gemeinnützig, nicht der Berufssport, weil durch ihn die eigenwirtschaftlichen Zwecke der bezahlten Sportler gefördert werden; er ist aber u.U. – s. §§ 58 Nr. 9, 67a AO – unschädlich für die Gemeinnützigkeit.« So ist es in den Ausführungserläuterungen der *Neuen Wirtschaftsbriefe* vom Februar 1991 nachzulesen. Und dieses »unter Umständen (u.U.)« bedeutet laut § 58 Nr. 9 der AO, daß ein Verein, der *die Förderung des unbezahlten Sports zum Hauptziel hat*, ohne Schaden für seine Gemeinnützigkeit auch den bezahlten Sport fördern kann.

Woran ist nun das Hauptziel des DFB zu erkennen? Etwa an seiner Absichtserklärung, »die Entwicklung des Fußballsports zu fördern«? Das sind wohlklingende Worte, die einen löblichen Vorsatz bekunden, aber als Meßlatte keinen Wert haben. Einziger transparenter und verifizierbarer Maßstab dafür, was das Hauptziel des DFB sein könnte, sind somit allein die Ausgaben und Einnahmen des Verbandes. Von den 26,71 Millionen an Einnahmen im Jahre 1991 entfielen 12,67 Millionen auf Spieleinnahmen (Bundes- und Nationalmannschaftsspiele) und Beiträge, etwa 7,56 Millionen auf den nicht gemeinnützigen wirtschaftlichen Geschäftsbetrieb und 5,1 Millionen auf Erträge aus Vermietung, Verpachtung und Kapitalverzinsung. Aus dem Bilanzposten »Beiträgen« – es muß einen Grund geben, warum man sie mit den Spieleinnahmen in einen Topf wirft – geht nicht hervor: stammen sie aus der Bundesliga oder werden sie von den Mitgliedsverbänden entrichtet. Lediglich bei Zahlungen der Mitgliedsverbände könnte man unterstellen, daß diese aus deren gemeinnützigen Bereich erfolgen.

Übersichtlicher wird die Herkunft der Gelder, wenn man sich die Zahlen des DFB-Haushaltes von 1988 anschaut. Dort wird deutlich, daß es sich bei den Beiträgen überwiegend um den Ligabeitrag, also Abgaben aus dem bezahlten Fußball handelt. Die Proficlubs überwiesen 2,68 Millionen Mark nach Frankfurt in die Zentrale, die Mitgliedsverbände lediglich – seit Jahren konstant – 562 500 Mark.

Deutlicher noch geht der geringe monetäre Anteil der Gemeinnützigkeit des DFB aus den mehr als 26 Millionen Mark an Ausgaben hervor. Zweifelsfrei dem gemeinnützigen Teil zuordnen kann man die 1,66 Millionen, die für Jugend und Schüler bereitgestellt werden, das sind etwa 6,4 Prozent der Gesamtausgaben. Auch wenn man die 4,29 Millionen Mark für Lehrgangs- und Sportbetrieb hinzurechnet – dabei ist nicht gesagt, daß diese Gelder alle dem gemeinnützigen Bereich gutgeschrieben werden können –, kommt der DFB seinen eigenen Zahlen zufolge[21] auf weniger als 6 Millionen Mark an Ausgaben, die die Gemeinnützigkeit annähernd rechtfertigen. »Hauptziel«, wie es die Abgabenordnung verlangt, würde jedoch bedeuten, mehr als die Hälfte – sonst könnte es bei den zwei vorgegebenen Möglichkeiten kein Hauptziel sein – hätte der Gemeinnützigkeit zuzufließen.

Das Finanzamt in Trier geht bei der Bemessung der Gemeinnützigkeit wie folgt vor: Unbedenklich akzeptiert wird gegen Nachweis ein Anteil von maximal zwanzig Prozent der Einnahmen und Ausgaben aus dem wirtschaftlichen Geschäftsbetrieb. Besonders nachweisbedürftig ist ein Anteil bis zu einem Drittel, darüber hinaus wird die Gemeinnützigkeit prinzipiell angezweifelt. Seit zwanzig Jahren, so lange versieht der auskunftgebende Sachbearbeiter schon seinen Dienst, ist seines Wissens keinem Verein die Gemeinnützigkeit zugestanden worden, dessen eigenwirtschaftlicher Zweck fünfzig Prozent oder mehr betragen hat. Generell, so führte er weiter aus, gelten diese Bestimmungen in der ganzen Republik, er handele also ausschließlich nach Bundesrecht, da es keine Finanzhoheit der Länder gebe.

Unter Beachtung all dieser Aspekte ist die Präambel der Satzung des DFB längst überfällig. Dort heißt es:»Oberster Grundsatz des DFB ist die Ausübung des Fußballspiels als Amateursport.« Und nur auf diesen Grundsatz hin hat sich der Deutsche Fußball-Bund seine Satzung gegeben. Hier stimmt doch etwas nicht.

Die Entwicklung des Profisports, und dafür ist der DFB fast ausschließlich zuständig, muß außerdem nicht besonders gefördert werden – das tun bereits die Bundesligavereine und noch mehr die Berufssportler. Gemeint sein kann demnach nur etwas ganz anderes. Aber durch § 3 der Satzung und die Präambel wird so getan, als zeige der Verband ein übermäßiges Interesse am Amateurfußball.

Deutlicher wird die Haltung des DFB, der sich wohl nicht zuletzt aus steuerlichen Gründen zum Beschützer der Amateure aufschwingt, in § 5 der Satzung unter der Rubrik »Zuständigkeit und Rechtsgrundlagen«. Dort ist zu lesen: »Der Regelung durch den DFB unterliegen ferner die Förderung und der Schutz des Amateurfußballsportes durch zweckentsprechende Bestimmungen.«

Der Amateurfußball ist jedoch überwiegend Aufgabe der Regional- und Landesverbände und der vielen Vereine, wie das Wort »ferner« schon ausdrückt. Lediglich wenn es um die deutsche Amateurmeisterschaft im Fußball geht, ist der DFB gefragt, weil ihm die Ausrichtung obliegt.

Weiterhin hat sich der DFB in § 3 zum Ziel gesetzt,

> »den deutschen Fußball im In- und Ausland zu vertre-
> ten und alle damit im Zusammenhang stehenden
> Fragen zum gemeinsamen Wohl aller Mitglieder im
> sportlichen Geist zu regeln«.

»Sportlicher Geist« – was bedeutet das heute noch? Ist der
Geist der Realität gemeint, also der der Aktiven auf dem
Platz mit Fouls und Beschimpfungen? Oder doch eher der
des Präsidiums und des Vorstandes? Also ein Wunschgeist?
Aber weiter: Ziel des DFB ist ferner

> »dafür zu sorgen, daß die Fußballspiele ... nach den
> internationalen Regeln ausgetragen werden,
>
> die Ausbildung und Zulassung von Trainern zu regeln,
>
> in Wettbewerben der Lizenzligen des DFB (Bundesliga
> und 2. Bundesliga) ... deren Sieger ermitteln zu lassen
> ... ferner Länderspiele und die zu ihrer Vorbereitung
> notwendigen Spiele und Lehrgänge durchzuführen.«

Was ist an all diesen Aufgaben gemeinnützig? Nichts, denn
in keiner Weise sind die Zwecke »zum allgemeinen Besten ...« ausgerichtet.
Deshalb klingt es sehr unrealistisch, wenn der DFB in § 4
der Satzung behauptet:

> »Der DFB verfolgt ausschließlich, unmittelbar und
> selbstlos gemeinnützige Zwecke ...«

Nicht genug damit: Durch § 13, Absatz 1 a der Satzung sind
die Mitgliedsverbände verpflichtet, den Nachweis der Gemeinnützigkeit zu erbringen. Die in diesem Paragraphen
aufgelisteten Pflichten der Mitglieder »gelten sinngemäß
auch für die Vereine der Lizenzligen«.

Anders ausgedrückt: Sämtliche Vereine im bezahlten Fußball müssen demnach ihre Gemeinnützigkeit nachweisen! So weit, so gut. Hat vielleicht irgendein Pfiffikus die Gemeinnützigkeit deswegen in der Satzung festgeschrieben, weil er vermutet, die steuerliche Überprüfung der ausgegliederten Lizenzabteilungen falle bei solchen Einrichtungen nicht so intensiv aus? Diesen Verdacht äußerte bereits 1987 der *Stern* gegenüber dem DFB. »Um die Gefahr abzuwenden, seine anerkannte und steuersparende Gemeinnützigkeit zu verlieren, hat der DFB ... die nicht gemeinnützige DFB-Wirtschaftsdienste GmbH unter der Register-Nummer HRB 21824 beim Frankfurter Amtsgericht eintragen lassen.«[22]

Zur Verdeutlichung: Laut § 52, Absatz 1 der Abgabenordnung (AO) ist ein Verein dann gemeinnützig, »wenn er die Allgemeinheit auf materiellem, geistigem oder sittlichem Gebiet selbstlos fördert«.

Zudem muß angezweifelt werden, ob der DFB, bekanntermaßen einer der reichsten Sportverbände der Welt, die Erträge aus dem Vereinsvermögen auch wirklich nur für gemeinnützige Zwecke einsetzt. Werden die Mittel entgegen dieser Auflage zum Vorteil einzelner Mitglieder ausgegeben, verliert der Verein seine Gemeinnützigkeit. »Dies ist zum Beispiel der Fall bei unentgeltlicher Bewirtung oder bei kostenlosen Reisen für Vereinsmitglieder.« So ist es nachzulesen in *Steuerlicher Wegweiser für gemeinnützige Vereine*, herausgegeben vom Ministerium der Finanzen.

Sportreisen sind als sportliche Veranstaltung anzusehen, wenn die sportliche Betätigung wesentlicher und notwendiger Bestandteil der Reise ist (Anwendungserlaß zu § 67a, Abschnitt 4 der Abgabenordnung).

Gestehen wir dem DFB also zu, er bemühe sich auf materiellem Gebiet, die Auflage zu erfüllen, indem er über seine Mitglieder den Amateursport bezuschußt. Was berechtigt ihn jedoch zu dem Anspruch, er tue es auch auf geistigem und sittlichem Gebiet?

Aus Nummer 6 der *Neuen Wirtschaftsbriefe* vom 4. Februar

1991, »Besteuerung der Vereine« geht auf Seite 330 folgendes hervor:

»Die Förderung gemeinnütziger Zwecke geschieht selbstlos, wenn dadurch nicht vorwiegend eigenwirtschaftliche Zwecke des Vereins oder seiner Mitglieder verfolgt werden.« (AEAO zu § 55 Nr.1) Das bedeutet im Klartext: Auch hier ist das *Hauptziel* die Gemeinnützigkeit, ähnlich wie in § 58 Nr. 9 formuliert.

Das Verkaufen der Übertragungsrechte an Fernsehanstalten steht dazu im Widerspruch und ist ein ausschließlich eigenwirtschaftlicher Zweck. Noch bis 1988 wurden Fernseheinnahmen (2,658 Millionen Mark) im Bericht des Schatzmeisters – damals war das Egidius Braun, der heutige Präsident – ausgewiesen, danach nie mehr. Das hat einen Grund: Unverhältnismäßig hohe Einnahmen aus wirtschaftlicher Tätigkeit widersprechen nämlich der Gemeinnützigkeit.

Das Ministerium für Finanzen von Rheinland-Pfalz hat die fiskalische Gestaltung wie folgt definiert:

> »Die mit der Gemeinnützigkeit verbundenen Steuervergünstigungen hängen von besonderen Anforderungen ab, die an die Satzung und die Tätigkeit des Vereins gestellt werden. Im steuerlichen Sinne ist ein Verein gemeinnützig, der nach seiner Satzung und seiner Tätigkeit ausschließlich und unmittelbar darauf ausgerichtet ist, dem allgemeinen Besten auf materiellem, geistigem oder sittlichem Gebiet selbstlos zu dienen.«

Lacht da jemand, der gerade an den DFB oder die Lizenzvereine denkt? Es ist in der Tat kurios, daß der angeblich gemeinnützige DFB fast ausschließlich mit den nicht gemeinnützigen, sprich wirtschaftlichen Geschäftsbetrieben der Vereine, und zwar den Lizenzabteilungen, zu tun hat. Und noch eine Pikanterie: Ohne die Einnahmen allein aus dem wirtschaftlichen Geschäftsbetrieb wäre der DFB bankrott, denn allein 1991 hätte es im Haushalt ein Minus von mehr als sieben Millionen Mark gegeben.[23]

An anderer Stelle schreibt das Ministerium für Finanzen:

»Die volle Übereinstimmung der tatsächlichen Geschäftsführung mit der Satzung ist ebenso eine unabdingbare Voraussetzung für die steuerliche Anerkennung der Gemeinnützigkeit. Gerade hierauf wird in
der Praxis nicht immer genügend geachtet.«

Interessant ist in diesem Zusammenhang der folgende Absatz, entnommen aus *Steuerlicher Wegweiser für gemeinnützige Vereine*:
»Der Verein darf mit seinen Mitgliedern Arbeitsverträge
abschließen (z.B. als Trainer, Sportler oder als Hilfskräfte
bei Veranstaltungen), sofern sie klar vereinbart und erforderlich sind und die Vergütung nicht überhöht ist.«
Daß Verträge erforderlich sind – man spricht in diesem
Zusammenhang von Verträgen und nicht von Verträgen auf
Zeit, wie im Fußball üblich –, leuchtet ein. Die Frage stellt
sich jedoch: Was an Vergütung ist »nicht überhöht«? Etwa
100 000 Mark im Jahr? Dann dürfte es kaum noch bezahlte
Fußballer geben. Oder liegt die Grenze bei drei Millionen?
Weiter heißt es: »Ablösezahlungen an einen anderen Sport-
verein für die Übernahme eines Sportlers sind – anders als
bis 1989 – uneingeschränkt zulässig, wenn sie aus einem
Zweckbetrieb im Sinne des § 67a, Abs. 1 Satz 1 der Abgabenordnung geleistet werden. Ansonsten dürfen lediglich
die Ausbildungskosten für den vereinswechselnden Ama-
teursportler erstattet werden. Eine derartige Kostenerstat-
tung kann bei Zahlungen bis zu 5000 Mark je Sportler ohne
weiteres angenommen werden.«
Zur Verdeutlichung: Das Gemeinnützigkeitsrecht unterscheidet zwischen dem eigentlichem ideellen Vereinsbereich, dann der Vermögensverwaltung, den steuerpflichtigen wirtschaftlichen Geschäftsbetrieben und den Zweckbetrieben.
Der ideelle Vereinsbereich – er ergibt sich aus der Satzung,
die vom Finanzamt geprüft wird – ist von allen Steuern

befreit. Das gilt auch für Mitgliedsbeiträge und Aufnahme-
gebühren.

Verwaltet ein Verein – der DFB ist ein eingetragener Verein
mit Sitz in Frankfurt – sein Vermögen, so ist dies steuerfrei,
wenn er Einkünfte aus Kapitalvermögen und Vermietung
und Verpachtung erzielt.

Zweckbetriebe bleiben im Gegensatz zu den wirtschaftlichen Geschäftsbetrieben steuerfrei. Umsätze unterliegen der
ermäßigten Umsatzsteuer, wenn die Betätigung auf den Ver-
einszweck gerichtet »und hierfür erforderlich ist und nicht
mehr, als es zur Erfüllung des Vereinszwecks unvermeidbar
ist, in Wettbewerb zu anderen gewerblichen Betrieben
tritt«.[24] Vereine können sich aufspalten in steuerfreie
Zweckbetriebe – dann erfüllen sie die Gemeinnützigkeit –
und steuerpflichtige wirtschaftliche Geschäftsbetriebe. Ein
Verein ist ein steuerpflichtiger wirtschaftlicher Geschäftsbetrieb, wenn er sich »über den Rahmen der Vermögensverwaltung hinaus nachhaltig wirtschaftlich betätigt, dadurch
Einnahmen erzielt und kein Zweckbetrieb vorliegt«.[25]

Der Gesetzgeber trennt in der Abgabenordnung (§ 67, Absatz
1, Satz 1) genau zwischen steuerfreien Zweckbetrieben und
steuerpflichtigen wirtschaftlichen Geschäftsbetrieben.

»Sportliche Veranstaltungen eines Sportvereins sind grundsätzlich ein Zweckbetrieb, wenn die Einnahmen einschließlich der Umsatzsteuer aus allen sportlichen Veranstaltungen
des Vereins die Zweckbetriebsgrenze von 60 000 DM im Jahr
nicht übersteigt. Übersteigen die Einnahmen die Zweckbetriebsgrenze von 60 000 DM, liegt grundsätzlich ein steuerpflichtiger wirtschaftlicher Geschäftsbetrieb vor.«

Der DFB betätigt sich via seinem wirtschaftlichen Geschäftsbetrieb – Gewinn nach Steuer 1991 mehr als sieben Millionen Mark – und der Wirtschaftsdienste GmbH – an keiner
Stelle wird diese GmbH aufgeführt, niemand kennt Umsätze
und Überschuß – nachhaltig wirtschaftlich, wenn er als
Zwischenhändler bei der Verteilung der Fernsehgelder fungiert und Sponsorenverträge abschließt. Demzufolge sind
auch alle Lizenzabteilungen der Vereine von der Gemein-

nützigkeit ausgegliedert und somit steuerpflichtige wirtschaftliche Geschäftsbetriebe.

Es ist nicht zulässig, die Mittel des ideellen Bereichs (Beiträge, Spenden, Zuschüsse) sowie die Überschüsse aus Zweckbetrieben »zum Ausgleich von Verlusten aus dem steuerpflichtigen wirtschaftlichen Geschäftsbetrieb zu verwenden«. Jede Zahlung unter der Hand geht dem steuerpflichtigen Geschäftsbetrieb verloren, weil diese Einnahmen dort nirgends auftauchen. Und umgekehrt werden nicht nur im Fußball Co-Trainer als Übungsleiter ausgewiesen – nach Aussage eines Steuerfachmanns zieht man mehrere Personen hinzu, die lediglich ihren Namen geben müssen, damit die Zweckbetriebseigenschaft des Vereins gewahrt und die steuerfreie Höchstgrenze für den einzelnen nicht überschritten wird – und erhalten obendrein aus dem Fördertopf des jeweiligen Landessportbundes Mittel für ihre Tätigkeit als Übungsleiter, die man anschließend vereinsintern mit ihrem übrigen Einkommen verrechnet. So findet oft eine Umschichtung aus dem gemeinnützigen Topf in den steuerpflichtigen statt mit dem Hintergedanken, Verluste abzudecken.

Kurios wird der steuerliche Aspekt, wenn ein Verein keine Körperschaftssteuer zahlt, falls es um die Vermögensverwaltung geht. Steuerfrei sind laut Finanzministerium:

- Erträge aus Vermietung von Grundbesitz und Sportanlagen
- Pachtzinsen eines wirtschaftlichen Geschäftsbetriebes
- Erlöse aus der Nutzung von Werbeflächen
- Zinsen aus Bankguthaben
- Erlöse aus dem Verkauf von Grundstücken

Banden-, Reiter- oder Trikotwerbung jedoch fallen unter den wirtschaftlichen Geschäftsbetrieb. Wie ist zu trennen zwischen der Nutzung von Werbeflächen und der Bandenwerbung? Ist die Vorderfront des Stadions oder die des Vereinshauses eine Werbefläche, die allein deswegen steuerfrei behandelt wird, weil Einnahmen aus Vermietung und Verpachtung erzielt werden – Voraussetzung dafür: die Werbeflächen müssen mit dem Gebäude fest verbunden sein –, während im Stadion selbst die Erlöse aus der Bandenwerbung als ein Teil des wirtschaftlichen Geschäftsbetriebes einzustufen sind?

Die Vereine der Landes- und Oberligen, verharmlosend als »Amateurvereine« klassifiziert, sind längst ebenfalls wirtschaftliche Geschäftsbetriebe, obwohl man es immer anders zu hören bekommt.

Ein steuerliches Entgelt liegt vor, wenn der Sportler über einen Aufwendungssatz hinaus Vergütungen oder andere Vorteile erhält. Bleibt es für eigene Sportler des Vereins bei einem pauschalen Aufwendungssatz von höchstens monatlich 700 Mark im Durchschnitt eines Jahres, so ist dies unschädlich. So steht es in *Neue Wirtschaftsbriefe*, Nummer 6. Aber bereits vor Jahren zahlte man in der Amateuroberliga Gehälter – eigentlich dürfte es nach den Bestimmungen der Gemeinnützigkeit dort so etwas nicht geben –, die schon mal 3000 Mark und mehr ausmachen konnten.

»Zur Umgehung des Amateurparagraphen wurde mit Wissen des Vereins zwischen den einzelnen Spielern und der Agentur Härtfelder ein Angestellten- und Werbevertrag abgeschlossen. Dessen Ziel: ›Ausbildung zum Lizenzspieler‹.« Das schrieb der *Spiegel* Weihnachten 1986, als er die Finanzmethoden des Berliner Vereins Blau-Weiß 90 offenlegte. Demnach bewegten sich die verschämt als »Ausbildungsbeihilfe« deklarierten Gehälter zwischen 2000 und 3000 Mark. »Um Schwierigkeiten mit dem DFB zu umgehen, mußten sich die Spieler verpflichten, ›diese Vereinbarung keinen dritten Personen zugänglich zu machen‹.«

In solchen Fällen, so ein Insider, fließt das meiste zwangsläufig unter dem Tisch. Und um nicht mit der Gemeinnützigkeit in Konflikt zu geraten, wechselt demnach all das, was über dem steuerlichen Grenzwert liegt und nicht als Aufwendungen nachgewiesen werden kann, auf diskretem Wege von Verein zu Spieler.

Es mutet mehr als lebensfremd an, daß der DFB davon keine Kenntnis haben soll.

Eine oder zwei Klassen höher im bezahlten Fußball geschieht mit vielen Handgeldern das gleiche: In bar und ohne offiziellen Beleg geht das vonstatten, wie man an Schalke und dessen Ex-Präsident sehen kann.[26] Ist das der wirkliche Grund für die Gemeinnützigkeit, weil diese Gelder nirgends auftauchen dürfen? Oder sind die beiden Ligen korrupt, wie ein Präsident behauptet, wenn beim Transfer von Spielern mit Billigung aller Parteien Gelder unter der Hand den Besitzer wechseln[27] – sonst käme es nämlich zu keinem Vertragsabschluß – und Trainer von Profifußballern bestochen werden, damit sie aufgestellt werden?

Weil der DFB nicht genügend Gelder aus der Gemeinnützigkeit vorweisen kann, aber die Ausgaben so hoch sind – allein Verbandsausgaben und Verwaltungsaufwand beliefen sich für 1991 auf mehr als zehn Millionen Mark –, läßt er die Überschüsse aus dem wirtschaftlichen Geschäftsbetrieb, wie man aus den DFB-Jahresberichten ersehen kann, in die Einnahmen fließen. Damit die Jahresrechnung des Verbandes ausgeglichen ist, wird also im DFB – und das ist durchaus legal – einfach umgebucht. Natürlich wird dadurch eine Überprüfung des Verbandes erschwert.

Auf die Gemeinnützigkeit angesprochen und die ehrenamtliche Tätigkeit der Präsidenten im bezahlten Fußball meint Ommer, Präsident von Homburg: »Da kann ich nur lachen. Wenn der Präsident von Bayern München jährlich eine Aufwandsentschädigung von 200 000 Mark bekommt, und von dem Geld ist am Jahresende keine müde Mark mehr übrig, dann frage ich mich, wo geht das alles hin. Ich habe noch meine erste Benzinquittung und meinen ersten Kilometer beim FC Homburg abzurechnen. Wahrscheinlich bin ich der einzige Ehrenamtliche im bezahlten Fußball.«

Der *Spiegel* schreibt 1991, daß Scherer »sich sein Ehrenamt beim FC Bayern mit einer Aufwandsentschädigung von 160 000 Mark im Jahr bezahlen läßt«. Wenn Ommer sich also nicht irrt, ist der Spesensatz von Bayern-Präsident Scherer, Professor an der Fachhochschule in Augsburg, in der Zwischenzeit aufgestockt worden.

Laut Finanzordnung des DFB sind die Erstattungen für ehrenamtlich Tätige wie folgt geregelt:

>»Für jeden Tag der Inanspruchnahme werden Auslagen in Höhe von DM 20,- ersetzt.«

Macht im Jahr bei 365 Tagen maximal 7300 Mark Tagegeld. Und für jeden Reisetag wird eine Aufwandsentschädigung in Höhe von maximal DM 10 gezahlt, das sind weitere 3650 Mark. Bis 100 km Entfernung hat der Betreffende mit der 2. Klasse der Bundesbahn zu fahren, darüber hinaus darf er die 1. benutzen. Reist er mit dem privaten Pkw, gibt es 0,52 DM pro Kilometer. Wie kann man da innerhalb eines Jahres 200 000 Mark ausgeben? Ein ehrenamtlicher Präsident müßte dazu in zwölf Monaten etwa 365 000 km mit dem Pkw fahren.

Präsident Braun gibt zu: »Der DFB hat 1991 als Verband 4,9 Millionen Mark an Steuern bezahlt.« Bei gleicher Gelegenheit führte Braun weiter aus, daß die 120 Millionen Mark an TV-Übertragungsgeldern nicht ausreichen, »um jedem ehrenamtlich tätigen Helfer in unseren Vereinen einen symbolischen Stundenlohn von fünf Mark zu bezahlen«.

Zur Erinnerung: Im steuerlichen Sinne ist laut Finanzministerium ein Verein gemeinnützig, »der nach der Satzung und seiner Tätigkeit ausschließlich und unmittelbar darauf ausgerichtet ist, dem allgemeinen Besten auf materiellem, geistigem oder sittlichem Gebiet selbstlos zu dienen«.

Ist die Vermarktung von Übertragungsrechten eine materiell, geistig und sittlich selbstlose Tat?

Zurück zur Satzung. Dort heißt es weiter unter § 4:

»Er (der DFB) verfolgt nicht in erster Linie eigenwirtschaftliche Zwecke. Die Mittel des DFB dürfen nur für
die satzungsgemäßen Zwecke verwendet werden.«

Aber nirgendwo in der Satzung ist vermerkt, wie das zu
geschehen hat. Entspricht es der Satzung, wenn 1992 der
heutige Präsident des DFB, Egidius Braun, als Schatzmeister
die Anweisung gibt, den Vereinen der Zweiten Bundesliga
– deren Lizenzabteilungen steuerlich betrachtet allesamt
wirtschaftliche Geschäftsbetriebe sind –, die im ersten Halb-
jahr angefallenen Kosten für Schieds- und Linienrichter in
Höhe von 550 000 Mark zu erlassen? Ist das eine satzungs-
gemäße Verwendung?
Eigentlich nicht, denn nur einen Absatz später heißt es in
§ 4: »Die Mitglieder erhalten keine Gewinnanteile oder sonstigen Zuwendungen aus den Mitteln des DFB.«
Also scheint dies eine Möglichkeit zu sein, den Überschuß
des DFB zu drücken, um nicht durch zu hohe Jahres-
überschüsse mit der Gemeinnützigkeit in Konflikt zu geraten.

Was aus der Satzung des DFB nicht hervorgeht, ist die
Selbstlosigkeit, Ausschließlichkeit und Unmittelbarkeit der
Zweckverfolgung. Besonders dann nicht, wenn man als
Zweck den Wettbewerb der Lizenzligen angibt und die
Ermittlung eines Deutschen Meisters, denn die Förderung
des Berufssports ist ja laut Abgabenordnung nicht gemein-
nützig. Sie kann höchstens nach § 58 Nr. 9 der AO unter
bestimmten Voraussetzungen unschädlich für die Gemein-
nützigkeit sein, wenn *die Förderung des unbezahlten Sports
Hauptziel ist.* Hier widersprechen sich die Paragraphen der
Satzung, außerdem unterläuft der Zweck die Gemeinnützigkeit. Darf bei einem gemeinnützigen Verband oder Verein
die Ermittlung eines Meisters im *Profi*sport überhaupt Ver-
einszweck sein?
Alle Einnahmen aus Länderspielen füllen die Kasse des
DFB, so ist es in § 15 der Satzung festgelegt. Selbstständ-

lich werden die Vereine auch noch zur Ader gelassen. Ganz verschämt kann man im Anhang an das Liga-Statut unter den »Besonderen Bestimmungen« in § 36 nachlesen:

> »Die Vereine der Lizenzligen haben an den DFB und die zuständigen Mitgliedsverbände Beiträge zu entrichten. Die Beiträge werden durch Spielabgaben von den Pflichtspielen erhoben, deren Höhe und Aufteilung der Beirat des DFB bestimmt.«

Doppelt gemoppelt hält besser. Satzung und Lizenzspielerstatut garantieren dem DFB eine stetige Einnahmequelle. Alles gemeinnützig, versteht sich. Irgendwann sollte sich das Finanzamt, angesichts der ausufernden Geschäfte, an denen der DFB beteiligt ist, die Frage nach der Gemeinnützigkeit stellen. Bereits 1987 erläuterte im Magazin *Stern* Heribert Hagemann, Gemeinnützigkeitsreferent im Hessischen Finanzministerium, daß die Gemeinnützigkeit entfällt, »wenn der wirtschaftliche Geschäftsbetrieb überdimensioniert ist«. Weitergehende Äußerungen bezüglich des DFB wollte er wegen des Steuergeheimnisses nicht machen.

Der *Stern* hat dem DFB bereits vor Jahren unterstellt, er habe, um seine Gemeinnützigkeit nicht zu gefährden, die Wirtschaftsdienste GmbH gegründet und in Frankfurt beim Amtsgericht eintragen lassen. Schaut man sich weitere Paragraphen der Satzung an, dann gewinnt man den Eindruck, daß auch sie mithelfen sollen, die gemeinnützigen Absichten des Verbandes zu dokumentieren. Der DFB, ein eingetragener Verein mit Sitz in Frankfurt, ist nach § 2 der Satzung »...parteipolitisch, religiös und rassistisch neutral«. »Rassistisch neutral!« Welch eine Formulierung. Weder für noch gegen? Andere dürfen, wir halten uns raus?
Zugute halten muß man dem DFB, daß er sich bemüht, gegen Ausländerfeindlichkeit vorzugehen. Am 12. Dezember 1992 liefen alle 18 Vereine der Bundesliga statt mit der üblichen

Trikotwerbung mit dem Slogan ein: »Mein Freund ist Ausländer.«

Inzwischen gibt es auch schon Fußballclubs, die von ausländischen Mitbürgern gegründet wurden. Bei den Junioren
können elf Türken Deutscher Meister werden und elf Italiener bei den Amateuren, falls sie ihre Gegner besiegen.

Und am 5. Oktober 1993 trat die deutsche Nationalmannschaft gegen eine Auswahl von ausländischen Fußballprofis
an, die in der Bundesliga spielen. Die Ausländer gewannen
die Begegnung mit 4:2.

Und als letzter Punkt der »Zwecke und Aufgaben« – Haupt-
aspekt ist die Förderung des Fußballsports – wird aufgeführt:

> »...ein Sozialwerk zur Hilfeleistung und Unterstüt-
> zung notleidender Angehöriger des DFB oder ihrer
> Hinterbliebenen zu unterhalten und aus Anlaß beson-
> derer Notfälle aus Mitteln des Sozialwerks Hilfe zu
> leisten, soweit der Sport betroffen ist.«

Laut DFB kümmert sich das Sozialwerk des deutschen Fußballs also um in Not geratene Fußballer, »darüber hinaus
auch ganz speziell um die Resozialisierung von Strafgefangenen. Ein unabhängiges Kuratorium entscheidet über den
Einsatz von Mitteln, prüft, wo Unterstützung und Förderung
notwendig sind.«[28]

Ich habe mit vielen Spielern gesprochen, die sich an den
DFB gewandt haben, weil es ihnen finanziell schlecht ging,
ihnen die Schulden über den Kopf wuchsen, sie Kredithaien
aufgesessen sind. Keiner von ihnen hat je vom Verband eine
Unterstützung erfahren, keinem hat der Verband Hilfe angeboten. Einzig bei Gerd Müller soll es anders gewesen sein.
Aber gerade Hilfe in der Not zu leisten, und zwar schnell
und unbürokratisch, würde einer gemeinnützigen Einrichtung gut zu Gesicht stehen.

Ein Namensvetter des Nationalmannschaftsspielers und
»Bombers der Nation«, Bankdirektor Rudolf Müller, der

frühere Präsident von Eintracht Braunschweig, forderte schon 1985 eine »Pflicht zur Beratung der Spieler«, damit sie die Anlagemöglichkeiten besser verstehen und nicht den Finanzjongleuren hilflos ausgeliefert sind.

Wie sich der DFB finanziert

»Der DFB bestreitet seine Ausgaben aus Einnahmen von Länderspielen und durch Beiträge, die vom Beirat festgesetzt werden.

Soweit diese Einnahmen zum Bestreiten der Ausgaben nicht ausreichen, können Umlagen von den Mitgliedern erhoben werden.«

Eindeutig wird die Finanzierung des DFB durch § 15 der Satzung festgelegt. Kein Wort von Anteilen aus Übertragungsrechten, von Sponsorengeldern und Werbeeinnahmen. Dabei kassierte der DFB schon 1986 1 782 350,42 Mark aus Fernseheinnahmen und 2 346 352,68 Mark aus dem Bereich Wirtschaftlicher Geschäftsbetrieb, beides Finanzquellen, die nicht in der Satzung aufgeführt werden.

Der gemeinnützige DFB fühlt sich – laut dem Präsidenten des Kartellamtes Wolf jedoch widerrechtlich[29] – legitimiert, sämtliche Übertragungsrechte im bezahlten Fußball an den Meistbietenden zu verkaufen. Mehr als 700 Millionen auf fünf Jahre verteilt fließen bis 1997 in die Kassen des Verbandes und in die der lizenzierten Vereine, 1966 waren es lediglich 640 000 Mark pro Jahr. In § 3 des Lizenzspielerstatuts ist nachzulesen, wie sich der DFB auch noch finanziert:

»1. Die Rechte aus den Terminlisten der Lizenzligen üben der DFB und die Mitgliedsverbände aus. Der Liga-Ausschuß ist zu hören.

2. Das Recht, über Fernseh- und Rundfunkübertragungen von Bundesspielen und internationalen Wettbewerbs-

spielen mit Lizenzligamannschaften Verträge zu schließen, besitzt der DFB.

3. Die Einnahmen stehen dem DFB zu.
4. Die Einnahmen aus Länderspielen verbleiben beim DFB.
5. Über die Verteilung der übrigen Einnahmen entscheidet bei Wettbewerben mit ausschließlicher Beteiligung von Lizenzligamannschaften der Liga-Ausschuß, mit dem auch ein eventueller Anteil des DFB zu vereinbaren ist, ansonsten der DFB-Vorstand.
   Entsprechendes gilt auch für die Rechte bezüglich aller anderen Bild- und Tonträger sowie möglicher Vertragspartner.
6. Die Verhandlungen führt der Liga-Ausschuß, sofern der Wettbewerb ausschließlich Ligavereinen vorbehalten ist, im übrigen der DFB-Vorstand, bei Spielen der Endrunde um den DFB-Vereinspokal unter Mitwirkung von Vertretern des Liga-Ausschusses.«

In § 3 wird also definitiv und klar geregelt, daß der DFB das Recht besitzt, Verträge für Fernseh- und Rundfunkübertragungen abzuschließen. Ihm stehen die Einnahmen zu. Die Einkünfte aus Länderspielen verbleiben beim DFB, die übrigen werden durch Einschalten des DFB-Liga-Ausschusses verteilt.

Gemeint sind hier die Übertragungsrechte, die die Rechteverwertungsgesellschaft ISPR – sie ist alleiniger Vertragspartner des Verbandes – für 720 Millionen vom DFB erstanden hat. Oft ist die Rede von 700 Millionen, aber Meyer-Wölden, der Vermittler zwischen DFB und ISPR, hat die Summe von 720 Millionen in einem *Spiegel*-Interview nicht bestritten. Gemeint sind auch die Fernseheinnahmen aus allen anderen Bundesspielen, die abzuschließen allein der DFB das Recht hat. Paragraph 19 der Spielordnung regelt, was unter Bundesspielen zu verstehen ist:

»die der Ersten und Zweiten Liga
  die Deutsche Amateur-Meisterschaft
  der Vereinspokal
  der Deutsche Junioren-Vereinspokal
  der Länderpokal
  der DFB-Supercup
  der DFB-Liga-Pokal
  sonstige überregionale Wettbewerbe
  alle Freundschaftsspiele.«

Das bedeutet, der DFB-eigene Liga-Ausschuß nimmt laut
Absatz 5 die Verteilung der übrigen Einnahmen aus Wettbewerben vor, wenn Lizenzligamannschaften daran beteiligt sind. Und sie sind nun mal im bezahlten Fußball
immer beteiligt. Für den Fall, daß keine beteiligt sein
sollten, greift eine andere Regelung: jetzt ist der DFB-Vorstand zuständig. Wie man sich dreht und wendet: Der
DFB kassiert immer.

Auf die Frage einer Journalistenrunde: »... Gerade der 700-
Millionen-Deal mit den Bundesligarechten hat neue Begehr-
lichkeiten geschaffen. Sportferne, aber schlagzeilenhungri-
ge Politiker fordern ein Bezahlen von Polizeieinsätzen, höhere Stadionmieten, Anteile gar aus den Fernsehgeldern«,
antwortete Egidius Braun, der Präsident des DFB: »Ich bin
ja ein friedliebender Mensch, aber bei solchem Unsinn
schwillt mir der Kamm. Vom TV-Vertrag hat der DFB als
Verband gar nichts; das Geld erhalten die Vereine. Er gilt für
fünf Jahre; einfach die Summe in den Raum zu stellen, ohne
die Laufzeit zu nennen, ist schiere Polemik. Von den 120
Millionen pro Saison erhält der Staat schon mal knapp 15
Millionen an Mehrwertsteuer ....«[30]

Hier scheint ein Mißverständnis vorzuliegen: 700 Millionen
Mark auf fünf Jahre aufgeteilt ergeben 140 Millionen pro
Jahr, und nicht 120 Millionen – Differenz immerhin 100
Millionen. Hat der DFB also doch eine ganze Menge an
Einnahmen aus den Fernsehrechten? Zu erwähnen sind in
diesem Zusammenhang auch noch die Vergabe der Rechte

aller Länderspiele, keines geht einschließlich der Bandenwerbung unter drei Millionen weg – falls RTL den Zuschlag
erhält, dann zahlt der Sender allein für die Übertragung
schon 3,5 Millionen –, die nicht unter diesen »700-Millio-
nen-Deal« fallen.

Bezahlt man den DFB großzügig in Raten, dann muß der
Verband auch noch Zinseinnahmen haben, die so lange
fällig werden, bis er das Geld an die Vereine weitergegeben
hat. Viele würden gerne wissen, unter welcher Rubrik man
diese Einnahmen in den Büchern führt. Da jedoch im DFB-
Haushalt nichts auf 120 Millionen Einnahmen und 120
Millionen Ausgaben hinweist – einem gemeinnützigen Verein würde diese Größenordnung nicht gut zu Gesicht stehen,
außerdem könnte man dann alles besser nachvollziehen –,
wird wohl der Handel über die DFB-Wirtschaftsdienste
GmbH abgewickelt.

Glaubt man also Präsident Braun, dann gehen jährlich von
den 120 Millionen für die Übertragungsrechte knapp 15
Millionen Mehrwertsteuer an den Staat.[31] (Exakt wären es
bei 14 Prozent Mehrwertsteuer 14 736 841 Mark, ab 1. Januar 1993 bei 15 Prozent 15 652 173 Mark.)

Laut Sport-Informationsdienst bekommt jeder Verein der
Bundesliga pro Saison 4,3 Millionen, in der Zweiten sind es
immerhin noch 1,3 Millionen, macht zusammen bei 18 Erst-
und 24 Zweitligisten – bis zur Saison 1992/93 waren es 24
– 103,4 Millionen plus Mehrwertsteuer. Im Jahre 1992 ergab
das, bei 14 Prozent, etwa 117,9 Millionen, bei 15 Prozent
118,9 Millionen Mark. Die Differenz von 1,1 beziehungsweise 2,1 Millionen sei dem DFB gegönnt.

Folgt man der Argumentation des DFB-Präsidenten, dann
würde wegen der festgeschriebenen 120-Millionen-Jahres-
rate jede Erhöhung der Mehrwertsteuer den Anteil der Vereine rapide schrumpfen lassen. Unvorstellbar, was geschä-
he, wenn der Gesetzgeber plötzlich dreißig Prozent durch-
drücken könnte. Außerdem begeht Herr Braun auch noch
einen Rechenfehler.

Addiert man die Summen, die der DFB an die Vereine

ausschüttet, dann kommt ein Betrag heraus von nicht ganz 600 Millionen. Nun hat jedoch die Rechteverwertungsgesellschaft ISPR – Inhaber sind der Filmgroßhändler Leo Kirch und der Zeitungskonzern Springer, vertreten durch Rechtsanwalt Meyer-Wölden – die Fernsehrechte am Bundesligafußball für 720 Millionen[32] – hier tut sich wieder eine Lücke auf von 20 Millionen, denn die Journalisten sprechen gegenüber Braun von einem 700-Millionen-Deal – ersteigert und an SAT 1, von der Zeitschrift *Gong* als Kirch- und Springer-Sender bezeichnet, weiterverkauft. Laut Meyer-Wölden hat die ISPR, obwohl der bisherige Rechteinhaber UFA dem DFB dreißig Millionen Mark mehr geboten haben soll, den Zuschlag erhalten, weil der Fußball-Verband vom Konzept der ISPR überzeugt war. Und das Konzept sieht vor, die Bundesliga wirksamer ins Fernsehbild zu bringen und besser zu vermarkten. Den größten Ausschlag soll jedoch, so vermutet der *Spiegel*, die Zusicherung an den DFB gegeben haben, über Fußball und Verband »durchgängig positiv zu berichten«.[33] In diesem Zusammenhang darf nicht vergessen werden, daß zum Springer-Verlag auch *Bild*, *Sport-Bild* und einige Sonntagszeitungen gehören, die man als Meinungsmacher bezeichnet.

Meyer-Wölden bestreitet, daß es eine diesbezügliche Zusage an den DFB gegeben habe. »Das zu glauben ist Unsinn«, erklärt er in einem *Spiegel*-Interview. »Was Spieler und Trainer verständlicherweise nicht ausstehen können, ist eine Diskussion, die in einer besserwisserischen und vorwerfenden, nicht in fragender oder forschender Art und Weise abläuft.«

So kann man es auch formulieren.

Aufs Jahr umgerechnet erhält der DFB also nicht 120 Millionen, wie Braun behauptet, sondern 144 Millionen, der *Gong* spricht von 140 Millionen. Was geschieht mit den 120 Millionen, die als Differenz zwischen 600 Millionen (nach Brauns Rechnung 5 Jahre jeweils 120 Millionen) und 720 Millionen übrigbleiben?

Wenn die ISPR 720 Millionen Mark an den DFB zahlt – eine Provision müßte demnach schon abgegolten sein –, der DFB aber nur knapp 600 Millionen an die Bundesligavereine verteilt und davon gar nichts hat, bleiben irgendwo 120 Millionen auf der Strecke.

1. Frage: Genehmigt sich der gemeinnützige DFB eine Provision?
2. Frage: Genehmigt sich die ISPR eine zusätzliche Provision?
3. Frage: Genehmigt sich die Wirtschaftsdienste Gmbh eine Provision?

Im letzteren Fall hätte – steuerlich betrachtet – der Verband wirklich nichts von den 720 Millionen.

Auf weitere Abgaben angesprochen, sagt Präsident Braun, daß jede Stadt, die ein Länderspiel ausrichtet, 650 000 Mark als Anteil aus der Bandenwerbung bekommt. Hier wird deutlich, daß die Gesamtsumme aus der Bandenwerbung wesentlich höher liegen muß, ansonsten könnte der DFB keinen solchen Anteil begleichen. Konkrete Zahlen hat mir der DFB verweigert, aber ein Vereinspräsident gab zu, es seien mehr als drei Millionen, die die Bandenwerbung bei einem Länderspiel einbringe. Selbstverständlich zuzüglich Mehrwertsteuer. Bayern München hat seine Bandenwerbung für drei Millionen Mark pro Jahr an den TV-Rechtehändler UFA verkauft, eine der 60 Werbetafeln bringt laut *Managermagazin* bis zu 97 500 Mark ein.

Bereits für 1988 wurde dem DFB von der Werbefirma CWL – der 1. FC Kaiserslautern hat alle Rechte aus der Bandenwerbung an CWL abgetreten und erhält dafür 500 000 Mark pro Saison – für jedes Länderspiel mehr als eine Million, das sind 50 Prozent der Gesamteinnahmen, garantiert.[34] Die andere Hälfte ging an die CWL, und das war lange vor dem Vertrag mit SAT 1, zu einer Zeit, als die Werbe- und Übertragungsrechte noch nicht für so astronomische Summen wie heute gehandelt wurden.

Im Verband gibt es etwa 5,3 Millionen Mitglieder, die regelmäßig ihren Beitrag zahlen. Über die Abgaben der Landesund Regionalverbände tragen sie jährlich mit knapp einer Million Mark zur Finanzierung des DFB bei, bis zur Wiedervereinigung 1989 waren es annähernd 600 000 Mark.[35] Der DFB verdient am Spielbetrieb und kassiert 10 Prozent von jeder Bundesligabegegnung (zehn Millionen erwartete Zuschauer geben in der Saison 1993/94 im Durchschnitt 20 Mark für die Eintrittskarte aus und bringen brutto 200 Millionen Einnahmen) – der FC Schalke 04 kommt allein auf 20 Millionen –, mithin etwa 20 Millionen. Rechnet man die Zahlen des *Kicker* hoch – dem Sportmagazin zufolge zahlten die Bundesligavereine schon in der Spielzeit 1992/93 insgesamt 26 Millionen Mark Umsatzsteuer[36] aus Spieleinnahmen –, dann ergibt sich bereits daraus eine Bruttoeinnahme von 187 Millionen, also 18,7 Millionen für den Verband.

Weiterhin wandern 10 Prozent von den Pokalspielen nach Frankfurt, dazu 10 Prozent von den internationalen Begegnungen. Außerdem stehen dem Verband sogar laut Satzung die Einnahmen aller Länderspiele zu. Insgesamt hat der DFB – unter Einbeziehung sämtlicher Quellen wie seine Wirtschaftsdienste GmbH, die er nur gegründet haben soll, um die Gemeinnützigkeit nicht zu gefährden – Einnahmen in dreistelliger Millionenhöhe pro Jahr. Hinzu kommt die Verwertung des DFB-Markenzeichens, nicht zu vergessen die Sponsoren von Daimler-Benz bis Hanuta, die gleichfalls die Kasse kräftig klingeln lassen.

Offiziell weist der DFB jedoch 1991 ohne seine Wirtschaftsdienste GmbH lediglich Einnahmen und Ausgaben aus in Höhe von etwa 26 Millionen – darin enthalten sind Anteile aus wirtschaftlichem Geschäftsbetrieb, Vermögensverwaltung und Beteiligungen in Höhe von 7,56 Millionen –, der Überschuß beträgt 110 874,93 Mark.

Die Vereine erhalten als Gegenleistung den Spielplan und die Schiedsrichter. Und für die Männer in Schwarz, neuerdings Schwarz-Grün, haben sie jeweils zwischen 40 000 und 80 000 Mark pro Jahr an den Verband zu überweisen.

Unklar ist die Höhe der Summe, die die Bundesligaclubs jährlich an Ligabeitrag zu zahlen haben. Aus dem Jahresbericht des DFB kann man nicht ersehen, ob der Betrag, der dort ausgewiesen wird – 1991 immerhin 12 670 639,93 Mark für Spieleinnahmen und Beiträge –, auch tatsächlich in dieser Höhe zutrifft. Es müssen aber etliche Millionen sein, die der DFB auf diesem Wege erhält. Bereits 1987 waren es mehr als 3,5 Millionen, die die Vereine zu entrichten hatten.

Deutlich muß man die mangelnde Transparenz der DFB-Jahresberichte beklagen, in denen die Wirtschaftsdienste GmbH überhaupt nicht näher aufgeführt wird. Jede Institution, so auch die Vereinigung der Vertragsfußballspieler – ebenfalls eine gemeinnützige Einrichtung –, muß eine konsolidierte Bilanz vorlegen, warum nicht also auch der DFB mit seinem »eingetragenen Verein«, der »Sepp-Herberger-Stiftung« und dem Club »Freunde der Nationalmannschaft«?

Die DFB-Wirtschaftsaktivitäten sind sehr verschlungen konstruiert, und wie das Reisebüro eingebunden ist, weiß kein Außenstehender. Es verwundert deshalb nicht weiter, daß der Liga-Direktor Straub, im Verband unter anderem zuständig für Buchhaltung und Finanzplanung, auch zugleich Leiter der DFB-Wirtschaftsdienste ist.

Wie der DFB seinen Kapitalfluß verschleiert, hat schon vor mehr als fünfzehn Jahren der damalige Schatzmeister Egidius Braun auf einem DFB-Bundestag demonstriert. Er ließ den Delegierten die Zahlen des Verbandes für kurze Zeit als Tischvorlage zur Einsicht, aber bereits nach wenigen Minuten wieder einsammeln. Als einige Delegierte Genaueres wissen und die Vorlagen behalten wollten, weigerte sich Braun. Zu diesem Vorfall ist laut *Stern* im Protokoll des damaligen DFB-Bundestages zu lesen: »Unter Hinweis auf die Finanzordnung des DFB und die im Vorstand dazu gefaßte Meinung lehnte es Braun ab, eine Auskunft über das gegenwärtige Gesamtvermögen des DFB zu geben bzw. in Zukunft eine Bilanz vorzulegen.«

Weiter heißt es im Protokoll: »In der anschließenden Diskussion sprachen sich Köbler und Kahl gegen die sofortige Einziehung der Tischvorlage und für eine kurzfristige Überlassung zum näheren Studium aus, ohne sich mit ihrer Meinung durchsetzen zu können.« Dieses Verhalten von Braun, heute DFB-Präsident und damals Schatzmeister, hat seinen Grund. Bei genauerer Prüfung der Jahresabrechnung tauchen für die Delegierten mehr Fragen auf, als beantwortet werden.

»Ich kenne kaum einen Posten in der DFB-Bilanz und in der Jahresabrechnung, der genau das wiedergibt, was er auch wiedergeben soll.« So äußert sich ein ehemaliges Mitglied des Vorstandes, der 1978 auf diesem Bundestag zugegen war und seine Tätigkeit in der DFB-Führung mittlerweile aufgegeben hat.

Einige Jahre später, 1985, erzielte der DFB, abgesichert durch einen Vertrag mit der Firma CWL, Schweiz, bei Länderspielen 3,3 Millionen Mark.[37] Logischerweise müßten doch auch diese 3,3 Millionen in voller Höhe als Einnahmen gebucht worden sein. Nicht so unter Egidius Braun als Schatzmeister. Dazu das Magazin *Stern*: »Ganze 2 283 587,90 Mark weist Kassenwart Braun in seinem Bericht unter der Position 1.8 (Wirtschaftlicher Geschäftsbetrieb, Vermögensverwaltung und Beteiligungen) aus.«

Und wie steht es mit den 3,3 Millionen? Sie erscheinen nicht. Da der DFB 50 Prozent der Gelder aus der Bandenwerbung an die Städte weitergibt, müßten in jedem Fall nach Abzug der Ausgaben mindestens 1,65 Millionen übrig bleiben Das bedeutet zwangsläufig, daß der restliche wirtschaftliche Geschäftsbetrieb wie Vermögensverwaltung und Beteiligungen – »Position 1.8« – lediglich Einnahmen in Höhe von gut 600 000 Mark – die Differenz von 1,65 Millionen zu den ausgewiesenen 2 283 587,90 Mark – abgeworfen haben dürfte; aber bereits ein Jahr später, 1986, kam ein Überschuß von mehr als 2,3 Millionen zustande.

Warum überläßt der DFB noch nicht einmal seinen Delegierten die Zahlen zur Einsicht? Befürchtet der Verband, daß selbst die auf DFB-Kurs eingeschworenen Funktionäre unangenehme Fragen stellen könnten? Deshalb treten flugs Kassenprüfer auf, die verkünden, für die Jahre 1983, 1984 und 1985 seien keine Beanstandungen festgestellt worden. »Daher werde vorgeschlagen, dem Schatzmeister Egidius Braun in vollem Umfang Entlastung zu erteilen.« Genauso ist es im DFB-Jahresbericht nachzulesen.

Im Gegensatz zur versteckten Handhabung und verschleiernden Ausweisung der Einnahmen und Ausgaben nimmt sich der Verband das Recht heraus, jedes Jahr im Rahmen des Lizenzierungsverfahrens den finanziellen Status aller Vereine im bezahlten Fußball auf Herz und Nieren zu überprüfen. Der DFB geht sogar noch weiter in seiner Kontrollfunktion, denn er hat nach § 8 des Lizenzspielerstatuts via Liga-Ausschuß die Möglichkeit, zu jeder Zeit »durch Beauftragte Einsicht in die Buchungsunterlagen zu nehmen« und die Vorlage weiterer Daten innerhalb einer angemessenen Frist zu verlangen.

Auf der anderen Seite soll man einem Präsidenten Braun, der sich als Schatzmeister geweigert hat, gegenüber Kollegen die Vermögenslage des DFB zu erläutern,[38] glauben, wenn er behauptet: »Vom TV-Vertrag hat der DFB gar nichts, das Geld geht an die Vereine.«

Alle drei Jahre können die Delegierten des DFB-Bundestages in dürftigen Zahlen den finanziellen Status ihres Verbandes erraten, denn jeweils immer rechtzeitig zu der Versammlung veröffentlicht der DFB – verantwortlich sind zwei Mitarbeiter der Pressestelle, Koltzenburg und Niersbach – einen sogenannten Jahresbericht. Und damit geben sich die Delegierten zufrieden.

Aber es ist nicht der Bericht eines Jahres, wie man denken mag, sondern der für den Zeitraum von drei Jahren. Im letzten DFB-Werk, das die Zeitspanne von 1989 bis 1991/92 abdeckt und auf dem 34. Bundestag in Berlin, 23.-24. Oktober 1992, vorgelegt wurde, ist auch die Niederschrift des 33. Bundestages aus dem Jahre 1989 in Trier zu finden. Drei Jahre nach der Vollversammlung kann der Interessierte nachlesen, wer gewählt worden ist, welche Themen und Sachbereiche man damals abgehandelt hat.

Im DFB-Jahresbericht kommen auf insgesamt 302 Seiten fast alle zu Wort: Der Präsident, der Generalsekretär, der Schatzmeister, die Kassenprüfer und viele, viele andere. Der Rapport des Schulfußballausschusses erstreckt sich über fünf Seiten, der der Sicherheitskommission über acht und der des Schiedsrichterausschusses gar über elf. Nichts gegen die Verfasser, die Vorsitzenden der Ausschüsse, aber im Vergleich zu Egidius Braun müssen sie allesamt unheimliche Schwätzer sein, denn der Schatzmeister begnügt sich mit zwei Seiten. Zuoberst steht tatsächlich auf Seite 34 »Bericht des Schatzmeisters«, aber dargelegt werden auf der ersten Seite in sehr vereinfachter Form die Ein- und Ausgaben der letzten drei Jahre. Und auf der zweiten Seite wird der dürftige Haushaltsplan der kommenden drei Jahre vorgestellt, der, wie üblich, einstimmig verabschiedet wurde. Das ist es auch schon.

Kein Wort des Kommentars, kein Wort zur Verdeutlichung und Erklärung gewisser Positionen.

In dem dürftigen Zahlenwerk fällt der sprunghafte Anstieg der ersten Position, »Spieleinnahmen und Beiträge«, auf. Im Jahre 1989 waren es 6,5 Millionen, 1990 schon 8,3 Millionen und 1991 knapp 12,7 Millionen. Eine mögliche Erklärung: Im gleichen Zeitraum stiegen die Zuschauerzahlen von 6 Millionen über 6,3 Millionen schließlich auf 8,6 Millionen. Außerdem trug die Nationalmannschaft zwölf Länderspiele auf deutschem Boden aus und hatte im Schnitt etwa 38 000 Besucher.

Was aber so alles unter den Posten »Spieleinnahmen und Beiträge« fällt, kann man nur vermuten. Der Liga-Beitrag der Vereine etwa? Fernsehgelder? Länderspieleinnahmen? Bandenwerbung?

Dieser Posten schafft wahrlich keine Klarheit, sondern nur Verwirrung. Der gleichen Auffassung ist ein Steuerberater und Wirtschaftsprüfer, dem diese Zahlen vorgelegt wurden. Als unmöglich und schlampig bezeichnete er die Aufstel-

Bericht des Schatzmeisters | Egidius Braun

Jahresrechnung 1989, 1990 und 1991

	1989 DM	1990 DM	1991 DM
EINNAHMEN Total	**15.154.510,07**	**19.595.208,65**	**26.712.382,87**
– Spieleinnahmen und Beiträge	6.574.645,35	8.327.391,32	12.670.639,93
– Erträge aus Vermietung, Verpachtung, Kapitalverzinsung etc.	3.612.018,31	3.778.908,49	5.177.457,32
– Wirtschaftl. Geschäftsbetrieb, Vermögensverwaltung, Beteiligungen	4.081.166,52	4.971.933,36	7.563.415,23
– Mittel aus Rückstellungen etc.	886.679,89	2.516.975,48	1.300.870,39
– Mittel aus Rücklagen	–	–	–
AUSGABEN Total	**15.134.135,82**	**19.531.666,95**	**26.601.507,94**
– Verbandsaufgaben	2.794.023,96	2.450.981,26	3.297.849,74
– Verwaltungsaufwand	5.646.405,84	6.282.359,38	7.858.727,61
– Lehrgangsarbeiten und Sportbetrieb	2.508.843,88	3.285.750,28	4.294.706,43
– Aufwand für Jugend und Schüler	1.144.034,95	1.185.127,91	1.660.444,03
– Zuführungen Rückstellungen und Rücklagen	2.468.300,—	3.896.828,43	6.006.200,—
– Außerordentlicher Aufwand	125.597,69	1.499.668,28	346.029,37
– Abschreibung auf Sachanlagen	280.411,50	294.427,41	276.139,76
– Veränderung Pensionszusagen	166.518,—	636.524,—	2.861.411,—
ÜBERSCHUSS	**20.374,25**	**63.541,70**	**110.874,93**

Frankfurt/Main, den 31. August 1992   Deutscher Fußball-Bund   gez. Egidius Braun Schatzmeister

HAUSHALTSPLANUNG 1993 – 1995

	SOLL 1992 TDM	1993 TDM	1994 TDM	1995 TDM
EINNAHMEN Total	**15.709,5**	**18.109,5**	**18.699**	**18.542,5**
– Spieleinnahmen und Beiträge	10.571,5	13.171,5	13.851,5	14.281,5
– Erträge aus Vermietung, Verpachtung, Kapitalverzinsung etc.	2.787,5	3.398	3.398	3.398
– Mittel aus Rücklagen	2.350,5	1.540	1.449,5	863
AUSGABEN Total	**15.709,5**	**18.109,5**	**18.699**	**18.542,5**
– Verbandsaufgaben	2.573	2.631,5	2.689	2.995,5
– Verwaltungsaufwand	7.878	8.648	8.980	9.347
– Lehrgangsarbeiten und Sportbetrieb	3.692,5	4.155	4.283	4.386
– Aufwand für Jugend und Schüler	1.566	1.675	1.747	1.814
– Anschubfinanzierung NOFV-Verbände	–	1.000	1.000	–

Frankfurt/Main, den 31. August 1992

Deutscher Fußball-Bund
gez. Egidius B r a u n
Schatzmeister

lung, absolut unbrauchbar fürs Finanzamt. Es sei weder eine Bilanz noch eine Gewinn- oder Verlustrechnung, dafür eine mehr oder weniger willkürliche Anordnung von Zahlen ohne rechte Aussagekraft.

Rückstellungen und Rücklagen werden, obwohl beides nichts miteinander zu tun habe – Rücklagen sind Passiva und Kapitalbestandteil, Rückstellungen dagegen können ein echter Schuldposten sein –, in einer Rubrik zusammengefaßt, als wollte man gegenüber den Delegierten etwas verschleiern.

Noch mehr verunsichert wird der Leser, wenn er die Position »Wirtschaftlicher Geschäftsbetrieb«, immerhin mit Einnahmen von 7,5 Millionen im Jahre 1991 gesegnet, in der Haushaltsplanung der Jahre 1993–1995 sucht. Fehlanzeige. Will man diesen Zweig aufgeben? Sich auf die Gemeinnützigkeit besinnen? Mehr als sieben Millionen Einnahmen, von denen keine Mark im zukünftigen Haushalt eingeplant ist?

Rückstellungen und Rücklagen – sie entsprechen im Jahre 1991 mit 6,006 Millionen Mark annähernd der Position »Wirtschaftlicher Geschäftsbetrieb« – möchte man auch keine mehr bilden, denn die sucht man auf der Ausgabenseite der Haushaltsplanung ebenfalls vergeblich. Aber Einnahmen und Ausgaben des Entwurfs gleichen sich aus, folglich müßte jede Mark, die der wirtschaftliche Geschäftsbetrieb zukünftig an Überschuß erwirtschaftet, als Gewinn ausgewiesen werden. Aber das ist Spekulation, denn der DFB jongliert mit den Zahlen, wie er es für nötig erachtet.

Wie mitteilsam war dagegen noch der Verband in seinem letzten Jahresbericht, den er 1989 zum Trierer Bundestag vorgelegt hat. Ein richtiges monströses Zahlenwerk im Vergleich zu dem drei Jahre späteren, das nach Einschätzung der Verbandsführung und des Schatzmeisters Egidius Braun die Delegierten wegen der ungewöhnlichen Ausführlichkeit wohl überfordert haben dürfte.

Plötzlich erfährt man hier, daß sich der 1992 pauschal als »Spieleinnahmen und Beiträge« ausgewiesene Posten im Jahre 1989 zusammensetzt aus:

Spieleinnahmen	1,529 Millionen
Ligabeitrag	2,687 Millionen
Fernseheinnahmen	2,658 Millionen
Beiträge Verbände	0,562 Millionen

Erträge aus der Kapitalverzinsung, mit Sicherheit der dickste Batzen, werden in beiden Jahresberichten nicht separat dargelegt, sondern zwischen andere Einnahmequellen verpackt – 1989 verschämt zusammen mit Lehrgangsgebühren und Drucksachenversand. Damit verhindert der DFB, daß jemand – gemeint sein können nicht nur die Delegierten – Rückschlüsse zieht auf das Geldvermögen des Verbandes. Auch der Überschuß wird ungenau ausgewiesen, der 1991 um ungefähr vier Millionen Mark höher hätte ausfallen müssen – wenn man davon ausgeht, daß nach Einschätzung eines Steuerexperten von den 6 Millionen Mark Ausgaben in Position »Zuführungen, Rückstellungen und Rücklagen« etwa 2 Millionen Rückstellungen sind. Bei den verbliebenen 4 Millionen würde es sich demnach um Rücklagen handeln, finanztechnisch gesehen also ein Kapitalbestandteil, die von der Einnahmenseite auf die Ausgabenseite gewandert sind und somit einen höheren Überschuß verhindert haben. »Erträge aus Vermietung, Verpachtung, Kapitalverzinsung etc.« werden zwar in den Jahren 1989 bis 1991, aber nicht von 1986 bis 1988 aufgeführt. Dafür aber gibt es von 1986 bis 1988 unter 1.5 einen Extrapunkt, von dem man annehmen muß, daß es sich um Vermietung und Verpachtung handelt: »Gebäudeerträge«, so die Bezeichnung, die auch im Entwurf für die Jahre von 1989 bis 1992 auftaucht, aber im Haushalt 1989 bis 1991 nicht mehr zu finden ist. Warum bekommt das Kind plötzlich einen anderen Namen? Was in einem Jahr unter einer bestimmten Position nachzulesen ist, erscheint später ganz woanders. Dabei soll nach Auffassung der Finanzämter Bilanzkontinuität gewahrt bleiben, damit eines mit dem anderen verglichen werden kann.

Dazu ein anderes Beispiel aus 1986–1988: »Erträge aus Spielgenehmigungen«, Position 1.6, passen doch begrifflich und inhaltlich besser in die Rubrik »wirtschaftlicher Ge-

Jahresrechnung 1986, 1987 und 1988

I. EINNAHMEN

		1986 Soll TDM	1986 Ist DM	1987 Soll TDM	1987 Ist DM	1988 Soll TDM	1988 Ist DM
1.1	Spieleinnahmen	1.850	1.804.497,21	1.850	2.374.395,62	1.350	1.529.454,60
1.2	Ligabeitrag	2.800	2.852.403,30	2.945	3.504.447,59	3.160	2.687.477,54
1.3	Fernseheinnahmen	600	1.782.350,42	1.700	2.093.726,43	1.800	2.658.169,45
1.4	Beiträge Verbände	562,5	562.500,—	562,5	562.500,—	562,5	562.500,—
1.5	Gebäudeerträge	200	344.820,84	250	365.906,42	250	359.435,46
1.6	Erträge aus Spielgenehmigungen, Kapitalverzinsungen, Lehrgangsgebühren, Drucksachenverkauf etc.	2.241	1.902.546,68	1.597	1.965.975,41	1.597	2.334.712,97
1.7	Mittel aus Rückstellungen	—	14.027,62	—	12.994,—	—	67.746,28
1.8	Wirtschaftlicher Geschäftsbetrieb, Vermögensverwaltung, Beteiligungen	—	2.346.352,68	—	4.459.077,32	—	6.296.705,65
1.9	Außerordentliche Erträge	—	868.169,20	—	92.051,67	—	24.854,40
1.10	Erhöhung Aktivwerte Altersversorgung	—	314.680,60	—	485.821,20	—	491.582,32
1.11	Mittel aus Rücklagen	2.223,5	—	2.070	—	2.650	—
		10.477	12.792.348,55	10.974,5	15.916.895,66	11.369,5	17.012.638,67

II. AUSGABEN

2.1 Verbandsaufgaben

		1986 Soll TDM	1986 Ist DM	1987 Soll TDM	1987 Ist DM	1988 Soll TDM	1988 Ist DM
2.1.1	Bundestag, Beirat, Bundesvorstand	360	318.493,38	175	215.711,66	183	182.955,19
2.1.2	Nationale und internationale Vertretungen	79	45.208,53	65	63.875,17	65	63.050,49
2.1.3	Tätigkeit der Ausschüsse und Projektgruppen	611,5	593.712,60	563	455.681,12	586	534.651,86
2.1.4	Sportgerichtsbarkeit	65	73.946,11	82	64.115,56	70	62.732,77
2.1.5	Dokumentation, Lehrbücher	126	29.808,38	80	108.431,61	85	114.487,56
2.1.6	Repräsentation, Ehrungen	190	82.254,76	130	61.451,97	130	85.949,72
2.1.7	Versicherungen	250	224.241,10	250	205.807,10	250	207.139,—
2.1.8	PR-Aktivitäten	—	14.027,62	—	12.994,—	—	105.044,72
2.1.9	Sonstiges (DSB-Beitrag etc.)	470	431.723,78	458	423.561,29	468	510.455,10
		2.151,5	1.813.416,26	1.803	1.611.629,48	1.837	1.866.466,41

2.2 Verwaltungsaufwand

2.2.1 Personal	3.570	3.407.032,83	3.757	3.463.538,33	3.938	3.671.000,52
2.2.2 Altersversorgung	405	376.401,95	390	353.380,12	405	417.014,68
2.2.3 Allgemeine Verwaltungskosten	1.193,5	1.060.313,55	1.156	1.097.398,21	1.192	1.117.430,06
	5.168,5	4.843.748,33	5.303	4.914.316,66	5.535	5.205.445,26

2.3 Lehrgangsarbeiten und Sportbetrieb

2.3.1 Ausgaben für Trainer	747,5	524.205,93	707,5	702.459,06	745,5	528.279,66
2.3.2 Ausgaben für Olympia-Mannschaft, U 21, Amateure und Damen	475	459.453,16	1.040	936.168,47	1.062,5	623.777,29
2.3.3 Diverse Lehrgänge, Tagungen, Prüfungen	183,5	104.736,37	188	134.161,44	177,5	145.979,06
2.3.4 Sportversicherung	175	164.637,90	175	187.208,20	175	214.078,30
2.3.5 Schiedsrichterkosten	400	887.364,88	500	983.312,53	550	952.643,54
2.3.6 Sonstiges	107	70.377,47	88	200.861,07	88	135.876,46
	2.088	2.210.775,71	2.698,5	3.144.170,77	2.798,5	2.600.634,31

2.4 Ausgaben für Jugend und Schüler	894	934.163,42	995	1.108.863,34	1.024	1.037.684,08
2.5 Hausunterhaltung	175	157.945,81	175	171.053,48	175	172.218,04
2.6 Rückstellungen und Rücklagen	–	2.108.355,21	–	3.473.061,61	–	4.611.300,–
2.7 An Verbände für bestimmte Vorhaben	–	–	–	–	–	650.000,–
2.8 Abschreibung auf Sachanlagen	–	331.038,04	–	355.386,62	–	319.522,07
2.9 Veränderung Pensionszusagen	–	385.802,–	–	971.632,–	–	336.224,–
	10.477	12.785.244,78	10.974,5	15.750.113,96	11.369,5	16.799.494,17
Überschuß		7.103,77		166.781,70		213.144,50

Frankfurt/Main, den 31. August 1989

Deutscher Fußball-Bund
gez. Egidius B r a u n
Schatzmeister

schäftsbetrieb«, als, wie geschehen, mit der Kapitalverzinsung vermischt zu werden. Drei Jahre später, also 1989, hat der DFB das eingesehen und die Erträge aus Kapitalverzinsung, Vermietung und Verpachtung ohne die der Spielgenehmigungen zusammengefaßt und um ein »etc.« ergänzt. Leider weiß man nicht, wie jenes unscheinbare »etc.« zu verstehen ist.

Dieses Jonglieren mit den einzelnen Buchungspositionen erschwert Vergleiche, unterläuft eine genaue Auflistung und verhindert eine Überprüfbarkeit. Deshalb kann auch nicht nachvollzogen werden, ob der wirtschaftliche Geschäftsbetrieb samt Vermögensverwaltung und Beteiligungen (Position 1.8), der 1988 immerhin mit 6,296 Millionen Mark Einnahmen zu Buche stand, sich 1989 wirklich plötzlich verschlechtert hat, weil in diesem Jahr nur noch 4,081 Millionen aufgeführt werden. Man weiß ja nicht: was wurde alles 1988 unter diesem Oberbegriff zusammengefaßt – und was 1989.

Eines kann man womöglich miteinander vergleichen, und zwar auf der Einnahmenseite die Mittel aus Rückstellungen mit den Rückstellungen und Rücklagen auf der Ausgabenseite. Faßt man die sechs Jahre zusammen, dann kommt man bei den Einnahmen auf insgesamt 4,799 Millionen, bei den Ausgaben, also Zuführungen, auf 22,564 Millionen Mark. Demnach müßten an Rücklagen und Rückstellungen knapp 18 Millionen Mark vorhanden sein, denn Mittel aus Rücklagen wurden, obwohl im Soll aufgeführt, in den sechs Jahren von 1986 bis 1991 nicht aktiviert.

Setzt man voraus, daß diese insgesamt 18 Millionen Rücklagen und Rückstellungen nicht irgendwo im Keller gebunkert werden, dann fallen bei banküblichen Zinsen pro Jahr mindestens 1,3 Millionen Mark an, ohne zu berücksichtigen, daß der DFB ja auch schon in den Jahren zuvor Rücklagen gebildet hat.

1991 hat der DFB Einnahmen aus Vermietung, Verpachtung und Kapitalverzinsung in Höhe von 5,177 Millionen ausgewiesen. Drei Jahre vorher wurden die Gebäudeerträge separat mit gut 359 000 Mark angegeben. Legt man eine moderate

Steigerungsrate aus den Gebäudeerträgen, also Vermietung und Verpachtung, von fünf Prozent zugrunde, dann verbleibt, wenn man diese Einnahmen von den Gesamterträgen aus Vermietung, Verpachtung und Kapitalverzinsung abzieht, ein Überschuß von ungefähr 4,5 Millionen zugunsten der Kapitalverzinsung. Und die wiederum hochgerechnet ergibt für den DFB bei banküblichen 8 Prozent Zinsen ein Ausgangskapital von etwa 60 Millionen Mark. So hoch beläuft sich demnach mindestens das Barvermögen des DFB, ohne die Rücklagen zu berücksichtigen und ohne das im wirtschaftlichen Geschäftsbetrieb gebundene Kapital.

Präsident Braun gibt zu: »Der DFB hat 1991 als Verband 4,9 Millionen Mark an Steuern bezahlt.« Die Rede ist eindeutig vom Verband und nicht von der Wirtschaftsdienste GmbH. Die von Braun zugegebenen 4,9 Millionen an Steuern werden jedoch nicht auf der Ausgabenseite aufgeführt, was nur bedeuten kann, der wirtschaftliche Geschäftsbetrieb hat sie bereits vorab entrichtet. Das wiederum läßt für 1991 den Schluß zu, daß der nicht gemeinnützige Bereich des Verbandes bei einer Steuerprogression von gut 50 Prozent – in einer GmbH läge sie höher – einen Überschuß von etwa 9,5 Millionen Mark erwirtschaftet haben muß. Die Differenz zwischen den geschätzten 9,5 Millionen und den 4,9 Millionen Mark entrichteter Steuern, also 4,6 Millionen, ist anteilig zusammen mit der Vermögensverwaltung und den Beteiligungen in den 7,563 Millionen Einnahmen enthalten, die im Bericht des Schatzmeisters ausgewiesen werden. Unterstellt man dem wirtschaftlichen Geschäftsbetrieb eine Rendite von 15 Prozent – üblich sind normalerweise höchstens 5 bis 10 Prozent –, dann müßte, ausgehend von 4,9 Millionen Steuern und etwa 9,5 Millionen Überschuß, der Umsatz bei mindestens 60 Millionen liegen.

Bereits 1987 sagte Heribert Hagemann, Finanzbeamter, zum *Stern*: Die Gemeinnützigkeit entfällt, »wenn der wirtschaftliche Geschäftsbetrieb überdimensioniert ist«.

Es bleibt nur zu vermuten, was alles an Unkosten in den Bereich wirtschaftlicher Geschäftsbetrieb abgewälzt wird, um dort Überschuß und Gewinn zu schmälern und die Gemeinnützigkeit nicht noch mehr zu gefährden.

Selbst wenn man die »Sepp-Herberger-Stiftung« und den Club »Freunde der Nationalmannschaft«, was die Einnahmen betrifft, außen vorläßt, darf eines nicht vergessen werden: Welche Umsätze und Gewinne steuern die DFB-Wirtschaftsdienste, die in keiner Bilanz auftauchen, unter Geschäftsführung von Direktor Wilfried Straub bei? Wie werden sie gebucht? Was fließt vom DFB zu ihnen und was kommt auf welchem Weg zurück?

Viele Fragen und keine Antworten. Nur wenige Auserwählte im DFB sind über die Aktivitäten der Wirtschaftsdienste unterrichtet, so unter anderem die Mitglieder des Beirates der DFB-Wirtschaftsdienste GmbH, dessen Vorsitzender über viele Jahre Hermann Neuberger gewesen ist. Der DFB-Wirtschaftsausschuß, der zur Vertraulichkeit verpflichtet ist, erfährt dagegen keine genauen Details.

Nicht von ungefähr gewinnt in diesem Zusammenhang die Aussage eines Beamten der Steuerfahndung an Bedeutung, der schon vor Jahren im *Stern*[39] erklärt hat, es liefen erhebliche Schwarzgeschäfte ab.

DFB und Sponsoren

Daimler-Benz, Adidas, IBM, Panasonic, Lufthansa, Visa, Aquarius, Hanuta, Nutella, Coca-Cola, Langnese/Iglo, Bitburger: das sind die Sponsoren des DFB, der Verband bezeichnet sie als Partner. Sogar auf den Rundschreiben des Pressedienstes, für die Wolfgang Niersbach verantwortlich ist, prangen die Logos der Firmen und Konzerne unübersehbar am linken Briefrand; Lufthansa und Birkel sind auf dem Schreiben Nr. 3/93 vom 6. Mai 1993 – aus welchen Gründen auch immer – nicht aufgeführt, obwohl auch sie zu den Sponsoren zählen.[40]

Daimler-Benz hat, wie es sich gehört, eine Sonderstellung. Wer das nicht glauben will, braucht nur die Hochglanzbroschüre des Verbandes aufzuschlagen und auf der Doppelseite 44/45 nachzuschauen: »Die Nationalmannschaft identifiziert sich mit ihrem Hauptsponsor Mercedes-Benz. Eine ideale Partnerschaft.« So ist es über dem großformatigen Foto zu lesen, das die erweiterte Nationalmannschaft mit Trainer und Co-Trainer zeigt, wie sie sich um einen getunten Pkw postiert haben. Von den Mercedes-Benz-Sponsoreneinnahmen – man kolportiert, es seien zwanzig Millionen pro Jahr, genaue Zahlen rückt die Zentrale in Frankfurt nicht heraus – gehen laut Präsident Braun 25 Prozent an die Nationalmannschaft, den Rest streicht der DFB ein. Das ist ein gutes Geschäft für den Verband, zeigt doch die Aufteilung exakt, wie es überall im Spitzensport zugeht.

Der DFB sieht es anders, wenn er sich und seine Stellung bezüglich der Sponsoren darstellt. Da heißt es: »Der DFB schätzt sich glücklich, mit starken Partnern Doppelpässe spielen zu können. An erster Stelle zu nennen ist der Hauptsponsor Mercedes-Benz. Seit 1990 taucht der weltbekannte Stern auf der Trainings- und Freizeitkleidung der Nationalspieler auf, und Werbefachleute sprachen nach dem WM-Gewinn von einer ›traumhaften Verbindung‹, denn: ›Die Nummer eins im Sport und die Nummer eins in der Automobilbranche: Dies paßt ideal zusammen. ‹ Bis 1994 läuft diese Verbindung, eine Verlängerung ist vorgesehen.«

Insgesamt, so ist zu hören, habe der DFB über seine Partner Einnahmen von zig Millionen Mark im Jahr. Wie es auf höchster Ebene bei den einzelnen Sportverbänden inzwischen Brauch ist, verteilt auch der DFB, genau wie das Nationale und das Internationale Olympische Komitee (NOK, IOC), das Gütesiegel »Offizieller Ausrüster«. 1979 wurde ein sogenannter Ernährungspool gegründet, in dem – Stand: Mai 1993 – folgende Produkte zusammengeschlossen sind: Aquarius, Coca-Cola, Birkel, Langnese, Iglo, Hanuta, Nutella und Bitburger. Geworben wird dabei wie folgt: »Was bei Top-Spielern auf dem Tisch steht, ist auch gut für Otto Normalverbraucher.« DFB-Marketingchef Wilfried Straub, zugleich auch Ligadirektor, sagt dazu: »Entscheidend ist die Glaubwürdigkeit. Es kommen nur Produkte in Frage, die von den Nationalspielern und auch von den Sportmedizinern akzeptiert werden.«

Ein ehemaliges Vorstandsmitglied ist anderer Auffassung und meint, bei der Vergabe spielten profanere Gründe eine wichtige Rolle. Als Beleg führt er den DFB-Generalsekretär Horst R. Schmidt an, der von Caesar W. Lüthi, dem Inhaber der Schweizer Werbefirma CWL, bestochen worden sein soll.[41] Schmidt hat das gegenüber dem *Stern* bestritten. Er räumte zwar ein, »mit seiner Frau und dem Ehepaar Lüthi einen gemeinsamen Portugal-Urlaub verbracht zu haben, doch bezahlt habe er dafür selber«.

Erster Sponsor des DFB war der Schuhproduzent Adidas aus Herzogenaurach. »Firmengründer Adolf Dassler gehörte bei der Weltmeisterschaft 1954 zum Betreuerteam, war sich damals nicht zu schade, höchstpersönlich die gerade von ihm entwickelten Stollen unter die Schuhe mit den berühmten drei Streifen zu schrauben.« So kann man es in einer vom DFB herausgegebenen Broschüre nachlesen. Nicht nachlesen kann man die Dauerfehde zwischen Adidas und Puma, dem Hauptkonkurrenten aus der gleichen Kleinstadt Herzogenaurach. Und diese Dauerfehde hat sich auch auf den Fußball übertragen. Per Vertrag müssen alle Spieler der Nationalmannschaft in Adidas-Schuhen antreten. Aber etliche Spieler haben Sonder- oder Exklusivverträge mit dem Ausrüster Puma abgeschlossen, so wie Lothar Matthäus bis zum Ende seiner Karriere. Bayern München und das DFB-Team werden jedoch von Adidas gesponsert. In der Bundesliga spielt Matthäus trotzdem in Schuhen von Puma, für ein Länderspiel muß er die der Konkurrenz anziehen.

Dazu folgende Begebenheit: Eigentlich hätte Lothar Matthäus bei der WM 1990 im Finale gegen Argentinien den Elfmeter schießen sollen, den an seiner Stelle Andreas Brehme zum 1:0-Sieg verwandelte. Aber Matthäus war vorher die Sohle seines Adidas-Schuhs gebrochen, und in einem »Leihschuh«, einem neueren Modell, fühlte er sich nicht sicher genug. »Ich hatte in diesem Schuh kein Gefühl. Das Risiko war mir zu groß. Um den Erfolg, sprich die Weltmeisterschaft, nicht zu gefährden, sagte ich zu Brehme: ›Andi, du haust den Ball rein.‹«

Das ist die Version, die immer wieder verbreitet wird, so auch in *Sport-Bild*. Geht es nicht doch um etwas anderes? Man stelle sich mal vor: Ein Lothar Matthäus, der bei Puma unter Vertrag steht, wird auf allen Bildern und Postern in Adidas-Schuhen als der Schütze des goldenen WM-Tores abgebildet.

Umgekehrt kann es einem Sportler auch ergehen, wenn Bundesligaklubs vertraglich an Puma gebunden sind. Toni Schumacher, ein langjähriger Adidas-Fan, hat sich im Verein geweigert, für den Sponsor Puma zu starten,[42] aber der 1. FC Köln konnte sich schließlich doch mit dem Nationaltorhüter »arrangieren«.

»Wo Sport ist, da ist auch Coca-Cola.« Der DFB reklamiert die Gültigkeit dieses Slogans auch für sich und die Nationalmannschaft. Coca-Cola wird »die Nationalmannschaft zum World Cup 1994 in die USA begleiten«.

Und wo die Nationalmannschaft ist, da sind auch die Funktionäre, Sponsoren und so allerlei Anhang, den man nicht unbedingt bei einem Länderspiel vermutet. Sehen und gesehen werden, wo hat das mehr Gültigkeit als im Fußball?

Zum sogenannten US-Cup, den die deutsche Nationalmannschaft im Juni 1993 gegen Gastgeber USA, England und Brasilien gewann, reisten 19 Profifußballer in die Staaten. Begleitet wurden sie von insgesamt 30 Personen, darunter selbstverständlich die gesamte DFB-Führung mit Präsident Braun, Vizepräsident Mayer-Vorfelder, Präsidiumsmitglied Dr. Moldenhauer, Spielausschußmitglied Boxheimer, Liga-Ausschußmitglied Ehrt, Beiratsmitglied Eckert, DFB-Direktor Straub, Sicherheitsbeauftragter Hennes, Generalsekretär Schmidt, Pressechef Niersbach und DFB-Direktor Pfaff.

Als Gäste eingeladen waren die Vertreter von Mercedes-Benz, Coca-Cola, Adidas und der Präsident des FC Bayern München. Ein Attaché des Organisationskomitees war genauso anwesend sowie ein Sicherheitsbeamter.[43]

Ohne all diese Herren hätte die Nationalmannschaft auch gewonnen, denn es gab ja noch den Bundestrainer Vogts, seinen Co-Trainer Bonhof und Torwarttrainer Maier. Medizinisch betreut wurde die Mannschaft von Prof. Dr. Heß, Orthopäde, Prof. Dr. Kindermann, Internist, den Physiotherapeuten Katzenmeier, Montag und Eder. Hinzu kam ein weiterer Betreuer, dann der Küchenmeister, ein Adidas-Serviceberater, ein Zeugwart und ein Dolmetscher.[44] Das war's dann endlich.

Bezüglich des DFB-Ernährungspools gibt es allerdings einige Besonderheiten. Zwar verhandelt der DFB direkt mit den einzelnen Anbietern, die siebenstellige Summen und mehr zahlen, um von dem Verband bedacht zu werden, aber zumindest in einem Fall geht das entsprechende Werbegeld nicht an den DFB direkt. Warum macht das der DFB nicht selbst?

Eine andere Besonderheit ist die, daß noch kein aktiver Nationalspieler Einblick in die Verträge des DFB nehmen durfte, weil ansonsten womöglich herausgekommen wäre, daß der größte Teil des Sponsorengeldes nicht bei den Profis landet. Durch Hochrechnen kam heraus: Bei einem Produkt sei wesentlich mehr an den Verband gegangen, als die Spieler anteilsmäßig erhalten hätten. Das habe dann dazu geführt, daß beim Länderspiel gegen Brasilien am 17. November 1993 ein Offizieller des Verbandes den Spielern der Nationalmannschaft eröffnete, in Zukunft sei der Anteil für jeden einzelnen wesentlich größer. Dagegen hatte natürlich keiner der Aktiven etwas einzuwenden.

Heute preist der DFB die Bandenwerbung an, als sei ohne sie Fußball unmöglich. Längst will man auf diese Werbeeinnahmen nicht mehr verzichten, denn ein Vertrag mit der Firma CWL garantiert dem Verband pro Nationalmannschaftsspiel eine Einnahme von mehr als einer Million. Und trotzdem stöhnt Präsident Egidius Braun: »Bei Länderspielen zahlen wir jeder ausrichtenden Stadt 650 000 Mark als

Anteil aus der Bandenwerbung, dazu kommt die Stadionmiete.«[45] Es bleibt aber noch einiges übrig, für das der DFB keinen Finger rühren muß. Die Nationalmannschaft allerdings hat nichts von der Bandenwerbung, es existiert kein Abführungs- oder Beteiligungsvertrag mit den Spielern.

Was waren das noch für Zeiten, als Anfang der siebziger Jahre Günter Mast, der Inhaber von »Jägermeister«, bei einem Länderspiel sämtliche Werbeflächen aufkaufte und weiß präsentierte. Ansonsten hätte sich der DFB geweigert, das Spiel im Fernsehen übertragen zu lassen – weil er nämlich nichts von den Werbeeinnahmen hätte abbekommen sollen.

DFB und Medien

Gerne beruft sich der DFB auf Einschaltquoten, wenn es darum geht, die Bedeutung des Fußballs darzustellen. Und er wählt pathetische Worte, die den Sport und das Sportereignis glorifizieren sollen.

»Als die deutsche Nationalmannschaft im herrlichen Olympiastadion von Rom durch einen 1:0-Endspielsieg über Argentinien zum dritten Mal Weltmeister wird, sitzen in der Heimat dreißig Millionen vor dem Bildschirm. Die damit erreichte Einschaltquote von 65 Prozent, aus technischen Gründen konnten damals die neuen Bundesländer noch nicht registriert werden, bedeutet den absoluten Rekord in der gesamten Geschichte des deutschen Fernsehens.«[46]

Der DFB buhlt um die Medien, die Medien buhlen um die Gunst des DFB. Das ist schon seit jeher ein Spiel auf Gegenseitigkeit, und der DFB versäumt es nicht, durch seine Presseabteilung stets das Verdienst des Verbandes mit aufzuführen, als sei die Nationalmannschaft erst durch die Funktionäre in der Lage, Tore zu schießen.

Der DFB behauptet von sich, bei der Vergabe von Senderechten bewußt mehrgleisig zu fahren. Das stimmt. Aber er kann dadurch einen Sender gegen den anderen ausspielen, jedenfalls solange die Einschaltquoten noch hoch sind.

ARD und ZDF, die beiden öffentlich-rechtlichen Sendeanstalten, besitzen bis 1995 die Erstverwertung für die Ausstrahlung von Länderspielen und des DFB-Pokals. SAT 1, der Kirch-Springer-Sender, hat Priorität bei der Übertragung der Bundesligabegegnungen bis zum Jahre 1997, und noch ein Jahr länger teilen sich die Agenturen ISPR (Springer-Kirch-Gruppe) und UFA (Bertelsmann) die Übertragungsrechte im Europapokal – der DFB hat sie ihnen für jährlich 60 Millionen verkauft.[47] Runde für Runde geben die Agenturen die Rechte an die einzelnen TV-Stationen weiter, wer am meisten zahlt, der darf übertragen. Dagegen ist nichts zu sagen, obwohl die Akteure, sprich die Spieler, reichlich wenig davon haben.

Woche für Woche präsentiert der Pay-TV-Sender Premiere das »Topspiel der Woche«, »andere Stationen folgen in Zweit-, Dritt-, Viert- oder Fünftverwertung, so daß nur eine gut funktionierende Fernbedienung nötig ist, um Vorder- und Hintergründiges in Sachen Fußball frei Haus zu erhalten«. Als sei ihm ein besonderer Coup gelungen, preist der DFB die Vergabe der Übertragungsrechte in seiner 1993er Broschüre *Deutscher Fußball-Bund*. Der Verband argumentiert dabei in gleicher Weise, wie der verstorbene Präsident Neuberger bereits im Jahresbericht 1989-1992: »Eine klar zu definierende Position hat der DFB auch beim Abschluß seiner Fernsehverträge eingenommen. Denn es wurde nicht die Exklusiv-Vereinbarung mit einem einzigen Partner gesucht, sondern vielmehr, nicht zuletzt auch aus kartellrechtlichen Gründen, Wert darauf gelegt, möglichst viele TV-Anbieter aus dem Warenkorb Fußball zu bedienen.« Was Neuberger gesagt hat, klingt plausibel, aber leider ist das Kartellamt anderer Auffassung. Es hat ein Verfahren gegen den DFB eingeleitet, weil der Verband die zentrale Vermarktung der Europacupspiele betreibt. Nach Aussagen von Kartellamtspräsident Wolf »verstößt dies gegen das Kartellrecht«, da den Vereinen die Verwertungsrechte zustünden. Deshalb, davon ist Wolf überzeugt, werde es in Zukunft keine zentrale Vergabe mehr geben.[48]

Der DFB redet sich heraus, im kommenden Jahr gebe es eine europäische Regelung, die Kompetenz des Kartellamtes werde beschnitten und es sei dann nicht mehr zuständig. Wolf sieht das anders. Im anhängigen Verfahren, zu dem sich der DFB äußern müsse, werde geprüft, inwieweit der Verband gegen das Kartellrecht verstoßen habe. Ist dies der Fall, dann seien alle Verträge mit UFA und ISPR, die den Europacup beträfen, nichtig.[49] Was die Bundesliga angeht, ist die kartellrechtliche Überprüfung der Vergabe von Übertragungsrechten an die Verwertungsgesellschaft ISPR und an SAT 1 vorerst zurückgestellt worden. Entscheidet das Kartellamt aber zugunsten der Vereine – Wolf sieht auch hier einen deutlichen Verstoß gegen das Kartellrecht –, dann kommen auf den DFB harte Zeiten zu.

Ommer, Präsident des FC Homburg, meint, die meisten Vereine wollen sich gar nicht selbst vermarkten, was die Fernsehrechte angehe. »Der DFB soll ruhig den ganzen Block weiter anbieten wie bisher. Dann gibt es auch Geld für kleinere Klubs und unattraktive Begegnungen. Das Kartellamt merkt gar nicht, daß das für die Vereine ein Eigentor werden kann.«

Als hätte der DFB die kartellrechtliche Entwicklung geahnt, wird im Jahresbericht 1989-1992 beschwichtigend ausgeführt: »Daß die Länderspiele bis 1995 von ARD und ZDF übertragen werden, sei deshalb besonders erwähnt, weil der DFB leicht ein drei-, vier- oder gar fünffaches Honorar bei privaten Sendern hätte erzielen können.«

Heile Welt in Sachen Medien aus Sicht des DFB. Dabei wird gepokert bis zum Gehtnichtmehr, und der Verband läßt keine Gelegenheit aus, sich für eine günstige Berichterstattung stark zu machen. Bei SAT 1 sitzt mit Pressechef Michael Novak als Koordinator ein dem DFB angenehmer Bekannter, der bei SID (Sport Informations Dienst) als Spezialist für die Nationalmannschaft und obendrein auch noch für den DFB als Autor tätig gewesen ist.

Viele mokieren sich über Journalisten, die ihrer Pflicht, sauber und neutral zu recherchieren, nicht nachkommen. Andere beschweren sich über das ZDF als Haussender des DFB, bei dem überhaupt nichts Kritisches gesendet werde, während die ARD-Sender ohnehin alle zerstritten seien, weshalb es keine Koordination und keine Abstimmung gebe. Außerdem halte die ARD Ruhe, weil sie noch die lukrativen Länderspiele übertragen möchte. Die übrigen Sender seien involviert durch den Kauf von Fernsehrechten, und das funktioniere nur, wenn man mitmische.

Aber es gibt für den DFB bereits erste Alarmzeichen, wonach die Preisspirale bezüglich der Senderechte überdreht worden ist. SAT 1 klagt insgeheim und kann nur einen geringen Teil der Kosten durch die Verwertung und den Verkauf der Zweit- und Drittrechte wieder reinholen. Inzwischen hat sich das ZDF ausgeklinkt und verzichtet in der Saison 1993/94 aus Sparsamkeitsgründen auf die Bundesligaberichterstattung am Freitagabend. Dazu ZDF-Sportchef Senne im *Gong*: »Die Minute kostet fast 20 000 Mark an Rechtekosten, das können wir uns nicht leisten.«

Fußball gibt es demnach im ZDF nur noch im *Aktuellen Sportstudio* zu sehen, die ARD zahlt weiterhin jährlich 34,5 Millionen für die Zweitrechte (Übertragung am Freitagabend) an SAT 1. Wie lange noch?

Wesentlich anbiedernder als das Fernsehen verhält sich die schreibende Zunft, was zum Teil durch die Verquickungen mit dem DFB erklärt wird. So ist der ehemalige Pressechef des Verbandes, Rainer Holzschuh, Chefredakteur des *Kicker* und dafür bekannt, daß er auf Fußball bezogen objektive Stellungnahmen gegenüber dem DFB vermissen läßt. Im Gegenteil, er schwingt sich zum Verteidiger des Fußball-Bundes auf. Die Verflechtung zeigt sich auch darin, daß Redakteure des *Kicker* zur gleichen Zeit für das DFB-eigene *Journal* schreiben.

Deshalb gibt es in den letzten zwanzig Jahren nur wenige kritische Berichte über den DFB. Wenn man schaut, wer sie geschrieben hat, dann wird man feststellen, daß diese Journalisten anschließend kaum mehr bei DFB-Veranstaltungen aufgetaucht sind. Der DFB, so weiß nicht nur Bernd Heller, ehemals Moderator des Sportstudios, zu berichten, verweigert ihnen einfach die Akkreditierung für Länderspiele und andere Ereignisse.

Journalisten sind naturgemäß von Informationen abhängig, und dabei sind sie auf den Pressesprecher des DFB angewiesen. Daß dessen Informationen rosarot gefärbt sind, versteht sich von selbst. Falls doch einmal ein Journalist seine eigene Meinung kundtun möchte und an anderer Stelle um Unterlagen anfragt, dann läßt er sie sich nicht per Fax in die Sportredaktion seiner Zeitung schicken, sondern zu Politik oder Lokales, so wie in Aachen geschehen. Aus Übervorsicht und Angst, Kollegen könnten ihn beim DFB denunzieren, wählte ein Sport-Journalist diesen ungewöhnlichen Weg, um sich mit »ungefiltertem« Material zu versorgen.

Im gleichen Sinne äußert sich ein Spieler der Nationalmannschaft: »Einem mir bekannten Journalisten, ich hielt ihn für aufrichtig und integer, habe ich einige deutliche Worte über den Verband und die Aufstellung bei Länderspielen gesagt. Vier Tage später erhalte ich von der DFB-Zentrale ein Schreiben mit der Aufforderung, zu den Vorwürfen Stellung zu nehmen. Ich weiß genau, nur dieser Journalist hat das weitergetragen, weil ich sonst zu niemandem über das Thema gesprochen habe.«

Da es sehr viele freie Mitarbeiter unter den Journalisten gibt, ist es für diese von existentieller Bedeutung, informiert zu werden. Wer also mitverdienen will am Fußball, muß die DFB-Regeln akzeptieren. Journalisten sollten jedoch wahrheitsgemäß berichten und sich nicht für die öffentliche Reputation des DFB benutzen lassen.

Die Spitzenjournalisten im Sport, so auch die des *Kicker*, schreiben allesamt für den DFB.[50] Eine kritische Position darf man von ihnen demnach nicht erwarten. Vor diesem Hintergrund ist demnach der *Kicker* kein unabhängiges

Fachblatt, sondern eher, wie der *Spiegel* schon im Jahre 1971 bemerkte, »ein Hofkurier des Deutschen Fußball-Bundes«.

Nur noch wenige Berichterstatter in Deutschland – im Grunde genommen sind das Einzelkämpfer – scheinen sich eine kritische Distanz bewahrt zu haben und werden als Exoten geduldet, etwa nach dem Motto: Guck mal, der ist doch kritisch.

Roland Zorn von der *FAZ* kann man in die Kategorie des kritischen Journalisten einordnen, der genau recherchiert, immer alle Parteien befragt, und zwar nicht nur den DFB, sondern auch die Spieler der Nationalmannschaft und andere Stellen, falls erforderlich.

Aber wer aus dem Fußball kennt schon Roland Zorn? Man kennt Rainer Holzschuh, Rainer Franzke und Wolfgang Tobien vom *Kicker* und wird damit konfrontiert, wie sie die einzelnen Ereignisse, die den DFB betreffen, korrigieren. So im Fall Dresden, als Franzke in einem *Kicker*-Kommentar die Bochumer des Denunziantentums bezichtigte. Und das allein aus dem Grund, weil Bochum vor Gericht Zeugen benannte, die beweisen sollten, daß DFB und Dresden manipuliert, gelogen und Dokumente gefälscht hatten.

Es gibt Themenbereiche, die werden auf den DFB bezogen schlichtweg ausgeklammert. Wenn überhaupt einmal etwas in den Medien mitgeteilt wird, dann die offizielle Stellungnahme des Verbandes. Doping ist beispielsweise ein solches Thema, und es wird keine Kritik daran laut, wie der Deutsche Fußball-Bund damit umgeht. Er läßt Doping dadurch abhaken, indem er sich darauf beruft, Dopingkontrollen eingeführt zu haben, dabei sind schon die Kontrollen eine Farce. Jeder Aktive im bezahlten Fußball weiß es, jeder Trainer und wahrscheinlich auch jeder Funktionär. Gemessen daran, wie viele Profis in den Bundesligen Fußball spielen, ist die Anzahl der vorgegebenen Tests erschreckend gering. Außerdem kann keiner sicherstellen, daß das, was kontrolliert wird, auch dort landet, wo es ernsthaft geprüft wird. Deshalb spielt Doping im Fußball eine Rolle, wie

Manfred Ommer, Präsident des FC Homburg, am 8. September 1993 vor laufender Fernsehkamera zugab.[51]
Wenn dem so ist, warum gibt es dann keine kritischen Berichte über das Vorgehen des DFB?
Ganz einfach: Der betreffende Journalist riskierte vermutlich seine Akkreditierung. Eine sehr wirkungsvolle Variante, ein Berufsverbot auszusprechen.

Ein weiterer Themenbereich, den der DFB tunlichst auszuklammern versucht, ist die Vergangenheit im Dritten Reich. In der zweibändigen Ausgabe *Die Gründerjahre des DSB* – in Auftrag gegeben vom Deutschen Sportbund, Autoren Giselher Spitzer und Hartmut Becker – steht nichts über Fußball und/oder Neuberger. Ist die Historie des Deutschen Sports ohne Fußball abgelaufen?
»Der Deutsche Fußball-Bund hat auf den Deutschen Sportbund geschimpft, Neuberger war nicht bereit, einen Zuarbeiter zu nennen und hat sich gesträubt, mitzuwirken.« Das ist die Aussage des Mitautors Giselher Spitzer. Unwillkürlich drängt sich die Frage auf, warum ein Verband und dessen Präsident sich weigern, ihren bestimmt nicht unwichtigen Beitrag zu einem Standardwerk über den deutschen Sport, das 1990 und 1991 erschien, beizusteuern.
Dazu muß man wissen, daß Neuberger – zuerst Jugendreferent und am 14. Mai 1950 auf dem außerordentlichen Bundestag im Saarbrücker Johannishof als Nachfolger von Willy Koch zum Präsidenten des Saarländischen Fußballbundes gewählt – schon seit jeher beim 1. FC Saarbrücken engagiert war. Und dieser Verein wurde, als das Saarland noch zu Frankreich gehörte, 1948/49 als Hospitant inoffizieller Meister der 2. französischen Division. Allerdings war es den Franzosen nach dem Abstieg von Straßburg aus der 1. Division politisch zu heikel, Saarbrücken aufsteigen und so kurz nach dem Krieg in der obersten Liga mitspielen zu lassen. Der Nationalrat des französischen Fußballverbandes lehnte am 23. Juli 1949 einen diesbezüglichen Antrag der Saarbrücker ab.[52]

Neuberger, der sich sehr für den Fußball einsetzte, orientierte sich realistisch und spekulierte damals, ebenso wie sein Vorgänger Willy Koch, auf die Möglichkeit, daß sich das Saarland von Deutschland abtrennte – deshalb seine verstärkte Zuwendung nach Frankreich.

Für die Anbindung an Deutschland war Neuberger erst auf Druck der Clubs, und als er merkte, daß es mit dem französischen Verband nicht so reibungslos funktionierte, wie er es sich vorgestellt hatte. Gelegen kam deshalb das Angebot für die Vereine des Saarlandes, in den Südwestdeutschen Sportbund zurückzukehren. Für die Spielsaison 1950/51 wurden drei saarländische Fußballvereine – der 1. FC Saarbrücken, Saar 05 Saarbrücken und VfB Neunkirchen – in die deutsche Südwest-Liga aufgenommen.[53]

Aber schon damals unterschied sich der Landessportverband für das Saarland (LSVS) sehr von den übrigen deutschen Landessportverbänden, und zwar sowohl aufgrund seiner Rechtsform als eine Körperschaft des öffentlichen Rechts wie auch durch seine finanziellen Grundlagen. Neuberger war sehr aktiv im Hinblick auf das Zustandekommen des am 8. Juni 1951 verabschiedeten »Gesetzes über die Veranstaltung von Sportwetten im Saarland«, nachzulesen im Amtsblatt, 1951.[54] Dieses Gesetz garantierte dem Verband ein Achtel der Einnahmen aus den Sportwetten. Dazu äußert sich Hermann Neuberger in seinem Buch *Gesprochenes Wort* wie folgt:

»Der als Selbsthilfe des Sports anzusehende finanzielle Fonds aus allen Veranstaltungen der Saarland-Sporttoto GmbH ermöglicht nicht nur dem Saarsport mittelfristiges Planen und Handeln, sondern bringt auch für den Landeshaushalt eine Entlastung mit sich, da sich der Sport nun im wesentlichen selbst finanzieren kann.«

In dieser Zeitepoche, Ende der vierziger bis Mitte der fünfziger Jahre, stand Neuberger im regen Schriftverkehr mit »Peco«, eigentlich Paul-Josef Bauwens, Präsident des DFB von 1949 bis 1962. Und diesen Schriftverkehr wollten die Autoren Spitzer/Becker für ihr Werk über die Geschichte des Deutschen Sportbundes einsehen. Außerdem baten sie den DFB, den Nachlaß von Bauwens – er war in den zwanziger Jahren FIFA-Rekordschiedsrichter mit mehr als 50 Einsätzen, stellte einmal sieben Spieler vom Platz und wurde später zur Schlüsselfigur des deutschen Fußballs –, den Neuberger geerbt haben soll, studieren zu dürfen.

Der Deutsche Fußball-Bund teilte den Autoren mit, es existiere kein Nachlaß, aus dem die Position des Verbandes im Dritten Reich und so heikle Dinge wie Kriegsländerspiele, die man möglichst vergessen will – so unter dem damaligen Nationaltrainer Sepp Herberger in Kiew gegen eine Mannschaft von Kriegsgefangenen verschiedener Nationalitäten –, hervorgehen würden. Selbstverständlich fehlen diese Kriegsländerspiele gegen Gefangene auch in der Statistik des DFB von 1908 bis 1992.[55]

Nun soll jedoch der Nachlaß von Bauwens, der die Zeit bis 1956 umfaßt – das seien immerhin einige Aktenschränke voll Material gewesen –, im DFB gelagert worden sein, erklärt Autor Spitzer. Später habe ein Funktionär den Nachlaß nach Saarbrücken transportiert, wo er in einem kleinen Sicherheitsbereich zur persönlichen Verfügung von Neuberger deponiert worden wäre.

»Über der Saar ist ein Mantel des Schweigens ausgebreitet«, meint Autor Spitzer. Die politisch zwiespältige Haltung von Neuberger, der für die Unabhängigkeit des Saarlandes gewesen sei, und der Druck von oben habe verhindert, daß im Buch *Die Gründerjahre des DSB* ein Kapitel über den Fußball stehe.

Frau Neuberger behauptete nach dem Tod ihres Mannes gegenüber einem Doktoranden der Saarbrücker Universität, der seit dreizehn Jahren recherchiert, es gebe diesen Nachlaß – dessen Schwerpunkt der DFB in der Nazi-Zeit ist – nicht.

DFB und Gesellschaft

Mit Hilfe der Medien gelingt es dem DFB immer wieder, sich in der Öffentlichkeit als Verband zu präsentieren, dem nur daran gelegen ist, allen Interessierten den schönen Fußballsport nahezubringen. Selbstlos und ohne Hintergedanken, frei von jeder Profitgier, frei von Intrigen und anderen unschönen Begleiterscheinungen, also nur auf olympische Art und Weise.

Gerne bezeichnet sich der DFB in den eigenen Schriften als Partner der Gesellschaft.

Zweifellos ist die Sepp-Herberger-Stiftung – sie kümmert sich unter der Leitung von Fritz Walter um in Not geratene Fußballer und um die Resozialisierung von Strafgefangenen – eine gute Einrichtung des Verbandes. Darauf braucht nicht näher eingegangen zu werden, das macht der DFB bei jeder Gelegenheit selbst. Auch auf die Mexiko-Hilfe und auf andere mildtätige Aktionen wird durch die eigene Presseabteilung immer wieder hingewiesen. Hier ein Beispiel, wie das geschieht:

»Als Ergebnis einer Benefizgala zugunsten von UNICEF im Oktober 1991 konnte die Nationalmannschaft dem früheren James-Bond-Darsteller Roger Moore, heute Sonderbotschafter des Kinderhilfswerkes der Vereinten Nationen, einen Scheck in Höhe von einer Million Dollar überreichen.«

Werbewirksam tut der Verband auf diese Weise seine Mildtätigkeit kund. Gerne läßt er sich auch hofieren, wenn er eine Möglichkeit sieht, sich im Gleichklang mit anderen Einrichtungen oder der Politik ins rechte Licht zu rücken.

Man muß es dem DFB lassen: er befaßt sich ausgesprochen professionell mit gewissen gesellschaftspolitischen Reizthemen. Die Ausländerfeindlichkeit prangert er an, er spricht sich für die Integration aus: »Die 18 Vereine der Bundesliga setzten ein vielbeachtetes Zeichen, als sie am 12. Dezember 1992 statt der üblichen Trikotwerbung mit dem Slogan antraten: ›Mein Freund ist Ausländer‹.«

In all seinen Engagements scheint der DFB mehr eine Chance zur Selbstdarstellung als zur Problembewältigung und echten Hilfe zu sehen.

»Es muß unser Ziel sein, Kindern und Heranwachsenden nicht nur zu vermitteln, wie man einen Ball mit dem Innenrist spielt oder eine Bananenflanke schlägt. Vermitteln müssen wir vielmehr auch gesellschaftspolitische Verantwortung.« Diese Worte des Präsidenten Braun, die seine innere Überzeugung widerspiegeln sollen, passen ausgezeichnet zu der Kampagne: »Keine Macht den Drogen«.

Die Nationalmannschaft schien geradezu prädestiniert, als Vorreiter dafür aufzutreten, als man 1990 der Bitte der Bundesregierung entsprach, sich für die unter der Schirmherrschaft des Bundeskanzlers stehende Kampagne einzusetzen. Initiiert wurde die Kampagne durch Ex-Nationalspieler Karl-Heinz Rummenigge, der in einer DFB-Schrift als Begründung für sein Engagement angibt: »Im engeren Bekanntenkreis habe ich eine Familientragödie erlebt, die durch Drogenkonsum ausgelöst wurde. Spontan habe ich gesagt: Gerade jüngere Menschen müssen präventiv aufgeklärt und gewarnt werden.«

So weit, so gut und lobenswert obendrein. Stolz verweist der DFB darauf, daß inzwischen »aus dem Schneeball zu Beginn der Kampagne eine Lawine geworden ist, der sich mittlerweile der gesamte Sport angeschlossen hat«. Weiter versichert der Verband: »Lokomotive bleibt zumindest bis 1994 die Nationalmannschaft.«

Nun ist aber ausgerechnet die Kampagne: »Keine Macht den Drogen« trotz der vielen schönen Plakate mit Steffi und Lothar ins Gerede gekommen. *Bild am Sonntag* hat der Anti-Drogen-Aktion unter der Überschrift »Teuer und nutzlos?« einen Beitrag gewidmet. Drogenexperten wollen laut *BamS* die Kampagne stoppen, weil sie unter anderem durch ungeschickte TV-Spots sogar zum Drogenkonsum anregen soll. Weiter wird in dem Beitrag ausgeführt, daß der Bundesrechnungshof »die freihändige Vergabe des Millionenetats ohne Ausschreibung an die Münchener Agentur Abold« rügte.[56]

Zweifellos leidet die Kampagne unter dem Einsatz von

Sportidolen, die allgemein durch die Dopingdiskussion ins Gerede gekommen sind und an Glaubwürdigkeit verloren haben, obwohl man sich auf so »saubere« Sportarten wie Tennis und Fußball konzentriert.

Noch mehr verwundern die Hintergründe, wie der DFB zu dieser »Hochzeit« mit dem Bundeskanzler(amt) kam: Karl-Heinz Rummenigge, so erzählt man sich, sollte beim DFB Manager werden und lehnte dann doch ab. Nun ist er Galionsfigur für die Kampagne, die durch die Marketingfirma Abold betrieben wird. Diese Werbefirma bringt die Gelder, die das Bundeskanzleramt genehmigt hat – seit 1990 mehr als 22 Millionen Mark –, in Umlauf.[57]

Der Kampagne »Keine Macht den Drogen« stehen jährlich zehn Millionen Mark zur Verfügung. Sie stützt sich fast ausschließlich auf Bandenwerbung, und dafür wird bezahlt. Die Bandenwerbung bei Länderspielen wird exklusiv von der Schweizer Firma CWL, Inhaber Caesar W. Lüthi, vermarktet.

Nun ist die Agentur Abold sehr ins Gerede gekommen, weil sie lediglich einen Slogan verbreitet. Die Bundeszentrale für gesundheitliche Aufklärung und das Bundesgesundheitsministerium, dem sie untersteht, engagieren sich ausschließlich im Präventivbereich, vermitteln nicht nur Worte, sondern auch Inhalte und sind mit Lehr- und Lernmitteln versehen, um mit Hilfe von Psychologen und Pädagogen besonders in Schulen aktiv zu werden. Schon zu Rita Süssmuths Zeiten hat sich das Gesundheitsministerium über die Art der Mittelzuwendung für die Kampagne »Keine Macht den Drogen« beschwert. Aber das Kanzleramt hat es abgelehnt, dem Gesundheitsministerium diesen Etat zu übertragen und die Kampagne zur Chefsache erklärt. Ein perfekter Schulterschluß zwischen Sport und Politik.

Es ist herausgekommen, daß in einer großen deutschen Kaufhauskette T-Shirts mit dem Aufdruck: »Keine Macht den Drogen« verkauft worden sind. Normalerweise werden solche T-Shirts jedoch nur verschenkt, der Kaufhof in Trier dagegen hat sie noch im Dezember 1993 für 19,95 Mark angeboten. Das dürfte nach Auskunft der Pressestelle des Bundesgesundheitsministeriums eigentlich nicht sein. Wenn der DFB schon für eine solch wichtige Kampagne zum Vorreiter wird, dann sollte er darauf achten, daß keine Unregelmäßigkeiten auftauchen und nicht nur Worte transportiert werden.

DFB und Seilschaften

Der Deutsche Fußball-Bund war jahrzehntelang, auch bedingt durch den Zweiten Weltkrieg und die Folgen, ein unscheinbarer Verband mit wesentlich weniger Mitspracherecht in den internationalen Organisationen UEFA und FIFA als England, Brasilien, Italien oder Frankreich. Das änderte sich schlagartig, als 1963 die Bundesliga und der bezahlte Fußball eingeführt wurden. Noch mehr an Gewicht gewannen die Deutschen nach dem Gewinn der Europameisterschaft 1972 und der Weltmeisterschaft im eigenen Lande, 1974.

Heute geht in den internationalen Verbänden nichts mehr ohne den DFB, er ist weltweit der einflußreichste und vermögendste Sportverband. Das kommt nicht von ungefähr und ist untrennbar verbunden mit Hermann Neuberger, dem im September 1992 verstorbenen Präsidenten.

Bevor Neuberger 1975 zum DFB-Präsidenten gewählt wurde, war er jahrelang Vizepräsident des Verbandes und Chef des Organisations-Komitees der FIFA für die Weltmeisterschaft 1974.

Weil das Präsidentenamt des DFB ein Ehrenamt ist, hatte Neuberger auch eine hauptamtliche Tätigkeit: von 1963 bis zu seiner Pensionierung, 1984, war er tätig in der Saarland-Sporttoto GmbH. Der DFB wird finanziell sehr großzügig von Toto und Lotto unterstützt, darum sehen Kritiker in Neubergers Position eine Verquickung zwischen Ehrenamt und Hauptberuf.

1987 monierte der *Stern*, daß 1985 anläßlich des Länderspiels Deutschland – Ungarn eine Viertelmillion an Einnahmen verschwunden blieb. Dabei handelte es sich um Erlöse aus der Bandenwerbung, die der DFB exklusiv für alle Länderspiele an die Schweizer Werbefirma CWL vergeben hatte. Eine Abmachung, die bekanntlich auch heute noch gilt.

Die CWL hatte dem DFB per Vertrag für 1985 pro Heimländerspiel eine Summe von 546 975 Mark zuzüglich Mehrwertsteuer garantiert. Der Vertrag belief sich über acht Länderspiele und einige andere Sportereignisse.

»Netto kassierte Lüthi für alle Veranstaltungen exakt 10 285 335 Mark, rechnet man die Provisionsgebühren hinzu, nahm er den Firmen sogar rund 11,6 Millionen Mark ab – das sind mindestens eine Million Mark pro Match der deutschen Nationalmannschaft.«[58] Dem *Stern* zufolge liegt ein Schriftwechsel zwischen DFB und CWL vor, wonach etwas nicht stimmen kann. Lüthi teilte »mit Fernschreiben vom 9. Januar 1985«[59] dem DFB mit, für das Länderspiel am 29. Januar gegen Ungarn könne er aus der Bandenwerbung nur 220 000 Mark erzielen, weil es ein Spiel der B-Kategorie sei. »Obwohl der DFB mit Lüthi einen Vertrag hatte, der dem Fußball-Bund pro Heimspiel mit Fernsehübertragung damals 546 975 Mark garantierte, ließ er sich seltsamerweise auf die Bitte des Schweizers ein.«[60]

»Bedingt durch die Kürze der Vorbereitungszeit zum Spiel und die Tatsache, daß es sich um ein zweitrangiges Freundschaftsspiel handelt«, argumentierte Lüthi gegenüber dem DFB, »sei nicht mehr drin.«[61]

Verwunderlich ist in diesem Zusammenhang nur, daß auch die Begegnung gegen Ungarn im Block der acht Spiele mit der jeweiligen Garantiesumme von 546 975 Mark plus Mehrwertsteuer per Vertrag ausgehandelt worden war. Warum also plötzlich nur Werbeeinnahmen in Höhe von 220 000 Mark?[62]

Sehr anteilnehmend reagierte der DFB auf Lüthi, und der damalige Abteilungsleiter Horst R. Schmidt gab der Hoffnung Ausdruck, »in der Kürze der Zeit die Werbung so zu verkaufen, daß Sie ohne Verlust operieren können«. Der DFB als verständnisvoller Geschäftspartner, der auch mal auf einen Teil seines Profits verzichten kann? Weiß Gott nicht, denn die Einnahmen dieses Länderspiels sollten den Opfern des Barkassen-Unglücks im Hamburger Hafen vom 2. Oktober 1984 zugute kommen und nicht dem Verband.

Damals war allein Hermann Neuberger, Präsident des Verbandes, zuständig für die Vertragsunterzeichnung. Es ist schwerlich vorstellbar, daß es in den Verträgen einen Passus gegeben haben soll, der Lüthi gestattete, Einnahmen aus der Bandenwerbung nach Belieben zu senken, auch wenn DFB und CWL schon seit 1980 im Geschäft sind. Außerdem scheint dem DFB viel an einer weiteren Zusammenarbeit mit dem Schweizer zu liegen, denn als man das höhere Angebot eines Konkurrenten, einem ehemaligen Mitarbeiter von CWL, an den DFB herantrug, der statt der 1986 garantierten 574 325 Mark für den Verband nun 950 000 Mark pro Länderspiel bot, reagierte Lüthi prompt und erhöhte auf 1,05 Millionen Mark. Das war 1988. Die Verdoppelung innerhalb eines Jahres zeigt, was man mit Bandenwerbung verdienen kann. Heute soll nach Auskunft eines Bundesliga-Managers die Bruttoeinnahme pro Länderspiel (Bandenwerbung und Fernsehübertragung) zwischen vier und sechs Millionen Mark liegen. Die öffentlich-rechtlichen Anstalten zahlen lediglich 1,1 Millionen Mark plus Mehrwertsteuer für die Übertragung, RTL dagegen 3,5 Millionen.

Im Zusammenhang mit der einseitigen Vergabe der Bandenwerbung behauptete damals Norbert A. Gschwend in einem Brief an Neuberger: »Horst R. Schmidt hat von Lüthi-CWL Vermögensvorteile erhalten. Schmidt wurde ganz erheblich geschmiert.«[63]

Lüthi jedoch erklärte vehement, »daß keinerlei Zahlungen an DFB-Funktionäre geflossen sind«.[64] »Die von Gschwend verdächtigten Personen, so der DFB, seien mit Rechtsanwälten tätig geworden.«[65] Gerichtliche Schritte gegen Norbert Gschwend, Inhaber einer Werbefirma, ehemaliger Chef und

Landsmann von Lüthi, der diese Beschuldigung erhob, wurden jedoch nicht eingeleitet.

Horst R. Schmidt versicherte, den gemeinsam mit dem Ehepaar Lüthi in Portugal verbrachten Urlaub aus eigener Tasche bezahlt zu haben.

»Wer sich den Reibach in der Größenordnung von mindestens einer Viertelmillion Mark in die Taschen gestopft hat, ist lückenlos wohl nicht zu klären. Die Geldtransfers wurden über die diskrete Schweiz abgewickelt«[66], so die Darstellung des *Stern*.

Lüthi ist nicht nur allein für den DFB zuständig, sondern auch für FIFA und UEFA. DFB, FIFA, UEFA – der Kreis schließt sich.

Aber es gibt ja nicht nur die Bandenwerbung im Fußball. Um Neuberger gab es einen weiteren Monopolisten, der sicher war vor der Konkurrenz und hervorragend Geld mit dem Verband verdienen konnte. Erwin Himmelseher, Bundesverdienstkreuzträger mit Kontakten zum Deutschen Ski-Verband und zu Hans Hansen, Präsident des Deutschen Sportbundes und Inhaber des Unternehmens »Sportversicherungen Weltweit«, sorgte bei allen internationalen Fußballereignissen, die Hermann Neuberger organisierte, für den entsprechenden Versicherungsschutz. Laut *Stern* war bei der Fußball-WM in Mexiko, 1986, in einem Schreiben des DFB an den mexikanischen Organisationschef »ganz offiziell von der Gruppe Neuberger/Himmelseher die Rede«.[67]

In der Versicherungsbranche wird nur dann gut verdient, wenn entsprechend hohe Abschlüsse getätigt werden. Bei einer WM kommt heute schon mal eine Gesamtversicherungssumme von annähernd 600 Millionen zustande, sogar ohne den vollen Marktwert der Spieler zu berechnen. Bereits 1986 konnten »Policen für eine Weltmeisterschaft ... schnell mal über 350 Millionen Franken lauten«.[68]

Himmelseher war auch noch Gesellschafter des Verlages »Pro Sport«, der laut *Stern* »regelmäßig über die Olympische Sportbibliothek (OSB) schöne, aber auch sündhaft teure Sportbücher unters zahlungskräftige Volk bringt«, von deren Erlösen ein geringer Teil der Sporthilfe zugute kommt. Nun war aber auch Hermann Neubergers Frau Irmgard für OSB tätig gewesen. Zwar hat Himmelseher gegenüber dem *Stern* die Tätigkeit von Frau Neuberger herunterzuspielen versucht, es scheint jedoch, daß sie in kurzer Zeit für den Verkauf von Büchern Provisionsansprüche in Höhe von 77 147 Mark plus Mehrwertsteuer hatte. Unter anderem gingen diese Bücher

» – mal an den DFB (damals Vizepräsident und WM-Organisator: Hermann Neuberger) für 123 181,80 Mark
– mal an die Saarland-Sporttoto GmbH (Chef: Hermann Neuberger) für 15 075,95 Mark
– mal an den Landessportverband für das Saarland (Vorsitzender: Hermann Neuberger) für 10 077,36 Mark
– Und auch Neubergers Freunde vom Nord-West Lotto in Nordrhein-Westfalen orderten Bücher für 32 695,51 Mark.« [69]

Gegenüber dem *Stern* erklärte Neuberger, seine Frau habe eine Tätigkeit gesucht, weil er so oft abwesend gewesen sei. Sie habe ihre Tätigkeit ordnungsgemäß angemeldet, aber noch im selben Jahr auf seinen Wunsch wieder aufgegeben. »Keinesfalls sei gegen die Gemeinnützigkeitsbestimmungen der DFB-Satzung verstoßen worden.« [70]
In der DFB-Satzung heißt es in § 4, Absatz 4, Gemeinnützigkeit:

»Es darf keine Person durch Ausgaben, die dem Zwecke des DFB fremd sind, oder durch unverhältnismäßig hohe Vergütungen begünstigt werden.«

Anschließend entdeckte Frau Neuberger ihre kreative Phase und kreierte »Tip« und »Tap«, die Maskottchen für die WM 1974. Das schrieb die Fachzeitschrift *Sport* und stellte zugleich die Frage: »Darf man einer Dame die kreativen Händchen binden, nur weil sie die Frau des Organisationschefs ist?«

Der *Stern* weiß zu berichten, daß es neben der »Mutter« auch noch einen »Vater« für die Maskottchen gibt, und zwar den Saarbrücker Grafiker Horst Schäfer, und der arbeitet seit 1963 bei der Saarland-Sporttoto GmbH; damaliger Chef: Hermann Neuberger.

Die gemeinsam mit Frau Neuberger kreierten Maskottchen reichte Schäfer vor der WM 1974 beim DFB ein – zur Erinnerung: Frau Neubergers Mann Hermann war seinerzeit DFB-Vizepräsident und Chef des Organisationskomitees der FIFA für die Weltmeisterschaft – und erhielt den Zuschlag. Hermann Neuberger sah darin nichts Verwerfliches und auch keine familiäre Verquickung: Unter vielen Hunderten von Einsendern habe sich das WM-Organisationskomitee für Tip und Tap entschieden. Und der Angestellte Schäfer habe bei seiner Einstellung das Recht auf Nebentätigkeit eingeräumt bekommen.

Jahre später, Neuberger war inzwischen längst DFB-Präsident geworden, versicherte Schäfer, Frau Neuberger habe mit Tip und Tap nichts zu tun gehabt.[71]

Ferdi Behles, ehemals Mitgeschäftsführer der Saarland-Sporttoto GmbH, davor saarländischer Finanzminister und CDU-Fraktionsvorsitzender im Landtag, jetzt »nur« noch Privatmann, entrüstete sich laut *Stern*, daß Schäfer seine Nebengeschäfte während der Dienstzeit erledigt habe. Und auf Neuberger bezogen mißfiel Behles einiges an dessen Amtsführung:

»Der Rechnungshof des Saarlandes hat wiederholt und immer wieder moniert, daß der hauptamtliche Toto-Chef Neuberger oft abwesend sei. Von zwölf Monaten war er bestenfalls, wenn es hochkommt, vier Monate im Dienst«, zitiert ihn der *Stern*. Behles will heute möglichst nichts mehr von der Angelegenheit hören, weil sie ihm nur Ärger eingebracht habe. Aber was der *Stern* geschrieben habe, das stimme.

Behles kreidet Neuberger dubiose Abrechnungspraktiken mit dem von Mercedes-Benz unentgeltlich zur Verfügung

124

gestellten 500 oder 560 SEL an. Jedes Jahr habe er einen neuen bekommen. Da Neuberger nicht den Dienstwagen der Saarland-Sporttoto GmbH in Anspruch nahm, rechnete er statt dessen die gefahrenen Kilometer ab. Behles verweigerte seinerzeit Spesenabrechnungen von Neuberger wegen Merkwürdigkeiten die Unterschrift.

Neuberger bestritt im *Stern* diese Vorwürfe. »Für den von der Daimler-Benz AG gestellten Wagen trug und trage ich jeweils persönlich die Kosten für Benzin, u.ä.«

Behles meint, was er in den Jahren mitbekommen habe, genüge, um ein düsteres Bild von dem Präsidenten des DFB zu zeichnen. Konkret auf Machenschaften von Neuberger angesprochen, erklärt er, die Zeit sei noch nicht reif, noch sei Neubergers Schatten zu mächtig.

Ein ehemaliges DFB-Vorstandsmitglied geht auf Abrechnungsmodalitäten ein: »Wenn ich jemanden zum Essen eingeladen habe, dann stand exakt der Betrag auf der Rechnung, den ich haben wollte. Damit es glaubhaft wirkte, habe ich noch einige Phantasienamen angegeben, um die Anzahl der bewirteten Personen zu erhöhen.«

Und auf andere Spesen bezogen: »Ich hatte oft in Frankfurt und in Darmstadt zugleich zu tun. Immer bin ich von Frankfurt nach Darmstadt gefahren, habe aber angegeben, jeweils extra von meinem Heimatort aus angereist zu sein. Da kamen schon einige hundert Mark zusammen. Aber das war noch nichts gegen einen Kollegen, der gleich in Frankfurt um die Ecke wohnte. Jahrelang legte er Abrechnungen vor, wonach er über mehr als vierhundert Kilometer angereist war. Er müsse seine kranke Mutter pflegen. Keiner hat nachgefragt, denn sonst wäre herausgekommen, daß die Mutter schon längst verstorben war. Aber vielleicht wußte man das auch.«

Seinen Eindruck von dem verstorbenen Präsidenten schildert Behles so: »Nach einer Woche habe ich Neuberger kein Wort mehr geglaubt. Ich war lange genug mit ihm zusammen und habe mitbekommen, wie er sich gegeben hat. Und ich habe mitbekommen, was er alles am Telefon gesagt hat.«

Behles weiter: »Alle Jahre auf den Hauptversammlungen gab es Geschenke. Die wurden auf Neubergers Anweisung im Nebenraum auf die Stühle gelegt, und davor auf dem Tisch stand das Namenskärtchen. Nach der Versammlung hatte jeder die Möglichkeit, sich auf das Geschenk zu setzen oder es anzunehmen.«

Dr. Wicklmayr, ehemaliger Innenminister des Saarlandes und im Aufsichtsrat der Sporttoto GmbH, bestätigt Neubergers Hang, sich mit Geschenken und kleinen Aufmerksamkeiten in Szene zu setzen. »Außerdem hat es Neuberger ausgezeichnet verstanden, mit Leuten in hochstehenden Positionen, die für ihn wichtig waren, wie den ehemaligen Ministerpräsidenten Röder, Kontakt zu halten. Er hat sie hofiert, wo es eben ging.«

Wie weit die Verflechtungen gehen können, wird dem interessierten Betrachter deutlich, wenn er sich das *DFB-Journal*, es erscheint viermal im Jahr, etwas genauer anschaut. Gedruckt wird dieses Journal bei Mohn-Druck, und der gehört zur Bertelsmann-Gruppe. Zur Bertelsmann-Gruppe gehört auch die UFA, die wiederum Übertragungsrechte des DFB erstanden hat. Es bleibt also alles in der Familie.

Noch eine besondere Konstruktion gibt es zu betrachten, an der der DFB maßgeblich beteiligt ist. Die Vereine im bezahlten Fußball treten via Liga-Ausschuß die Verhandlungsführung und Vermarktung der Rechte an den DFB ab, und dort wiederum ist Liga-Direktor Straub dafür zuständig. Straub könnte nun mit den einzelnen Anbietern verhandeln, was er jedoch nicht tut. Er schaltet den Medienberater Hans R. Beierlein ein, und der wiederum soll laut *Stern* mit 25 Prozent[72] eine dicke Provision erhalten, die den Vereinen verlorengeht. Uli Hoeneß, Bayern München, hat sich einmal in der Münchner *Abendzeitung* darüber beklagt, daß Beierlein am Pokalschlager Gladbach – Bayern mit 75 000 Mark mehr kassiert als die beteiligten Vereine.

Im *Stern* steht, warum der DFB Beierlein ins Spiel gebracht hat: »Angesichts der aufkommenden Fernsehkonkurrenz zwischen den öffentlich-rechtlichen und privaten Sendern brauche der DFB fachkundigen Rat.«

Bis heute darf der Münchner für den DFB exklusiv die Fernsehrechte für Länder- und Pokalspiele verschachern.

Kurios ist in dem Zusammenhang, daß die Übertragungsrechte, wenn es um die Vereine geht, durchaus von Liga-Direktor Straub vermarktet werden können, während der DFB für seine Hoheitsrechte bei Länder- und Pokalspielen Beierlein einschalten zu müssen glaubt.

Im Prinzip ist das, sollte man meinen, Jacke wie Hose, ob jetzt die Länderspiele mit ins Paket genommen werden oder nicht. Warum also muß der DFB noch durch Beierlein vertreten werden?

Viele sehen in dieser Konstruktion eine Erblast von Neuberger. So betrachtet macht es Sinn, Beierlein nur für Länder- und Pokalspiele einzusetzen, weil ja auch die Bandenwerbung zumindest bei den Länderspielen ausschließlich von Lüthi und seiner Firma CWL vermarktet wird. Ein guter Deal, den sich seinerzeit das Dreiergespann Neuberger, Lüthi und Beierlein ausgedacht hat. »Da laufen sicher manche Schwarzgeschäfte«, vermutet im *Stern* ein hoher deutscher Beamter der Steuerfahndung.

Am besten Bescheid über all die DFB-Aktivitäten wußte Hermann Neuberger. Er war auch einer der wenigen, der Einblick gewinnen durfte in die Wirtschaftsdienste GmbH, was noch nicht einmal dem zur Vertraulichkeit verpflichteten DFB-Wirtschaftsausschuß gestattet wird. In seiner Funktion als Beiratsvorsitzender der Wirtschaftsdienste GmbH führte Neuberger, so der *Stern*, »die Geschäfte nach Gutsherrenart«.

6. Die Profifußballer

Spieler und DFB

»Die Offiziellen sonnen sich fast überall nur im Erfolg. Beim Mißerfolg verlassen sie wie Ratten das sinkende Schiff.« Wer das behauptet, muß es eigentlich wissen, da er seit siebzehn Jahren als Torhüter im bezahlten Fußball sein Geld verdient: Uli Stein von Eintracht Frankfurt.

Jeder Sportverband auf der Welt ist ohne Athleten ein Nichts, auch der DFB. Natürlich weiß man das in Frankfurt in der Zentrale. Indem man vorschützt, im Sinne der Sportler zu handeln – gefragt hat man sie noch nie –, umgibt sich der Verband mit einem Schutzwall aus Bestimmungen, Ordnungen und Regularien. Und wie keine andere Sportart ist gerade der Fußball durch sein nationales und internationales Regelwerk, hinter dem man sich so geschickt verschanzen und auf das man bei jeder Gelegenheit verweisen kann, prädestiniert, Einfluß auf die Aktiven zu nehmen. Deshalb ist es unmöglich, ein Bild des DFB zu zeichnen, ohne die Betroffenen zu befragen und das besondere Verhältnis zwischen Verband und Sportlern aufzuzeigen.

Das Besondere dieses Verhältnisses zeigt sich schon daran, wie sich der Verband berufen fühlt, nach § 43, Absatz 2 der Satzung durch Strafen auf die Aktiven einzuwirken – wohlgemerkt alles erwachsene Menschen, oft Ehemänner und Familienväter: »Außerdem sind erzieherische Maßnahmen zulässig (z. B. Auflagen und Bußen).«

Betrachtet man den Strafkatalog und geht man Spieler um ihre Meinung an, dann ist dem Verband jedes pädagogische Geschick abzusprechen. Mit großer Selbstverständlichkeit nimmt er sich das Recht, Athleten selbst bei Weltmeisterschaften zu bevormunden

Dazu Uli Stein in seinem Buch *Halbzeit*: »So was habe ich noch nicht erlebt, wir werden behandelt wie kleine Kinder. Für jedes Mittagessen außerhalb des Camps mußt du dir eine Genehmigung holen, wie bei der Bundeswehr.«

Der DFB führt die Profis an der kurzen Leine und zeigt ihnen über die Hauspresse, besonders das *DFB-Journal* und den *Kicker*, ihre Grenzen auf. Lächerlich mutet es an, wenn der Bundestrainer einem Torwart in der Presse damit droht, er gehöre nicht mehr in die Nationalmannschaft, weil seine Leistung zu wünschen übrig lasse. Statt des Kölners Bodo Illgner, der sich in der Vereinigung der Vertragsfußballspieler (VdV) engagiert, erhält der Nürnberger Andreas Köpke den Vorzug. Als Anlaß kam dem DFB das Spiel gegen Brasilien vom 16. Dezember 1992 gelegen, in dem Illgner drei Tore kassierte, was zu seiner vorläufigen Ausmusterung führte und ihm die Bescheinigung durch den Verband einbrachte: »Der Versuch, sich neu zu beweisen und den verlorenen Stammplatz zurückzuerobern, mißlang.«[73] An gleicher Stelle war zu lesen: Köpke dagegen bilde zusammen mit Uli Stein, Frankfurt, in der Bundesliga eine Klasse für sich.

Aber gerade Uli Stein, bekannt für seine kritischen Worte dem Verband gegenüber, hat die DFB-Willkür zu spüren bekommen. Vor der Weltmeisterschaft 1986 machte er eine folgenschwere Bemerkung: »Ich habe nicht das Gefühl, daß es in der Nationalmannschaft nur nach Leistung geht.« Seiner eigenen Einschätzung nach war Stein – so steht es in seinem Buch – besser als Toni Schumacher, damals die Nummer eins im Tor.

In Mexiko selbst bei der WM wartete Stein vergebens darauf, daß er aufgestellt wurde. Dabei war Beckenbauer, der damalige Team-Chef, der Auffassung: »Ich weiß, du bist in der Form deines Lebens. Es gibt überhaupt keinen besseren Torhüter bei dieser WM.«

Nun leistete sich Stein auch noch die »Unverfrorenheit«, nachts einmal mit drei Kollegen – Dieter Hoeneß, Klaus Augenthaler und Dietmar Jakobs – um 2 Uhr 15 nach Hause zu kommen, was die Presse – eben weil es Stein war, der sich nicht den Medien anbiederte wie viele andere – gierig aufgriff. Schon war der Torhüter im Abseits, und Beckenbauer bedauerte, ihn nicht berücksichtigen zu können. Er berief sich auf eine Entscheidung von ganz oben.

Einige Tage später erfuhr Stein die wahren Hintergründe, die wirtschaftlicher Art gewesen sein sollen. In seinem Buch schreibt er zu diesem Vorfall: »Adidas sponsorte das deutsche Team im allgemeinen und einzelne Spieler im besonderen. Es handelte sich dabei um Privatverträge, die einige Mannschaftskollegem und Funktionäre des DFB mit dem Sportausrüster aus Herzogenaurach vor der Weltmeisterschaft abgeschlossen hatten. Als mir auch noch zugetragen wurde, daß sowohl Toni Schumacher als auch Franz Beckenbauer zu den Werbeträgern gehörten, ging mir ein Licht auf ... Ich hatte keinen Privatvertrag, also hatte ich auch keine Chance.«

Zwischen Stein und Schumacher wurde lange ein »mörderischer Konkurrenzkampf« entfacht, aber auch der umgekehrte Weg ist denkbar: Weil Florenz nur noch zweitklassig ist, beruhigt Berti Vogts den verunsicherten Effenberg, er gehöre immer noch zum Kreis der Elitekicker. Und damit der Ex-Münchner es auch glaubt, geht die Meldung über sämtliche Agenturen.

Illgner und Effenberg – das kann man doch auch ohne Aufsehen in einem Telefongespräch oder mit einem Brief erledigen. Aber besser wirkt es, wenn man die Chance, Nationalspieler zu werden oder zu bleiben, in aller Öffentlichkeit wie eine Wurst am Seil vor den vielen Hungrigen hin- und herpendeln läßt.

Gekonnt schürt der DFB den Neid – wie man immer wieder in der Presse vor einem Länderspiel lesen kann –, was die Berufung in die Nationalmannschaft anbelangt. Sind Spieler, die sich Hoffnungen auf eine Nominierung machen, nicht berücksichtigt worden, hält man sie mit der Ausrede hin, die Leistung müsse sich noch stabilisieren, die Verletzungsanfälligkeit gebe zu denken oder es fehle noch an internationaler Erfahrung. Wo aber soll der Betreffende die internationale Erfahrung herbekommen, wenn man ihn links liegenläßt?

Bedeutet das Argument, die persönliche Reife lasse zu wünschen übrig, etwa: Wenn du in Zukunft in der Öffentlichkeit nicht die Schnauze hältst, dann kannst du dir die Nationalmannschaft ein für allemal abschminken?

In seinem eigenen *Journal* liefert der DFB ein Beispiel par excellence, wie eigenwillige Spieler wie Effenberg zusammengestaucht werden, falls sie einmal die Erwartungen nicht erfüllen. Dann kommt es zur großen Auf- und Abrechnung, und die Fußballnation schaut fasziniert zu. Das Verwunderliche ist, daß die Demontage Effenbergs im verbandseigenen *Journal* von einem Journalisten des *Kicker*, Wolfgang Tobien, getätigt wird.

»Der Florentiner, der seit Beginn der Saison der bestbenotete Mittelspieler in Italiens Superliga ist, unterschätzte freilich die Situation und griff darüber hinaus auch noch zu den falschen Mitteln. Vor dem Spiel in Brasilien (Herbst 1992) verlor er zunächst den Machtkampf mit Matthäus um die Position des zentralen Mittelfeldspielers. Die schlechte Leistung, die er danach in Porto Alegre im halblinken Mittelfeld bot, wurde ihm als demonstrativer Akt der Verweigerung angekreidet.«[74]

Der Leser erfährt: Effenberg ist in Italien ein guter Spieler (Lob), der sich überschätzt (Tadel), deshalb gönnt man Matthäus, daß er den Machtkampf gewonnen hat (Schadenfreude), nicht zuletzt auch deswegen, weil Effenberg eine schwache Leistung bot (Kritik) und sich verweigerte (Sabotage). Weiter heißt es: »Mit Sicherheit war Effenberg nicht der Alleinschuldige am peinlichen Desaster gegen Brasilien. Doch die Uneinsichtigkeit, mit der er dann auf die massive Kritik reagierte, die Selbstgerechtigkeit, mit der er Aufarbeitung in eigener Sache betrieb, und die Nonchalance, mit der er sofort wieder zur Tagesordnung überging, standen im krassen Gegensatz zur diesmal ungemein selbstkritischen Haltung der übrigen Mannschaftsmitglieder.«

Das hat System: Die einen jubelt man hoch, den anderen macht man nieder. Effenberg wird als der »eigenwillige Einzelkämpfer« beschrieben, »der schon beim FC Bayern

München von etlichen Seiten als Spaltpilz bezeichnet worden war«.

Nun der zweite Schritt der Demontage. Außenstehende wie Beckenbauer, Vizepräsident von Bayern München, der früher mal von Effenberg angegriffen worden ist, werden eingebaut und empfehlen dem Bundestrainer, auf den Spieler zu verzichten. »Effenberg ist völlig überflüssig. Er überschätzt sich wahnsinnig. Von der Superklasse, die er für sich beansprucht, ist er Lichtjahre entfernt.«

Der Verfasser im *DFB-Journal* vergißt nicht, Effenbergs »schwierigen Kampf mit dem Publikum« und die Eckpfeiler der Mannschaft zu erwähnen, »an denen Stefan Effenberg nicht rütteln kann«. Gleichzeitig hofft man, daß er die »Lektion begriffen hat«. Vorerst aber einmal wird der Mann, »der mit einer schlechten Leistung und einer beschämenden Einstellung gegen Brasilien die Mannschaft und den Trainer im Stich gelassen hatte, für das Uruguay-Spiel aussortiert«. Jetzt kommt der richtige Zeitpunkt für den erzieherischen Aspekt: »Bis zum Nachweis solcher Lernfähigkeit muß Effenberg als der große Verlierer der Südamerikareise betrachtet werden.«

Wie abgesprochen wirkt es, daß parallel zu der Schelte im *DFB-Journal* der *Kicker*, und daraufhin viele Tageszeitungen, über Effenberg herzog. So in die Mangel genommen und vom DFB in eine Warteschleife komplimentiert, wird der Spieler, der sich einer Option sicher wähnt, alles tun, die an ihn herangetragenen Anforderungen zu erfüllen. Er wird für sein Ziel, Nationalspieler zu bleiben, jede Chance nutzen, einen Maulkorb akzeptieren und sich mit kritischen Äußerungen über den DFB zurückhalten, um sich nicht dauerhaft ins Abseits zu stellen.

Effenberg, so zeigt sich anschließend, hat gelernt, verbeißt sich die Kritik, wägt die Worte ab und darf wieder in der Nationalmannschaft spielen. Beim US-Cup im Sommer 1993 gab er sich endgültig geläutert und probte nicht mehr den Machtkampf mit Matthäus: »Lothar und ich ergänzen uns gut. Das ist gut für die Nationalmannschaft.«

Auf Illgner und Köpke angesprochen, betont der Bundestrainer immer wieder, »wie froh er ist, über zwei erstklassige Torleute zu verfügen«. Kurz vorher behauptete er noch, Köpke und Stein seien in der Bundesliga eine Klasse für sich. Dem einen schenkt man uneingeschränktes Vertrauen (Olaf Thon), andere können zufrieden sein, weil sie sich den Stammplatz in der Nationalmannschaft zurückerobert haben (Jürgen Klinsmann).

Es steckt System dahinter, wenn das *DFB-Journal* dem Journalisten Tobien gestattet, mit seinen Kommentaren die Aufstellung der Nationalmannschaft zu beeinflussen. Tobien sollte aber nicht vergessen, immer wieder einen Blick auf seinen Spickzettel zu werfen, sonst wird er selber womöglich eines Tages ausgemustert.

Eine vom DFB gesteuerte Hierarchie innerhalb der Nationalmannschaft hat seit jeher im Fußball Tradition. Wortführer, wenn sie gleichzeitig auch Leistungsträger sind, werden protegiert und ganz offensichtlich bevorzugt. Breitner und Rummenigge waren dominant, und man nahm das selbstverständlich hin. Rummenigge war dazu noch ungemein ehrgeizig und wollte in den achtziger Jahren zu den absoluten Weltstars wie Maradona und Platini aufschließen. Sogar mit gebrochenem Arm lief er zum Spiel auf den Rasen. »Der hat doch den DFB jeden Abend in sein Nachtgebet mit eingeschlossen«, witzelt ein ehemaliger Kollege über ihn.

Die vom DFB provozierten Klassenunterschiede sind eine subtile Form, Duckmäuser zu züchten und Abhängigkeiten zu erzeugen. »Kadavergehorsam« nennt es Uli Stein. Wie sonst ist es zu verstehen, daß der Verband 1986 in der Vorbereitungsphase und während der Weltmeisterschaft in Mexiko dem Spieler Rummenigge erlaubte, als Kolumnist für eine überregionale Zeitung zu arbeiten, während er es anderen, darunter auch Schumacher, untersagte?[75]

Einige meinen, der DFB setze auf niedere Instinkte wie Neid und Mißgunst, in der Hoffnung, sie wirkten sich »motivierend« aus. Motivierend in der Art, daß der Underdog alles daransetzt, die Position des Günstlings zu erreichen. Nur der darf mit dem Trainer über die Mannschaft reden – im Augenblick ist das noch Lothar Matthäus –, hat Einfluß auf die Aufstellung, wagt manchmal Widerspruch und sitzt bei offiziellen Anlässen gleich neben dem Präsidenten des Verbandes. Zu allen gesellschaftlichen Gelegenheiten wird er eingeladen, um in wenigen Sätzen vor der Kamera ein Statement abzugeben. Beim Ball des Sports ist er zu sehen, auf dem Presseball, manche verschlägt es sogar zu den Salzburger Festspielen. Ist ihre Karriere beendet, tragen sie Eintracht und ein ungestörtes Verhältnis zum Verband zur Schau, wie Beckenbauer, Breitner, Rummenigge und einige andere Auserwählte.

Den sogenannten »Highlights« läßt der DFB noch einiges durchgehen. Sind sie auch noch redegewandt, können sie auf eine fußballüberdurchschnittliche Schulbildung verweisen, wagt man nur halbherzig, vorlautes Vorpreschen zu tadeln. Hier hält sich der Verband manchmal genauso zurück wie die Mitspieler, die es sich aber nicht nehmen lassen, eine Zwangsgemeinschaft gegen diesen »Maulhelden«, wie man Breitner nannte, zu bilden. Wehe, der Maulheld bot eine schwache Vorstellung. Wehe, er ließ sich etwas zuschulden kommen. Häme über ihn, kannenweise, wie im Fall Stefan Effenbergs. Aber Paul Breitner beispielsweise war dafür bekannt, daß er nicht nur austeilen, sondern auch einstecken konnte.

Der DFB sieht und hört es nicht gerne, wenn kritische Worte die Runde machen. Ein probates Mittel, gegen solche »Quertreiber« vorzugehen, ist – abgesehen von der Hauspresse – der Ausschluß aus der Nationalmannschaft, wie Uli Stein meint. Er habe es zu spüren bekommen, weil nach Ansicht des Verbandes mit Toni Schumacher ja ein gleichwertiger Torhüter zur Verfügung stand.

Für Uli Stein existiert deshalb im bezahlten Fußball eine heuchlerische Gesellschaft, »die, nur um den schönen Schein besorgt, Werte hochhielt, welche in diesem beinhar-

ten Geschäft schon längst nichts mehr bedeuteten. Hinter den Kulissen peitschten sie uns zum Kampf bis auf die Knochen, vor laufenden Kameras und in Journalistenblöcke diktierten sie Fairneß und Anstand.«[76]
Peter Geyer, Ex-Profi und mehr als zehn Jahre im bezahlten Fußball tätig gewesen, gibt an, nie anders mit dem DFB Kontakt gehabt zu haben, als in einem Verfahren vor dem Sportgericht.
Der DFB schweigt vielleicht zu gewissen Vorfällen, aber er vergißt nie. Und er vergißt erst recht nicht, den Spielern ihre Grenzen aufzuzeigen. Wer kann das besser als derjenige, der auch selbst nach Belieben die Grenzen festlegt?

Was sie motiviert

Viele Profis kommen aus armen Verhältnissen und sehen die Chance, sich sozial zu verbessern. Aber dadurch lastet auf ihnen auch ein unsagbarer Druck, immerhin sind die Erwartungen, die man an sie heranträgt, sehr hoch. Und dieser Druck kann dazu führen, daß Fußballer – man gesteht es ihnen nicht gerne zu, weil es nicht ins Klischee paßt – Depressionen bekommen und Tabletten nehmen. So auch Toni Schumacher, der, »am Rande der Depression«, zu Aufputschmitteln griff, »um die Belastungsgrenze meiner Maschine ›Körper‹ zu testen«.[77] Vielleicht war seine Vorstellung, der 1. FC Köln erwarte unheimlich viel von ihm, vom Ansatz her falsch. Mehr als erfüllt hat er die Anforderungen. Nur wenige können so viele Länderspiele vorweisen wie er.
Fragt man Spieler, was sie am Fußball so fasziniert, lächeln sie und beginnen schwärmerisch aus der Vergangenheit zu erzählen. Keiner hat auf den Fußball als Sport geschimpft. Wenn überhaupt, dann war es das Umfeld.
»Ein irres Gefühl, wenn du Ball und Gegner beherrschst«, so die einen ausweichend. Sofort fallen ihnen bestimmte Spielzüge aus der eigenen Karriere ein, die sie überschwenglich kommentieren. Ein Tor wird genannt – erstaunlicher-

weise reden sie wenig von Torerfolgen, als sei das eine logische Konsequenz von vorhergegangenen erfolgreichen Aktionen –, ein Traumpaß über vierzig Meter, den dann der Uli nur noch reinpusten mußte. Oder ein ganz bestimmter Spielzug über drei, vier Stationen. »Nur Billard ist schöner.« Oft wird die Kulisse von zwanzigtausend und mehr Zuschauern geschildert – die Motivation schlechthin für einen Lauterer Spieler. »Du rennst raus, und dann tausend wie eine Wand. Die schreien dich in Grund und Boden. Du darfst nicht versagen, sonst lynchen sie dich. Genau das ist meine Motivation.«

Motivation ist wie eine Art Druck, den man sich auferlegt, so ist es zu hören. Und je höher die Motivation, desto ungewisser das Grummeln im Bauch, ob man die Erwartungen auch erfüllt. Und dann kann es schon mal zu ganz unsinnigen körperlichen Reaktionen kommen, weil man übermotiviert ist, wie bei einem Kölner Bundesliga-Profi.

»Ich bin einmal nach einem Kopfball aufs Kreuz geknallt. Mir blieb die Luft weg, und ich habe in die Hose geschissen. Richtig in die Hose geschissen.«

Ein ehemaliger Bremer Spieler weiß zu berichten, daß er so dringend mußte, aber nicht aus dem Spiel gehen wollte. »Da ließ ich mich bei einem harmlosen Foul fallen, mimte den Verletzten und pinkelte den Rasen an. Der war so trocken, der konnte das gebrauchen. Und als mein Masseur kam, da hat er die Bescherung gesehen und gegrinst. Gott sei Dank hatte ich eine dunkle Hose an.«

Und ein Dritter aus Gladbach: »Ich hatte meistens einen Bienenschwarm im Kopf. Und nur wenn ich gelaufen bin, da waren sie still.«

Auf Nachfragen gibt der Ex-Profi zu, daß er sich mit Tabletten fit gemacht hat. Zuerst mit Aspirin, erst zwei, dann drei, schließlich zehn vor jedem Spiel. Und immer, wenn er welche nahm, da meldete sich der Schwarm.

»Motivation ist, wenn das Spiel aus ist und du rennst immer noch«, so einer aus der Zweiten Liga. Sein Kollege knufft ihn in die Seite: »Ich würde mal den Arzt wechseln.«

136

Daß der Körper manchmal ungeahnte Kapriolen schlägt, kann man erfahren, wenn sogenannte alte Hasen aus der Schule plaudern. Uwe Klimaschefski, seit beinahe dreißig Jahren im Trainergeschäft, durfte als Jugendlicher in der ersten Mannschaft von Bremen mitspielen. Im Training hat er all seine älteren Kollegen »abgezogen«, wie er nur wollte. Immer hätten sie von ihm die Hacken gesehen. Und dann im Spiel? Nichts lief mehr. Lahm, unkoordiniert, kein Bein vor das andere. Alle rannten sie ihm weg. Der Grund: die Nerven. Angst vor dem Versagen. Die hohe Erwartungshaltung. Jeder Spieler kennt das. Für den einen sind zehntausend schreiende Zuschauer das beste Doping, der andere möchte sich am liebsten in den Boden verkriechen, wenn er auch nur einen einzigen Pfiff von den Rängen hört. Der eine fühlt sich angestachelt nach drei Fehlpässen, der andere wagt erst gar nicht den vierten. Um welchen Typ von Fußballer es sich handelt, kann man schon daran sehen, wie sie auf den Platz laufen. Mit hoch aufgerichtetem Kopf, raumgreifenden Schritten und sich aus dem Pulk lösend der Selbstbewußte; Kopf gesenkt, Hängeschultern und sich zwischen den anderen verstecken wollend, der Eingeschüchterte, Gehemmte. Und was das Fatale ist: Ein schlechtes Spiel kann dazu führen, daß ein und derselbe Fußballer sein Verhalten radikal ändert.

Eines haben alle Fußballer gemeinsam, wenn sie zu schwärmen beginnen: Der Sport hat ihnen viel gegeben, er hat sie bestätigt, sie haben sich gut gefühlt und Anerkennung gefunden. Manchmal ging es ihnen noch nicht einmal so sehr ums Geld. Am Anfang zumindest. Da wollten sie nur spielen, spielen, spielen. So Harald Kohr, Ex-Profi in Kaiserslautern, Zürich und Wattenscheid, der in Pfalzel bei Trier zu Hause ist. Inzwischen Sportinvalide, würde er noch heute abend auf den Platz zum Training marschieren, wenn er wüßte, er könnte morgen antreten.

Allerdings hatten und haben alle Profis einen Hintergedanken, die Urkraft der Motivation schlechthin: die Nationalmannschaft. Jeder wollte dieses selbstgesteckte Ziel erreichen. Und viele haben immer wieder in den Gesprächen einfließen lassen: »Also 1985, als ich auf dem Sprung in die Nationalmannschaft war, da ...« Oder: »Meine Verletzung 88 hat mich daran gehindert, in der Nationalmannschaft ... Ich hatte schon ein Schreiben des Bundestrainers auf dem Tisch ...«

Diejenigen, die nie in der Nationalmannschaft gespielt haben, fühlen sich genötigt, eine Rechtfertigung anzubieten. Das Wort »Versagen« kommt dabei nicht über ihre Lippen. Versagen wäre das Eingeständnis, ihr Ziel nicht erreicht, einen Fehler begangen zu haben.

Und mit dem Ziel Nationalmannschaft teilen sich alle Angesprochenen automatisch ein in die, die es geschafft haben, und in alle anderen. Nationalmannschaft, das ist ein Gütesiegel, ein Markenzeichen, ein Karrierebeschleuniger.

»Zumindest zu dem Zeitpunkt, wenn du mit den anderen aufläufst, gehörst du zu den besten Elf in Deutschland. Wer kann das schon von sich behaupten?«

An dieser Bemerkung ist was dran. Man kann es an den Tränen sehen, wenn die Nationalhymne abgespielt wird. Harte Jungs und Tränen, wie paßt denn das zusammen?

Zur Elite zu gehören, für Deutschland eingesetzt zu werden, obwohl es dafür direkt kein oder kaum Geld gibt, das ist ihr Traum. Profifußballer: alles verkappte Amateure?

Gewiß nicht, denn dazu sehen sie ihren Beruf knallhart. Und ihr Beruf ist nun mal, möglichst oft und erfolgreich 90 Minuten auf dem Platz zu stehen. Sie kennen ihre Leistungsfähigkeit, kennen ihren Körper und wissen, ihre Gesundheit ist eine Hypothek auf Zeit. Maximal zehn Jahre bleiben einem Fußballer, dann muß er sich »saniert« haben. Sie reden oft von saniert, als sei dieses Wort und die Zeit, die sie benötigen, um es umzusetzen, die eigentliche Vorstufe zu ihrem Leben. Danach fängt erst alles richtig an. Und mit jedem Spiel wird von der Hypothek Gesundheit ein Stück abgetragen. Nicht durch Tilgung, sondern in Form von Substanz, die verlorengeht.

Licht und Schatten

Mit Hypotheken können oder wollen sie nicht recht umgehen, zumindest nicht mit denen, die ihnen die Bank vermittelt.

Im Überschwang ihrer körperlichen Leistungsfähigkeit haben viele Fußballer auch das Bedürfnis, sich mehr als adäquat darzustellen. Am einfachsten geht das mit Statussymbolen, die jeder sieht, die jeder einordnen kann. Da muß ein Porsche her oder ein gleichwertiger Sportwagen, für die Frau ein Coupé, besser noch ein Cabrio. Maßanzüge aus Italien, die Schuhe gleich mitgebracht, ein teures und komfortables Haus oder eine gigantische Eigentumswohnung in der besten Lage. Kein Problem, diese Summen zu finanzieren. Für die meisten zumindest nicht. Aber wenn man in bestimmte Kreise gerät, den falschen Leuten vertraut, dann können unsinnige Investitionen getätigt werden. In einem solchen Fall ist der Verein gefragt, der einen Finanzplan aufstellt, um die Schulden zu tilgen – jedenfalls wenn man noch tilgen kann, es die Gesundheit und die Leistungsfähigkeit zuläßt. Aber was ist, falls die Einnahmen ausbleiben, der Vertrag ausläuft und kein neuer Club in Sicht ist?

Für einen Bundesligaspieler aus Bremen war das eine bittere Lektion. Eine Verletzung am Knie, und der Vertrag war weg. Ab in die Provinz nach Trier. Das Gehalt schien einigermaßen passabel, die anderen Spieler schauten zu ihm auf, immerhin kam er aus der großen Fußballwelt und hatte die Luft der Stars geschnuppert. Der weitere Werdegang: Auto gekauft und zu Schrott gefahren. Noch eins gekauft, wieder Schrott. Ein drittes mußte her, und alle Abzahlungsraten wollten auf einmal bedient werden. Das Ende der Karriere zeichnete sich ab, das Knie machte nicht mehr mit. Die kurz zuvor erstandene Eigentumswohnung, das einzige Überbleibsel aus vielen Jahren Bundesliga, wurde versteigert. Kein Geld, kein Job, nur Schulden.

»So in der Scheiße drin, bist du froh, wenn sich noch ein Amateurverein findet, der dir einen Vertrag als Spielertrainer anbietet.« Wolfgang »Molle« Schlief griff schnell zu, als er ein Angebot aus Bad Kreuznach erhielt. Und heute? Endstation als Beleuchter beim Theater. Sport und Ruhm? Verblaßt, nur noch schemenhafte Erinnerungen. Keiner kennt ihn mehr, will ihn mehr kennen.

Aber es gibt ja auch noch den DFB. Hilft er ehemaligen Berufsfußballern, falls deren sozialer Abstieg nicht mehr aufzuhalten ist? Kommt der Verband seiner Fürsorgepflicht nach? Immerhin haben Spieler Folge zu leisten, wenn man sie in die Nationalmannschaft beruft. Und der DFB ist nun mal für alle Fragen, die den Lizenzspieler betreffen, zuständig.

Nach § 2 der Satzung hat sich der Verband verpflichtet, »ein Sozialwerk zur Hilfeleistung und Unterstützung notleidender Angehöriger des DFB oder ihrer Hinterbliebenen zu unterhalten und aus Anlaß besonderer Notfälle aus Mitteln des Sozialwerks Hilfe zu leisten, soweit der Sport betroffen ist«. Kaum ein Spieler, erst recht keiner der zweiten Garnitur, hat je davon profitiert, obwohl viele betroffen sind. Auch nicht »Molle« Schlief.

Was ist, falls unerwartet und zu einem Zeitpunkt, da man eigentlich noch ein paar Jahre vor sich hat, die Hypothek Gesundheit nicht mehr mitspielt, eine Verletzung die andere ablöst, der Stammplatz in der Mannschaft verlorengeht? Dann meldet sich der große Frust, die Resignation. Und den Kummer ertränkt man am besten in Alkohol unter Zuhilfenahme von Tabletten. Gemeinsam mit den vielen Freunden, die man ja hat und die wie ein Mann zu einem halten. Solange ein Lizenzfußballer im Rampenlicht steht, hat er nur Freunde. In jeder Diskothek hundert. Schon vor zwei Jahrzehnten haben das die Frankfurter Nickel und Grabowski gemerkt, wenn sie mal einen Abstecher über den Rhein nach Mainz gemacht haben. Hundert Hände auf den Schultern: »Junge, du bist für mich der Größte.« Schon wurden in der Diskothek Tangente Runden spendiert, eine nach der anderen. Schließlich war man das dem Ruf, zu den Großverdienern des Sports zu gehören, schuldig.

Wenn es nicht läuft, wenn sie eine Verletzung haben oder,

was noch viel schlimmer ist, trotz eigener positiver Einschätzung einfach nicht vom Trainer aufgestellt werden, dann zerbröckelt ihr Selbstbewußtsein. Dann nagen die Zweifel: Bin ich nicht gut oder kann der Trainer mich nicht leiden?

Peter Geyer, der früher bei Braunschweig und Dortmund unter Vertrag stand, erklärt, wie man das Wohlwollen des Trainers beeinflussen kann, indem man ihm etwas zusteckt, damit er einen aufstellt. Nicht alle Trainer, so betont er, aber viele sind dafür empfänglich. Da wandern schon mal einige Tausender über den Tisch.

Peter Geyer muß es wissen. Denn als er seine Karriere beendete, hätte er noch einmal einen Vertrag abschließen können, wenn er dem Trainer 50 000 Mark gezahlt hätte.[78] So hat es ihm sein Spielervermittler, Erwin Kostedde, mitgeteilt, der einst selbst viele Jahre Profifußballer gewesen ist. Ähnlich erging es Dieter Müller, als er aus dem Ausland in die Bundesliga zurückkehrte. Der neue Verein mußte keine Ablösesumme zahlen und verpflichtete Müller gegen entsprechend hohe Auflaufprämien. Er bekam also nur Geld, wenn er zum Spiel antrat. Die Mannschaft aber wird bekanntlich vom Trainer aufgestellt, und der kannte den Vertrag. Zwischen nichts verdienen und viel verdienen lag angeblich die Provision des Trainers Uwe Klimaschefski. Von den 10 000 Mark Auflaufprämie soll der Trainer 2500 Mark erhalten haben.

»So etwas kommt doch alle naselang vor. Wenn der Dieter dem Klimaschefski 2500 Mark gezahlt hat, dann war er doch clever. Ohne hätte er keine 7500 Mark verdient, die wären sonst den Bach runter.« So äußert sich Manfred Ommer, Präsident des FC Homburg. Und Trainer Klimaschefski meint auf die Frage, ob in der Bundesliga Auflaufprämien gezahlt werden: »Natürlich werden diese Prämien gezahlt.« Schnell fügt er jedoch hinzu: »Ein Trainer verliert seine Autorität und begibt sich in die Abhängigkeit der Spieler, wenn er Geld annimmt. Deshalb glaube ich nicht, daß das jemand macht.«

Zu Dieter Müller und über die angeblich an ihn gezahlte Provision für die Aufstellung sagt Klimaschefski: »Ich habe den Dieter Müller aus der Schweiz geholt. Der mußte froh sein um jede Mark, die er verdiente, denn Dieter hatte Schulden in Millionenhöhe. Das mit der Auflaufprämie ist ein Gerücht, hätte er ja bei seinen Schulden gar nicht zahlen können.« Und ironisch fügt er an: »Auf einer Vereinsversammlung wurde ich mal darauf angesprochen, ob es stimme, daß der Dieter für jedes Spiel 2500 Mark an mich abdrücken müsse. ›Falsch‹ , habe ich geantwortet, ›es sind 5000 Mark‹.«

Eine Auflaufprämie war auch in Frankfurt mit dem Torjäger Edgar Schmitt vereinbart. Pro Einsatz erhielt er 9000 Mark. Allerdings glaubte der Stürmer – er spielte vorher in Salmrohr und in Trier –, durch die Verpflichtung des Polen Jan Furtok vom Hamburger SV sei sein Einkommen gefährdet. Läuft Schmitt nicht auf den Platz, gibt es kein Geld. Irgendwann müsse er wohl noch Geld mitbringen, so Schmitt.

Bernd Hölzenbein, Vizepräsident der Eintracht, sah das anders. Er war der Auffassung, man habe Schmitts Vertrag – die Fakten wurden auf einem Bierdeckel festgehalten – stark aufgebessert, eben bis zu diesen 9000 Mark Einsatzprämie. Allerdings geschah dies zu vorgerückter Stunde und unter Alkoholeinfluß, und damit ist der Zwist schon vorprogrammiert.

Wer garantiert dem Spieler Schmitt, daß die Aufstellung nach verifizierbaren Kriterien über die Bühne geht und man nicht die stark leistungsbezogene Regelung dazu benutzt, ihn eines Tages aus der Mannschaft zu katapultieren? Unter dem Vorwand schwer überprüfbarer Formschwäche etwa. Wie soll Schmitt dem Trainer das Gegenteil beweisen?

Schmitt hat die Konsequenzen gezogen, den Verein gewechselt, spielt nun in Karlsruhe und schreibt am 2. November 1993, wenige Tage nach einem glimpflich verlaufenen Unfall bei Tempo 160 auf reifglatter Autobahn, Fußballgeschichte: In der mitreißenden UEFA-Cup-Partie gegen den spanischen Tabellenführer und viermaligen Meister FC Valencia schießt der dreißigjährige Stürmer aus Dudeldorf in der Eifel, der erst mit 28 Jahren sein erstes Bundesligaspiel bestritt, vier der sieben Tore. Und am 7. Dezember 1993 zu Hause im Wildparkstadion gegen Bordeaux – im Hinspiel verloren die Karlsruher mit 1:0 – wieder zwei.

Kampf um den Stammplatz

Der bezahlte Fußball ist nicht nur eine Zweiklassengesellschaft von 1. und 2. Bundesliga. Innerhalb jeder Mannschaft existiert eine Rangordnung, wie man sie auch in anderen Bereichen, in Firmen und in der Gesellschaft, findet. Da gibt es den Star, der hofiert und bedient werden will, auf dem Spielfeld und auch außerhalb. Er duldet keinen gleichrangigen Mitspieler, und sein Einfluß geht sogar so weit, daß er – vorausgesetzt sein Zenit ist noch nicht überschritten – auf die Neuverpflichtung von Spielern Einfluß nehmen kann. Bayern München hat das schon zu Beckenbauers und Breitners Zeiten zu spüren bekommen.

Im Spiel ist für den Star ein sogenannter Wasserträger zuständig, der die Bälle von weit hinten nach vorne schleppt und sie verwandlungsgünstig zu servieren hat. Exemplarisches Star-Wasserträger-Team waren Beckenbauer und Schwarzenbeck.

Neben dem Topspieler eines Vereins – der sich weniger durch ein Übermaß an Leistung auszeichnen muß als durch Charisma, noch besser sind eine spitze Zunge und ein vorlautes Mundwerk – sind meist noch zwei bis drei fast gleichwertige anzutreffen, die ständig mit rhetorischen Finessen oder plumpen Sticheleien über die Medien am Image des Stars zu kratzen versuchen. Breitner beispielsweise war so einer, der es nie lassen konnte. Irgendwann ist die Stimmung dann so vergiftet, daß sich die Kollegen einer Mannschaft nur noch über die Presse ihre Frechheiten vorwerfen. Ein gefundenes Fressen für die Medien, die es nicht versäu-

men, die Situation anzuheizen. Bei Bayern München lagen
Lothar Matthäus und Manager Hoeneß zeitweise deswegen
im Clinch. Lothar möge sich bitte nicht in Dinge einmischen,
die ihn nichts angingen, erklärte Hoeneß.

Was einem Spieler erlaubt ist, verdeutlicht Erich Ribbeck,
Ex-Trainer der Bayern, im Fußballmagazin *Kicker*: »Zum
Beispiel kann Thomas Helmer durchaus sagen: Ich will
Libero spielen. Aber er kann nicht sagen: Ich muß Libero
spielen, weil ich besser bin als Olaf Thon.«

Trainer, Vereinspräsidenten und Funktionäre, die oft über
Spieler herziehen, daß es schon entwürdigend ist, sollten
sich daran ein Beispiel nehmen.

Die zweite Garnitur, letztlich diejenigen, ohne die kein
Fußballmatch zustande käme, nimmt man nicht ernst, nutzt
sie aus oder setzt sie geschickt in einem Ränkespiel ein. So
etwa zu der Zeit, als in den siebziger Jahren Mönchengladbach und Bayern die Nationalmannschaft stellten. Da soll es
von anderen Vereinen Prämien gegeben haben, wenn ein
gewisser Spieler für einige Wochen wegen Verletzung ausfällt. Dadurch wäre ein anderer von einem traditionsreichen
Westclub oder aus der größten Hansestadt aufgestellt worden. Prämien gab es zu der Zeit auch für Tore, die man hat
durchgehen lassen. Und für vieles mehr.

Überhaupt hat die zweite Garnitur, außer jedes Wochenende
Leistung zu bringen, nur eine Funktion: Sich anzuhören,
was Trainer, Vereinspräsident und andere hohe Herren sagen, zu nicken und das Gesagte in die Tat umzusetzen,
selbstverständlich ohne Widerrede. Daß sich in solchen
Fällen Groll aufstaut, kann jeder nachvollziehen. Wer sich
verraten und verkauft oder auch nur minderwertig und nicht
akzeptiert fühlt, steckt hier und da mal einem Reporter
etwas zu, läßt ganz geschickt eine Bemerkung fallen, mit
wem der Spieler X im letzten Trainingslager im Bett erwischt worden ist, oder er freut sich offen über das Scheitern
einer finanziellen Transaktion und den Totalverlust des
Geldes.

Es ist der Neid, der zum einen an den Spielern frißt, sie aber zum anderen auch antreibt, mehr zu tun als erforderlich. Allerdings gehört dazu nicht allzuviel, bei dem mageren Trainingspensum der Bundesliga, meist nicht mehr als neunzig Minuten am Tag. In anderen Sportarten wie Schwimmen und Gewichtheben kommen Athleten leicht auf vier bis fünf Stunden täglich.

Uli Hoeneß, Manager von Bayern München, meint, nur »ehrgeizige, zielstrebige junge Burschen können bestehen, labile haben keine Chance«.

Dreh- und Angelpunkt ist der Stammplatz. Mehmet Scholl, Spieler beim gleichen Verein, versteht, daß einige frustriert sind, wenn sie zwischen Bank und Platz hin und her pendeln. Und Roland Grahammer, Kollege von Scholl, spricht sogar vom Austricksen, wenn es um den Stammplatz gehe. Er redet von einem guten Verhältnis in der Mannschaft, aber jeder müsse um seinen Platz kämpfen. Zwar leide seiner Meinung nach die Freundschaft nicht darunter, aber jeder versuche den anderen auszutricksen, indem man während des Trainings im Zweikampf ein bißchen härter einsteigt, »um sich Respekt zu verschaffen«. Nach dem Motto: »Hoppla, da ist noch der Grahammer.«

Bruno Labbadia meint, die hintendran stehen, täten alles, um einen Stammspieler zu verdrängen. Nicht Haß glaubt er zu bemerken, sondern Unzufriedenheit der zweiten Garnitur. Und für Gerald Hillringhaus, der früher noch nicht einmal auf der Bank saß, ist es bitter, wenn »man keine Chance hat«. Dem Ersatztorwart tat es weh, und er ärgerte sich jede Woche, weil er nicht mit ins Trainingslager fahren durfte. Dabei lebte er für den Fußball, wurde aber höchstens in Freundschaftsspielen eingesetzt. Allein um für einen anderen Verein interessant zu sein, hielt er sich fit. Hillringhaus' Taktik scheint aufgegangen zu sein: Inzwischen ist er Stammtorwart beim Zweitligisten Tennis Borussia Berlin.

Sicherlich trifft es zu, daß Fußballer ihre Tätigkeit als ganz normalen Beruf auffassen. Und alle Spieler einer Mannschaft möchten das gleiche Ziel erreichen, möglichst die Meisterschaft. Aber da ist noch der Gegner, so Bruno Labbadia, der die Punkte wegnehmen will. Und das Ansehen und das Geld.

Klaus Augenthaler, Co-Trainer der Bayern und von anderen Vereinen begehrt, beschreibt den Zustand wie folgt: »Der Erfolg zählt, es gibt keine elf Freunde mehr. Früher gingen die Spieler der Bayern in die Disco Charly M., heute feiern sie nicht mehr zusammen.«

Haben Neid und Mißgunst dazu geführt? Der Fußballprofi, Mitglied einer Mannschaft – die gewinnen muß, auf der der Druck der Öffentlichkeit und der Medien lastet –, aber trotzdem nur noch ein Einzelkämpfer, dem der eigene Vorteil über alles geht?

Was die Großen oder ehemals Großen des Fußballs geschäftlich alles machen, man kann es regelmäßig in der Presse nachlesen. Sie haben ausgesorgt, schließen einen guten Vertrag nach dem anderen ab, wechseln von Daimler-Benz zu Mitsubishi, allerdings nur, wenn es sich lohnt. Und lohnen tut es sich wohl erst in einer Größenordnung von mehreren Hunderttausend aufwärts.

Für viele der Stars gestaltet sich der Übergang aus der aktiven Zeit in die passive nahtlos. Sie werden Trainer, nachdem sie ihre Trainerlizenz erworben haben. Manche sind auch sehr erfolgreich gewesen. Andere wiederum wurden sogar Nationaltrainer, ohne diese Lizenz je besessen zu haben. Auch das geht. Der Name macht es, und der DFB.

Man trifft die ehemaligen Highlights auch als Manager in den Bundesligavereinen. Einige von ihnen agieren sehr geschickt, so Uli Hoeneß, Bayern München, sein Bruder Dieter Hoeneß, VfB Stuttgart, und Bernd Hölzenbein, Vizepräsident bei Eintracht Frankfurt. Vielleicht sind sie so erfolgreich, weil sie noch aus eigener Erfahrung wissen, was im Interesse der Spieler liegt.

Frust

Er ist noch nicht so lange aus dem Geschäft, daß man sagen könnte, zu seiner Zeit war alles anders. Seine Zeit, das sind die Jahre von 1975 bis 1984. Mehr als 280 Bundesligaeinsätze hat er hinter sich, neunmal wurde er in die B-Nationalmannschaft berufen, und er stand auf dem Sprung in die A-Nationalmannschaft. Das war 1976, als ihn kurz vor Erreichen seines Traumzieles eine Verletzung weit zurückwarf.

Peter Geyer gehörte dem leistungsmäßigen Mittelbau der Bundesliga an. Über ihm gab es zwei Leistungsebenen: die der absoluten Topstars und die Spieler der Nationalmannschaft. Direkt unter ihm diejenigen, die nicht so lange in der höchsten Spielklasse beschäftigt waren wie er, also wesentlich weniger Einsätze hatten. Und dann noch die ständigen Reservespieler, die gelegentlich für einige Minuten den geheiligten Rasen betreten durften. Immer zu kurz, um auch nur im Ansatz zu glänzen.

Peter Geyer wohnt in München-Großhadern in einem Wohnblock modernen Zuschnitts. Ich bin etwas enttäuscht, weil ich denke: Du gehst zu einem mit beachtlichem Erfolg in der Bundesliga, der wird sich schon sein Häuschen im Grünen verdient und einiges auf der Bank haben.

Ich suche Peter Geyer auf, weil er zum einen kein Blatt vor den Mund genommen und sich über Doping während seiner Zeit in der Bundesliga ausgelassen hat. Zum anderen ist er an der Nahtstelle zur jetzigen, noch aktiven Spielergeneration anzusiedeln. Und als wichtigster Aspekt: Peter Geyer gehört zu jener breiten Schicht der zweiten Garnitur, zu der Gruppe der Namenlosen und schnell Vergessenen, ohne die eine Bundesliga nicht denkbar wäre.

Peter Geyer und seine Frau nehmen sich Zeit an diesem Sonntag. Kaffee und Kuchen stehen auf dem Tisch des kleinen, geschmackvoll eingerichteten Wohnzimmers. Und dann beginnt Peter Geyer zu erzählen. Mit 31 mußte er mit dem Fußball aufhören, weil er keinen Verein mehr fand. Zwei Spielervermittler hatten sich bemüht, ohne Ergebnis.

So aus dem Oberhaus des Fußballs hinauskatapultiert, hat Peter Geyer zwei Jahre im Amateurbereich gearbeitet und seine Trainerlizenz in Köln gemacht. Berti Vogts, so sagt er, habe man die Lizenz auf der Sportschule – sie hat den Ruf, Deutschlands einzige Schule zu sein, in der Sitzenbleiben unmöglich ist, erst 1993 mit Hilfe der Ex-Profis Marcel Raducanu und Erwin Kostedde abgelegt – geschenkt. Auf die Frage, ob man das heute auch an seiner Tätigkeit als Nationaltrainer sehen könne, lächelt Peter Geyer nur.

Fußball hat ihm sehr viel bedeutet. Fußball hat seinen Horizont erweitert, ihm den Blickwinkel für andere Dinge eröffnet. Und weil er schon sehr früh sehr gut war, arbeitete er nach seiner Ausbildung zum Fernsehmechaniker erst gar nicht im erlernten Beruf, wenn man einmal von den ersten zwei Wochen gleich nach seiner Gesellenprüfung absieht.

Auf Braunschweig und seine letzte Saison angesprochen, reagiert Peter Geyer enttäuscht. Mit Trainer Ristic sei er nicht zurechtgekommen. Außerdem habe der Sponsor Jägermeister die Gelder um 60 bis 70 Prozent gekürzt, so daß für ihn kein Platz mehr in der Mannschaft gewesen sei. Erneut betont er, er sei erst 31 gewesen. Zwei Jahre hätte er sich noch zugetraut.

Er zeigt ein Foto, auf dem er mit seinem verstorbenen Vater abgebildet ist. Peter Geyer in Fußballkluft, unübersehbar der markante Schnauzbart. Sein Vater sei stolz auf ihn gewesen. Das hätte er nicht zu sagen brauchen, auf dem Bild ist es deutlich zu sehen.

Zur Frage nach seinen Verletzungen erklärt Peter Geyer, im letzten Bundesligajahr habe es ihn zweimal hart getroffen. Wegen einer Operation sechs Monate außer Gefecht, sei es sehr schwer gewesen, danach wieder Anschluß zu finden. Nach zehn oder zwölf Spielen, die er gut überstanden habe, sei sein Vertrag ausgelaufen. Er hätte nur noch eine ganz geringe Ablösesumme gekostet. Peter Geyer scheint immer noch enttäuscht zu sein, daß ihn niemand haben wollte, obwohl er damals so günstig auf dem Spielermarkt angeboten wurde.

»Waren Sie zu dem Zeitpunkt ein reicher Mann?«

Auf meine Frage reagiert Peter Geyer verlegen. Zwei, drei Jahre vor Karriereende habe er über einen guten Freund, der sich dann aber doch nicht als so gut herausstellte, in Bauherrenmodelle investiert, wie viele andere auch. »Wenn das geklappt hätte, ich hätte nicht mehr viel arbeiten müssen.«

Ich sehe Peter Geyer an, er wirkt resigniert und erinnert sich an die Vergangenheit. Und dann wandert sein Blick hilflos im Wohnzimmer umher. Ich sitze einem Mann von vierzig gegenüber, der jahrelang in der Bundesliga Spitze gewesen ist und nichts Vergleichbares vorweisen kann. Heute arrangiere er Seminare, antwortet er auf meine Frage nach seiner jetzigen Tätigkeit.

Und seine Frau: »Sie können mir glauben, es ist schon ganz schön hart. Er kann doch nicht mehr in dem Alter auf die Schulbank.« Leider fehle ihm eine adäquate Ausbildung, will sie damit ausdrücken.

Peter Geyer weiß, daß andere an ihm mehr verdient haben als er selbst. Heute stehe er fast ohne soziale Absicherung da.

Und als ich wissen will, ob er das Gefühl hat, seine Haut zu Markte getragen zu haben, erwidert er: »Ja, eigentlich schon.« Peter Geyer schaut auf seine Hände.

Der Mohr hat seine Schuldigkeit getan, jetzt kann er gehen, das gelte mehr oder weniger auch für ihn. Und Peter Geyer ist enttäuscht, weil es nie ein richtiges Bemühen beim Verein gegeben hat, seinen Vertrag zu verlängern. Er sei doch erst 31 gewesen, Matthäus jetzt ein Jahr älter.

Ich wechsele das Thema. »Hat man Sie, um ein Unwort zu gebrauchen, fitgespritzt?«

Viele Spritzen habe er bekommen, er weiß nicht genau, wie oft. Zwanzig-, dreißigmal bestimmt. Normalerweise hätte er in allen Fällen nicht spielen dürfen. Aber hier macht Peter Geyer einen Einwand. Eigentlich wollte er auch spielen, sagt er. »Der Trainer hat Interesse gehabt, daß ich spiele. Und die Spritzerei als solches hat man schon aus Eigeninitiative befürwortet. Ich hatte immer den Ehrgeiz, alle 34 Spiele einer Saison zu bestreiten.«

Dann beschwert er sich, weil es nie eine Aufklärung über Medikamente und deren Wirkungsweise gegeben habe. Mit 19 oder 20 habe er bestimmt dreißig oder sogar vierzig Kortisonspritzen bekommen, wegen seiner Leiste. 1976, als er auf dem Sprung in die Nationalmannschaft war, ist er operiert worden, vier Stunden lang.

Peter Geyer gibt zu, daß er schmerzstillende Spritzen bekommen hat, wie viele andere Spielerkollegen auch. Und Anabolika. Das war während seiner Verletzungsphase 1984, als er noch bei Braunschweig unter Vertrag stand.

»Und der Griff zu den Aufputschmitteln?«

»Captagon lagen rum wie Salztabletten, die konnte jeder nehmen. Ich habe vor jedem Spiel ein bis zwei genommen, ich weiß von anderen, die haben sieben oder acht genommen.«

Um Captagon und andere Mittel sei kein Geheimnis gemacht worden. Er habe mit anderen Spielern darüber gesprochen, jeder wußte davon. Aufputschmittel, die hätten sich im Kopf festgesetzt. Habe man sie nach einer längeren Phase abgesetzt und nicht gut gespielt, seien sie automatisch wieder geschluckt worden.

Peter Geyer erzählt, von wem er die Präparate bekommen hat, und prangert den DFB an, weil der es aus seiner Sicht auch heute noch versäumt, die Spieler über Doping aufzuklären. Als ich ihm sage, laut Goetz Eilers, Chefjustitiar des Verbandes, sei Doping im Fußball kein Thema, da lächelt Peter Geyer wieder nur.

Er kommt auf das Ende der Karriere zu sprechen, und in seiner Stimme schwingt Wehmut mit. Nein, ein Abschiedsspiel zum Ende der Karriere habe es nicht gegeben, sagt er sarkastisch. Aber zumindest sei eine Reise mit anderen Braunschweiger Spielern herausgesprungen, finanziert vom Sponsor Jägermeister. Anschließend noch ein Mannschaftsabend, »man hat Shakehands gemacht, das war auch schon alles«.

Nur einmal hat man ihn bevorzugt, so wie alle anderen Lizenzfußballer auch. Und zwar, als er seine Trainerlizenz gemacht hat. Zusammen mit Berti Vogts.

Peter Geyer ist verbittert, wenn er auf den DFB zu sprechen kommt. Aber er schimpft nicht auf den Verband, obwohl er zugibt, er habe ihm nicht geholfen beim Start in seine Berufslaufbahn. »War jedem selbst überlassen, was einer macht.«

Und auf die Frage, ob sich der DFB einmal bei ihm erkundigt hat: »Nein, das wäre auch neu. Es sei denn, es handelt sich um einen ganz Großen.«

Hier schaltet sich Peter Geyers Frau ein. »Da putscht man sich auf für den Verband, und du hast eigentlich gar nichts. Keine Rente, nichts.«

Peter Geyer verbessert sie. »Eine Rente bekommt man für die zehn oder zwölf Jahre, die man einbezahlt hat.«

Es ist frustrierend mitzubekommen, welche Existenzängste ein ehemaliger Spitzenspieler des DFB heute, mit vierzig, ertragen muß, weil er praktisch nicht weiß, womit er in ein oder zwei Jahren seinen Lebensunterhalt verdienen wird.

Auf die Frage, ob der DFB ihm einen Job vermittelt habe, lacht Peter Geyer. Und so, wie er den Kopf schüttelt, spricht ein gut Maß an Resignation daraus.

Es gebe auch heute keinen Kontakt mehr mit dem DFB, den habe es eigentlich nie gegeben. Abgesehen von banalen Gesprächen bei B-Länderspielen.

Dann verbessert sich Peter Geyer: »Einmal hatte ich Kontakt, wegen einer Roten Karte. Kindermann ..., das war ein Tribunal. Das hat mit einer Gerichtsverhandlung nichts zu tun gehabt. Man hat sich zurückversetzt gefühlt – ich habe es nie erlebt –, das war wie das Dritte Reich. Ich dachte wirklich, ich hätte mehrere Leute umgebracht. Man hat als Spieler keine Chance, ist an allerletzter Stelle. Vorher kommt noch der Platzwart. Ein Spieler braucht im Grunde genommen zu solchen Veranstaltungen gar nicht hinzufahren.«

Was Peter Geyer über das DFB-Sportgericht sagt, haben

andere bestätigt. Udo Lattek kommt der Verdacht, daß die Richter des DFB »die Entwicklung des Profifußballs verschlafen haben.«[79] Und Christoph Daum, bekannt wegen seiner Sprüche, hat hier mal zur Abwechslung einen glaubhaften bereit:»Dort gibt es keine Rechtsprechung, da werden nur Urteile gefällt.«[80]

Nein, zu ehemaligen Mitspielern habe er keinen Kontakt mehr, sagt Peter Geyer. Seit zwei Jahren nicht mehr. Der letzte Kontakt sei Manfred Burgsmüller gewesen.

Peter Geyer beklagt, daß ein so reicher Verband wie der DFB keine Umschulungsmaßnahmen anbietet. Davon habe er noch nie etwas gehört. »Da ist bisher nichts dafür getan worden, da wird auch in Zukunft nichts getan werden.«

Als wir auf soziale Hilfe und Invalidität zu sprechen kommen und Peter Geyer die Pflichtversicherung anspricht, die jeder Lizenzfußballer abschließen müsse, entwickelt sich das Interview zu einem Zwiegespräch zwischen Peter Geyer und seiner Frau.

»Wenn man mal überlegt, was er alles kaputt hat an Knochen und Meniskus und Arthrose und was alles, er ist zwar noch kein Invalide, er kann noch laufen, aber das ist schon was Schlimmes. Das kommt doch erst später raus. Er hat Schmerzen und so, ist am Meniskus operiert worden, haben noch mal das Knie aufgemacht ...«

Peter Geyer fällt seiner Frau ins Wort. »Nein, nein, der Mannschaftsarzt von U 21 hat das Knie aufgemacht, die konnten nichts feststellen. Im Endeffekt war es nur eine Bänderüberdehnung, nicht mehr. Ich konnte mir damals den Mannschaftsarzt nicht so aussuchen, wie ich wollte. Der hat mir irgendwas gespritzt, ein Showarzt mehr oder weniger. Ich habe halt weitergemacht, bin wieder draufgefallen, und dann habe ich mich zu dieser Operation entschlossen. Da ist eine Endoskopie gemacht worden. Wenn ich heute Fußball spiele, nach 45 Minuten habe ich ganz große Probleme, weiterzumachen.«

Frau Geyer ergänzt zu vorhin: »Die puschen dich ja auch, daß du ehrgeizig bist: 34 Punktespiele muß ich haben.«

Und sie klagt, es gehe ja auch darum, was er nachhher noch mit den Resten macht – gemeint ist der Körper: »Du konntest doch fast zwanzig Jahre nicht schlafen.«

Peter Geyer wiegelt ab. »Das ist vielleicht eine andere Sache.«

Abserviert und ausgenutzt

So wie Peter Geyer haben sich viele ehemalige Lizenzfußballer der sogenannten zweiten Garnitur geäußert. Während ihrer aktiven Zeit von Verein und Verband hofiert, läßt man sie mit dem Ende der Karriere fallen wie unnützen Ballast. Und meist wird die Karriere wegen einer Verletzung oder Berufskrankheit, sprich wegen Invalidität, aufgegeben. Norbert Dickel, Ex-Fußballprofi, der das Pokalfinale Dortmund gegen Bremen durch zwei Tore entschied und im Laufe der Jahre zum Sportinvaliden wurde, sagte man vom Verein Borussia Dortmund am Ende der Karriere jede erdenkliche Hilfe zu. Wenig später war das Eingeständnis des Clubmanagers, sich nicht um den früheren Profifußballer gekümmert zu haben, in der Zeitung zu lesen.

Die ehemaligen Spieler sind enttäuscht, weil sie alleingelassen werden. Keiner berät sie, wie sie die Zukunft meistern können. Keiner informiert sie während der aktiven Zeit, auf welche Weise ihr Geld am besten angelegt ist.

Über fünf, zehn Jahre und länger waren sie unterwegs in Sachen Sport, als Unterhalter, Leistungslieferanten, Showmen, Clowns und Heroen. Niemand hat so recht gewußt, was später auf sie zukam. »Man hat uns nicht auf die Zeit danach vorbereitet«, beschweren sie sich. »Und wenn du mittendrin steckst, dir der Erfolg am Fuß klebt, dann denkst du nur bis zum nächsten Spiel.«

Das hat nichts mit geistiger Einbahnstraße zu tun, sondern ist ein Zeichen der Konzentration. Alles, was nicht zum Fußballspielen gehört, blockiert die Konzentration und steht im Wege.

153

»Zwei ehemalige Spieler meiner Mannschaft sind Alkoholiker geworden. Die haben die Kurve nicht gekriegt«, gesteht ein noch aktiver Spieler aus Frankfurt.

Peter Geyer kennt auch einen Ex-Lizenzfußballer, der zum Alkoholiker wurde. »Er kam mit dem Leben nicht zurecht.« Nicht, weil er unmündig war, sondern weil sich der Unterschied zwischen dem Gefragtsein als Star und der brutalen Wirklichkeit nach dem Ende der Karriere so kraß darstellte, so unverhofft eintrat. Sie messen sich an dem, was gewesen ist, klammern sich an den verwelkten Erfolg und ... versagen im Leben.

Schwere Vorwürfe trägt die zweite Garnitur an den DFB heran, der auf dem Umweg über den Verein ihre Leistung aufsauge und nichts zurückgebe. Sie fühlen sich benutzt, ausgequetscht, hätten immer auf Abruf bereitzustehen.

»Bist du gut drauf, dann kriechen sie dir in den Arsch. Hast du Probleme, geben sie dir einen Tritt.« So drastisch formuliert es Dieter Finke, ehemals Profifußballer des Zweitligisten FC Homburg und von 1989 bis 1992 Beisitzer des DFB-Sportgerichts.

Der DFB müßte mehr Verantwortung zeigen für ehemalige Spieler, so die einhellige Meinung der Angesprochenen. Sich die Probleme anhören, auch mal zu einem Gespräch unter vier Augen einladen. Viele hängen die Schuhe an den berühmten Nagel und sind verschuldet bis über beide Ohren. »Die läßt man einfach im Regen stehen.«

Mit Bauherrenmodellen und anderen »todsicheren Geldanlagen« – fünfzig Prozent Profit im Jahr und mehr werden versprochen – locken Geschäftemacher und nutzen die ungewisse Zukunft der Spieler aus. So auch Ewald Lienen – 333 Bundesligaspiele für Borussia Mönchengladbach, Arminia Bielefeld und MSV Duisburg, heute als Nachfolger von Uwe Reinders Trainer beim MSV –, dem man überteuerte Wohnungen nach dem Bauherrenmodell andrehte. Deswegen mußte er einige Jahre länger gegen den Ball treten. Vielen Gladbacher Spielern wie Matthäus, Wuttke und Rahn ging es ähnlich, sie erstanden die Anlageobjekte gleich von einem

Mitglied des Vereinsvorstandes. Aber erst Ewald Lienen, dem einige Passagen in den Verträgen nicht geheuer vorkamen, deckte den »Betrug« auf, indem er sich Dr. Norbert Müller, dem damaligen Manager von Bielefeld, anvertraute. Eintracht Frankfurt wählte sogar den Direktor einer Firma für Vermögensberatung, Wolfgang Zenker, zum Vizepräsidenten.[81] Der soll gegen eine Vermittlungsgebühr von fünf Prozent Wohnungen der Gesellschaft »Südfinanz« nach dem Bauherrenmodell an die Spieler verkauft haben. Mehr als sechzig Profis, darunter viele der Eintracht, sind davon betroffen gewesen, ein Fußballer mußte sogar, als er den Verein wechselte, von seinem neuen Arbeitgeber »entschuldet« werden.

Auch Uli Stein spricht von »gottverdammten Bauherrenmodellen«. Die Anfang der achtziger Jahre »von zwielichtigen Steuer- und Anlageberatern vielen Bundesligaspielern aufgeschwätzten Bauherrenmodelle« – es fielen nicht nur die »dummen Fußballer« darauf rein, auch Rechtsanwälte, Ärzte und andere Freiberufler – haben auch ihm schwer zugesetzt. Die Folge für den Profi: »Von den in den Medien so häufig zitierten Millionen, die ich in den sechs Jahren beim HSV verdient haben soll, war jedenfalls keine müde Mark übriggeblieben.«

Uli Stein hatte zu der Zeit nach eigenen Angaben ein Einkommen von rund 300 000 Mark im Jahr, allerdings verblieb ihm »nach Abzug der Zins- und Tilgungsbelastungen gerade ein Viertel«. Stein spricht davon, daß sich die Probleme im wesentlichen aus Täuschungen »über den tatsächlichen Wert von Anlageobjekten« ergaben. »Manche Häuser, für die mehr als 450 000 Mark zu bezahlen waren, hatten lediglich einen Marktwert von 180 000 Mark.«

Es gibt auch noch andere Möglichkeiten, sein Geld zu verlieren: Da existiert in Hamburg die Firma Eicho, die Anlegern eine Rendite von 12,65 Prozent jährlich verspricht. Unter anderem möchte man diesen Zuwachs mit US-Aktien erzielen, wobei jeder weiß, Aktien haben noch nie einen *garantierten* Gewinn abgeworfen. Rechtsanwalt der Gesellschaft ist der ehemalige Präsident des HSV, der alerte Wolfgang Klein. Wie selbstverständlich tun sich da Beziehungen auf zu den Bundesligaspielern, die es gerne sehen, wenn ihr Geld genauso hart arbeiten muß wie sie. Inzwischen ist die Angelegenheit, wie man in *Capital*[82] nachlesen kann, beim Staatsanwalt gelandet, der die Praktiken der Firma untersucht. Eine ihrer gängigen Methoden bestand darin, Leserbriefe mit äußerst positivem Inhalt an bekannte Wirtschaftszeitungen und Magazine zu versenden. Wurden die Briefe abgedruckt, warb man in einem Firmenprospekt mit dem Namen des Magazins oder der Zeitung und konstruierte daraus eine äußerst löbliche Bewertung der Anlage.

Vermögensberatungsgesellschaften wie Bonnfinanz empfehlen ihren Provisionsjägern, dort Mitglied zu werden, wo das Geld locker sitzt: in Sportvereinen, Tennis- und Golf-Clubs und selbstverständlich in der Bundesliga. Die Ballkicker, so erzählt man sich in vertrauter Runde, würden nie Fragen stellen, damit niemand merkt, wie wenig Ahnung sie vom eigentlichen Geschäft haben. Da genügt die Empfehlung eines vermeintlichen Freundes, schon hat der Umsatzprofi seinen Fuß im Wohnzimmer und die Unterschrift des Spielers auf der letzten Seite des Vertrages unten rechts. Zwei Minuten Gutgläubigkeit, für die die Aktiven finanziell oft Jahre bluten müssen.

Manchmal werden die gutgläubigen Spieler richtig abgezockt, zum Beispiel weil sie an den großen Gewinn glauben und deshalb in Warentermingeschäfte einsteigen. So ist eine Anlagefirma aus Bernkastel-Kues an der Mosel nicht nur selbst tätig geworden, sondern hat ihre Klienten, darunter auch Profis der Ersten und Zweiten Liga, nach Luxemburg vermittelt. Die kamen dann vom Regen in die Traufe, weil sie dachten, etwas Schwarzgeld anzulegen, täte gut. Und jetzt, wo das Geld weg ist, können sie noch nicht einmal Anzeige erstatten wegen Betrugs. Das Finanzamt würde sich über das indirekte Eingeständnis der Steuerhinterziehung freuen.

Die Liste der Geprellten im Fußball ist lang: der Koreaner Bum Kun Cha – sein Berater war Holger Klemme, ein vorbestrafter Spielervermittler, den der *Playboy*[83] als Menschenhändler bezeichnet –, mußte zwei Häuser verkaufen[84], Gerd Strack aus Köln ging seinen Club um einen Kredit an, weil er wegen einer Verletzung und der dadurch ausfallenden Prämien seinen Darlehensverpflichtungen nicht nachkommen konnte.

Es fällt auf, daß sehr viele Lizenzfußballer in Immobilien investieren, eine ihrer Auffassung nach bodenständige Wertanlage. Da viele Spieler aber nicht die Tragweite ihrer finanziellen Transaktion abschätzen können, sind sie überfordert. Clevere Berater ködern sie mit der Steuerersparnis, wodurch sich die Anlage von selbst trage.

Andere Profis verschlägt es in Spielkasinos, und dann können schon mal in einer Nacht drei Monatsgehälter über den Tisch wandern. Daß die Fußballer nichts gegen heiße Spiele einzuwenden haben, von Poker über 17 und 4 bis zu Blackjack, ist allseits bekannt. Viele vertreiben sich damit die Zeit, etwa bei Europa- und Weltmeisterschaften. Eike Immel soll verrückt nach Poker sein. Andere Spieler sind das auch, wenn sie vor und während eines Turniers wochenlang zusammenleben, »um dem Lagerkoller zu entkommen«, wie Uli Stein aus Erfahrung zu berichten weiß.

Alle Befragten meinten zwar, Fußballer seien alt genug, eigene Verantwortung zu tragen. Allerdings machten sie die Einschränkung, daß man überwiegend schon sehr früh in die Hände von Verein und Verband komme, also noch so leicht formbar sei. »Die manipulieren dich doch genauso, wie sie dich brauchen«, sagt Dieter Finke, ehemaliger Lizenzfußballer beim FC Homburg.

Und sie geben Beispiele, wie man sie manipuliert hat und wie sie eingeengt worden sind, durch Vorverträge oder Verträge.

Ein Ex-Kaiserslauterer Spieler: »Für jede Autogrammstunde mußt du die Erlaubnis des Vereins einholen. Und auch, wenn du einen Werbevertrag abschließen willst. Schuhe darfst du schon gar nicht tragen, wie du es möchtest. Ich mußte einmal dreitausend Mark Strafe zahlen, weil ich in den Wintersport gefahren bin, ohne den Verein um Erlaubnis zu fragen. Dabei habe ich mich noch nicht mal auf Ski gestellt. Bin nur etwas herumgewandert.«

Ein anderer, der heute beim Hamburger SV spielt, erzählte mir:

»Ich hatte einen Vertrag mit einem Sponsor in der Tasche. Der damalige Verein hat mir das Geschäft verboten. Erst als ich vierzig Prozent der Einnahmen abgetreten habe, durfte ich unterschreiben.«

Ein Dritter, dessen Verein immer noch von einem Versicherungskonzern gesponsert wird, berichtete:

»In meinem Vertrag stand, ich solle halbtags für eine Versicherungsgesellschaft arbeiten. Aber die wollten nur, daß ich die Honneurs bei den Großkunden mache. Ich saß wie Klein-Doofi daneben und muckte mich nicht. Das hat mir enorm gestunken, denn was die alles vom Pferd erzählt haben, war nicht zum Aushalten. Als ich mich geweigert habe, immer als Promi mitzumarschieren, damit es einen guten Abschluß gibt, hat man vereinsintern ein Verfahren gegen mich angestrebt. Mein Vertrag sollte gekündigt werden, denn ich hatte gegen einen Passus verstoßen, der besagt, daß ich allen Anordnungen des Vereins Folge zu leisten habe. Ich war damals gerade verletzt. Und was blieb mir übrig? Ich bin weiter mitmarschiert. Aber abends habe ich dann heimlich die Kunden angerufen und ihnen abgeraten, zu unterschreiben.«

Was die Spieler unisono bedauern, ist das totale Abnabeln von Verband, Verein und ehemaligen Sportkollegen nach Ende der Karriere. Gerne würden sie sich mit den Mit- und Gegenspielern treffen, ein Bier trinken, plaudern, um sich auszutauschen und um sich einen Rat zu holen: Was hast du in einer vergleichbaren Situation gemacht? Kennst du einen Anwalt, der mir helfen könnte? Zweimal pro Jahr solche Zusammenkünfte vom DFB organisiert, das fänden alle gut. Ein Ex-Bundesligaprofi, der jetzt von der Sozialhilfe lebt: »Vielleicht machen es die da oben deshalb nicht, weil sie

Angst haben, wir könnten den Aktiven erzählen, wie es uns geht. Und was sie erwartet, falls sie nicht selbständiger werden. Solange du Leistungsträger bist, malen sie dir alles rosarot aus, um dich bei der Stange zu halten. Aber schon bei der kleinsten Verletzung spürst du den langen Arm des DFB.«

Aushängeschilder und Prügelknaben

Man lädt sie ein, man stellt sie vor, sie werden beklatscht, man läßt sich mit ihnen fotografieren. Und am nächsten Tag sind dann in der Zeitung die entsprechenden Bilder zu sehen: die Nationalmannschaftsspieler neben dem Bundeskanzler, dem Außenminister oder sogar dem Bundespräsidenten. Eine Etage tiefer, bei den Bundesligaspielern, ist es der Staatssekretär oder der Ministerialdirigent. Noch eine Etage tiefer der Lokalpolitiker, vielleicht einmal der Landrat. Fußballer sind, so wie alle anderen Sportler auch, Staffage im großen Zirkus der Selbstdarstellung. Man schmückt sich gerne mit ihnen, je bekannter, um so besser. Sie dürfen lächeln, eine Anekdote aus dem Sport erzählen oder ihren Kommentar abgeben: wie wer gegen wen spielen wird, warum X gegen Y so unter Wert gespielt hat, worin der Grund für die Niederlage zu sehen ist, wie lange Meier wohl wegen seiner Verletzung ausfällt. Das ist es aber auch schon, auf mehr läßt man sich mit ihnen nicht ein. Es sei denn, der Fußballer gehört zu den wenigen ganz Großen des Geschäfts. Dann darf er von selbst den Mund aufmachen, sich zu Nicht-Fußballthemen äußern, und man tut so, als sei jemandem an seiner Meinung gelegen. Hinter seinem Rücken fallen dann spitze Bemerkungen wie: Von Politik hat er keine Ahnung; wenn das alles so einfach wäre; Kopfrechnen war noch nie seine Stärke; na ja, er muß halt Erfahrungen sammeln.
Oft werden Lizenzfußballer bei gewissen Anlässen, von denen es genügend gibt, mehr oder weniger geschickt drapiert, allein wegen des Effekts. Und der erwünschte Effekt

ist der, daß in bestimmten Situationen der Staatssekretär einen Spieler herbeiwinkt, seinem Gast aus dem anderen Bundesland vorstellt und schelmisch droht, sein Schützling werde es in der nächsten Begegnung dem Heimatverein des Kollegen schon zeigen. Und dazu nickt der Spieler. Wie soll er sonst auf eine solche Floskel reagieren?

Der Athlet, landläufiger Meinung zufolge mehr auf Muskeln denn auf graue Zellen angewiesen, wird nirgends ernst genommen. Tritt er ins Fettnäpfchen, heißt es: Er ist halt ein Fußballer. Akzeptiert man seine Meinung nicht: Wie soll er es auch besser wissen.

Und daß man sie nicht akzeptiert, das merken die Spieler. Besonders merken sie es gegenüber den Medien, die sich bei den Aktiven im Gegensatz zum fast allmächtigen Verband keine Scheu auferlegen. Auf primitive Art wird dann schon mal ein Spieler zurechtgewiesen.

Das *Kicker Sportmagazin* – es behauptet von sich, aktuell, fachlich und kritisch zu sein – kann das besonders gut: »Muß der 1. FC Kaiserslautern weiter mit Ihren Kapriolen leben oder war das Überschreiten des Zapfenstreichs im Trainingslager in Amerika Ihr endgültig letzter Ausrutscher?« fragte der *Kicker*[85] den 27jährigen Bundesligaprofi Uwe Fuchs. Und der erwidert reumütig: »Ich war schon pünktlich um 22 Uhr 30 im Hotel, bin aber erst 30 Minuten später ins Bett. Das war nicht korrekt. Andererseits war die Sache nicht so schlimm, daß alte Geschichten aufgewärmt werden mußten. Ich bemühe mich, keinen Anlaß zu neuem Ärger künftig zu geben.«

Es ist beschämend mitzubekommen, wie der Profi um eine gute Presse buhlt. Manche wagen es nicht, gegen die »Schmierfinken«, wie Manfred Ommer, FC Homburg, sie bezeichnet, anzugehen, die sich zur Stimme der Nation aufschwingen und in vielen Sportlern nur noch Freiwild sehen.

Klaus Augenthaler meint, an die 10 bis 15 Prozent der Spieler, die an der Spitze stehen, wage sich die Presse nicht heran. Und die letzten 15 Prozent interessieren sie nicht.

Aber die dazwischen stehen, die könne die Presse manipulieren.

Der Ex-Profi liegt nicht verkehrt. Trainer Ribbeck schätzt die Presse so ein:»Wenn ich das alles ernst nehmen würde, was irgendwo geschrieben steht und gesagt wird, dann hätte ich viel zu tun.«

Uli Stein stand immer mit der Presse auf Kriegsfuß, weil er sich erdreistete, seine Meinung zum Ausdruck zu bringen. Dadurch, so meint Stein in seinem Buch *Halbzeit*, sei er endgültig zum Abschuß freigegeben worden, was die Schlagzeilen belegen: »Stein nie wieder Nationalmannschaft«, »Stein zerbricht am Reservistendasein«, »Stein betrunken«, »Stein, der Unruheherd«. Einfacher wäre es sicherlich für ihn gewesen, wenn er sich wie andere verhalten hätte. Uli Stein:»Ein typischer Vertreter dieser mediengerechten Helden ist Lothar Matthäus. Geschwätzig, scheinbar offen und ehrlich, kritisiert er immer da, wo es nicht weh tut. Zumindest dort, wo es nur den Schwächeren trifft.«

Der Fußball muß mit einem seltsamen Phänomen leben: Die gleichen Journalisten, die vor dem Verband buckeln, hauen die Spieler in die Pfanne.

Spieler und Presse – das ist oft eine Haßliebe. Im Gespräch zu sein, ist Bestandteil des Marktwertes eines Fußballers. Er wird nach einer Verletzung alles tun, die Medien günstig zu stimmen, damit man über ihn berichtet. Er wird sogar Reporter bestechen, wie es ein Bundesligaprofi schildert, weil vor allem die zweite Garnitur sehr auf das Wohlwollen besonders der Presse angewiesen ist:»Du bist weg vom Fenster, kein Schwein kümmert sich um dich. All die Kerle, die dir früher die Bude eingelaufen haben, lassen sich nicht mehr blicken. Was bleibt dir anders übrig, als dir ein interessantes Thema auszudenken, einen dir bekannten Reporter einzuladen, ihn zu bewirten, ihm ein paar Scheine zuzustecken und zu betteln, er möge doch bitte etwas Positives schreiben. Du kannst mir glauben, das hat mich in meiner Laufbahn mindestens fünfzigtausend gekostet.«

Bestätigt wird diese Aussage von Ex-Profi Peter Geyer, der diese seltsame Form des Journalismus, sich schöngefärbte Berichte zu erkaufen, auch praktiziert hat. Für ihn war das gleichfalls mit ein Grund, seine Laufbahn zu beenden, nachdem er mit 31 Jahren ohne Verein dastand.

Andere Spieler biedern sich der Presse an, weil die denken, mißliebige Konkurrenten ausschalten zu können und günstigere Kritiken zu bekommen. Dann kann es schon mal passieren, daß eine Bemerkung, unter Mannschaftskollegen und in vertrauter Runde ausgesprochen, kurze Zeit später einen Journalisten auf den Plan ruft. Ob es stimme, daß er Teamchef Beckenbauer einen »Suppenkasper« genannt habe, wurde 1986 Uli Stein bei der WM in Mexiko gefragt.

Die Macht der Medien ist groß und wird weiter zunehmen. Stein sieht inzwischen eine »allumfassende Kontrolle durch die Medien«, die sich in den vergangenen zwei Jahrzehnten entwickelt habe.

Aber nicht nur gegenüber der Presse müssen sich die Profis wehren. Keine Frage, sie stehen nun mal in der Öffentlichkeit und werden bei jeder Gelegenheit kritisiert. Dagegen wäre nichts zu sagen, bezöge sich das allein auf ihre Leistung als Sportler.

Kaum noch zu überbieten ist die Äußerung von Reiner Calmund, Manager von Bayer Leverkusen, über die eigenen Lizenzfußballer:

»Spieler sind wie Esel. Man muß sie an den Ohren ziehen, sonst bleiben sie stehen.«[86]

In einem Interview mit dem *Kicker* hat er getönt – und das war dem Blatt eine dicke Schlagzeile wert: »Wenn man einen Spieler dreimal lobt, muß beim vierten Mal die Peitsche raus. Anders geht es nicht. Die Spieler verstehen nur die Sprache des Knüppels.«[87]

Manager Calmund, der für sich das Recht beansprucht: »Als Manager muß man auch mal lügen«,[88] scheint früher als Aktiver seine Erfahrungen gesammelt zu haben. Den Leverkusener Profifußballern stellt er wahrlich kein gutes Zeugnis aus. Für einige mag Calmunds Feststellung sogar zutreffen, denn mit der partnerschaftlichen Art des gefeuerten Trainers Reinhard Saftig kamen die Herren des Leders offenbar nicht zurecht. Zwar bezeichnen sie den neuen Trainer Dragoslav Stepanovic als »Schinder«, brauchen aber die harte Hand, »um was hinter die Ohren zu kriegen« und ab und zu wohl auch »einen Tritt in den Hintern«.[89] Zucht und Ordnung herrschen jetzt wieder.

Heese, Ex-Trainer der Frankfurter Eintracht, kann das nicht verstehen. Spieler wollen akzeptiert und als mündig behandelt werden, gleichzeitig geht von ihnen eine unverhohlene Sehnsucht aus nach einem »Sklaventreiber«. Sind einige der Profis wirklich nicht in der Lage, die Tragweite ihres Berufes abzuschätzen? Sich selbst zu motivieren und zur Leistung anzuspornen?

Spieler und Sportgericht

»Der DFB ist Richter und Ankläger zugleich.« Dieser Auffassung ist nicht nur Horst Kletke, Anwalt der VdV, wenn man ihn auf den Verband und dessen Bestrafungsinstrumentarium anspricht. Falls sich ein Spieler nicht regelgerecht benimmt oder unsportliches Verhalten zeigt – nirgends ist festgelegt, was man unter »unsportlich« zu verstehen hat –, wird gegen ihn vom Kontrollausschuß in schriftlicher Form ein Verfahren beim Sportgericht eingeleitet. Genau heißt es dazu in § 7, Absatz 1 c der Rechts- und Verfahrensordnung:

> »Die Einleitung geschieht insbesondere durch: Anrufung des Sportgerichts durch den Kontrollausschuß wegen der Vorfälle, die sich im Zusammenhang mit Bundesspielen ereignet haben.«

Der Name sagt es schon: es ist kein Gericht, sondern ein Sportgericht. Aber nach Auffassung der Betroffenen, die einmal dort zu erscheinen hatten, ist es ein Tribunal. Die

Spieler haben den Eindruck, daß der DFB über das Sportgericht mehr oder weniger willkürlich zu drohen und Sanktionen umzusetzen versucht, obwohl auch Sportlerkollegen als Beisitzer fungieren.

Die Satzung legt in § 39 fest:

>»Das Sportgericht besteht aus einem Vorsitzenden und zwölf Beisitzern.
>
>Die Auswahl der in Verfahren gegen Lizenzspieler als Beisitzer mitwirkenden Lizenzspieler erfolgt unter 30 Lizenzspielern, die der Vorstand auf Vorschlag des Liga-Ausschusses dem Bundestag benennt, und die dessen Bestätigung bedürfen.«

Vor dem Sportgericht gibt es keinen Angeklagten, sondern nur einen Beschuldigten. Und weil er bloß beschuldigt wird, benötigt er auch keinen Anwalt, so zumindest praktiziert es der DFB.

>»Streitigkeiten, die aus der Anwendung dieses Statuts entstehen, werden unter Ausschluß des ordentlichen Rechtsweges durch Schiedsgerichte entschieden. Zwischen dem DFB und den Vereinen sowie dem DFB und den Spielern sind entsprechende Verträge abzuschließen.«

So ist es nachzulesen im Anhang des Lizenzspielerstatuts unter »X. Besondere Bestimmungen«, § 37. Jedem Beschuldigten ist es laut DFB untersagt, gegen ein Urteil des Sportgerichts vor einem öffentlichen Gericht zu klagen, es sei denn, er erhält die Genehmigung des Verbandes. Falls es einer ohne Genehmigung probiert, kann er vom Sportgericht theoretisch mit einer weiteren Strafe belegt werden, obwohl er nur ein verbrieftes Bürgerrecht wahrgenommen hat.

Was nicht aus dieser Bestimmung hervorgeht, ist der Umstand, daß der DFB Spielern und Vereinen einfach die

Lizenz verweigert, falls der entsprechende Schiedsgerichtsvertrag nicht unterschrieben wird.

Erstaunliche Parallelen tun sich an dieser Stelle auf zum
Internationalen Olympischen Komitee. Der 400-m-Läufer
Butch Reynolds, den man des Dopings beschuldigt und im
August 1990 für zwei Jahre gesperrt hat, treibt das IOC (Inter-
national Olympic Committee) und die IAAF (International
Amateur Athletic Federation) mit einer gewonnenen 27-Mil-
lionen-Dollar-Klage in die Enge. Reynolds bestreitet sein
Vergehen und führt die positive Dopinganalyse auf einen
Laborfehler zurück. Ein amerikanisches Gericht bestätigt in
erster und zweiter Instanz das Urteil, weist den Einspruch
der IAAF ab und gesteht dem Sportler die Schadensersatz-
summe in Höhe von ungefähr 47 Millionen Mark zu.
Butch Reynolds, der 1993 in Stuttgart Vize-Weltmeister über
400 Meter und Weltmeister in der Staffel wurde, hat ein
Problem: Die IAAF wird nicht freiwillig zahlen. Gemeinsam
mit seinen Anwälten erwägt er nun, die Schadensersatzsum-
me bei den amerikanischen Sponsoren der IAAF auf gericht-
lichem Wege einzutreiben.
Im Fall Krabbe, der nach Aussage des Deutschen Leichtathletik-Verbandes kein Dopingfall ist – es geht um die Einnahme eines clenbuterolhaltigen Asthmamittels –, zeigt die
IAAF eine für Sportorganisationen typische Art, nach Lust
und Laune gegen Athleten vorzugehen. So hat der Weltverband der Leichtathleten einfach eine laut Satzung vorge-
schriebene und einzuhaltende Frist zur Vertagung eines
Termins um fünf Tage überschritten und die Angelegenheit
– es ging um das endgültige Urteil im Fall Krabbe – vom 13.
auf den 22. August 1993 verschoben mit dem süffisanten
Hinweis, man werde doch erst aus Zeitmangel im November
zu einer endgültigen Regelung kommen.
In diesem Zusammenhang muß man wissen, daß IAAF-Ju-
rist Mark Gay ein Gutachten erstellt hat, wonach kein Weg
daran vorbeigehe, sich dem deutschen Urteil anzuschließen.
Und das hätte bedeutet, die vom deutschen Verband wegen

Medikamentenmißbrauchs gesperrten Sportlerinnen Manuela Derr, Grit Breuer und Katrin Krabbe am 13. August 1993 die Startberechtigung zuzugestehen. Dann aber hätten die drei Frauen gleich am Tag darauf bei den Weltmeisterschaften in Stuttgart antreten dürfen, was der IAAF, die vorher stets vollmundig von einer vierjährigen Sperre gesprochen hat, kaum ins Konzept gepaßt haben dürfte. Niveaulos ist das Taktieren des Verbandes auf Kosten von Sportlern – auf der anderen Seite aber auch wieder verständlich, wenn man weiß, daß ihm mit dem Italiener Nebiolo seit 1981 ein Präsident vorsteht, dem viele unsaubere Machenschaften nachgesagt werden.[90]

Überraschend für alle erfolgte nun doch schon am 22. August 1993 die Krabbe-Entscheidung: zwei Jahre Sperre. Nicht wegen Doping, nicht wegen Medikamentenmißbrauch, sondern ... »Verunglimpfung des Sports«, also unsportliches Verhalten.

Das Schiedsgericht der IAAF (Arbitration Panel), die höchste Rechtsinstanz im Weltverband, bestätigte in Monte Carlo am 21. November 1993, einen Tag vor Katrin Krabbes 24. Geburtstag, das Urteil.

»Es war ein einfacher Spruch, es gab keinen Zweifel«, erklärte IAAF-Generalsekretär Istvan Gyulai und bezog sich auf das Schiedsgericht – besetzt mit Lauri Tarasti, Finnland, Peter Ellicott, Australien (in anderen Zeitungen heißt er mit Vornamen Robert)[91] und Loh Lin Kok, Singapur –, wonach die Läuferinnen den Sport »in Mißkredit gebracht« hätten.[92] Mit dem Deutschen Leichtathletik-Verband stimme man überein, »daß jede in unsportlicher Art gehandelt hat«.[93]

Zwei Jahre Sperre, zwei Jahre Berufsverbot wegen »sportwidrigen Verhaltens« – vergleichbar mit unsportlichem Verhalten im Fußball –, weil die drei Athletinnen ein Medikament genommen haben, das *nicht* auf der Dopingliste gestanden hat, weder national noch international. Mit der fadenscheinigen Floskel »in Mißkredit gebracht«, die sich angeblich auf die Regel 53,1 Absatz VIII der IAAF stützt, kann man alles und nichts zu jeder Zeit und in jeder beliebigen Höhe bestrafen. Dem Interpretationsspielraum der Funktionäre, was man unter »in Mißkredit gebracht«, »Verunglimpfung des Sports«, »sportwidrigem Verhalten« und »unsportlichem Verhalten« zu verstehen hat, sind fortan wahrlich keine Grenzen gesetzt.

»Dem Council ist damit die Möglichkeit gegeben worden, bis zur Willkür zu strafen.« Das meint nicht etwa eine der Betroffenen, sondern Prof. Dr. August Kirsch, selbst Mitglied des Councils, der im Dezember 1993 verstarb. [94]

»Das Urteil ist endgültig und bindend. Wenn es nicht respektiert wird, ist dies ein Regelverstoß«, erklärt IAAF-Generalsekretär Istvan Gyulai, früher im anabolen Zeitalter Studentenweltmeister im Sprint, gegenüber dem Sport-Informations-Dienst (sid). Wirklich erstaunlich an dieser Stelle die Parallele zum DFB!

Gyulai und die IAAF wollen mit allen Mitteln vermeiden, daß Athleten vor ein neutrales Gericht gehen, denn dort bekämen sie recht. Kein Gericht auf dieser Erde würde die drei Brandenburger Sportlerinnen wegen Medikamentenmißbrauchs belangen. Oder wegen unsportlichem Verhalten.

Wenn nun die Sprinterinnen, deren nationale Sperre längst abgelaufen ist, gegen andere Athletinnen an den Start gehen, dann, so droht die IAAF, werden diese suspendiert. Damit weiß nun alle Welt, daß der Weltverband sich nicht scheut, eine Kollektivstrafe auszusprechen. Dadurch werden die Sportlerinnen schlichtweg erpreßt, denn Bettina Zipp, Dritte der deutschen Meisterschaften über 100 Meter, könnte »schwer mit dem Risiko leben, gesperrt zu werden, wenn man gegen suspendierte Läuferinnen antritt«.[95]

Aber die Situation wird immer verzwickter, denn die Brandenburger Athletinnen haben tatsächlich vor, ein ordentliches Gericht zu bemühen. Zweifellos würde der Weltverband dies als neuen Regelverstoß ansehen. Die Mißachtung von Moral und Ethik im Sport sind der Organisation durch ihren heutigen Präsidenten schon längst gelungen, denn

Nebiolo soll dafür verantwortlich sein, daß, als er dem italienischen Verband vorstand, mehr als zwanzig ausgewählte Athleten auf Anordnung der Sportführung »über ein eigens eingerichtetes Büro regelmäßig mit Dopingmitteln versorgt wurden«![96]

Makabrer Lichtblick: Wie sich die Lage im Augenblick abzeichnet, dürfen Katrin Krabbe, Grit Breuer und Manuela Derr schon im Jahre 2015 wieder an den Start gehen, und zwar bei den Weltmeisterschaften der Seniorinnen.

Die Exekutive des IOC will nun als Konsequenz gleichfalls Sportlern den Gang zu einem ordentlichen Gericht verbieten – strittige Fälle sollen künftig allein vor einem internationalen Sportgericht unter Federführung des IOC abgehandelt werden.

Dem IOC schwebt vor, daß Sportler, die an den Olympischen Spielen teilnehmen, eine Verpflichtungserklärung unterschreiben, die sie dieser Gerichtsbarkeit zwingend unterwirft – wie beim Schiedsgerichtsvertrag des DFB.

Um das Zusammenspiel von IOC und IAAF zu verstehen, muß man folgendes wissen: Nebiolo, der IAAF-Präsident, wurde 1992 von Samaranch, IOC-Präsident, als 94. Mitglied in das IOC aufgenommen. Allerdings nicht, wie üblich, mit dem Votum aller Mitglieder, sondern allein durch Herrn Samaranch, dem die Vollversammlung im Februar 1992 in Courchevel zugestand, nach eigenem Gutdünken zwei Mitglieder in das IOC zu berufen. »Juan Antonio Samaranch hat seinen Blancoscheck schnell vorgelegt.«[97] Und das aus gutem Grund: Samaranch hat mit dem Turiner Bauunternehmer Nebiolo einen Mann eingebunden, der oft für sich und die Leichtathletik eine Sonderrolle beanspruchte. Allerdings ist die IOC-Mitgliedschaft Nebiolos an eine Bedingung geknüpft: Sie dauert nur so lange, wie er Präsident der IAAF ist,[98] und wer Nebiolo kennt, weiß, er wird noch lange dem Weltverband vorstehen. Das Zusammenwirken der beiden Funktionäre würde man im Fußball als gelungenen Doppelpaß bezeichnen!

Wie Hohn mutet es unter einer solchen Konstellation an, wenn Peter Tallberg, der Vorsitzende der Athletenkommission – einer Kommission, die nicht von Athleten gewählt wird, mit ihnen überhaupt nichts zu tun hat und in der nur dem IOC wohlgesonnene ehemalige Aktive vertreten sind – sagt: »Wir wollen Sportler nicht vor den Gerichten sehen.« Gleichzeitig erklärt Tallberg, der so eklatant Grundrechte der Sportler beschneiden will, daß bei allen Überlegungen die Athleten im Vordergrund stehen, denn »ohne die Athleten gibt es keine Olympischen Spiele«.

Nun geht aber diese Athletenkommission hin und spricht sich eindeutig gegen jede Art von Preisgeld bei Olympischen Spielen aus. Dem Interessierten wird vorgegaukelt, die Kommission handle im Auftrag der Aktiven. Aber die Aktiven erwägten bereits bei den Leichtathletik-Weltmeisterschaften 1993 in Stuttgart einen Boykott, um endlich durch ein Preisgeld belohnt zu werden. Man fand einen Kompromiß: Jeder Weltmeister erhielt einen Mercedes.

Der Algerier Morcelli, 1991 Weltmeister über 1500 Meter, wollte trotzdem der Veranstaltung fernbleiben. Prompt drohte die IAAF und ließ durch ihren Präsidenten Nebiolo verkünden, man werde Morcelli 1996 für die Olympischen Spiele in Atlanta sperren.

Dabei existiert bei keinem Sportverband der Welt – noch weniger bei den internationalen Dachorganisationen, die mit der Nominierung eines Athleten überhaupt nichts zu tun haben – ein Paragraph, der den Sportler zwingt, an einem bestimmten Wettkampf teilzunehmen. Aber die Drohung wirkte, Morcelli trat an und wurde Weltmeister.

Im Fußball könnte man das Sportgericht als solches noch akzeptieren, hätte es eine Kontroll- oder Ausführungsfunktion. Dem ist aber nicht so, da kein Sportgericht von einem Beschuldigten einen Eid oder eine Aussage erzwingen kann. Mit der Wahrheit muß es der vorgeladene Sportler auch nicht so genau nehmen, wie sich bereits 1971 Herr Kirsch, Vorsitzender des Sportgerichts und im Hauptberuf Landgerichtsdirektor, im Verlauf des Bundesligaskandals geäußert hat.[99]

Nun können auch schon mal bei einem Sportgericht unterschiedliche juristische Auffassungen und Auslegungen aufeinanderprallen, wenn beispielsweise, wie in der Praxis üblich und vorgeschrieben, ein Richter am Landgericht den Vorsitz führt. Von Berufs wegen ist er verpflichtet, getreu dem Gesetz zu handeln, der Wahrheit und der Gerechtigkeit zu dienen. Das Sportgericht dagegen hat für Ordnung, Recht und Sauberkeit im Fußball zu sorgen. Die Mitglieder der Rechtsorgane, also Sport- und Bundesgericht des DFB, »sind nur dem geschriebenen und ungeschriebenen Recht des Sports sowie ihrem Gewissen unterworfen« (§ 2, Absatz 2 der Rechts- und Verfahrensordnung).

Bei aller Phantasie ist schwerlich vorstellbar, wie das ungeschriebene Recht des Sports wohl aussehen mag. Wird es nur von Mund zu Mund überliefert? Oder befragt man wie im alten Delphi ein Orakel?

In § 1 der Rechts- und Verfahrensordnung ist nachzulesen:

> »1. Der Deutsche Fußball-Bund, seine Mitgliedsverbände, ihre Mitgliedsvereine und die Einzelmitglieder und Spieler sorgen für Ordnung, Recht und Sauberkeit im Fußballsport.
>
> 2. Sportliche Vergehen, d. h. alle Formen unsportlichen Verhaltens aller in Nr. 1 genannten Angehörigen des DFB, werden geahndet.«

Jetzt wird alles klar: »Ordnung, Recht und Sauberkeit im Fußballsport«. Während man noch einigermaßen weiß, was landläufig unter »Recht« zu verstehen ist – obwohl es keine Garantie dafür gibt, daß der DFB der gleichen Auffassung ist – was um Himmels willen soll dann aber »Ordnung« bedeuten? Jeder Spieler in Reih und Glied? Krawattenzwang?

Und was meint »Sauberkeit«? Etwa gepflegtes Äußeres? Kurzgeschnittene Fingernägel? Alle Profis nur noch mit

Besen im Stadion? Gibt es im Fußball eine andere Ordnung und Sauberkeit als in den übrigen Sportverbänden und in der Gesellschaft?

Und in Absatz 2 taucht wieder der Gummibegriff »unsportliches Verhalten« auf. Kann lautes Türenzuschlagen und Funktionäre artig zu grüßen vergessen ebenso unsportliches Verhalten bedeuten wie bei einem bewußten Foul dem Gegner das Bein durchzutreten und ihn damit ins Krankenhaus zu katapultieren? So geschehen im Fall von Oechler, Nürnberg, der im Spiel gegen Uerdingen seinen Kontrahenten Krümpelmann zum Sportinvaliden machte.[100] War das lediglich unsportliches Verhalten?

Auf dem letzten Bundestag in Berlin, Oktober 1992, hat sich der Vorsitzende des Sportgerichts, Hanns Bär, in seinem Bericht über die Verrohung im Fußball beschwert. Zum einen verwies er auf die Zunahme der Sportgerichtsverfahren, insgesamt 486 waren in den Jahren 1989-1991 anhängig, mit steigender Tendenz (in der Dreijahresperiode zuvor waren es 374). Aber nicht nur der Anstieg machte ihm Sorgen: »Das Spektrum der Fallarten der zur Aburteilung gekommenen Fälle war bunter, als es die Darstellung der Zahlen allein vermitteln kann. Es spiegelt deutlich die Verschärfung des Wettbewerbs im Bereich der Lizenzligen wider, der manchmal schon den Charakter eines gnadenlosen Existenzkampfes anzunehmen scheint. Der damit verbundene körperliche und spielerische Einsatz der Spieler dürfte die (Mit-) Ursache für die Zunahme der zu ahndenden Verstöße sein.«

Auch das Bundesgericht, die nächsthöhere Instanz, verwies durch seinen Vorsitzenden Georg Adolf Schnarr auf einen Anstieg von zwanzig Prozent im Vergleich zum vorangegangenen Zeitraum. Kindermann, der damalige Chefankläger des Kontrollausschusses, beschwerte sich ebenfalls über die sprunghaft angestiegenen Delikte. Dabei kommen Fouls, die nicht mit der Roten Karte geahndet werden, überhaupt nicht zur Anklage. Der »regelgerecht« zum Invaliden gewordene Profi fehlt in dieser Statistik.

In der Tat ist die Bundesliga gnadenloser geworden, der Wettbewerb härter, das viele Geld dominierender, die Fouls brutaler, als gäbe es die Devise: Erst den Mann und dann den Ball. Und mit jedem verletzten Spieler, der auf Wochen oder Monate ausscheiden muß, erhält ein anderer seine Chance.

Kommt es im DFB zu einem Verfahren, dann tritt mit § 13 eine Besonderheit in Kraft: »Eidesstattliche und ehrenwörtliche Erklärungen sind als Beweismittel unzulässig.« Eidesstattliche Erklärungen werden vor jedem ordentlichen Gericht akzeptiert, aber nicht im DFB. Noch nicht einmal auf das Ehrenwort, das im Sport doch immer noch sehr viel gilt, legt man Wert. Dadurch wird jedes Verfahren mehr als fragwürdig. Und genau deshalb konnte Dresdens Präsident Ziegenbalg dem DFB so munter seine getürkten Bilanzen verkaufen.

Gefürchtet über viele Jahre war der Hauptankläger des DFB, Herr Kindermann, zu seiner »scharfen« Zeit hauptberuflich Landgerichtsdirektor in Stuttgart. Uli Stein, der mehrfach mit Kindermann zu tun hatte, meint, der DFB folge »blind« seinem (ehemaligen) Chefankläger.

Sein Spitzname war »Blindermann«: »Gleichgültig, welche Beweise du auch zu deiner Verteidigung vorbringst, der Kerl ist total blind für alles, was dich entlasten könnte. Du kommst zur Tür herein, und noch bevor du den Mund aufgemacht hast, bist du verdonnert«, so Peter Geyer. »Die unterbrechen dich, stutzen dich zurecht, fahren dir über den Mund und reagieren laut und aggressiv. Du bist vor den alten Herren wirklich der letzte Hanswurst.«

Ein solcher Umgangston ist vor einem ordentlichen Gericht normalerweise nicht anzutreffen. Aber unter »Sportkollegen« ist sowieso alles ganz anders.

Juristisch sehr bedenklich ist die Maßgabe, dem Beschuldigten jeden Rechtsschutz zu verwehren. Dies um so mehr, weil ein Spieler durchaus lebenslänglich gesperrt werden kann. Das Sportgericht würde mit einem solchen Urteil ein faktisches Berufsverbot aussprechen und damit sehr schwerwiegend in Rechte der Spieler eingreifen.

»Von Gerechtigkeit kann in so einer Verhandlung keine Spur sein. Von Anfang an war denen klar, daß sie unseren Protest ablehnen.« So lautet die Meinung von Dieter Hoeneß, Manager der Stuttgarter, zum DFB-Bundesgericht, das in zweiter Instanz eine Beschwerde der Schwaben über einen nicht regelgerecht ausgeführten Freistoß des Gegners Bremen, der zum Tor führte, abwies, aber gleichzeitig einen Regelverstoß der Hanseaten zugab.

Bereits 1971 im Rahmen der Bundesligaaffäre – es ging um Spielabsprachen und Bestechung im bezahlten Fußball, Kickers Offenbach mußte absteigen – gab es mit Rechtsanwalt Christian Oestmann einen Sportrichter, der wegen seiner rüden Verhörmethoden laufend Zwischenfälle verursachte, woraufhin sich Zeugen weigerten, weiter auszusagen.[101]

Damals schrieb sogar der *Kicker* nach den Urteilen der ersten DFB-Instanz: »Das Sportgericht des DFB ist zum Standgericht geworden.« Und auf die manipulierten Ergebnisse in der Saison 1970/71 angesprochen, sagte Wilhelm Neudekker, zu der Zeit Präsident von Bayern München: »Der DFB ist nicht unschuldig.«

Neudecker – er verstarb Heiligabend 1993 – hatte recht, der Skandal hätte sehr stark abgemildert, wenn nicht sogar vermieden werden können. Vor dem letzten Spieltag informierte der Präsident von Kickers Offenbach, Horst Canellas, den DFB-Bundesligareferenten Wilfried Straub, heute Direktor des Liga-Sekretariats, von versuchten und bevorstehenden Schiebungen.[102] Und mit Straub erfuhren viele andere im DFB davon. Canellas bot Straub an, seine Telefonate mit den am Wochenende zuvor vom Sportgericht mit einem Berufsverbot belegten Fußballern Manfred Manglitz, Köln, Tasso Wild und Bernd Patzke, beide Hertha BSC Berlin, mitzuhören.

Straub zeigte kein Interesse, und laut *Spiegel* ließ der DFB »untätig Kicker, Vereine und Funktionäre in die Fallen tappen«.

»Wer nicht zahlt, ist draußen.« So drastisch formulierte

Canellas damals die Regeln im Abstiegskampf. Sie gelten noch heute.

Eine Möglichkeit wurde vertan, den Skandal zu vermeiden: Canellas hätte nur im letzten Spiel den Sieg kaufen müssen.[103]

Spieler und Strafen

Die Spielordnung legt fest, wann ein Spieler welche Bestrafung in Form einer Gelben oder einer Roten Karte zu erwarten hat. Eine Gelbe Karte bedeutet eine Verwarnung, der meist ein Foul am Gegenspieler vorangegangen ist. Begeht der gleiche Spieler in der gleichen Partie wieder ein solches Foul, zückt der Schiedsrichter die Gelb-Rote Karte. Genau heißt es dazu in § 20, Absatz 2a, gültig ab der Saison 1993/94:

> »Wird ein Spieler in einem Bundesspiel ... oder in einem Qualifikationsspiel zum DFB-Hallenmasters oder während dieses Endturniers selbst des Feldes verwiesen, weil er nach einer ersten Verwarnung durch Vorzeigen der gelben Karte ein weiteres Mal hätte verwarnt werden müssen, und zeigt der Schiedsrichter dies durch Vorzeigen der gelben und der roten Karte an, so ist er für das Bundesspiel bzw. Hallenspiel der gleichen Wettbewerbskategorie, das dem Spiel folgt, in welchem er des Feldes verwiesen worden war, gesperrt.«

Zu deutsch: Bei einer Gelb-Roten Karte muß der Spieler im nächsten Spiel der gleichen Kategorie aussetzen.

Bei einem schwereren Vergehen wie Tätlichkeit oder Schiedsrichterbeleidigung zückt der Mann im »Grünkittel«, wie er jetzt genannt wird, gleich die Rote Karte, was unweigerlich die Einleitung eines Verfahrens durch den Kontrollausschuß und das Erscheinen vor dem Sportgericht zur

Folge hat. Und ausgerechnet bei der Besetzung des Kontroll-ausschusses beweist der DFB keine glückliche Hand. Horst Hilpert, der neue Vorsitzende – lange bei Kindermann in die »Lehre« gegangen –, ist auch im Hauptberuf Vorsitzender, und zwar des Landesarbeitsgerichts im Saarland. Spieler, die Hilpert via Kontrollausschuß vors Sportgericht bringt, begegnen ihm womöglich wieder, wenn der Betreffende mit der DFB-Entscheidung nicht einverstanden ist und vor ei-nem Arbeitsgericht klagt.

In der Regel wird der Rotsünder für vier Wochen gesperrt. Obwohl eine Rote Karte schlimmer wiegt als eine Gelb-Rote, kann es zu ganz seltsamen Auswirkungen kommen.

Ein Spieler begeht in der letzten Bundesligabegegnung am Ende der Saison eine Tätlichkeit, sieht die Rote Karte und erhält eine Sperre von vier Wochen. Sie fällt in die Sommer-pause, zu Beginn der neuen Saison ist der Lizenzfußballer wieder spielberechtigt. Dies widerfuhr zwei Aktiven aus Freiburg: Maximilian Heidenreich, wegen Tätlichkeit vom 6. Juni bis 4. Juli 1993 gesperrt, und Oliver Freund, wegen Schiedsrichterbeleidigung vom 11. Juni bis 2. Juli 1993 gesperrt.

Oliver Kreuzer, Bayern München, muß dagegen am ersten Spieltag gegen Freiburg, wenn die beiden Rot-Sünder auf-laufen, zuschauen, weil er am letzten Spieltag der vergange-nen Saison Gelb-Rot gesehen hat und damit automatisch für die nächste gleichwertige Partie gesperrt ist. Die Folge dieser unsinnigen DFB-Regelung: Harte Fouls und Tätlichkeiten werden in bestimmten Situationen eher provoziert, weil sie zu einer »angenehmeren« Bestrafung führen.

Oliver Kreuzer äußert sich im *Kicker* zu der Benachteiligung gegenüber den beiden Freiburger Kontrahenten wie folgt: »Normal müßte ich mich ärgern, daß ich nicht richtig hin-gelangt oder den Schiedsrichter beleidigt habe. Dann könnte ich spielen ...«

Und Goetz Eilers, Chefjustitiar, sagte dazu: »Bei einer Gelb-Roten Karte gilt bisher die Regel, daß der Spieler für das nächstfolgende Pflichtspiel der gleichen Wettbewerbskategorie gesperrt ist. Man kann jedoch bei dem Vergleich zwischen Kreuzer und Heidenreich/Freund nicht verhehlen, daß die unterschiedlichen Ergebnisse das Gerechtigkeitsgefühl stören. Wir müssen uns beim DFB Gedanken machen, wie wir solche Fälle ausschließen können.«

Gedanken gemacht hat man sich beim DFB darüber schon einmal exakt zehn Jahre zuvor. Bis zur Saison 1984/85 war es üblich, einen Fußballer für das erste Spiel der neuen Saison zu sperren, wenn er in der noch andauernden Saison die vierte Gelbe Karte oder mehr gesehen hat. Man revidierte die Regel, und statt einer Sperre ging nun der Spieler mit einer Gelben Karte als Hypothek in die erste Begegnung der neuen Spielzeit.

Grund für diese Änderung war die letzte Begegnung in der Zweiten Liga 1982/83, Mannheim gegen Solingen. Mannheim stand bereits als Aufsteiger fest, hatte aber vier Spieler, die mit drei Gelben Karten vorbelastet waren. Bei der nächsten Gelben Karte wären sie für das darauffolgende Spiel gesperrt gewesen, also der Auftaktbegegnung in der Ersten Bundesliga. Trainer Klaus Schlappner, inzwischen in China als Fußballehrer tätig, setzte die Aktiven nicht ein, und Mannheim verlor prompt bei Abstiegskandidat Solingen mit 2:0. Solingen konnte durch das bessere Torverhältnis den Klassenerhalt sichern und statt dessen mußte sich der FC Augsburg vom bezahlten Fußball verabschieden.

Daraufhin schrieb der FC Augsburg an den Vorsitzenden des Kontrollausschusses, Kindermann: »Ich bitte Sie, gegen Union Solingen und den SV Waldhof Mannheim wegen betrügerischer Machenschaften und gegen Mannheim wegen unsportlicher Wettbewerbsverzerrung im Interesse der Sauberkeit des deutschen Fußballs zu ermitteln.«

Wie dehn- und interpretationsfähig die Bestimmungen des DFB von Sportrichtern gehandhabt werden können, zeigt ein anderer Vorfall Jahre später.

Belastet mit einer Gelben Karte ging Frank Ordenewitz,

Köln, 1991 in das Pokalhalbfinale gegen den MSV Duisburg und erhielt bereits wenige Minuten nach Beginn der Partie die zweite Verwarnung. Um nicht nach zwei Gelben Karten automatisch für das Endspiel gesperrt zu werden – so die damalige Regel –, schlug Ordenewitz kurz vor Schluß den Ball bei einer Spielunterbrechung bewußt in die Zuschauerränge, der Schiedsrichter stellte ihn vom Platz. Wegen unsportlichen Verhaltens erwartete ihn eine Geldstrafe oder eine kurze Sperre wie bei seinem Mannschaftskollegen Falko Götz – er wurde im Viertelfinale vom Platz gestellt –, die sich lediglich auf die Bundesliga ausgewirkt hätte.[104] Da durch die Strafe alle bisherigen Gelb-Karten getilgt werden, hätte Ordenewitz' Einsatz zwei Monate später im Finale nichts im Wege gestanden.

Das Sportgericht verhielt sich laut *Spiegel*, als befände es sich »in einem rechtsfreien Raum« und bestrafte den Spieler nicht nach den Statuten, sondern »allen Statuten zum Trotz« gezielt für das Pokalendspiel. Chefankläger Kindermann verteidigte damals die Entscheidung, weil an einer Bestrafung »der ganze deutsche Fußball interessiert ist«. Fließt Volksseele in DFB-Urteile ein?

Ab der Saison 1993/94 gilt: auf Druck der FIFA wird die Gelb-Sperre wieder im deutschen Fußball eingeführt, nach der fünften Gelben Karte – Bundesliga und DFB-Pokal bewertet man getrennt – muß der Fußballer unweigerlich für ein Spiel aussetzen. Sperren über die Saison hinaus wegen Gelber Karten schafft der DFB ab, die Gelb-Rot-Kombination und Rot mit sofortigem Platzverweis bleibt bestehen. Und das hat bereits in der Saison 1993/94 zu einer Inflation von Roten Karten geführt. Allein im Spiel Dortmund gegen Dresden am 1. September 1993 kam es zu einer »Platzverweis«-Orgie. Dreimal Gelb-Rot und zweimal Rot, das ist Negativrekord in 30 Jahren Bundesliga – lediglich am 23. April 1966 im Punktspiel Kaiserslautern gegen Bayern München (1:2) gab es durch den Hamburger Schiedsrichter Herden vier Rote Karten in einer Begegnung, drei für die Pfälzer, darunter die für den heutigen Trainer des 1. FC Homburg, Uwe Klimaschefski, und eine für den Münchener Koulmann.

Schiedsrichter Manfred Schmidt äußerte sich zu Dortmund und den vielen Platzverweisen wie folgt: »Ich habe mir nichts dabei gedacht. Die Spieler haben so agiert, ich habe nur reagiert.«

Beides ist bedenklich: sich nichts dabei gedacht zu haben und das Verhalten der Spieler.

Spieler und der lange Arm des DFB

Schiedsrichterentscheidungen sind Tatsachenentscheidungen. Das bedeutet, sie werden nicht durch den Verband revidiert – mit bisher einer einzigen Ausnahme: 1978 wurde das Zweitligaspiel zwischen Borussia Neunkirchen und Kickers Stuttgart wiederholt, weil man durch Fernsehaufnahmen eindeutig belegen konnte, daß sich der Schiedsrichter spielentscheidend geirrt hatte. Der Mann in Schwarz hatte in der 63. Minute ein Tor gegeben, das keines war. Auch der Linienrichter war der Auffassung, es sei das Tor zum 4:3-Endstand für Neunkirchen gewesen.

Durch Fernsehbilder wurde nachgewiesen, daß der Ball an die hintere Torstange geprallt war und dann auf kuriose Weise am Netz liegenblieb, so daß der Schiedsrichter meinte, er sei im Netz. Die Begegnung wurde neu angesetzt, denn das Tor anzuerkennen, obwohl es keines war, konnte das DFB-Bundesgericht nicht durchgehen lassen.

Inzwischen kann der Spieler nicht länger darauf vertrauen, daß er, wenn eine Begegnung vorbei ist – grundsätzlich endet sie mit dem Schlußpfiff –, keine Bestrafung mehr zu erwarten hat. Die Tatsachenentscheidung eines Schiedsrichters wird zwar immer noch nicht durch den DFB angezweifelt, aber mehr und mehr werden Fernsehbilder herangezogen, um einen Aktiven auch noch im nachhinein wegen Unsportlichkeit zu belangen. Dazu bezieht man sich auf § 5, Nummer 7 der Rechts- und Verfahrensordnung: »Eine Ahndung ist auch dann möglich, wenn der Schiedsrichter einen Fall kraß sportwidrigen Verhaltens eines Spielers nicht gesehen und damit keine positive oder negative Tatsachenentscheidung darüber getroffen hat.«

Nachträglich durch Fernsehbilder überführt und für vier Spiele gesperrt wurde Flemming Povlsen für seinen Ellbogencheck gegen den Saarbrücker Michael Kostner – inzwischen beim HSV – am 31. Oktober 1992.

Der Kopfstoß von Michael Frontzek, Stuttgart, gegen Lothar Matthäus, München, am gleichen Spieltag blieb dagegen ohne Folgen, weil der FIFA-Schiedsrichter Karl-Josef Assenmacher erklärte: »Ich habe die Situation gesehen … Frontzeks Kopf ging leicht nach vorne, Matthäus' leicht zurück. Von meiner Position mußte ich davon ausgehen, daß eine Berührung nicht stattgefunden hat. Ich habe bei Matthäus keine Blessuren bemerkt und es daher bei einer Ermahnung belassen.«[105] In diesem Fall liegt wirklich eine negative Tatsachenentscheidung vor, also für den Kontrollausschuß keine Veranlassung, ein Verfahren einzuleiten. Dazu der Vorsitzende Hilpert: »…wir können keine Anklage erheben. Ich kann nur sagen, Frontzek hat viel Glück gehabt.«

Allerdings fällt es dem Kontrollausschuß nicht leicht, gleiches mit gleichem unter einen Hut zu bringen.

Der neue Vorsitzende des Kontrollausschusses, Horst Hilpert, der dem Ausschuß schon seit 1977 als Mitglied angehört, war gerade im Amt, als der Spieler Heiko Laessig, Uerdingen, in der Begegnung Uerdingen gegen Bochum, 24. Oktober 1992, unbeobachtet von Schiedsrichter Georg Dardenne – aber nicht von der Fernsehkamera – seinem Kontrahenten Olaf Dressel unter die Gürtellinie griff. Daraufhin sah sich der Kontrollausschuß veranlaßt, Ermittlungen aufzunehmen. Heiko Laessig, der mit einem Freispruch gerechnet hatte, wurde mit einer Sperre von sechs Wochen belegt. Zwei Wochen später ereignete sich in der Begegnung Dortmund– Bremen ein vergleichbarer Fall: Der Schweizer Stéphane Chapuisat, Dortmund, »vergriff« sich an dem Bremer

Rune Bratseth. Die Fernsehbilder belegten eindeutig, daß sich Chapuisat im Genitalbereich seines Gegners festkrallte. Gleiches Vergehen, gleiche Strafe, müßte man meinen. Aber weit gefehlt, denn der Kontrollausschuß, der auch in diesem Fall ermittelte, kam zu einem anderen Ergebnis, weil man die Ansicht vertrat, es habe keine Absicht des Spielers vorgelegen.

Entscheidend für den Freispruch war jedoch die Aussage des Schiedsrichters Manfred Amerell, der die Situation gesehen hatte. Und weil Amerell diesen Fehlgriff als nicht ahnenswert einstufte, traf er eine sogenannte Tatsachenentscheidung, die durch den Spruch des Sportgerichts nicht mehr umgestoßen werden kann. Im *DFB-Journal* heißt es dazu: »Dies ist oberster Grundsatz der Sport-Rechtsprechung, daran ändert sich auch nichts, wenn der Schiedsrichter ganz offenkundig einen erkannten Fall falsch bewertet hat.« Gegen Neunkirchen hat demnach 1978 das Bundesgericht den obersten Grundsatz der Sport-Rechtsprechung gebrochen. Aber das war keine singuläre Erscheinung. Als Folge der Begegnung Dortmund–Dresden vom 1. September 1993, als der Schiedsrichter Manfred Schmidt fünf Spieler vom Platz stellte, hebelte der DFB eine FIFA-Regel aus. Die beiden Rot-Sünder Günter Kutowski, Dortmund, und Nils Schmäler, Dresden, die durch ein absichtliches Foul und die »Notbremse« vom Platz gehen mußten, wurden vom Sportgericht aus unerklärlichen Gründen freigesprochen. Zum einen hat man dadurch eine Tatsachenentscheidung widerrufen, eben weil auf Rot keine Suspendierung folgte, und zum anderen die seit dem 1. August 1993 geltende FIFA-Regel mißachtet, wonach auf eine Rote Karte der betreffende Spieler automatisch für eine Begegnung gesperrt wird.

Der DFB fährt im Fußball sofort schwere Geschütze auf, wenn sich jemand über den Verband oder seine Einrichtungen in irgendeiner Weise kritisch äußert. Allerdings wird es für alle Zeiten ein Geheimnis der Herren aus Frankfurt bleiben, was sie als bestrafenswert empfinden und was nicht. Neuerdings werden sogar Schiedsrichter – ansonsten für den DFB, weil er sie als verlängerten Arm des Verbandes betrachtet, eine heilige Kuh – gemaßregelt, wenn sie sich in der Öffentlichkeit nicht konfirmantengleich benehmen.

»In all den Jahren haben wir den Schiedsrichtern nie einen Maulkorb verpaßt, sie können sich äußern, wie sie wollen. Wenn sie dies jedoch vor Fernsehkameras tun, dann müssen sie selbst verantworten, was sie getan haben.« So wird Johannes Malka – seit 1979 Vorsitzender des Schiedsrichterausschusses, auf dem 1992er Bundestag bis 1995 bestätigt, außerdem Vorsitzender der UEFA-Schiedsrichterkommission – in der Presse zitiert.[106] Anlaß für diese Äußerung war, daß der Schiedsrichterausschuß den Unparteiischen Manfred Führer, Steinhagen, vier Wochen suspendierte, weil er nach der Begegnung zwischen Werder Bremen und dem VfB Stuttgart (5:1) am 8. August 1993 in einem Fernsehinterview gesagt hat: »Es war ein wunderbares Tor. Ich habe nur das Schnarchen der Stuttgarter Spieler gehört.«[107] Führers Bemerkung bezog sich auf einen Freistoß der Bremer – der Ball wurde regelwidrig mehr als zehn Meter vom tatsächlichen Ort des Geschehens in Richtung Stuttgarter Tor verlegt –, der zum 1:0 führte. Und genau dagegen hat der VfB protestiert. Allerdings bekam der Verein auch in zweiter Instanz im Oktober 1993 vor dem DFB-Bundesgericht kein Recht, obwohl man einen Regelverstoß zugab.

Der DFB-Generalsekretär Horst Schmidt, als Abteilungsleiter »Spielbetrieb« zuständig für die Schiedsrichter, meldet sich zu Führers Bemerkung wie folgt: »Das ist meiner Meinung nach eine gravierende Aussage. Welche Disziplinarmaßnahmen wir jedoch ergreifen werden, kann ich heute noch nicht sagen.«[108]

Wolf-Günter Wiesel, gleichfalls DFB-Schiedsrichter, mußte zwei Begegnungen aussetzen, weil er sich in *Sport-Bild* zur Inflation an Roten Karten – 21 Feldverweise nach sechs Spieltagen – geäußert hat: »Rote Karten sind ein Zeichen von Schwäche. Bei dem Druck von oben können sich junge

Schiedsrichter gar nicht mehr zu Persönlichkeiten entwikkeln.«[109]

Johannes Malka, Schiedsrichterobmann des DFB, fühlt sich durch die Worte »bei dem Druck von oben« angesprochen und erklärt dazu lapidar: »Mit diesem Regelverständnis können wir Herrn Wiesel bis zu einem klärenden Gespräch keine weiteren Spiele pfeifen lassen.«[110]

Malka ist sehr umstritten. »Der große Vorsitzende Malka schwebt auf Wolke sieben. Wenn einer wagt, etwas gegen ihn zu sagen, ist das Majestätsbeleidigung. Er ist der Scharfmacher der Schiedsrichter.« Wer das in *Sport-Bild* behauptet, ist kein Geringerer als Ferdinand Biwersi, vielfacher Bundesliga-Schiedsrichter, 18 Länderspiele, 36 Europacup-Begegnungen, bei der WM 1978 eingesetzt und bis 1992 14 Jahre im DFB-Schiedsrichterausschuß tätig. Zu dem Ausschuß selbst äußerst sich Biwersi wie folgt: »Das ist kein Schiedsrichterausschuß mehr, das ist eine Kopfnickerabteilung. Die kleben an ihren Posten und sind froh, wenn sie dem großen Vorsitzenden von den Lippen ablesen können.«

Wer nicht die Anforderungen des DFB erfüllt, wird suspendiert. Laut Biwersi entscheidet ein Punktesystem über Auf- und Abstieg der Spielleiter. Die Günstlinge des Schiedsrichterausschusses bekommen leichte Begegnungen und werden nie in Konfliktspielen wie auf dem Kaiserslauterer Betzenberg eingesetzt. Beobachter des DFB fertigen zwar eine Beurteilung an, laut Biwersi ist der Vorgang eine Mauschelei. »Das geht nicht nach Qualität, sondern nach Landesproporz … Die Landesfürsten drücken ihre Lieblinge vor allem in die Beobachter-Jobs. Das waren früher nur mittelmäßige Schiris.«

Die Männer in Schwarz-Grün scheinen den Anforderungen von Malka – er behauptet, es gebe keinen Maulkorb – nicht zu genügen, was die Roten Karten und die Feldverweise betrifft. Wohl deshalb droht der Schiedsrichterobmann des Verbandes, der laut *Sport-Bild* die Zunft vor der Saison 1993/94 auf eine einheitliche Linie eingeschworen haben soll: »Wer nicht mitzieht, wird gesperrt und öffentlich angeprangert.«[111]

Was sich wie ein roter Faden durch den gesamten DFB zieht, betrifft auch die Schiedsrichter: Kritik am Verband und an den Entscheidungen einzelner hochstehender Funktionäre sieht man nicht gern in der Frankfurter Zentrale. Ja-Sager haben im DFB, der in kleinen, nichtssagenden Scharmützeln unentwegt seine Muskeln spielen läßt, Dauerkonjunktur. Wenn der Verband einmal Größe zeigen könnte, dann kneift er und läßt zu, daß bei wichtigen Spielen irreguläre Ergebnisse zustande kommen.

Ende der Saison 1991/92 wurden die Stuttgarter Deutscher Meister, weil Frankfurt in Rostock 1:2 spielte und zwei Punkte abgeben mußte. Und dieses Ergebnis war, glaubt man dem Verantwortlichen, regelwidrig.

»Ich glaube, ich habe einen Fehler gemacht mit dem Elfmeter«, gab Schiedsrichter Berg gegenüber Uli Stein, dem Frankfurter Torhüter, zu und meinte den Strafstoß zugunsten der Rostocker, der die Mainstädter den Titel gekostet hat.

Wenig später gesteht der Schiedsrichter vor laufenden Kameras »einen möglicherweise entscheidenden Fehler« ein, weil er, so steht es in Uli Steins Buch *Halbzeit*, auch »das Foul an Ralf Weber fünf Meter vor dem Rostocker Tor übersehen hat«.

Die »Tatsachenentscheidung« eines Schiedsrichters, von ihm selbst als Fehler bezeichnet, wird nicht vom DFB korrigiert, wodurch der Verband unweigerlich Einfluß auf die Titelvergabe nimmt.

Verletzungspech – Fußballeralltag

Spieler sind keine Pkws und haben keine Knautschzonen. Wenn überhaupt, dann bremst bis zu einem gewissen Maße nur die Muskulatur Stöße und Schläge, allerdings um den Preis eines Blutergusses oder einer starken Prellung. Aber die Art, wie Spieler manchmal agieren, kommt dem Betrachter vor, als hätten sie eben diese Knautschzonen und der Gegenspieler ebenfalls. Brutal geht man in den Mann rein, natürlich mit dem Hintergedanken, den Ball zu treffen. Wird das runde Leder dabei auch noch angetippt, zückt normalerweise kein Schiedsrichter der Welt eine Rote Karte, gleichgültig, wie spektakulär der Gegenspieler über den Rasen segelt, gleichgültig, welche Verletzungen die Folge sind.

Prellungen, Blutergüsse, Stauchungen, Zerrungen und Bänderüberdehnungen sind da noch das harmloseste. Muskelanriß, Muskelabriß, Kreuzbandriß und Knochenbrüche können schon mal vorkommen. Das wird auch von den Spielern irgendwie einkalkuliert, denn Fußballer sind keine Chorknaben. Sie finden sich damit ab, daß es »von Zeit zu Zeit kracht und du für ein paar Wochen zuschauen mußt«.

Der Stuttgarter Eberhard Trautner laborierte länger als ein Jahr an einem Schien- und Wadenbeinbruch. Das gleiche Schicksal widerfuhr dem Homburger Nasko Jelev am 16. Mai 1993 im Spiel gegen Duisburg. Und in der Begegnung Uerdingen–Nürnberg am 8. April 1993 wurde der Uerdinger Krümpelmann aufs schwerste zusammengetreten. Oechlers schlimmes Foul in der 6. Minute hatte zur Folge, daß sich Krümpelmann das linke Schien- und Wadenbein brach und zudem eine schwere Sprunggelenksverletzung erlitt. Zwei Rote Karten gegen die Nürnberger veranlaßten den Schiedsrichter Hans-Jürgen Kasper nach der Begegnung zu der Äußerung: »Es war das härteste Spiel, das ich je gepfiffen habe.«

Im Spiel Leverkusen gegen Dortmund wurde im Mai 1992 der Stürmer Ulf Kirsten vom Torhüter Stefan Klos, Borussia Dortmund, so schwer gefoult, daß der Stürmer mit einem Notarztwagen in die Kölner Universitätsklinik gebracht werden mußte. Kurzfristig erwog Professor Thomas Tiling die Amputation des Unterschenkels, als er das sogenannte Compartment-Syndrom feststellte. Mit Medikamenten und Infusionen konnte der Blutstau beseitigt und das Bein gerettet werden.

Am 15. Dezember 1991 prallte Christian Hausmann, Hertha BSC Berlin, mit dem Meppener Torwart Manfred Kubik zusammen. Hausmann trug so schwere innere Verletzungen davon, daß die Milz und eine Niere entfernt werden mußten. Noch schlimmer erging es dem Aktiven Uwe Lehnertz am 13. November 1993 in der Oberliga-Begegnung Mettlach gegen Trier. Nach einem Kopfballduell mit dem Trierer Mittelstürmer Marc Volke verliert Lehnertz in der 79. Minute das Bewußtsein und bricht zusammen. Seine Zunge rutscht in den Hals, die Atmung setzt aus, und der Mettlacher Mannschaftsarzt Dr. Thiel stellt Herzstillstand fest. Gemeinsam mit seinem Trierer Kollegen beginnt er mit der erfolgreichen Wiederbelebung.

»Der Mann war tot«, erklärt der Trierer Mediziner Dr. Müller gleich nach der Rettungsaktion, »wir haben ihn ins Leben zurückgeholt.«

Lehnertz wird mit einem Rettungshubschrauber nach Saarbrücken in die Winterberg-Klinik geflogen und sofort operiert, zwei Tage später ist er außer Lebensgefahr. Ein glückliches Ende, welches darüber hinwegtröstet, daß zuerst auf Wunsch der Gastgeber die Partie hätte weitergeführt werden sollen. Bernd Schwebach, Kapitän der Mettlacher: »Die Mannschaft war einstimmig dafür, im Interesse unseres verletzten Kameraden weiterzuspielen.«

Spitzensport als lebensbedrohende Gefahr? Durch ein Foul zum Krüppel? Wegen einer vorsätzlichen, gegen Körper und Gesundheit des Spielers gerichteten Tätlichkeit zum Invaliden? Eine Horrorvorstellung, die nicht nur im Fußball mehr und mehr Wirklichkeit wird, weil nun mal in einigen Sportarten der Kampf dazugehört, die Zuschauer genau das sehen möchten und sich mit der Eintrittskarte quasi das Recht auf Brutalität zu erstehen glauben. Das ist nicht nur im Boxen so, sondern auch im Eishockey, im Handball und in vielen anderen Disziplinen.

Berufsrisiko, sagen die Profis und zucken mit den Schultern. Gehören sie zur Elite, auch was das Einkommen betrifft, dann machen sie sich bei einer Verletzung auf den Weg in die

USA. Die Steadman-Hawkins-Klinik in Vail, Bundesstaat Colorado, ist weltbekannt wegen des ausgezeichneten Rufs von Richard Steadman als Spezialist für Gelenke. Lothar Matthäus ließ sich nach seiner schweren Knieverletzung am 16. April 1992 dort ebenso operieren wie schon vor ihm Torwart Raimond Aumann, der Däne Brian Laudrup und Erich Ribbeck, inzwischen ausgemusterter Trainer des FC Bayern München. Auch Monika Seles flog nach dem Hamburger Attentat am 2. Mai 1993 schnurstracks nach Vail.

Die ARAG-Versicherung hat herausgefunden, daß die meisten Sportverletzungen (45 Prozent) auf das sogenannte Hineingrätschen im Fußball zurückzuführen sind. Aber viele der Spieler verweisen, wenn die Sprache auf die Härte kommt, auf andere Sportarten, die doch viel brutaler seien. Boxen steht dabei an erster Stelle, danach Football und Eishockey. Gegen die Cracks auf dem Eis seien die härtesten Rowdys in der Liga »Waisenknaben«, »verweichlichte Typen mit Hasenherzen« oder »milchgesichtige Bubis«.

Dennoch merkt man den Aktiven an, daß sie die Härte in ihrem Sport bedrückt. Alle Fußballer haben schon mal mehr oder weniger lang pausieren müssen, manche vier Wochen oder sogar über Monate. Dann war die Verletzung ausgesprochen schwerwiegend, etwa ein Knochenbruch oder Abriß des Kreuzbandes, so wie bei Lothar Matthäus, der im November 1993 in der mit 2:1 gewonnenen Partie gegen Brasilien Franz Beckenbauer als bisherigen Rekordnationalspieler abgelöst hat. Berti Vogts mit seinen 96 Länderspielen überholte er bereits wenige Monate zuvor in der Begegnung mit Schottland, gegen die Vereinigten Staaten machte er im Juni 1993 die 100 voll. Matthäus hat gute Aussichten, noch näher an Peter Shilton, England, heranzukommen, der die internationale Liste mit 125 A-Länderspielen anführt.

Daß im bezahlten Fußball bei Verletzungen Substanzen verabreicht werden, die nach den Bestimmungen des Deutschen Sport-Bundes unter Doping fallen, brauchen die Lizenzfußballer gar nicht hinter vorgehaltener Hand von sich zu geben. Jeder weiß über die Praxis Bescheid, Spieler nach schweren Blessuren durch anabole Steroide wieder hinzubekommen, und die Ärzte reden offen darüber. So auch Dr. Uli Mann, Mannschaftsarzt des HSV. Er ist der Meinung, es sei moralisch vertretbar und therapeutisch erforderlich, einem Fußballer die gleiche Behandlung angedeihen zu lassen wie einem Normalpatienten. Da die Fußballer in der Zeit, in der sie verletzt sind und ihrer Form hinterherlaufen, nicht zum Einsatz kommen, sei das auch kein Doping. Kollegen von ihm aus der Bundesliga sehen es ähnlich. So Dr. Schläfer, Mannschaftsarzt des FC Homburg 08. Er lasse sich durch Dopingbestimmungen nicht in seinem Handlungsspielraum, Sportlern therapeutisch sinnvoll zu helfen, einengen.

Und es macht auch Sinn, so zu denken. Wie schnell geht die Muskulatur an einem durchtrainierten Bein verloren, wenn es durch Gips ruhiggestellt werden muß! »Nach zwei Wochen hast du nur noch einen dünnen Spargel an dir baumeln.« Und dann muß dieser »Spargel« schnellstens wieder die Konturen seines Gegenparts erhalten. Aber das verletzte Bein ist noch längst nicht voll belastungsfähig und kann höchstens eingeschränkt gewisse Übungen absolvieren. Verordnet man dem Patienten in dieser Phase Anabolika, dann verkürzt sich die Zwangspause bei einem Kreuzbandriß von normalerweise sechs Monaten auf drei. Jeder Bundesbürger würde einer solchen Behandlung wohl zustimmen, wenn die Erhaltung seiner Arbeitskraft auf dem Spiel steht. Und um nichts anderes geht es bei Lizenzfußballern. In Zusammenarbeit mit bundesweit anerkannten Medizinern – unter anderem in Freiburg, Frankfurt und München – sind sie bestrebt, ihre Leistungsfähigkeit, sprich Arbeitskraft, so schnell wie möglich wiederherzustellen. Sie müssen so handeln, denn da existiert ein Vertrag mit dem Verein, den sie zu erfüllen haben.

Aber auch abgesehen davon gibt jeder Spieler zu, daß er nach einer ausgeheilten Verletzung darauf brennt, »wieder Gras zu fressen«.

Und Anabolika helfen nun mal bei vielen Verletzungen, die inaktive Zeitspanne zu verkürzen und eher in das Rennen um Punkte, Plazierungen und Prämien einzusteigen. Manche verspüren noch Schmerzen und werden zusätzlich »fitgespritzt«, weil es um eine wichtige Begegnung geht.

Und viele gehen dann mit »Muffe« in den ersten Einsatz. Uwe Klimaschefski, Trainer des FC Homburg, plaudert aus der Schule: »Du weißt nie, hält der Knochen oder hält er nicht. Dann spielst du mit angezogener Handbremse. Und wenn einer in dich reingrätscht, machst du unwillkürlich einen Hüpfer. Kommt es zum Kopfballduell oder zum Kampf Mann gegen Mann, zuckst du zurück und ziehst den kürzeren.«

Aber »Zweikämpfe sind ein elementarer Bestandteil des Fußballs«, meint dazu Otmar Hitzfeld, Trainer bei Borussia Dortmund.

Obwohl sie im Training alles x-mal durchexerziert und alle Belastungsproben bestanden haben, tasten sich die Spieler in einer Begegnung erst allmählich an ihre alten Möglichkeiten heran. Zu groß ist die Angst, erneut auf der Bank zu landen.

Hat der Fußballer zwei Spiele überstanden, ohne daß die alte Verletzung aufgebrochen ist oder er sich eine neue eingehandelt hat, dann ist die Blockade im Kopf verschwunden, es kann wieder zur Sache gehen.

Anderen Sportlern geht es ähnlich. Auch sie müssen an den Start, um Geld zu verdienen. Auch sie haben Schmerzen und lassen sich behandeln. Dennoch stehen sie auf dem Platz und dreschen die Bälle zurück wie der Tennisspieler Pete Sampras, der trotz eines dick bandagierten Beines und eingeschränkter Bewegungsfähigkeit 1993 das Turnier von Key Biscayne gewann. Nach dem Spiel sagte er: »Mit Schmerzen zu spielen macht keinen Spaß. Aber ich verdiene nur dann mein Geld, wenn ich auch antrete.«

Pete Sampras hatte einen Ermüdungsbruch, der ebenfalls, abgesehen von der zeitweiligen Ruhigstellung, medikamentös behandelt wurde. Und dabei tun sich Differenzen auf zu dem, was vom Internationalen Olympischen Komitee oder den anderen Weltverbänden erlaubt ist.

Anabolika dürfen auch nicht in der trainings- und wettkampffreien Zeit eingenommen werden. Das ist die Auslegung des Deutschen Sportbundes, obwohl anabole Steroide, direkt vor dem Wettkampf eingenommen, keine Leistungssteigerung bewirken. Aber über Monate konsumiert im Zusammenhang mit einem harten Krafttraining, das bringt was. Auch bei Fußballern, die beispielsweise einen Kreuzbandabriß haben.

Fitspritzen

»Zerschundener Körper. Kein Zentimeter, der nicht schon mal geprellt, gezerrt, getreten worden ist. Ein moderner Gladiator? Die Knochen stöhnen – weiterspielen! Volles Risiko, voller Körpereinsatz.« Dieser Absatz stammt aus Toni Schumachers Buch *Anpfiff.*
»Soweit ich zurückdenken kann, habe ich gegen meine Schmerzen gespielt. Muskelfaserrisse, Meniskusoperationen, chirurgische ›Reparationseingriffe‹ in meinen Ferien.«
Und an anderer Stelle schreibt er: »Nach dem Urteil von Professor Schneider bin ich das präzise Gegenteil eines Modellathleten. Seit Jahren leide ich unter schweren hinteren Kreuzbandschäden, die durch einen Sportunfall verursacht wurden.«
Bundesligaprofi zu sein bedeutet, einen Job auszuüben, der zu den unfallträchtigsten überhaupt gehört. Mit Prellungen allein ist es nicht getan.
Einem Profifußballer kann so manche Operation über den Weg laufen: Am Knöchel, wegen der ausgeleierten Bänder, das Knie, die Meniski, links und rechts. Dann die Achillessehne, dort eine chronische Reizung. Und noch mal das Knie, anschließend ein Bein operiert und geradegestellt, zwölf Jahre später das andere unter dem Knie durchgesägt und gerichtet. Insgesamt acht Operationen in seiner Laufbahn als Fußballer und Trainer, das ist die Bilanz von Uwe

Klimaschefski. Was Verletzungen und Operationen anbelangt, gibt es viele Klimaschefskis.

In Zusammenhang mit der Spielfähigkeit eines Fußballers hört man oft die Bezeichnung »Fitspritzen«, ein Unwort, welches nur im Sport benutzt wird. Aber jeder Bundesbürger wird, wenn er Schmerzen hat und der einzige Weg über die Nadel geht, »fitgespritzt«. Damit hilft der Arzt schlicht und einfach dem Patienten, weil es seine Aufgabe ist.

Genau hier aber beginnt der große Unterschied zum Fußball. Während der normale Patient für die Dauer der Behandlung und seines Krankseins der Arbeit fernbleibt, er sich auskuriert, schont und krankgeschrieben wird, spritzt man den Profifußballer unter Mißachtung körperlicher Warnsignale wie Schmerzen, Bewegungseinschränkungen und Schwellungen für seine Arbeit fit. Er bleibt nicht zu Hause und erholt sich, sondern tritt lädiert zu einer Begegnung an, obwohl gerade im Spitzensport hundertprozentige Leistungsfähigkeit vonnöten ist.

Dazu ein Kölner Profi, der in der U-21-Auswahl gespielt hat: »Wenn wir heute im Training umfallen, dann gibt uns der Physiotherapeut eine Spritze, damit es morgen weitergeht.«

Es leuchtet ein, daß auf die Dauer gesehen dieses Vorgehen zu körperlichen Schäden führen muß. Das ständige Bereitsein, das Agieren am Limit der physischen Möglichkeiten unter Zuhilfenahme der Medizin hat unweigerlich Auswirkungen. Nicht von ungefähr beenden etwa achtzig Prozent der Lizenzfußballer ihre Karriere irgendwann als Sportinvaliden. Diese Quote wird in keiner anderen Sportart erreicht, auch nicht im Boxen, der Kampfsportart schlechthin.

Natürlich können Profis mit ihrem Körper machen, was ihnen beliebt, das steht überhaupt nicht zur Diskussion. Allein die Frage taucht auf, inwiefern der DFB – der mit den Attributen »fair, leistungsfähig, sportlich und gesundheitsfördernd« für seine Disziplin wirbt, Kindern und Jugendlichen den Fußball schmackhaft macht, weil er auf den Nachwuchs angewiesen ist – den Raubbau am Körper der Profis provoziert. Zum einen dadurch, daß eine Saison über Gebühr lang ist mit vielen Begegnungen, wie etwa in der Zweiten Liga 1992/93. Zum anderen, weil man oft gleich im Anschluß an die Saison Länderspiele bestreitet – die Termine werden, genauso wie die Begegnungen im bezahlten Fußball, vom Spielausschuß des DFB festgelegt –, wodurch viele der Aktiven keine Zeit haben, sich zu regenerieren. Auch ein angeschlagener Spieler wird dem DFB keinen Korb geben, wenn er in die Nationalmannschaft berufen wird, denn wer läßt die Chance ungenutzt, seinen Marktwert zu verbessern? Und dann kann es schon mal dazu kommen, daß der DFB-Mannschaftsarzt sehr viel zu tun hat, um die ihm anvertrauten Spieler wieder einigermaßen »hinzubekommen«, so wie auf der Wettkampfreise in die USA im Sommer 1993.

Der DFB kennt selbstverständlich die Verletzungsgefahr im Fußball. Doch durch sein Regelwerk zwingt er oft Spieler dazu, sich weiter auf dem Platz herumzuquälen, obwohl der Betreffende viel lieber ausgewechselt werden würde. Aber das kann er nicht, wenn seine Mannschaft diese Möglichkeit schon ausgenutzt hat. Die DFB-Regel besagt: »Während einer Begegnung dürfen zwei Feldspieler und der Torwart ausgewechselt werden.«

Was also soll eine Mannschaft tun, die ihr Kontingent bereits ausgeschöpft, aber noch zwei weitere Spieler hat, die angeschlagen sind? Die Sportler werden in der Halbzeit vom Mannschaftsarzt intensiv behandelt, meist mit einer schmerzstillenden Spritze. Und die Profifußballer schleppen sich anschließend weitere 45 Minuten über die Zeit mit dem Ergebnis, daß eine Verletzung, die normalerweise in zwei oder drei Tagen ausgestanden wäre, nun zwei Wochen und länger dauert oder sogar chronisch wird.

Natürlich muß es im Fußball eine Bestimmung geben, die vorschreibt, wie viele Spieler ausgewechselt werden dürfen. Wenig sinnvoll ist diese Regelung, wenn es sich um verletzte Sportler handelt. Die Gesundheit des Aktiven müßte für den DFB Vorrang haben, deshalb sollte in einem solchen Fall die Bestimmung außer Kraft gesetzt werden. Im Boxen nimmt ein Ringarzt den Athleten aus dem Kampf, wenn er einen Riß an der Augenbraue hat, auch wenn er nach Punkten uneinholbar in Führung liegt.

Es gibt vier Anlässe, die Leistungsfähigkeit des Lizenzfußballers zu beeinflussen und ihn »fitzuspritzen«:

1. Er hat Schmerzen und muß (will) spielen.
2. Er ist verletzt und erhält in der Phase des Aufbaus Anabolika und andere Substanzen, die ihm helfen, bei entsprechendem Training seine Form zu finden.
3. Die Kondition wird medikamentös beeinflußt, der Spieler erhält ein Aufputschmittel.
4. Er hat eigentlich gar nichts, aber in seinem Kopf ist eine Art innere Sperre, und er fühlt sich verletzt. Auch er braucht seine Spritze und bekommt sie.

Eigentlich haben Sportler, die unter die vierte Gruppe fallen, nichts mit Fitspritzen zu tun, obwohl kurioserweise gerade sie am abhängigsten davon sind. Bei ihnen handelt es sich um Profis, die die ganze Woche wie besessen trainieren, konditionell vorbildlich auf der Höhe sind, eine ausgeprägte Muskulatur aufweisen und keinen Motivationsknick haben. Dann kommt der letzte Tag vor dem Spiel, und plötzlich geht es los. Der Spieler beginnt seinen Körper abzutasten, »weil er hofft, eine Stelle zu finden, die wehtut«. So Uwe Klimaschefski, Trainer der Homburger. »Und wenn er was findet, dann ist der richtig glücklich. Andere sind froh, nichts zu finden, aber der ist glücklich.«
Geht diese Sorte Spieler über den Platz, dann mit seltsamen Verrenkungen, weil es vielleicht irgendwo zwickt. Sitzen sie auf der Terrasse bei Kaffee und Kuchen, recken und strecken sie sich unentwegt. »Trainer, ich hab hier was.« Sie deuten auf Oberschenkel oder Leiste, auch den unteren Bauchbereich. Alles Partien, für die Fußballer anfällig sind. »Mir tut es weh.«
Der Trainer winkt ab, und wenn man sich mit dem Bus auf

192

der Fahrt zum nächsten Gegner befindet, sitzt der Betreffende in seltsamer Haltung und horcht erneut in sich hinein.

Dann das Aufwärmen. »Fünfzig Mark, daß der Junge bald kommt und sagt, er kann nicht spielen?« Diese Wetten bieten Trainer an, weil sie ihre Schützlinge kennen. Und um ihnen schon vorab den Wind aus den Segeln zu nehmen, geben sie ihnen bei der Mannschaftsbesprechung, wenn die Aufstellung bekanntgegeben wird, deutlich zu verstehen: »Du hast nichts, du kannst spielen.« So mit der Realität konfrontiert, wagt der Spieler nicht mehr, sich aus Versagensangst vor einem Einsatz zu drücken.

Aber sie brauchen noch kurz vor dem Einlaufen ihre Spritze, die ihnen der Mannschaftsarzt auch verpaßt. Meist eine Mixtur aus verschiedenen Vitaminen, Mineralstoffen und Elekrolyten. Und das beruhigt die Verletzungssucher ungemein. Die Spritze ist das Symbol dafür, daß sie nicht simuliert haben.

Oder man verabreicht ihnen Infusionen, wie beim VfB Stuttgart. Dazu Trainer Daum in einem Interview mit *Bild*: »... Meine Spieler hängen zwar vorm Anpfiff 20 Minuten am Tropf, aber sie erhalten nur Mineralien und Elektrolyte.«

Die unter der dritten Gruppe geschilderte Variante ist die unbedeutendste, denn es gibt elegantere Wege, als sich mit Hilfe einer Spritze aufzuputschen. Zwar spricht der Körper schneller auf eine Substanz an, die sofort und ohne Umwege in den Blutkreislauf gelangt, aber diese Art der Manipulation bringt Zeugen mit sich. In der Regel setzt ein Hausarzt oder der Mannschaftsarzt des Vereins die Spritze. Da die Injektion vor der Begegnung erfolgen muß, kommt die Gefahr hinzu, daß es unangenehme Mitwisser geben könnte. Kurz vor dem Spiel gibt es nur wenige Orte, wo der Mediziner die Leistungsbereitschaft noch künstlich beeinflussen und aktiv werden kann: im Stadion, im Sanitätsraum oder in der Umkleidekabine. Und da kann schon mal ein Unbeteiligter zufällig »reinplatzen«.

Gängige, intravenös verabreichte Aufputschmittel, die gegen Depressionen zum Einsatz kommen, sind Noveril und Saroten. Aber es gibt genügend Präparate in Tablettenform, die die gleiche Wirkung entfalten und dem Aktiven eine Eigentherapie erlauben.

Das geht allerdings nicht mehr so einfach, wenn dem Spieler schmerzstillende und leistungssteigernde Präparate gleichzeitig verabreicht werden. Das kann nur ein Arzt, denn die Substanzen müssen wegen ihrer Wirkungsweise aufeinander abgestimmt werden. So können die Schmerzmittel Novocain, Lidocain und Procain die gewünschte Wirkungsweise von Aufputschmitteln unterlaufen. Die Mischung Captagon und Lidocain ist nach Aussagen der Sportler nicht zu empfehlen. Sie verspüren ein dumpfes schwammiges Gefühl im ganzen Körper, manche reagieren mit rasenden Kopfschmerzen, »die dir die Tränen in die Augen treiben«. Auch wenn bloß schmerzstillende Mittel zum Einsatz kommen, klagen Spieler nicht selten über Kreislaufprobleme. Kein Wunder, denn bei einem Puls von zeitweise 180 pro Minute kann eine im Normalzustand unbedenkliche Substanz wirken wie ein Sandkorn in einem Getriebe. Und Fußballer, die mit einem gebrochenen Zeh oder einem gebrochenen Nasenbein den Rasen betreten, sind nur mit starken Schmerzmitteln in der Lage, Woche für Woche ihrem Beruf nachzugehen.

Unverantwortlich gegenüber ihrem Körper handeln Spieler, wenn sie eine notwendige Operation vor sich herschieben und sich für jeweils zwei Stunden spielfähig machen lassen. Schmerzstillende Spritzen besonders in Knöchel und/oder Knie werden im bezahlten Fußball vor jeder Begegnung verabreicht. Läßt die Betäubung nach, stellt sich der Zustand schlimmer dar als vorher, und die Behandelten kämpfen zudem mit massiven Schlafstörungen. Außerdem können auf Dauer schwere Gewebsstörungen die Folge sein, wie bei einem Bochumer Stürmer. Noch unverantwortlicher jedoch sind die Ärzte, die so etwas zulassen und fördern.

Damit sich Anabolika richtig entfalten können, muß der Athlet in der Lage sein, ein Grundpensum an Übungen und

Bewegungen durch gezielte Muskelkontraktionen ausführen zu können. Falls eine Operation erst wenige Tage oder Wochen zurückliegt und der Vernarbungsprozeß noch nicht abgeschlossen ist, werden zusätzlich schmerzstillende Mittel verabreicht. Anabolika und die oben aufgeführten Präparate Novocain, Lidocain und Procain harmonieren miteinander. Nach und nach kann dann in Zeiten der Rekonvaleszenz die Dosierung der Schmerzmittel reduziert werden.

Gefährlich wird es in der erstgenannten Gruppe, wenn Spieler ständig Schmerzen haben, und zwar im Bereich der Achillessehne oder der Kniescheibe. Oft entstehen Entzündungsherde, die auf Überbelastung zurückzuführen sind. Unangenehme Nebenwirkung des Dauerschmerzes ist, daß der Spieler ihn durch Ausgleichsbewegungen oder Schonung zu umgehen versucht und sich so einen Kompensationsmechanismus angewöhnt. Und schon hat er ein neues Gefahrenpotential heraufbeschworen, ganz abgesehen davon, daß er seine Beweglichkeit und seine Spieltechnik verliert.

Hinzu kommt bei vielen schmerzstillenden Substanzen ein weiterer unerwünschter Nebeneffekt: Die Koordination wird gestört. Genau das möchte ein Fußballer, der von der Feinmotorik und vom Ballgefühl lebt, nicht. Und da hat sich in den letzten Jahren eine Substanz als wahres Wundermittel herausgestellt, wenn es um die Behandlung von starken Schmerzen geht: THC, in Marihuana enthalten und unter anderem auch von Tennisspielern zum »Favoriten« auserkoren. Fußballer kommen allmählich auch auf den Geschmack.

Generell taucht die Frage auf, inwieweit der Lizenzfußballer, inwieweit jeder Sportler seine Gesundheit aufs Spiel setzt, falls er sich »fitspritzen« läßt. Groß kann die Gefahr werden, wenn eine Dauerbehandlung mit dem schmerzstillenden und entzündungshemmenden Kortison erfolgt, so wie es Peter Geyer, Norbert Dickel und viele andere erfahren haben.

Heute ist man wegen der Nebenwirkungen davon abgekommen, Kortison in hohen Dosierungen zu geben. Nebenwirkungen sind zum einen die Wasseransammlung im Körper, die zum bekannten »Mondgesicht« führen kann, dann die negativen Begleitumstände, die sich beispielsweise darin äußern, daß eine dauerbehandelte Achillessehne ohne Vorwarnung reißt. Oder es kommt als Folge der kristallinen Ablagerungen zu einer »angefressenen« Kniescheibe und Gelenken.

Deshalb geht man dazu über, auch in der Wettkampfzeit die Gelenke vorbeugend mit Substanzen zu behandeln, die knorpelaufbauende Wirkung haben und nicht auf der Verbotsliste stehen. Zur Anwendung kommen Zettaviran, Rufebran, NeyChondrin, NeyArthros, Pascovenol, Supertendin-Depot, Causat B 12 und Milgamma-Tabletten. Dazu Arthrose-K, Kavigeba, Gerontamin, Osteum Tabs, Malton E sowie in der Vergangenheit Vertebra-CPL, Cefalymphat und Cetavenin. Obwohl Pascossan nicht mehr in der Roten Liste, dem Verzeichnis von Fertigarzneimitteln der pharmazeutischen Industrie, zu finden ist, wird es – Stand Dezember 1993 – immer noch von Ärzten verordnet.

Sportmediziner sind inzwischen der Auffassung, es gehe oft auch ohne das gefährliche Fitspritzen, wenn man dem Körper etwas mehr Zeit zur Regeneration lassen würde.

Schmerz und Spiel

Nur durch den fitgespritzten Norbert Dickel war Dortmund am 24. Juni 1989 in der Lage, das Pokalfinale gegen Bremen zu gewinnen. Dickel entschied sich – sechs Wochen nach einer Knieoperation –, mit Hilfe einer Kortisonspritze zu spielen und schoß zwei Tore.[112] Zu spielen war allein seine Entscheidung. Andere mögen ihn bekniet haben, aber er mußte zustimmen. Und so wie Dickel zugestimmt hat, würde auch die überwiegende Mehrheit der Profifußballer zustimmen, sogar in weniger wichtigen Situationen. Haben sie den Sprung in die Bundesliga und eventuell sogar ins Nationalteam geschafft, nicht zuletzt wegen ihres Ehrgeizes, dann gehört es aus ihrer Sicht dazu, den Leistungsdruck durch ihr erfolgsorientiertes Umfeld für selbstverständlich zu nehmen. Sie wollen unbedingt auf den Platz.

Dazu Manfred Ommer, Homburg: »Manche sind verletzt, aber so heiß aufs Spiel: Wenn unser Doc denen sagt, du brauchst 20 Spritzen, antworten sie, hau 25 rein.«

Solche Profis muß man eher bremsen und nicht noch extra auffordern. Oft treiben Trainer ihre Schützlinge auf den Rasen, weil ihr Gehalt gekoppelt ist an den Tabellenplatz und an den Erfolg. So haben Trainer und Spieler eines gemeinsam: das unbedingte Bestätigen der Leistung.

Subtil wird es, wenn Trainer dem Spieler freistellen, ob er zur Begegnung antreten will, aber der Gesichtsausdruck etwas anderes signalisiert: Erich Ribbeck, Bayern München, wollte im Mai 1993 nicht gerne auf seinen angeschlagenen Manndecker Kreuzer in der Begegnung mit Leverkusen verzichten und überließ ihm die Entscheidung, ob er zu spielen bereit war.[113] Derart in die Pflicht genommen, sagte Kreuzer zu, und der Trainer war erleichtert.

Manchmal kann es einen Verein gegen Ende der Saison knüppeldick treffen. Drei, vier und mehr Stammspieler sind verletzt und eigentlich nicht einsatzfähig. Aber es geht um die Meisterschaft. Und dann wird alles mit Hilfe des Mannschaftsarztes in die Wege geleitet, damit ein schlagkräftiges Team antreten kann. Wundersame Genesung tritt ein, die Verletzten laufen, kämpfen und schießen, als sei nichts geschehen. Auf diese Weise medizinisch gestärkt, gewinnt Bayern am 15. Mai 1993 gegen Leverkusen mit 4:1.[114]

Und was sagen die Spieler dazu?

Lothar Matthäus, fitgespritzt wegen einer alten Muskelverletzung, in *Sport-Bild*: »Wenn man so eine große Chance hat, dann vergißt man die Schmerzen.« In der 55. Minute mußte Matthäus aufgeben.

Oliver Kreuzer, eine Spritze gegen die Schmerzen im Knie: »Wenn es irgendein Spiel gewesen wäre, dann hätte ich verzichtet.«

Olaf Thon, der ebenfalls eine schmerzstillende Spritze vor

dem Spiel erhalten hatte: »Am Dienstag sagte er (Manager Hoeneß) zu mir, du mußt spielen.« Von diesem Zeitpunkt an war der Einsatz für Thon keine Frage mehr. Er spielte, obwohl der Arzt Dr. Müller-Wohlfahrt zu zwei Wochen Pause geraten hatte.

Manager Uli Hoeneß: »Es gibt in diesem Beruf auch Tage, wo man gewisse gesundheitliche Risiken eingehen muß im Sinne des Vereins.«[115]

Damit ist alles gesagt. Falls es dem Verein dient, hat der Fußballprofi gesundheitliche Risiken in Kauf zu nehmen. Punkte und Tabellenplatz sind wichtiger als die Unversehrtheit der Spieler. Und so kann man im bezahlten Fußball vor jedem Spiel in der Kabine emsige Aktivitäten von Vereinsarzt und Masseur beobachten. Der eine setzt die schmerzstillenden Spritzen, der andere »taped« die Gelenke, bandagiert sie mit Klebeband, damit die durch Verletzung bedingte Instabilität keine Nachteile mit sich bringt und der Aktive »voll einsteigen« kann.

Ist das sinnvoll oder schlichtweg Unsinn? Da so etwas überall im Spitzensport gang und gäbe ist, stellt sich diese Frage überhaupt nicht. Leistungssport an sich ist gesundheitsschädlich. Im Fußball hilft der Gegner noch gebührend nach. Harald Kohr, ehemaliger Spieler bei Kaiserslautern und Wattenscheid, würde sich nicht fitspritzen lassen, sagt er. Und er spricht sich gegen Anabolika aus, die die Verletzungszeit verkürzen sollen. Zwar hat er nach seiner Knieoperation auch viele Spritzen gesetzt bekommen, aber die waren alle zum Knorpelaufbau.

Da Profisportler allein von und durch ihren Körper leben, sind sie bestrebt, jeden Aussetzer der Muskelmaschine schnellstmöglich zu beseitigen. Und das bedeutet, sie reisen zu dem Arzt mit den größten Behandlungserfolgen und der kürzesten Behandlungszeit. Der Mediziner Steadman in Vail, Colorado, ist zu so einer Anlaufstelle von prominenten Sportlern geworden, wenn es sich um komplizierte Operationen von Bändern und im Gelenkbereich handelt.

Viele Ärzte arbeiten inzwischen mit Fitmachern zusammen und haben gleich unter ihren Praxisräumen einen Trainings- oder Übungsraum, vollgepackt mit Kraftmaschinen, an denen die Athleten sofort mit dem Regenerationsprogramm beginnen können.

Dort wird auf ausgeklügelte Art und Weise der ganze Körper – für den Verein nur Kapital, das nicht ruhen, sondern arbeiten und Gewinn bringen soll – einer Prozedur unterzogen, die die Spieler das Gesicht verziehen und auf die Sklaventreiber schimpfen läßt.

Entwickelt wurde die Methode von dem Freiburger Prof. Dr. Klümper ohne den Hintergedanken, Profisportlern schnell zum Einsatz zu verhelfen. Bereits Mitte der siebziger Jahre ließ er verletzten Leichtathleten eine spezielle Gymnastik angedeihen, die das Stöhnen der Aktiven noch zwei Stockwerke höher allen kundtat und bei den wartenden Patienten ängstliche Blicke hervorrief.

Schon früh kam man in Freiburg auf die Variante, verletzte Körperteile isoliert zu behandeln und zu trainieren, wobei man in der ersten Belastungsphase das Körpergewicht ausschaltete. Oder anders ausgedrückt: spezielle Gymnastik- und Kräftigungsübungen fanden am malträtierten Oberschenkel lokal Anwendung und verhinderten das Schrumpfen der Muskulatur. Dabei wählte man die Übungen so aus, daß die verletzte oder operierte Zone sukzessive an die Belastung gewöhnt und herangeführt wurde. Folge dieser absolut legalen Methode: Die Verletzungszeiten halbierten sich. Da das aber im Fußball immer noch nicht genügt, kommen zusätzlich Medikamente und Dopingsubstanzen zum Einsatz.

Inzwischen ist das Freiburger Verfahren unendlich oft abgewandelt und kopiert worden und findet in allen Rehazentren Anwendung.

Da Ärzte nicht in eigener Sache werben dürfen, hören die Sportler auf Tips von denen, die des Lobes voll sind über einen bestimmten Mediziner. Unterschwellig entbrennt so ein Konkurrenzkampf der Experten, wer wen am schnellsten wieder auf die Beine bekommt, denn welche Koryphäe schmückt ihr Tun und Handeln nicht gerne mit bekannten Sportlernamen?

Unter dem Gesichtspunkt der Erhaltung seiner Arbeitskraft muß man einem Profisportler das Recht zubilligen, so schnell wie möglich wieder einsatzbereit zu werden. Er allein hat vor sich selbst zu verantworten, zu welchen Möglichkeiten er greift.

Kann er nicht selbst entscheiden, was für ihn das beste ist, dann ist er auf die Beratung eines Mediziners angewiesen. Und genau hier beginnt die Grauzone zwischen Ethik, Moral und Profitgier. Manchen Vereinspräsidenten und Trainern ist es gleichgültig, nach welcher Methode der Mannschaftsarzt den Spieler wieder hinbekommt, Hauptsache, er kann im nächsten Spiel antreten. Und wenn der Arzt – vielleicht, weil er durch den Vereinsvorstand massiv unter Druck gesetzt wird – dann zu Präparaten greift, die zwar vordergründig helfen und den Schmerz bekämpfen, aber mit großen Nebenwirkungen verbunden sind, hat er eigentlich seinen Beruf verfehlt. Unterläßt er es sogar, den Sportler aufzuklären, dann ist sein Vorgehen kriminell und strafbar.

Aber normalerweise kommt kein Arzt in diesen Gewissenskonflikt, weil es die Spieler selbst sind, die darauf brennen, möglichst schnell wieder einsatzfähig zu sein. Im Gegenteil, Bedenken der Ärzte werden oft von ihnen zerstreut. »Komm, Doc, hau noch eine rein.«

Und geht der Mediziner nicht auf ihre Forderung nach den harten, aber sofort wirkenden Präparaten ein, wechseln sie den Arzt. Die Fußballer tun das oft heimlich, weil sie laut Vertrag den Vereinsarzt konsultieren müssen.

Spitzensportler sind alles Egoisten, was ihren Körper angeht.

»In zehn Jahren habe ich keine gute Gesundheit mehr, aber Geld. Das betrachte ich als Ausgleich.« So Mehmet Scholl, Bayern München.

Leistung um jeden Preis

Oft haben sie nichts gelernt und wenn, dann möchten sie nicht mehr in den Beruf zurück. Höchstens einen Bruchteil von dem, was man ihnen als Lizenzspieler anbietet, würden sie im erlernten Beruf verdienen.

Fußballer kommen schon früh mit dem großen Geld in Berührung. In der C-Jugend zeichnet sich bereits ab, wer Karriere machen könnte. Spielervermittler suchen Clubs auf und beobachten die Schüler- und Jugendmannschaften. Ist das vielversprechende Talent vierzehn Jahre alt, tritt man an die Eltern heran und verspricht ihnen alles, was sie hören wollen. Und die Eltern, überwiegend nicht mit einem dicken finanziellen Polster ausgestattet, glauben den schönen Worten, reden mit ihrem Filius, und der Vorvertrag ist perfekt.

Vorverträge oder Optionen werden heute bereits mit Zwölfjährigen abgeschlossen, was jedoch nicht heißt, daß diese Kinder auch bei dem Verein landen, mit dem sie beziehungsweise ihre Eltern sich geeinigt haben. Durchschnittlich zweimal werden sie noch verkauft, bevor sie endlich mehr oder weniger bei dem Club ihrer Wahl spielen dürfen. Spätestens mit vierzehn hat sich jeder herausragende Nachwuchskicker vertraglich an einen Großverein gebunden.

Das ist nicht nur in Deutschland so. Weltweit schwärmen die Talentsucher aus, um sich die Besten der Besten zu grapschen. So im Blickpunkt der Begierde, kann es schon mal vorkommen, daß ein Sechzehnjähriger einen Millionenvertrag beim AC Turin unterschreibt, wie im Falle des Ghanesen Duah, 1991 Mitglied des Weltmeisterschaftsteams U-17, dessen Spieler siebzehn Jahre und jünger sind. Und der beste Spieler des U-20-Weltturniers 1992, der Brasilianer Adriano, wechselt nach Europa, zu Xamax Neuchâtel in die Schweiz, wo Uli Stielike Trainer ist. Wie Experten meinen, werde er für ein Butterbrot und ein Ei geholt. Voraussichtlich wird Adriano spätestens nach einem Jahr wieder verkauft werden, und zwar aller Erfahrung nach mit einem geringen Aufschlag von um die fünfhundert Prozent.

Gut geht es dem Jugendlichen, wenn der neue Verein für eine Ausbildung sorgt. Aber manche der Heranwachsenden sehen nicht ein, die Schulbank zu drücken und für etwas zu büffeln, von dem sie überzeugt sind, es nie im Leben brauchen zu können. Ihre Zukunft heißt Fußball, ihre Zukunft besteht daraus, Tore zu schießen oder zu verhindern: Was soll ich denn da mit einer Banklehre? Ein »Kaiser Franz« arbeitet doch auch nicht bei einer Bank. Und ein Paul Breitner nicht in der Versicherungsbranche.

Also wird alles auf eine Karte gesetzt. Und die Karte heißt Fußball. Der Einsatz ist der Körper, der zu funktionieren hat wie bei jedem Spitzensportler. Ihm verlangt man Höchstleistung ab, die bewertet wird und sich entsprechend auf dem Konto niederschlägt.

Der Verein fordert Leistung, ebenso der Sponsor und der Verband. Aber am meisten fordern es die jungen Spieler von sich selbst, weil sie die Vorbilder, denen sie nacheifern, im Training jeden Tag vor sich haben, falls sie schon zur Mannschaft gehören; andernfalls schauen sie ihrem Idol von der Tribüne aus zu.

Wunsch und körperliches Vermögen müssen in Einklang gebracht werden. Und weil viele das versuchen, ist gerade im Fußball die Auslese hart. Die Auslese wohlgemerkt, nicht der Weg übers Training zur Leistung. Im Jugendbereich wird noch erschreckend viel weniger trainiert als bei den Senioren.

Eine Auslese im Fußball kann nur über das Spiel laufen. Wenn bereits in jungen Jahren die athletischen Voraussetzungen fehlen, die man unbedingt in einem Spiel benötigt, dann beginnen auch schon Sechzehnjährige, sich der Chemie zu bedienen. Bezeichnend dafür ist das Gespräch mit einem knapp Neunzehnjährigen, der einen lukrativen Vertrag mit einem Bundesligisten aus Nordrhein-Westfalen in der Tasche hat. Weil seine Karriere noch vor ihm liegt, heißt er hier einfach Bobby, so wie der verstorbene englische Fußballer, für den er schwärmt.

Bobby ist trotz seiner neunzehn Jahre schon ein alter Fuchs.

Ich habe Bobby über einen ehemaligen Bundesligaspieler kennengelernt. An ihn, einen Bekannten aus früheren Jahren, bin ich herangetreten mit dem Wunsch, mich einmal mit einem Nachwuchsmann zu unterhalten, um zu wissen, wie er sich und sein Umfeld sieht. Vor dem Gespräch haben wir einige Abmachungen schriftlich fixiert. Darunter auch die, bei einer Strafe von 10 000 Mark nicht Bobbys Namen zu erwähnen. Das ist nun mal üblich in dem Geschäft. Im April 1993 traf ich mich mit Bobby.

»Wir haben doch in Deutschland auch gute Fußballer. Warum ist ein englischer das Vorbild?«
Bobby: »Vorbilder sollten möglichst weit weg sein. Zeitlich und räumlich, damit die Illusion nicht zerstört wird.«
»Ihre hat man zerstört?«
Bobby: »Ja.«
»Wann sind Sie enttäuscht worden?«
Bobby: »Als ich zehn war, habe ich immer auf Bildern von Fußballern geschlafen. Alles Nationalspieler, ein ganzer Packen unter meinem Kopfkissen. Mit vierzehn habe ich die Bilder weggeworfen.«
»Warum?«
Bobby: »Ich spielte damals in der Jugendmannschaft meines Clubs in Hessen. Und bei einem Freundschaftsspiel habe ich vier Helden der Nationalmannschaft kennengelernt. Für mich ging ein Wunsch, was heißt Wunsch, ein Traum in Erfüllung. Als ich dann Autogramme haben wollte, da haben sie mich weggestoßen. Ich hatte Stollenschuhe an und bin im Vereinsgasthaus auf dem glatten Boden ausgerutscht und gestürzt. Laut haben sie über mich gelacht.«
»Sie haben sich blamiert gefühlt. Und das vor vielen Leuten.«
Bobby nickt. »Ich habe damals gedacht, das müssen Typen sein wie ...« Bobby überlegt und lächelt verlegen. »Wie auf einem Bild, das mein Großvater über seinem Bett hängen hat. Total kitschig. Auf dem Bild ist ein Kind kurz vor dem Abgrund. Und hinter ihm steht ein Engel, der die Hand ausstreckt.«

»Und wie sehen Sie die ehemaligen Engel heute?«

Bobby: »So wie sie wirklich sind. So wie ich auch bin. Gute und schlechte, aber meist doch anständige Kumpels. Etwas rauh zwar, aber daran werde ich mich noch gewöhnen.«

»Sind es auch noch gute Kumpels, wenn es darum geht, daß ein gewisser Bobby ihnen den Stammplatz streitig machen will?«

Bobby schüttelt den Kopf, sein Gesicht wird hart. »Da hört die Freundschaft auf. Ich merke es jetzt schon. Zweimal habe ich kurz in der Bundesliga mitspielen dürfen. Und weil mich der Trainer den anderen auf der Ersatzbank vorgezogen hat, gab es Ärger.«

»Inwiefern?«

Bobby: »Einer meiner Konkurrenten, er ist schon achtundzwanzig, hat Angst um seinen Vertrag; er hat kurz vor einem Spiel im Training versucht, mir eine Verletzung beizubringen. Springt mir mit dem Knie in die Seite. Für einige Sekunden war ich wie gelähmt.«

»Hat er sich wenigstens entschuldigt?«

Bobby: »Selbstverständlich, sonst wäre es zu offensichtlich gewesen.«

»Also in der Mannschaft ein harter Kampf um die Aufstellung.«

Bobby nickt. »Ja. Das geht so weit, daß einer den anderen beim Trainer anschwärzt, er habe gesoffen oder so was. Oder das mit den Telefonaten.«

»Wie war das mit den Telefonaten?«

Bobby: »Vor vier Wochen (März 1993) ging es bei mir los. Je mehr es aufs Spiel zuging, desto häufiger in der Nacht Anrufe. Donnerstag- und Freitagnacht bis zu fünfmal. Bis ich den Hörer danebengelegt habe.«

»Da hat sich dauernd einer verwählt.«

Bobby lächelt gequält und hat kein Verständnis für den Scherz. »Bei Thilo und Sebastian (Namen geändert) das gleiche. Auch sie erhielten Anrufe. Thilo hat man sogar gedroht. ›Paß auf, daß nicht mal ein Lkw ausschert.‹ Thilo fährt einen Sportwagen.«

»Hat das System in der Bundesliga, Mitspieler einzuschüchtern?«

Bobby vorsichtig: »Kann schon sein. Ich weiß auch, daß es in Köln ähnlich zugegangen ist. Ob jetzt auch noch, kann ich nicht sagen.«

»Und warum der Spuk?«

Bobby schaut mich an, als sei ich von einem anderen Stern. »Na klar, es geht ums Geld. Es geht darum, Stammspieler zu werden mit allen Konsequenzen. Und es geht um Verträge mit dem Sponsor, um Autogrammstunden, einfach um alles.«

»Erzählen Sie mir bitte Näheres.«

Bobby runzelt die Stirn. »Ich werde mich hüten. Im Gegenteil, ich halte absolut die Schnauze. Stellen Sie sich mal vor, einer macht ernst?«

»Wie groß ist denn der Unterschied zwischem Ihrem jetzigen Einkommen und dem, wenn Sie endgültig Stammspieler sind?«

Bobby: »Mindestens zweihunderttausend im Jahr. Sicherlich mehr.«

»Und zum Nationalspieler?«

Bobby: »Mann, das sind Welten. Ich kenne keinen, der mit allem Drum und Dran unter einer Million nach Hause geht.«

»Wenn ich Sie richtig verstehe, dann versucht ein Lizenzfußballer alles, um an den Geldtopf ranzukommen.«

Bobby: »Das ist doch normal. Das tun Sie doch auch. Oder schreiben Sie etwa umsonst?«

»Nein.«

Bobby: »Na also. Sie werden doch auch einen Vertrag haben. Und den machen Sie bei dem Verlag, der Ihnen am meisten bietet.«

»So gesehen sind wir also Gefährten in Sachen Geld.«

Bobby verschmitzt: »Rufen Sie auch schon nachts Ihre Kollegen an und machen sie fertig?«

Wir lachen.

»Bobby, was tut ein junger Fußballer noch, um an die Spitze zu kommen?«

Bobby nach einer Weile: »Viel nachdenken.«

»Wie soll ich das verstehen?«

Bobby: »Tue ich es oder tue ich es nicht.«

»Doping, nicht?«

Bobby: »Genau. Sie und ich, wir haben doch schon beim Vorgespräch das Thema angeschnitten.«

»Sie haben gesagt, daß Sie bereits mit dreizehn oder vierzehn mit Doping in Berührung gekommen sind.«

Bobby nickt. »Auf der Schule. Ich habe ein Gymnasium besucht. Nach der Mittleren Reife war Schluß.«

»Was waren das für Substanzen?«

Bobby: »Himmelstürmer, Engeltraum, Wolkenschlacht.«

»Ich bin schon zu alt, um die Begriffe noch zu verstehen.«

Bobby: »Anmacher, also Zeug, das dich auf Touren bringt. Haben wir uns auf Partys reingeworfen.«

»Nehmen Sie immer noch Doping?«

Bobby: »Also mein Name wird auch ...«

Ich beruhige ihn.

Bobby: »Ich kenne niemanden, der nicht in irgendeiner Form etwas nimmt. Viele Anabolika. Aber etliche der Spieler sind vorsichtig geworden. Die Muskulatur kann zu fest werden. So wie bei einem Torwart aus Köln. Fehlt die Geschmeidigkeit, dann nützt auch die Muskelmasse nichts.«

»Aber Sie sind kein Torwart.«

Bobby verschmitzt: »Ich bin der Schrecken aller Fischer.«

»Fischer?«

Bobby: »Die Hüter des Netzes [Torwarte]. Ich knack' sie alle. Irgendwann.«

»Das heißt, bei einem Stürmer ist es nicht so ...«

Bobby: »Nur mit System. Ich habe mit einem Arzt gesprochen und mich beraten lassen.«

»Mit dem Mannschaftsarzt?«

Bobby: »Einem Arzt.«

»Und was hat der gesagt?«

Bobby: »Du mußt wissen, was du willst. Da du dich dazu entschieden hast, ist es besser, wenn ich dir helfe, als daß du das Zeug wie wild reinwirfst. Also nicht mehr als drei Tabletten pro Tag. Einen Monat lang. Dann zwei Wochen

Pause und wieder einen Monat. Dezember nichts, Januar drei am Tag, Mai und Juni nichts.«

»Wie heißt das Präparat?«

Bobby: »Jetzt Primobolan. Anfangs Nerobol [ein ungarisches Anabolikum].«

»Und Sie halten sich daran?«

Bobby: »Im großen und ganzen.«

»Seit wann nehmen Sie Anabolika?«

Bobby: »Unter ärztlicher Aufsicht etwas länger als ein Jahr.«

»Und ohne ärztliche Aufsicht?«

Bobby antwortet nicht.

»Nerobol. Stammt das aus Ungarn?«

Bobby lachend: »Nein, aus einem Sportstudio.«

»Nehmen Sie nur Anabolika?«

Bobby schüttelt den Kopf und wird reservierter.

»Was denn noch?«

Bobby zögert.

»Ich könnte jetzt sagen: der und der nimmt dies oder das, aber ich will es von Ihnen hören. Unsere Abmachung gilt.«

Bobby: »Nun ..., wir ...«

»Wer ist wir?«

Bobby: »Meine Kollegen und ich.«

»Alle?«

Bobby: »Alle, mit denen ich zu tun habe. Also die meisten.«

»Und was nehmt ihr?«

Bobby: »Was wir brauchen. Überwiegend AN 1. Da fallen wir nicht so in ein Loch wie mit anderen Präparaten.«

»Also ein Aufputschmittel.«

Bobby nickt. Er möchte nicht mehr weiterreden. Ihm ist die Situation peinlich. So geht es vielen Spielern, sobald ein Tonbandgerät eingeschaltet wird oder ich mir Notizen mache. Ich verstehe sie. Auch wenn ich ihnen Anonymität garantiere, kommen sie sich irgendwie entblößt vor. Die größte Scheu haben Profifußballer, sich über andere Kollegen zu äußern. Es ist unglaublich, wie sie den Mannschaftskameraden schützen. Das ist keine solidarische Zweckgemeinschaft, sondern ihre Interpretation von Fairneß. Viele haben zufällig etwas gehört oder mitbekommen, nehmen sich aber nicht das Recht heraus, mit Dritten darüber zu sprechen. Daran könnten sich manch andere ein Beispiel nehmen.

Bobby gibt sich reserviert. Erst später, als mich der Jungstar zum Auto begleitet, wird er wieder gesprächiger.

Bobby: »Sie müssen verstehen, ich will da keinen reinreiten.«

Ich beruhige ihn und sage, das wäre auch nicht meine Absicht. Ob denn Trainer, Funktionäre des Vereins und Herren des Verbandes von den Präparaten wüßten.

Bobby nickte. Zumindest Trainer, Co-Trainer, Mannschaftsarzt, Masseur, Sportwart und einige andere. Der Präsident vielleicht nicht, der sei zu unbedarft. Der glaube noch an Pfefferminztee und Zitronensaft. Ob die im Verband, das könne er nicht sagen. Aber eigentlich müßten sie Bescheid wissen, weil einige auch mal aktiv gewesen seien. Falls sie nicht überraschend das Gedächtnis verloren hätten.

Auf die Gefahren des Dopings angesprochen, meint Bobby, er könne schon beurteilen, was er seinem Körper zumute. Er rauche nicht, trinke keinen Alkohol, habe keine Freundin ... Hier biegt er sich vor Lachen und erklärt, er habe zwei. Und da mache Doping unter ärztlicher Anleitung nichts aus.

Bobby: »Und wenn Sie noch weiter fragen und mich mit der Gefährlichkeit löchern, dann schlage ich Sie mit Ihren eigenen Waffen. Haben Sie nicht irgendwann im Fernsehen gesagt, an den Folgen des Rauchens und Trinkens sterben jährlich in Deutschland jeweils mehr als fünfzigtausend?«

Ich nickte.

»Und im Straßenverkehr sind es zwanzigtausend.«

»Zehntausend«, verbessere ich.

»Durch Tablettenmißbrauch ... fünf?«

Ich bestätige es Bobby.

»Drogentote zweitausend, aber keinen Dopingtoten. Das haben Sie gesagt.«

»Allerdings ist das keine Aufforderung, zu dopen. Ich wollte

nur aufzeigen, daß die Medien Doping bewußt viel gefährlicher machen, als es wirklich ist. Das verkauft sich besser. Und ich wollte aufzeigen, daß die Bevölkerung wie selbstverständlich zu im Sport verbotenen Substanzen greift, ohne sich darüber im klaren zu sein.«
Bobby bleibt stehen. »Diese Ausführungen, die Sie im Fernsehen gemacht haben, sind der eigentliche Grund, warum wir uns heute treffen. Endlich mal einer, der nicht auf den Sport und die Athleten draufhaut.«

Und das sind die Präparate, die Bobby mehr oder weniger regelmäßig nimmt:

AN 1:
Steht auf der Liste der verbotenen Substanzen, nachzulesen in *Dopingkontrollen*, herausgegeben vom Bundesinstitut für Sportwissenschaft in Köln.
AN 1 gehört zur Gruppe der Amphetamine und enthält 10 mg des Wirkstoffes Amfetaminil. Das Präparat wird verordnet bei körperlichen und psychischen Ermüdungszuständen, Antriebsschwäche, Angstzuständen, Depressionen besonders auch im Alter, Klimakterium, Potenzstörungen und Narkolepsie.

Primobolan:
Steht auf der Liste der verbotenen Substanzen, nachzulesen in *Dopingkontrollen*, herausgegeben vom Bundesinstitut für Sportwissenschaft in Köln.
Primobolan enthält den Wirkstoff Metenolon, ist also ein Anabolikum und findet unter anderem – Kachexie, Störung der Hämatopoese, Osteoporose, chronische Leberkrankheiten – Anwendung bei Patienten nach operativen Eingriffen.

7. DFB und Doping

Doping, eine zwingende Notwendigkeit?

Jeden Samstag ein Spiel, manchmal auch zwei pro Woche. Verglichen mit der Anzahl der Begegnungen trainieren Fußballprofis erschreckend wenig, auch was die Relation zu ihrem Einkommen betrifft. Viermal die Woche zwei Stunden lang und zusätzlich eine Begegnung über zwei mal 45 Minuten. Am Tag vor dem Spiel noch ein leichtes Auflokkertraining, das hat sich so eingebürgert, am Tag danach auslaufen und Gymnastik. Auch das hat sich eingebürgert. Über einen solch mageren Trainingsumfang lachen die Aktiven anderer Sportarten, er würde in der Leichtathletik gerade dem Niveau auf Bezirks- oder Landesebene entsprechen. Im Gegensatz dazu steht die Leistung, die man im Fußball fordert. Deshalb kommt es häufig vor, daß Aktive bereits nach 45 Minuten total »platt« sind, wie sie sich ausdrücken. Aber nach der Halbzeit in der Kabine zu bleiben bedeutet, daß ein anderer einspringen muß. Und genau darauf lauern viele der Newcomer, viele der unbändigen jungen Heißsporne, die es den Etablierten endlich zeigen wollen, wenn man ihnen dazu bloß einmal die Gelegenheit gibt. Sie brennen auf einen Einsatz, sind giftig, wissen, wie gering ihre Chancen sind, und kämpfen bedingungslos. Erhält also in der Halbzeit ein Hochmotivierter die Gelegenheit, besonders zu glänzen, dann kann das den ausgewechselten Spieler seinen Stammplatz kosten. Und damit es nicht zu einer Auswechslung kommt, wird eben, obwohl der Betreffende total leer ist, ein Mittel eingeworfen, um die 90 Minuten zu überstehen. Wie es danach aussieht, interessiert den Lizenzfußballer in diesem Augenblick überhaupt nicht. Vorrangig gilt es, seinen Status als Stammspieler zu verteidigen. Welche Gründe dahinterstecken, daß er eben nur 45 Minuten das Tempo mitgehen kann, wird nicht oder höchst selten von den Verantwortlichen eruiert. Formschwäche, heißt es lapidar.

210

Es soll nicht der Eindruck entstehen, als würden alle Fußballprofis zu Dopingsubstanzen greifen. Aber es sind viele,
die es mir gegenüber zugegeben haben. Der Anteil ist mindestens genauso hoch wie in anderen Sportarten, eher noch
größer. Manfred Ommer, Präsident des FC Homburg,
schätzt, daß in den beiden Ligen bestimmt 50 Prozent verbotene Mittel einnehmen, »aber manche wissen es noch
nicht einmal«. Paul Breitner sagte in einem *Spiegel*-Inter-
view:[116] »Das ist nun mal ein Thema in der Bundesliga – bei
allen ... Es ist deshalb verlogen, Doping abzustreiten. Das
Aufputschen ist im Fußball genauso an der Tagesordnung
wie in anderen Sportarten.«
Die meisten der Profis entwickeln bei ihrem Tun kein Unrechtsbewußtsein. Es ist nun mal so. Außerdem selektieren
sie unbewußt. »Bin ich erkältet oder krank, fühle ich mich
körperlich schlecht, dann sind alle Substanzen, die ich
nehme, ein Heilmittel, egal welcher verbotene Wirkstoff
darin enthalten ist.« Dieter Finke, ehemals Spieler in Homburg, drückt genau das aus, was sicherlich die meisten
Fußballer denken.
»Selbst bei den Amateuren in Siegen, wo ich Spielertrainer
war, wurden die Tabletten angeboten. Wer sie nehmen wollte, konnte sie haben.« So äußerte sich Peter Geyer – Ex-Profi
in Dortmund, Nürnberg, Berlin und Braunschweig – im
Playboy.

Bisher ist man noch nicht auf die Idee gekommen, Fußballprofis entsprechend den Anforderungen trainieren zu lassen, also mit etwa zehn Trainingseinheiten pro Woche.
Spricht man Trainer darauf an, argumentieren sie, daß die
Spieler dies nicht durchstehen würden. Aber probiert haben sie es noch nicht. Wozu gibt es eigentlich die Vorbereitungsphase auf die Saison, die zwei und mehr Monate
dauert?
Harald Kohr, der 1986 von Trier nach Kaiserslautern wechselte, wunderte sich, wie wenig die Pfälzer trainierten. Kohr,
der aus der Oberliga kam, täglich bis zu acht Stunden

arbeiten und anschließend zwei Stunden unter Horst Brand trainieren mußte, meinte, das Training sei im Vergleich zu vorher »geschenkt«. Aber Kohrs Kollegen »Wolle« Wolf ging es auf den Geist, weil er es zu anstrengend fand.

Ehemalige Aktive mokieren sich über die mangelnde Trainingsmoral der Youngster. Sie schimpfen auf die faulen und bequemen Pickelboys, die mit ihrem Talent hausieren gehen und – weil kein Verein sich nachsagen lassen will, er habe eine Gelegenheit versäumt – einen hochdotierten Vertrag aushandeln. So wie Bobby. Und dann fließen schon im ersten Jahr bis zu 100 000 Mark auf das Konto eines Achtzehnjährigen.

»Kein Wunder, daß die Kerle sich vorkommen wie Pélé zwei. Wenn man den Typen alles, was sie fordern, hinten reinbläst, dann geht die Motivation flöten. Sportwagen hier, Eigentumswohnung dort. Urlaub in teuren Club-Hotels und abends die große Sause.« So äußert sich der Jugendwart eines Landesverbandes, der über den ständigen »Abfluß« der guten Talente hin zu den Vereinen im bezahlten Fußball schimpft.

Toni Schumacher drückt es in seinem Buch *Anpfiff* sehr kraß aus und spricht von »faulen Säcken«. Zum Nachwuchs sagt er: »Von Anfang an werden sie verhätschelt und verwöhnt.«

Und an anderer Stelle schreibt er: »Wenn ich ein Tor reinkriege, möchte ich platzen. Die jungen Herrschaften nehmen alles sehr gelassen, fast gleichgültig. Die sind ›cool‹ . Kein Ehrgeiz, kein Wille zu siegen. Sie spielen weder gut noch schlecht, die spielen eben drauflos.«

Seit 1987, als Tonis Buch erschienen ist, hat sich in der Bundesliga nichts geändert. Im Gegenteil, es ist bezüglich des Trainingsaufwandes und der Trainingsmoral eher schlimmer geworden, obwohl die Deutschen Weltmeister sind.

Einige Clubs haben erkannt, daß zuviel Freizeit ein Problem ist.

»Die Spieler trainieren morgens zwei Stunden, und dann

haben sie nur noch Zeit. Den ganzen Tag. Zeit zum Bummeln, zum Einkaufen, sich Videos reinzuziehen. Zeit, mit der Freundin ins Bett zu hüpfen, eine Tour zu machen, ins Kino zu gehen. Zwei Stunden Arbeit am Tag und der Rest Müßiggang, wie soll ich die Spieler da auf Vordermann bringen?«

So Uwe Klimaschefski, ein Trainer aus der Zweiten Liga, der zu seiner aktiven Zeit in den sechziger Jahren bekannt und gefürchtet war für seine bedingungslose Härte.

Schaut man sich Statistiken eines Bundesligaspiels an, dann wird vielleicht deutlich, was Trainer Klimaschefski gemeint haben könnte.

Von den 90 Minuten, die eine Begegnung dauert, ist der Ball knapp 60 Minuten im Spiel. Oder anders ausgedrückt, die effektive Spieldauer beträgt etwa eine Stunde. Mehr als dreißig Minuten lang wird der Ball überhaupt nicht bewegt, weil die Begegnung unterbrochen ist durch Einwürfe, Torabstöße, Freistöße infolge von Fouls, Eckstöße und Abseitspositionen. Hinzu kommen länger andauernde Unterbrechungen bei Verletzungen. Genug Zeit für die Spieler, sich zwischendurch zu erholen, könnte man meinen.

Geht man auf den einzelnen Akteur ein, dann schrumpft die Dauer seines Einsatzes weiter zusammen. Allerdings muß man den Spielern zugute halten, daß sich die Laufleistung pro Spiel in den letzten zwanzig Jahren mehr als verdoppelt hat. Betrug sie noch in den sechziger Jahren ungefähr 4000 Meter, kamen Mitte der achtziger Ergebnisse von 11 000 m zustande. Spitzenreiter ist Paul Breitner mit 11 490 Meter im Spiel Bayern München gegen den VfB Stuttgart, dicht gefolgt von Manfred Burgsmüller, Borussia Dortmund, mit 11 198 Meter in der Begegnung gegen den HSV.[117] Weltspitzenreiter dagegen soll der Brasilianer Adomér sein mit gut 14 000 m. Absoluter Spitzenreiter überhaupt ein französischer Schiedsrichter mit mehr als 17 000 Meter, der lässig die stürmenden Spieler überholte, auch wenn sie nicht im Ballbesitz waren, und ihre Aktionen kommentierte: Gut gemacht, nicht so viel Drall, rechts steht doch einer frei.

Zu diesen Zahlen muß man wissen, daß ein mittelprächtig Austrainierter höchstens 55 Minuten braucht, um 10 000 m im Joggingtempo zurückzulegen.

Kritiker, die immer schon gesagt haben, Profifußballer verdienten zuviel, erhalten weitere Nahrung für ihre Argumente, wenn man die Ballkontakte zum Maßstab nimmt. Mehr als siebzig Ballkontakte pro Spiel mit einer Gesamtdauer von gut drei Minuten sind ausgesprochen selten und überwiegend nur den sogenannten Spielmachern vorbehalten, über die meistens der Angriff läuft. Bernd Schuster kommt regelmäßig auf achtzig. Laut Trainer Stepanovic, Leverkusen (»ich bin kein Kameradenschwein«),[118] von dem Kapitän Foda verlangt, daß er die Spieler wie Menschen behandelt – Stepanovic hatte gesagt: die Spieler bräuchten eben ab und zu einen »Tritt in den Hintern«,[119] dagegen hat sich Foda verwehrt und daraufhin vom Verein eine Abmahnung erhalten –, ist das ein wichtiges Indiz für einen Klassemann.

Der Bundesligadurchschnitt, wie man ihn bei einigen privaten Fernsehsendern verfolgen kann, die gleich eine Statistik mitliefern, liegt bei etwa 45 bis 60 Ballkontakten in 90 Minuten, dazu eine Laufleistung von 6800 m, was einer effektiven Bewegungszeit von knapp dreißig Minuten entspricht. Und in dieser Zeit hat der Spieler 30 Attacken mehr oder weniger erfolgreich abgeschlossen.

Die statistischen Angaben sagen nichts aus über Effektivität und Qualität eines Spielers. Ein Ballkontakt genügt, um ein Tor zu erzielen. Aber sie sind, trotz der Steigerung im Vergleich zu vor zwanzig Jahren, ein Indiz für den ungenügenden Trainingszustand der Spieler, die sich deshalb natürlich von einem harten Spiel erholen müssen. Wenn man nach einem Training von zwei Stunden Dauer einen Tag Pause einlegen muß, damit sich der Profifußballer regenerieren kann und er wieder spielfähig wird, dann ist die Mindestanforderung an die Kondition bei weitem nicht erfüllt. So kommt es zwangsläufig dazu, daß das eigentliche Training das Spiel ist – und einmal pro Woche ist nun mal zu wenig.

Jeder Trainer, der sich in der Trainingslehre einigermaßen auskennt, müßte darauf hinarbeiten, von Intensität und Umfang her im Training mehr zu verlangen, um den Wettkampf besser verkraften zu können. Dann würden den Zuschauern Bilder von abgewrackten Spielern, die sich durch die Verlängerung schleppen, erspart bleiben. Viele Verletzungen, die allein auf Ermüdung zurückzuführen sind, und viele Fouls könnten verhindert werden.

Der mangelnde Trainingszustand kann schon mal dazu führen, daß ein Spieler einen Spurt über 50 Meter gegen den zehn Jahre älteren Manager des Vereins verliert, obwohl der seit fünfzehn Jahren nur noch auf einem Bürostuhl gesessen hat. Zwei Meter nahm Winfried Klein, Manager des FC Homburg, dem Zweitligaprofi Neal Mamon ab – ein trauriges Ergebnis!

Trifft immer noch oder heute sogar verstärkt zu, was Toni Schumacher behauptet, der besonders junge Spieler als »faule Säcke« bezeichnet, die lediglich Tennis-, Golf- und Reitlehrer ernähren? Der Nachwuchs habe es zu leicht, meint Schumacher, und die Dialoge unter der Dusche erschöpften sich in der Frage: Gehen wir heute zum Tennis oder zum Surfen. Darauf ein anderer: »Nein, lieber eine Sauftour durch die Stadt.«

Harald Strutz, ehemaliger Leichtathlet und Präsident von Mainz 05, beschreibt es sehr anschaulich: »Es ist erschreckend: Die haben nichts drauf. Nach einer halben Stunde fallen sie um.« Weiter führt er aus: Zu seiner Zeit, in den Siebzigern, da habe er schon dreimal am Tag trainiert. Was die Fußballer tun, sei ein Klacks. Aber die Hand aufhalten für viel Geld, das könnten sie. Und der Gegenwert an körperlicher Fitneß fehle total. Was könnte man im Fußball noch alles an Leistung bringen, wenn die Aktiven sich an den Leichtathleten ein Beispiel nehmen würden!

All dies – ungenügender Trainingszustand der meisten Spieler, Wechsel von aerober (Sauerstoffangebot und -nachfrage halten sich die Waage) und anaerober Ausdauer (der Sportler hat für eine bestimmte Zeit ein Sauerstoffdefizit), Muskelarbeit und Körpereinsatz – prädestiniert den Fußball zu einer Sportart, in der Doping zwangsläufig anzutreffen ist.

Was ist Doping?

Die Dopingdefinition des Deutschen Sportbundes, entnommen aus dem Handbuch *Dopingkontrollen*, herausgegeben 1990 vom Bundesinstitut für Sportwissenschaft, lautet:

>»Doping ist der Versuch einer unphysiologischen Steigerung der Leistungsfähigkeit des Sportlers durch Anwendung (Einnahme, Injektion oder Verabreichung) einer Doping- Substanz durch den Sportler oder eine Hilfsperson (z. B.: Mannschaftsleiter, Trainer, Betreuer, Arzt, Pfleger oder Masseur) vor einem Wettkampf oder während des Wettkampfes und für die anabolen Hormone auch im Training.«

Ergänzend dazu wird ausgeführt:

>»Doping-Substanzen im Sinne dieser Richtlinien sind insbesondere Phenylethylaminderivate (Weckamine, Ephedrine, Adrenalinderivate), Narkotika, Analeptika (Kampfer und Strychninderivate) und anabole Hormone. Sportartspezifisch können weitere Substanzen, z. B.: Alkohol, Sedativa, Psychopharmaka, unter Doping-Substanzen aufgeführt werden.«

Das klingt alles sehr kompliziert, und deshalb gibt es von der medizinischen Kommission des Internationalen Olympischen Komitees auch eine Kurzversion:

»Doping ist die Verwendung von Substanzen aus den verbotenen Wirkstoffgruppen und die Anwendung verbotener Methoden.«

Bei den verbotenen Wirkstoffgruppen unterscheidet man zwischen:

Stimulantien
Narkotika
Anabolen Steroiden
Beta-Blockern
Diuretika
Peptidhormonen.

Stimulantien erhöhen die Aufmerksamkeit, steigern Leistungsfähigkeit und Aggressivität und können dazu führen, daß eine Selbstkontrolle ausgeschaltet wird, wodurch der Sportler unter Umständen sich und seine Kollegen gefährdet.
Narkotika, darunter versteht man Morphin und andere pharmakologische Verwandte, finden als schmerzstillende Mittel Anwendung. Unerwünschte Nebenwirkung kann eine Verlangsamung der Atmung sein sowie eine physisch-psychische Abhängigkeit.
Anabole Steroide werden genommen, um bei entsprechendem Training die Muskelmasse und die Muskelkraft zu erhöhen.
Beta-Blocker verschreibt der Arzt bei Bluthochdruck und Herzrhythmusstörungen. In Sportarten, bei denen die körperliche Anstrengung sekundär ist, so bei den Sportschützen, finden diese Mittel Anwendung.
Diuretika verhindern Wasseransammlungen im Körper und führen im Sport zur schnellen Gewichtsabnahme, so im Boxen, Gewichtheben, Ringen und Judo. Gleichzeitig wird durch die erhöhte Wasserausscheidung und der dadurch geringen Urin-Konzentration von verbotenen Substanzen der Nachweis des Dopings erschwert oder unmöglich gemacht.

Peptidhormone wie Somatotrophin, ein Wachstumshormon, haben den gleichen anabolen Effekt wie die Steroide, führen demnach zu einer Muskel- und Kraftzunahme, können allerdings durch die herkömmliche Analysetechnik nicht nachgewiesen werden. Das gilt auch für das Hormon Erythropoetin, EPO, das in kurzer Zeit Milliarden von roten Blutkörperchen produzieren hilft, wodurch die Ausdauer enorm gesteigert wird.

Wiederholt hat der DFB verlautbaren lassen, daß er sich den Dopingbestimmungen des Deutschen Sportbundes, dem alle Sportverbände angehören, unterordnet und sich zum Dopingverbot bekennt.[120]
Zurück zu der Frage, inwieweit Fußball prädestiniert ist für Doping. Vergegenwärtigt man sich ein Spiel über zweimal 45 Minuten, dann werden von den Spielern, abgesehen von Beweglichkeit, Reaktionsvermögen, Geschicklichkeit und Ballgefühl, je nach Bedarf folgende Grundeigenschaften verlangt: Schnelligkeit, Schnellkraft, Kraft, Ausdauer.
Schnelligkeit, wenn es gilt, vor dem Gegner an den Ball heranzukommen. Schnellkraft wird benötigt, um bei einem Kopfball möglichst hoch zu springen. Kraft könnte man als Oberbegriff für den muskulären Zustand bezeichnen, und Ausdauer ist erforderlich, um die Spielzeit erfolgreich zu überstehen. Für all diese Grundeigenschaften gibt es Substanzen, die wirkungsvoll eingesetzt werden können und unzweifelhaft zu einer Leistungssteigerung führen. Aber diese Substanzen stehen auf der Dopingliste – herausgegeben vom Deutschen Sportbund – und sind damit ausschließlich im Sport verboten. Verboten bedeutet allerdings in diesem Zusammenhang nicht, daß ein Staatsanwalt Anklage gegen einen Athleten oder einen Bundesbürger erhebt, weil der zu diesen Mitteln greift. Dann hätte er viel zu tun.
Die Einnahme von Dopingsubstanzen ist nicht strafbar. Nur ein Sportverband *kann*, wenn er sich die Bestimmung, Doping zu ahnden, auferlegt, Sanktionen gegen den sogenannten Dopingsünder ergreifen. Meist führt das zu Sperren und

zu dicken Schlagzeilen in der Presse. Betroffen von dieser Regelung sind jedoch nicht die etwa 23 Millionen Mitglieder des Deutschen Sportbundes – dafür interessiert sich niemand –, sondern bundesweit höchstens 500 Spitzensportler. Außer ihnen wird niemand kontrolliert.

Obwohl nun der Fußball für den Einsatz von verbotenen Mitteln prädestiniert zu sein scheint und man seit 1988 im bezahlten Fußball Dopingkontrollen durchführt, hat es bisher noch keinen positiven Fall gegeben. Das verwundert doch sehr. Und zwar besonders deswegen, weil gerade im Fußball eine Übereinstimmung besteht zwischen erbrachter Leistung und Entgelt. Da es bei Spitzenspielern um viel Geld geht, manchmal um Millionen, sollen ausgerechnet sie nicht zu verbotenen Substanzen greifen?

Sind Fußballer bessere Sportler? Besser, was Moral und Ethik anbelangt? Oder setzen sie ihre Karriere nicht aufs Spiel, da sie genau wissen, wieviel sie zu verlieren haben? Kann man im Fußball mehr verlieren als in der Leichtathletik, wo bei der Einnahme von Anabolika eine vierjährige Sperre droht?

Genau das alles stimmt eben nicht. Der DFB sieht, wenn überhaupt, nur bei Bundesspielen – von der Oberliga abwärts gibt es keine Kontrollen – eine Sperre von vier Wochen vor, in minderschweren Fällen sogar weniger. Allerdings genügt ersatzweise auch eine Geldstrafe, wie in der Rechts- und Verfahrensordnung unter § 5,2 nachzulesen ist:

>In allen Fällen …. kann neben Sperrstrafen auch auf Geldstrafen erkannt werden.«

Das wiederum bedeutet, daß die Hemmschwelle für Fußballer, ihre Leistung künstlich, sprich auf verbotene Art, zu steigern, in dieser Sportart wesentlich niedriger liegt als in anderen. Wenn dem so ist, warum hat es dann aber noch keinen positiven Dopingfall gegeben?

Nun kommt es aber im Fußball noch zu einer besonderen Form von Doping, wie man sie in anderen Sportarten nicht kennt. Spieler gehen hin und nehmen während des Trainings Aufputschmittel, um mit Leistung zu glänzen, weil davon wiederum die Aufstellung für die Begegnung am Wochenende abhängt. Der Trainer sieht, wie gut der Betreffende ist und setzt ihn auch ein. Dann die Partie, und niemand kann die Entscheidung des Trainers verstehen, denn der Profi läuft herum wie »Falschgeld«. In den Tagen zuvor hat er Muntermacher geschluckt, als Folge kann er in den beiden letzten Nächten nicht schlafen »und ist platt wie eine Briefmarke«, wie Ommer, Homburg, sich ausdrückt. »Dabei hat der Spieler nur versucht, sein Einkommen zu verbessern. Wir haben nämlich folgendes Bonussystem: Stehen wir auf Platz eins bis drei, dann gibt es pro Sieg für jeden 3800 Mark. Von Platz vier bis sechs 2800 Mark und für sieben und acht 1800 Mark. Weiter unten in der Tabelle gibt es nichts. Zu Beginn der Saison 1993/94 waren wir ganz vorn, die Spieler konnten in zwei Begegnungen zusätzlich 7600 Mark verdienen, und das in einer guten Woche. Der Ersatzmann erhält immerhin noch 25 Prozent, diejenigen, die nicht aufgestellt sind und auf der Tribüne sitzen, gehen leer aus. Folgendes ist doch logisch: Jeder Profi versucht nun, im Training so gut zu sein, daß der Trainer ihn berücksichtigt, damit er auch an den Geldtopf herankommt. Was macht er also? Er wirft etwas rein. Dazu muß ich niemanden auffordern, das tut der ganz von selbst, weil er ja was verdienen will. Und weil da noch andere sind, die ihm den Brocken wegschnappen können. Genauso läuft das in dem Geschäft.«

Sport gilt als die schönste Nebensache der Welt. Fußball vielleicht auch, allerdings ist er mit dem Manko behaftet, daß es schon viele Affären in Deutschland um diese schöne Nebensache gegeben hat. So die von 1971, als man das Ergebnis von Spielen absprach und kräftig dafür zahlte.
Außerdem ist das Image des Fußballs in den letzten Jahren behaftet mit brutalen Ausschreitungen durch Hooligans. »Keiner will diese Chaoten im Stadion haben, egal wieviel

sie an Eintritt zahlen.« Diese Aussage eines DFB-Funktionärs ist glaubhaft. Und trotzdem sind die Kerle nun mal da, der DFB und die Vereine müssen damit fertig werden. Das geht nicht nur, indem man »Richtlinien zur Verbesserung der Sicherheit bei Bundesspielen« erläßt und die baulichen Anforderungen der Stadien optimiert.

Zusätzlich wird der DFB auch mit unschönen Ereignissen auf dem Rasen selbst konfrontiert, wie brutalen Fouls und Regelvergehen. Als Beispiel sei – ohne Toni Schumacher damit anzuprangern, denn es hat ihm sicherlich leid getan – sein Foul gegen den Franzosen Battiston während der Weltmeisterschaft 1982 in Spanien im Halbfinalspiel Frankreich–Deutschland genannt. So ein Vorfall heizt natürlich die Gemüter an. Der häßliche Deutsche war sofort präsent; »Mörder«, nannte man Toni Schumacher, »Monster von Sevilla«. Schnell waren Parallelen zur deutschen Vergangenheit gezogen, das Stadion glich einer Zeitbombe.

Oder Illgners Torwartfoul an dem heranstürmenden Stuttgarter Allgöwer. Der Kölner rammte außerhalb des Strafraumes seinen Körper dem schwäbischen Angreifer entgegen. Die Folge: Allgöwer verletzt am Boden mit einem Riß in der Schulter. Auch der Torhüter Uli Stein ist bekannt dafür, daß er seinen Kollegen hierin nicht nachsteht.

In diesem Umfeld – Hooligans, ein durch Fouls und brutale Spielweise ins Gerede gekommener Sport, der Poker um die Übertragungsrechte, das hohe Gehalt der Spieler, gepaart mit fehlender Leistung, um die wichtigsten Negativpunkte zu nennen – kann sich der DFB Doping nicht auch noch leisten. Hinzu kommen die ominösen Machenschaften und Mauscheleien einiger Präsidenten – schillernde Persönlichkeiten in Sachen Sport, die häufig allein auf ihren Vorteil bedacht sind.

»Mittlerweile bestimmt eine bunte Schar zwielichtiger Figuren und schillernder Möchtegerns über Wohl und Wehe etlicher mittelständischer Fußballunternehmen mit Umsätzen immerhin um die 20 Millionen Mark«, schreibt das *Manager-Magazin.*[121]

Zu diesen schillernden Möchtegerns gehören laut dem Magazin:

- Günter Eichberg, Schalke 04, der früher bei der AOK als Versicherungskaufmann tätig war, inzwischen zehn Privatkliniken besitzen und den Traditionsverein mit zwanzig Millionen Mark unterstützt haben soll (Eichberg trat am 17. Oktober 1993 als Präsident des Vereins zurück),
- Gerhard Voack, 1. FC Nürnberg, der es zuerst in der Politik probierte, dann als Mitbesitzer von Baumärkten zur Fußballbühne wechselte,
- Jürgen Hunke, Hamburger SV, machte einen Teil seines Vermögens als Leiter einer Zeus-Versicherungskolonne und bezeichnet sich selbst als »Sanierer des HSV«,
- Siegfried Axtmann, VfB Leipzig, Immobilienmakler aus Nürnberg, von der Wirtschaftsstrafkammer des Landgerichts Nürnberg-Fürth rechtskräftig wegen Betrugs verurteilt,
- Rolf-Jürgen Otto, 1. FC Dynamo Dresden, früher Spielervermittler, Boxveranstalter und Gastronom, heute Bauunternehmer.

Sehr undurchsichtig ist immer noch die Rolle des Dresdner Präsidenten Otto, den viele aus seiner Frankfurter Zeit kennen. Dem Schwergewichtigen werden laut *Focus* folgende Vergehen vorgeworfen: »Unterschlagung von Schmuckstükken (AZ.: 91/JS11112/91) im Wert von über 50 000 Mark sowie Betrug im Zuge des Konkurses der Custos GmbH, deren Geschäftsführer Otto gewesen ist (AZ.: 91 JS/20297/ 90). Ein Verfahren gegen Otto wegen Konkursverschleppung der Varia GmbH (AZ.: 91/JS24619/88) wurde 1990 eingestellt.«[122] Mittlerweile tritt Otto als großzügiger Geldgeber auf, der dem Ost-Verein aus der Bredouille helfen will. Auch wenn er sich redlich bemüht hat, Dynamo für die Saison 1993/94 die Lizenz zu erhalten, sehen einige in ihm einen zweiten

Heinz Rohloff, der – ebenfalls Bauunternehmer – seinerzeit die Präsidentschaft von Hertha BSC erst nach einer 100 000-Mark-Spende[123] antreten durfte. Inzwischen ist es in der Bundesliga üblich geworden, daß Präsidenten nicht mehr ausschließlich gewählt werden, sondern sich vielmehr einkaufen; oder, wie im Fall Ommer – dessen Amt in Homburg zur Disposition steht –, gleichzeitig mehrere Angebote von verschiedenen Clubs erhalten.

Es geht deshalb kein Weg daran vorbei: Doping muß im Fußball außen vor bleiben. Zumindest die Sportart an sich hat als sauber zu gelten. Etwa nach dem Motto: Okay, Fußball ist ein harter Job, Mann gegen Mann. Da kann schon mal einer verletzt werden. Aber Doping gibt es bei uns nicht. Wir sind sauber.

Wirklichkeit und Wunsch

Fußballer sind bestimmt in ethisch moralischer Hinsicht keine besseren Menschen als andere Sportler. Das weiß man nicht erst seit Toni Schumachers Buch, in dem er unverhohlen über Doping spricht. Bestätigt wurde er durch Paul Breitner, der einsah, wie verlogen es wäre, Doping im Fußball abzustreiten.[124]

Aber man erinnert sich an die Konsequenzen für Schumachers offene Worte: die Kapitänsbinde war er los, vom Lehrgang ausgeladen, raus aus der Nationalmannschaft, ab ins Ausland.

»Franz Beckenbauer war in einer schwierigen Situation: Er weiß, der Toni hat recht. Er muß aber auch die Interessen des Deutschen Fußball-Bundes berücksichtigen.« So äußerte sich Paul Breitner im *Spiegel*.[125]

Noch härter ins Gericht geht der ehemalige Bundesligaspieler Peter Geyer (Tennis Borussia Berlin, Borussia Dortmund, Eintracht Braunschweig waren die Stationen seiner Karriere) mit Fußball und Doping. Bereits mit 19 Jahren konfrontierte man ihn mit Captagon, einem Aufputschmittel. Captagon nahm Peter Geyer regelmäßig über Jahre. Einzige Ausnahme waren, wie er sagt, die neun Länderspiele der B-Nationalmannschaft. Vielleicht aus Scheu vor der ehrenvollen Berufung? Kontrolliert wurden die Spieler nämlich nicht.

Andere haben diese Scheu nicht, glaubt man Dr. Armin Langhorst, der 1989 bei Borussia Dortmund ausstieg und danach Mannschaftsarzt bei Schalke wurde: Der für Borussia spielende Sergej Gorlukowitsch würde auch bei Länderspielen Dopingmittel einnehmen und diese aus Rußland mit nach Deutschland bringen. Heißbegehrt sei die Ware bei den Teamkameraden des Weißrussen, äußerte er 1992.[126]

Peter Geyer zufolge lagen die Pillen nur so rum. Man ging an den Schrank und bediente sich. Ärzte und Masseure hätten die Pillen besorgt. Er habe ein bis zwei vor jedem Spiel genommen, andere sechs bis acht, eine Dosis, die beängstigend ist.

In den sogenannten englischen Wochen, wenn zwei Begegnungen auf dem Programm stehen, habe es Probleme gegeben, weil die Spieler nach der Einnahme von Captagon zwei Nächte nicht richtig schlafen konnten. Dann fiel die Leistung in den Keller.

Der Dopingexperte Donike sieht das ganz anders und erklärt in *Penthouse*: »Es gibt keine wissenschaftliche Untersuchung über die Wirkung von Captagon. Und im Vergleich zu Dopingmitteln in anderen Sportarten spielt dieses Mittel wohl auch keine große Rolle. Dennoch ist die Einnahme von Captagon eindeutig Doping.«

Spritzen, so Peter Geyer, seien auch gesetzt worden und hätten am nächsten Tag dann zu unheimlichen Muskelschmerzen geführt. Und Kortison – es wird normalerweise verabreicht bei Schmerzen und Entzündungen in den Gelenken, aber auch bei Asthma, Schockzuständen, allergischen und dermatologischen Erkrankungen – habe er bekommen. Dreißig bis vierzig Spritzen. Viele nehmen Kortison auch noch wegen seines besonderen Nebeneffekts, das Medikament erhöht nämlich die Ausdauer.

Erich Ribbeck, von 1978 bis 1984 DFB-Trainer, 1988 mit

Bayer Leverkusen UEFA-Cup-Sieger und bis Dezember 1993 Trainer bei Bayern München, weiß bestimmt, wovon er in der Zeitung *Express* spricht:»Zu behaupten, daß es nichts bringt, ist Unsinn. Schwächere Spieler, die körperlich nicht fit sind, könnten sich durchaus mit ein paar Tabletten auf Vordermann bringen. Ich kann mir auch vorstellen, daß eine ganze Mannschaft sich für ein bestimmtes wichtiges Spiel dopt. Deshalb habe ich ja auch zu meiner Trainerzeit so darauf hin gearbeitet, daß Dopingkontrollen eingeführt werden – damit die, die sich dopen, es aus Angst vor dem Erwischtwerden nicht mehr tun, und um zu beweisen, daß Doping im großen Rahmen im Fußball eben nicht vorkommt.«

Im letzten Punkt irrt Erich Ribbeck.

Nun könnte man einwenden, Schumacher und Geyer, das war zu einer Zeit, in der es von seiten des DFB noch keine Dopingkontrollen gegeben hat – in der FIFA gibt es sie seit 1966 und in der UEFA seit 1980. Der Verband hat das Problem erkannt, die Zeichen der Zeit registriert und Überprüfungen anberaumt, um diesen Auswüchsen zu begegnen, die Spieler zu schützen und dem Zuschauer einen dopingfreien Sport zu präsentieren.

Genau das ist aber falsch. Der DFB betont bei jeder Gelegenheit, was für einen sauberen Fußball die Bundesliga biete, und verweist als Beleg auf die Dopingkontrollen, die man schon seit Jahren durchführt. Verschwiegen wird dabei, daß es, anders als in anderen Sportarten, keine Überprüfungen im Training gibt. Verschwiegen wird weiterhin, daß man die Sportler nicht im Trainingslager, nicht während des Trainings im Ausland und nicht bei den vielen anderen Gelegenheiten testet.

»Ich bin überzeugt, daß im deutschen Fußball nicht gedopt wird«, sagt Goetz Eilers, Chefjustitiar des DFB.

Der Chefjustitiar, sollte man meinen, wird wohl wissen, was in seinem Verband vorgeht. Erst recht, wenn er zudem auch noch Mitglied der Dopingkommission ist und der Sohn in Mainz als Lizenzfußballer sein Geld verdient.

Die Wirklichkeit indes, sie ist nicht so.

Realität auf der unteren Ebene

Jedes Wochenende machen sie die Runde, Spione in Sachen Fußball. Es sind Vermittler, Trainer, Präsidenten, Funktionäre oder auch einfach Beobachter, die die Aufgabe haben, bei einer bestimmten Begegnung einen bestimmten Spieler unter die Lupe zu nehmen.

Das läuft diskret ab, keiner bekommt etwas mit, es sei denn, der Beobachter ist prominent und wird erkannt. Mitunter geschieht es auch mit Vorankündigung, Trainer und Verein wissen Bescheid, und der Beobachter fertigt mit ihrer Billigung einen Videofilm an. Spricht er dann im Anschluß seinem Auftraggeber eine Empfehlung aus, kann er diese anhand der Bilder belegen. Falls sich der Spieler als Flop erweisen sollte, wird er in einem Streitfall auch wieder die Bilder zu Rate ziehen. Da der Beobachter an dem Geschäft partizipiert – seine Vermittlungsgebühr beträgt etwa zehn Prozent oder eine fixe Pauschale –, ist ihm sehr daran gelegen, daß es zustande kommt.

Hat sich also ein Beobachter angekündigt, ist meist jedem bekannt, welcher Spieler gemeint ist. Trainer und Verein wissen, welche Transferentschädigung im Raum steht.

Beobachter und Vermittler sind keineswegs nur in der Ersten oder Zweiten Bundesliga aktiv. Das belegt ein Fall, der sich in der Oberliga ereignet hat, und zwar bei einer im vorderen Tabellendrittel spielenden Mannschaft. Ein Berater hat sich für ein Heimspiel angesagt. Da der Spieler noch aktiv ist, soll er einfach Monz heißen.

Monz hat ausgezeichnete Qualitäten als Stürmer und den sogenannten Torinstinkt. Eine Eigenschaft, die keiner erklären kann und die allein an den Torerfolgen gemessen wird. Eine Eigenschaft, die dazu führt, daß man Stürmer Woche für Woche aufstellt, obwohl sie kaum in der Lage sind, ihre Mitspieler mit kurzen Pässen zu bedienen. Im Extremfall geht das sogar so weit wie bei Hubner, ehemals 1. FC Homburg, jetzt wieder VfL Bochum, der zwar ungemein kopfballstark ist, aber ohne Unterkörper spielt.

Bevor er den Ball mit dem Fuß trifft, sind zwei Gegenspieler bei ihm und neutralisieren jeden weiteren Versuch. Aber Hubner – von Bochum für ein Jahr ausgeliehen – war in Homburg Stammspieler und hat in der Saison 1992/93 zwanzig Tore erzielt. Unverzichtbar für jeden Zweitligisten.

Monz wird zwei Tage vor einem Spiel von seinem Trainer auf die Seite genommen. Und dann entwickelt sich folgender Dialog:

Trainer: »Mensch, du hast ja enorm was drauf. Mach weiter so.«

Monz ist stolz. Er legt großen Wert auf das Urteil des Trainers.

Trainer: »Stetiger Formanstieg.«

Monz schweigt.

Trainer: »Wird langsam Zeit, daß du deine Fähigkeiten einmal richtig einsetzt. In der Oberliga versauerst du.«

Monz: »Wie meinen Sie das?«

Trainer: »Nun, eine Klasse höher spielen. Wolltest du das nicht schon immer?«

Monz: »Wirklich? Sie meinen, ich hätte eine Chance?«

Der Trainer nickt gewichtig.

Monz: »Und wie soll das gehen?«

Trainer, ganz vertraulich werdend: »Ich dürfte es dir eigentlich nicht sagen, aber in zwei Tagen, da ...«

Monz, neugierig: »Was, da ...«

Trainer hinter vorgehaltener Hand: »Nun, ich sage nur Fleischbeschau.«

Monz, der mit dem Begriff Fleischbeschau etwas anfangen kann, ganz aufgeregt: »Wer ist es?«

Trainer, als verrate er ein Staatsgeheimnis: »Einer aus der Zweiten Liga.«

Monz: »Ein Vermittler? Oder sogar der Präsident?«

Der Trainer antwortet nicht. Das ist für Monz Antwort genug.

Monz: »Und was soll ich machen?«

Der Trainer klopft Monz auf die Schulter: »Gib dein Bestes.«
Monz: »Tu ich doch immer.«
Trainer: »Aber diesmal noch ein bißchen mehr als sonst.«
Monz, nachdem er überlegt hat: »Wie soll ich das verstehen?«
Der Trainer zieht den Spieler noch mehr auf die Seite. Und dann eröffnet er dem Spieler: »Es geht um sehr viel für dich. Es geht um deine Karriere, es geht um das Ausnutzen deiner Fähigkeiten. Ist doch auch dein Bestreben. Oder irre ich mich etwa?«
Monz verneint.
Der Trainer nach einer kleinen Pause: »Natürlich muß man auch die Interessen des Vereins beachten. Er hat 'ne Menge in dich investiert, hat dir viele Möglichkeiten geboten, hat Sponsorenverträge für dich abgeschlossen.«
Monz verbessert: »Einen Werbevertrag, obwohl ich als Amateur …«
Trainer, leicht ungeduldig: »Ist das etwa nichts?«
Monz: »Fünfhundert im Monat.«
Trainer: »Haben und nicht haben.«
Sie gehen ein paar Schritte, der Trainer ruft Anweisungen über den Platz, die die übrigen Spieler umsetzen.
Monz: »Trainer, was soll ich machen?«
Trainer, wiederholt sich: »Gib dein Bestes.«
Monz: »Leicht gesagt.«
Trainer: »Junge, du weißt doch, was läuft.«
Monz nickt, obwohl er die Bemerkung nicht versteht.
Trainer: »Denk doch nur an die Begegnung mit … Das lief doch hervorragend.«
Monz: »Ja, waren gut drauf. Und die Tore? Eines schöner als das andere.«
Trainer: »Ich bin überzeugt, in zwei Tagen machst du dein Tor.«
Monz: »Hängt davon alles ab?«
Trainer mit ernstem Gesicht: »Nein, das nicht. Aber wenn du kein Tor machst, dann mußt du mit anderen Fähigkeiten glänzen.«

Monz: »Läuferisch.«

Trainer fügt hinzu: »Und kämpferisch. In der Zweiten Liga weht ein anderer Wind.«

Monz gibt zu bedenken: »Ich bin doch ein Kämpfertyp.«

Trainer: »Was macht eigentlich dein Knöchel?«

Monz: »Wieder o.k.«

Trainer: »Und dein Knie?«

Monz bewegt es demonstrativ. »Seit drei Wochen schmerzfrei.«

Trainer: »Junge, denk daran, in zwei Tagen darf nichts passieren. So eine Chance bekommst du nicht alle Tage.«

Monz nickt. Er weiß um die Bedeutung.

Trainer und Spieler sind inzwischen auf der gegenüberliegenden Seite des Spielfeldes angelangt. Der nächste Spieler ist mehr als dreißig Meter entfernt.

Trainer: »Ich habe mit Dr. X gesprochen, ein guter Bekannter von mir. Laß dich mal bei ihm blicken.«

Monz: »Knöchel und Knie sind o.k.«

Trainer: »Es geht nicht um Knöchel und Knie.«

Monz, der etwas ahnt: »Um was denn?«

Trainer: »Junge, du mußt am Sonntag reinklotzen.«

Monz: »Und der Doktor wird mir helfen.«

Der Trainer nickt.

Monz: »Was wird er machen?«

Trainer: »Verhindern, daß du Schmerzen bekommst.«

Monz: »Mich spritzen? Brauche ich nicht. Bin doch fit.«

Trainer, leicht ungeduldig: »Junge, du mußt im Spiel attakkieren, aggressiv sein. Er will Schmerzen verhindern, wenn du verstehst, was ich meine.«

Monz versteht. Er soll eine schmerzstillende Spritze bekommen, obwohl er keine Schmerzen hat. Prophylaktisch.

Trainer: »Und er wird dir noch etwas anderes geben.«

Monz: »Was denn?«

Trainer: »Stell dich nicht so an. Du kennst das Zeug doch.«

Monz: »Ich soll den Turbo anwerfen?«

Der Trainer nickt.

Monz: »So wie«, er nennt einige Namen von Mitspielern,

von denen er weiß, daß sie mehr oder weniger regelmäßig zu Aufputschmitteln und anderen Substanzen greifen.

Der Trainer nickt.

Monz: »Ich brauche das nicht.«

An dieser Stelle geht die Unterhaltung hin und her. Der Trainer versucht den Spieler zu überzeugen, der Spieler meint, er brauche es nicht. Nach einer Verletzung, um wieder auf den Damm zu kommen, da sehe er es ein. Und um die zweite Halbzeit durchzustehen.

Schließlich beendet der Trainer das Gespräch abrupt. »Mein Junge, ich kann es mir nicht leisten, daß du mich und den Verein blamierst. Wenn das dein letztes Wort ist, dann stelle ich dich am Sonntag nicht auf. Du hast einen grippalen Infekt.«

Monz, leicht erregt: »Und wenn ich ein Attest bringe, daß ich gesund bin?«

Der Trainer mit hochrotem Kopf: »Dann eben wegen Formschwäche. Da kannst du zentnerweise Atteste anschleppen.«

Monz hat noch eine Unterhaltung gehabt mit dem Vorsitzenden des Vereins, der aber nicht auf das Thema Doping einging, sondern nur ausschweifend von den phantastischen Möglichkeiten sprach, die sich in der höheren Liga ergeben würden. Er habe selbst einmal dort gespielt, er wisse, wovon er rede. Und als Monz die Tabletten erwähnt, die er nehmen soll, wird er abgekanzelt. Das gehöre nun mal im Fußball dazu, dadurch könne man gewisse Leistungsdefizite ausgleichen. Monz ist überzeugt, keine Defizite zu haben. Daraufhin erklärt der Vorsitzende, daß das vorhandene Potential dann eben noch besser ausgeschöpft werden könne. Das sei nun mal so üblich.

An dem betreffenden Wochenende hat der Fußballer Monz gespielt, er hat gut gespielt und all das getan, was man ihm geraten hat. Wenig später wurde er vom Verein verkauft; inzwischen hat er einen Stammplatz bei einer Mannschaft der Zweiten Liga. Und er greift regelmäßig zu Tabletten, wenn er meint, er müsse Leistung bringen. Aber das hat er eigentlich schon immer getan – seit er in der Jugendauswahl gespielt hat – und es stets für sich behalten. Inzwischen weiß Monz auch, daß Trainer und Vereinspräsident etliche tausend Mark diskret erhalten haben.

Um zu zeigen, daß es für Fußballer das normalste auf der Welt ist, sich vor einem Spiel in die entsprechende Spiellaune zu versetzen, sucht Monz mit mir verschiedene Vereine der unteren Klassen auf. So in der Kreisliga C Trier-Mosel, in der er einige Spieler kennt. Eine Mannschaft gewinnt an diesem Wochenende sehr hoch. In der Umkleidekabine finden wir nach dem Spiel eine leere Packung des Aufputschmittels AN 1 und vier Flaschen, einst gefüllt mit dem ephedrinhaltigen Hustensaft Codyl und Ipalat, die heute laut *Rote Liste* nicht mehr im Handel erhältlich sind. Und genau das ist der Grund, warum sie im Sport noch lange aktuell sein werden. Restbestände gelangen schwarz auf den Markt oder werden legal aus den Nachbarländern der EU, wo man sie meist rezeptfrei kaufen kann, eingeführt.
»Noch genau wie zu meiner Zeit«, so der Spieler Monz. »Schon in der Jugend haben wir die Flaschen mit Hustensaft kreisen lassen. Da gab es Toni Schumachers Buch noch lange nicht.«
Und Hustensaft hat wahrlich im Fußball schon eine lange Tradition. Ein Spieler von Alsenborn und Kaiserslautern hat schon vor vielen Jahren exakt ausgetüftelt, welcher Saft in welchen Mengen und zu welchem Zeitpunkt eingenommen am besten wirkt. Ein Kölner Profi kennt sich ebenfalls ausgezeichnet aus.

Die Praxis

»Im Schnitt wird jede Mannschaft einmal pro Saison kontrolliert«, verkündet der Pressesprecher des DFB, Wolfgang Niersbach, in *Penthouse*.
Herr Niersbach scheint sich mit seiner Äußerung zu weit

vorgewagt zu haben, denn Chefjustitiar Eilers meint zum gleichen Zeitpunkt, im Sommer 1990: »Über die Anzahl der Dopingkontrollen äußern wir uns grundsätzlich nicht.«
Das ist eine kluge Entscheidung. Dadurch gerät er auch nicht in die Gefahr, eine Falschmeldung zu verbreiten. Bei einer anderen Gelegenheit erklärt Eilers 1992: »Bei den Punkt-spielen der Ersten und Zweiten Bundesliga ist die Ansetzung einer Dopingkontrolle Ermessenssache der Doping-Kommission.«[127]
Nicht eine einzige Mannschaft wird, falls bei ihr Kontrollen angesagt sind, komplett kontrolliert. Das würde nämlich bedeuten, alle sechzehn Spieler hätten zum Test anzutreten. Der tatsächliche Modus ist heute wie folgt: Zu Kontrollen aufgefordert werden *können* an jedem Wochenende im be-zahlten Fußball pro Liga zwei Mannschaften, die gegenein-ander spielen. Zwei Spieler jeder Mannschaft lost man dar-aufhin aus, die *müssen* dann ihr Urinpröbchen dem Doping-arzt abliefern. Bis eine Mannschaft vollständig kontrolliert worden ist, also jeder Spieler einmal, dauert es ungefähr neun Jahre. Oder anders ausgedrückt: Ein Fußballer kann mehr als 150 Jahre sorgenfrei kicken, bevor er auf die gleiche Anzahl von Kontrollen kommt, wie ein Leichtathlet sie schon mal in einer Saison zu absolvieren hat.
In der *Welt am Sonntag* wird berichtet, daß man auf der Geschäftsstelle des Hamburger SV »noch nie etwas von einem Dopingarzt gehört« habe. Dr. Friedel Gütt, bis Juni 1991 Vizepräsident und anschließend Präsident – inzwi-schen wurde er von Jürgen Hunke abgelöst –, kann sich »nicht erinnern, in meiner Amtszeit so etwas erlebt zu haben«.[128] Wie wenig Gütt mit der Materie zu tun und wie dürftig der Verband seine Vereine informiert hat, zeigt die folgende Bemerkung des Hamburgers: »Macht das nicht der DFB aus Geheimhaltungsgründen in Frankfurt?« Ein Jahr später bereits sitzt Gütt als Vertreter der Mitgliedsverbände im Vorstand des DFB!
Zwischen den Kontrollen der sogenannten olympischen Sportarten und dem Fußball gibt es absolut keine Parallele,

weder was die Häufigkeit angeht noch hinsichtlich von Verschwiegenheit und Überraschungsmoment bei unangekündigten Tests.

Längst ist es im Deutschen Sportbund Praxis geworden, außerhalb des Wettkampfes unangemeldet Kontrollen durchzuführen, sogar weit jenseits der Landesgrenzen auf Lanzarote, in Südafrika oder Neuseeland. Plötzlich und unerwartet stehen die Herren und Damen von German Control vor den Athleten und Athletinnen des A- und B-Kaders und verlangen mindestens 50 Milliliter der blaßgelben Ausscheidungsflüssigkeit. Wer nicht zur Lieferung bereit ist, gilt als gedopt und wird für vier Jahre gesperrt.

Im bezahlten Fußball ist das alles ganz anders.

»Die Vereine erfahren einige Tage vor dem Spiel, daß sie kontrolliert werden.« So Niersbach, der Pressesprecher, in der Augustausgabe 1990 von *Penthouse.*

Jetzt ist das Geheimnis gelüftet: Einige Tage vorher werden die Vereine unterrichtet. Für einen solchen Fall wird kein Athlet der Welt noch positiv überführt, denn Vereine und Spieler muß man als ökonomische Einheit betrachten. Die Clubs können es sich doch überhaupt nicht leisten, ihre Superstars, teuer per millionenschwerer Ablösesumme eingekauft, durch Doping zu gefährden. Der Verein würde auf einen Schlag Millionen verlieren, denn der Marktwert des Spielers müßte automatisch und rasant ins Bodenlose fallen. Daß Doping laut Mustervertrag des DFB noch nicht einmal ein fristloser Kündigungsgrund ist, zeigt auf, wie eng Spieler und Verein in diesem Punkt aneinandergekettet sind.

Deshalb kann und darf innerhalb des DFB niemand erwischt werden. Doch der Verband baut noch weiter vor: Überhaupt kontrolliert werden darf im Fußball nur, wer auf der Spielerliste aufgeführt ist. So lautet die Bestimmung. Nur dann kommt der betreffende Spieler in den Topf mit den Nummern – sie entsprechen den Rückennummern –, aus dem die zwei zu überprüfenden Athleten ausgelost werden. Zwei von sechzehn. Im Eifer kann es schon mal passieren, daß einige Rückennummern fehlen, dafür andere doppelt oder dreifach vorhanden sind, wie der Manager eines Bundesligavereins augenzwinkernd zugibt.

Diejenigen, die nicht spielen und sich aus welchen Gründen auch immer nicht aufstellen lassen – plötzliche Zerrung, Erkältung, Unwohlsein –, gehen wegen der langen Vorwarnzeit selbstverständlich unkontrolliert aus.

In den allgemeinen DFB-Anweisungen für Ärzte heißt es im dritten Absatz:

»Bei Wochenendspielen soll die Beauftragung (der Ärzte) am Wochenanfang, bei Wochenspielen am vorhergehenden Wochenende erfolgen.«

Solche Vorabinformationen so lange vorher wären in allen anderen Sportarten undenkbar. Leichtathleten, Gewichtheber, Turner, Ruderer hätten längst ein Nachrichtensystem entwickelt, um sich gegenseitig zu warnen. Fußballer wissen inzwischen auch, welcher Arzt wann für welche Begegnung zuständig ist.

»Die Dopingärzte werden mit Ausweisen ausgerüstet, die ihnen freien Eintritt auf der Ehrentribüne bei allen Spielen der Lizenzligavereine gewährleisten. Die Ausweiskarte ist unübertragbar.«

Warum hängt man ihnen nicht auch noch ein Schild um den Hals: Achtung, Dopingarzt. Bitte bei Gefahr die gedopten Profis schnellstmöglich für das Spiel streichen lassen und Ersatzmann warnen.

Aber auch dazu braucht es nicht zu kommen, denn jeder Spieler weiß vor Beginn der Begegnung, ob eine Kontrolle ansteht oder nicht, auch wenn die Verantwortlichen im Verein den Mund gehalten haben sollten. Falls keine Kontrolle angesetzt wird, und in 95 Prozent aller Spiele ist das der Fall – getestet werden lediglich 1,5 Prozent der Aktiven –, dann bleibt immer noch genügend Zeit, sich mit den entsprechenden Muntermachern aufzuheizen, sollte der Betreffende es für erforderlich halten. Wie allgemein bekannt, gibt es ja auch noch die Halbzeitpause, die zufällig gerade so lang bemessen ist, daß Aufputschmittel sofort nach Wiederanpfiff ihre Wirkung entfalten können.

»Die ersten fünfzehn Minuten waren schlimm, jeder Schritt tat weh. Aber plötzlich ging es«, erklärte ein Aktiver der Bundesliga, der total matt in die zweite Hälfte einer wichtigen Begegnung gegangen war.

Angesichts solcher Voraussetzungen ist das Wunschbekenntnis des DFB-Funktionärs – »Ich bin überzeugt, daß im Fußball nicht gedopt wird« – absolut nichts wert. Aber Eilers – laut *Welt am Sonntag* glaubt er allen Ernstes, das Damoklesschwert einer drohenden Stichprobe sei Abschreckung genug für Spieler und Verein[129] – spricht damit vielen aus der Seele, denn die normalen Fußballfans wollen von Doping nichts wissen, und die ältere Generation blockt vollkommen ab, weil Manipulation nicht mit ihrem Sportverständnis in Einklang zu bringen ist. Falls sie mal ein Gerücht hören, dann hat der DFB auf der Stelle, weil sich so viele ehemalige Fußballer in ihrer Ehre angegriffen fühlen, viele Verteidiger. Auf die kann er sich verlassen, und das weiß der Verband auch.

Auch die Äußerung von Eilers: »Die Vereine erfahren erst am Spieltag, daß sie kontrolliert werden«,[130] erhöht nicht die Glaubwürdigkeit des DFB, was Doping anbelangt. Die drei sprichwörtlichen Affen scheinen in diesem Verband Konjunktur zu haben – und eifrige Nachahmer.

Allein ein unabhängiges Unternehmen wie German Control könnte jeden Verdacht der Mauschelei aus der Welt räumen. »Damit hat uns der DFB bislang nicht beauftragt«, erklärt Jürgen Barth, der Anti-Doping-Referent des Deutschen Sport-Bundes, in *Welt am Sonntag*.[131] All die anderen Sportverbände warten jedoch sehnsüchtig darauf, daß dies endlich geschieht.

Selbst wenn ein Verein erst am Spieltag erfährt, daß bei ihm der Dopingarzt angesagt ist, wird kein Fußballer der Welt dann noch so einfältig sein, sich dieser Gefahr auszusetzen. Die Konsequenzen kennt er aus den Medien, Spießrutenlaufen wäre das mindeste. Deshalb geht man hin und streicht einfach einen Spieler von der Aufstellung, so zum Beispiel kurz vor der Begegnung Homburg–Jena am 26. September 1992.

»Doc Leutheuser kommt schön in seinem weißen Kittel, damit ihn auch ja jeder erkennt«, erzählt Manfred Ommer, Präsident des FC Homburg. Schmunzelnd fügt er hinzu: »Ich habe ja mit einer Kontrolle durch den Verband gerechnet. Einige Tage vorher war ich nämlich Gast bei RTL in der Sendung ›Heißer Stuhl‹. Dort habe ich für die Freigabe von Doping plädiert.«[132]

Aber selbst dann, wenn ein Spieler unvermittelt sein Gedächtnis verliert und nicht mehr weiß, daß heute der Dopingarzt zu Besuch kommt, kann nichts schiefgehen. Noch nicht einmal, wenn er in die Medikamentenkiste hineingefallen ist und aus Atemnot oder welchen Gründen auch immer alles verschluckt hat.

»Die Spieler sehen doch den Doc auf der Ehrentribüne sitzen. Der gute Mann will sich auch das Spiel anschauen«, so Manfred Ommer weiter. Außerdem werde für den Doc gleich vor dem Spielereingang ein schöner Parkplatz freigehalten. »Reserviert für DFB«, ist zuweilen auf dem Hinweisschild zu lesen.

Auch ohne solche eindeutigen Signale wird ein Aktiver schon mal stutzig, wenn Frankfurt gegen Hamburg spielt und urplötzlich ein Mercedes mit auswärtigem Kennzeichen und unübersehbarem Arztschild an der Windschutzscheibe auf einem Parkplatz für Prominente steht.

Und auf die Frage, ob es noch andere Möglichkeiten gibt, sozusagen eine letzte Instanz, die den schon ausgewählten Spieler noch einmal vor der Abgabe des verräterischen Urins bewahrt, antwortet Ommer: »Selbstverständlich. Ich begrüße den Doc und frage: Na, Doc, wie geht es? Alles in Ordnung, antwortet der und will dann von sich aus wissen: Wen nehmen wir denn heute raus aus der Mannschaft? Das ist ein Weg. Oder bevor ein gedopter Spieler ausgelost werden könnte, spricht unser Doc mit dem DFB-Doc und erklärt ihm, ein bestimmtes Medikament sei unbedingt im therapeutischen Sinne erforderlich gewesen. Dann nehmen wir einfach die betreffende Rückennummer aus dem Pott. So einfach ist das.«

In der Tat: So einfach ist das.

Die DFB-Vertuschungsmethode

Wenn der DFB von sich behauptet, die Dopingbestimmungen des Deutschen Sportbundes anzuerkennen, dann entspricht das nicht den Tatsachen. Der DFB weiß nicht erst seit Toni Schumachers Äußerungen – die brisantesten Ausführungen in seinem Buch wurden gestrichen – um Doping, weiß um die Art, wie Spieler wegen des Leistungsdrucks gezwungen sind, zu verbotenen Substanzen zu greifen. Es gibt genügend Funktionäre und Trainer im DFB, die Doping aus der Praxis kennen. Und das waren gewiß keine Selbstversuche.

Die Heuchelei erreicht dann ihren Höhepunkt, wenn der DFB den Fußball als dopingfrei bezeichnet, zugleich aber Beweise des Gegenteils schwarz auf weiß vor sich liegen hat, und zwar in der Geschäftsstelle in Frankfurt.

Das kann nicht sein?

Und ob das sein kann! Der Verband bekommt die unwiderlegbaren Dokumente jedes Wochenende aufs neue vorgelegt, ohne zu reagieren, sich zu korrigieren oder den Dopingspuren nachzugehen, die man aber, das sei zur Ehrenrettung des DFB gesagt, von seiten der Vereine noch nicht einmal zu vertuschen sucht. Mit der Monotonie eines Gesundbeters gibt man statt dessen immer dann, wenn irgendwo ein Hinweis auf Doping im Fußball auftaucht, nichtssagende Presseerklärungen ab, die, über dpa und SID verbreitet, die Öffentlichkeit einlullen sollen. Bisher geht das Rezept erfolgreich auf.

Bei den Beweisen, von denen die Rede ist, handelt es sich

um die »Ärztliche Bescheinigung«. So steht es gleich unter dem Signet »Deutscher Fußball-Bund« auf dem Blatt, das jede Mannschaft vor Beginn eines Spiels auszufüllen hat. In der Regel ist dies eine Aufgabe für den Mannschaftsarzt. Kommt er später oder ist er verhindert, übernimmt der Masseur seine Funktion. Bei Vereinen der Zweiten Liga kann es sogar schon mal vorkommen, daß der Busfahrer einspringen muß, weil sonst gerade niemand greifbar ist.

Und auf diesen Bögen werden alle Spieler einer Mannschaft aufgeführt. Neben den Namen ist eine Spalte, in die die Medikamente eingetragen werden, die der Spieler zur Zeit nimmt oder in den letzten Tagen genommen hat.

Diese ärztliche Bescheinigung wird also ausgefüllt, normalerweise vom Mannschaftsarzt unterschrieben und dem Schiedsrichter ausgehändigt. Falls eine Dopingkontrolle angesetzt ist, nimmt statt des Schiedsrichters der Dopingarzt die Belege in Empfang. So oder so, anschließend wandern alle Exemplare weiter nach Frankfurt in die Zentrale.

Wenn Mediziner sich die Arbeit machen und die ärztlichen Bescheinigungen korrekt ausfüllen, dann sollten sie eigentlich davon ausgehen können, daß man die Aufstellung in Frankfurt auch studiert. Alles andere wäre eine Unterlassung, eine grobe Pflichtverletzung. Der DFB hat nun mal die selbstgesetzte Aufgabe, sich anzuschauen, welche Medikamente die Spieler nehmen.

Und auf diesen Blättern wird wirklich alles vermerkt. Fußballer sind ehrlich und unbedarft – auf Doping bezogen eher unbedarft, weil sie es seit jeher so kennen. Deshalb geben sie genau das Medikament an, welches sie genommen haben, was ihnen der Mannschaftsarzt verordnet hat oder die Mutter aus der Apotheke mitbringt, weil sie sich beim Apotheker beklagt: »Mein Junge ist immer so kaputt, auch ohne Training. Und dann die vielen Spiele. Was soll er bloß machen?« Der Apotheker weiß natürlich Rat. »Geben Sie ihm das hier.«

Der Sportprofi wird das Medikament nehmen, ohne sich darüber im klaren zu sein, daß es Doping ist. Er hat kein

Unrechtsbewußtsein, denn noch nie hat ihn jemand darauf hingewiesen – so jedenfalls Dieter Finke, ehemals FC Homburg –, was er darf und was nicht. Und fehlendes Unrechtsbewußtsein hat schon manchem vor Gericht geholfen. Nicht vor einem Sportgericht allerdings, da gelten womöglich härtere Regeln.

Otto Graf Lambsdorff und Hans Friedrichs wurden im sogenannten Flick-Verfahren vom Vorwurf der Bestechlichkeit entlastet und nicht mit einer Gefängnisstrafe, sondern lediglich zu einer Geldstrafe verurteilt, obwohl zweifellos Zahlungen geleistet worden sind. Der Urteilsbegründung des Gerichts zufolge habe beiden das Unrechtsbewußtsein gefehlt. Und wenn es bei hohen Politikern fehlt, dann darf es bei Lizenzspielern wohl ebenfalls fehlen. Also hätten die Profis ausgezeichnete Chancen, von einem ordentlichen Gericht freigesprochen zu werden. Vorausgesetzt, das Unglaubliche träte überhaupt ein und man überführte sie des Dopings.

Jeder Fußballer, im guten Glauben, nichts Verbotenes getan zu haben, gibt somit vor dem Spiel auch brav seine Medikamente an. Bei lateinischen Namen hat der Busfahrer, der manchmal auch Schriftführer sein muß, Schwierigkeiten, sie zu Papier zu bringen. Dann fragt der Mannschaftsarzt später noch mal bei den einzelnen Aktiven nach, damit das Präparat auch richtig aufgeschrieben wird. Es läßt sich nach diesem Modus überhaupt nicht vermeiden, daß Dopingsubstanzen auf dem Bogen stehen. Und diese Angaben gehen alle in die DFB-Zentrale nach Frankfurt.

Aber es kommt noch dicker.

Nach der Zweitligabegegnung zwischen Homburg und Jena am 26. September 1992 wanderte die »Ärztliche Bescheinigung« des FC Homburg gleichfalls nach Frankfurt. Aufgeführt ist ein Spieler mit Namen Thomale – aber den gibt es nicht, jedoch ist Thomale zu der Zeit der Trainer des Vereins. Und hinter dem Namen Thomale steht ein altbekanntes Medikament, schon Toni Schumacher und Peter Geyer haben darauf verwiesen: Captagon.

Das Aufputschmittel Captagon wird je nach Erfahrung und Bedarf dosiert und eingenommen. Meist eine Tablette eine Stunde vor dem Spiel, die zweite fünfzehn Minuten vor dem Einlaufen. Und, falls erforderlich, eine dritte in der Halbzeit. Aber das ist schon eine extreme Dosierung. Zwei sollten genügen, auch damit kann der Spieler zumindest die kommende Nacht nicht schlafen. Dosierungen von drei bis vier Tabletten vor und während des Spiels kommen auch vor, wie mir mehrfach von Spielern versichert wurde, sie sind jedoch äußerst gefährlich.

Captagon gehört laut der *Roten Liste*, dem Handbuch für Ärzte, zur Gruppe der Psychopharmaka, und zwar der chemisch definierten Psychopharmaka mit der Untergruppe Psychoanaleptika. Captagon kann man nur per Rezept in Darreichungsformen von 20 oder 50 Filmtabletten erstehen. Das Mittel enthält 50 mg des Wirkstoffs Fenetyllin-HCI, und Captagon wird laut der *Roten Liste* unter anderem verordnet bei: Antriebsarmut, besonders im Alter nach schweren Erkrankungen, Schädeltraumen, Operationen, Nekrolepsie, psychomotorischer Unruhe und Störungen der Aufmerksamkeit.

Um alle Irrtümer auszuräumen: Captagon steht unter der Wirkstoffgruppe Stimulantien selbstverständlich auch auf der Liste der verbotenen Substanzen – erstellt vom Bundesinstitut für Sportwissenschaft –, an die sich der Deutsche Sportbund und seine Unterverbände wie der DFB gebunden fühlen. Außerdem ist diese Liste identisch mit derjenigen, die für alle internationalen Sportorganisationen gilt.

Seltsamerweise jedoch ist die in Captagon enthaltene Substanz Fenetyllin nicht auf der Liste der verbotenen Substanzen des DFB enthalten. Eigentlich müßte sie unter dem Stichwort »Psychomotorische Stimulantien« zu finden sein. Allerdings ist auf der DFB-Zusammenstellung vermerkt, daß nicht alle Arzneimittel, die als Doping verwendet werden, aufgeführt sind.

Hinter dem Namen Thomale ist also auf der »ärztlichen Bescheinigung« das Medikament Captagon vermerkt, und diese Bescheinigung landet beim DFB. Nun müßten dort alle Alarmglocken schrillen. Der Spieler müßte gesperrt werden, dem Arzt hätte man Sanktionen anzudrohen und dem Verein Konsequenzen, indem das Spiel als mit 0:2 verloren gewertet wird. Außerdem müßte eine Geldstrafe ausgesprochen werden, mindestens über 10 000 Mark.

Aber nichts geschieht. Man macht es sich einfach, wenn man schlicht nur auf Schlamperei innerhalb des DFB verweist oder auf Fahrlässigkeit und meint, das könne schon mal vorkommen bei der Überbelastung. Als Ausrede in einem Einzelfall wäre das sogar noch zu akzeptieren, aber nicht in den vielen Fällen im Verlauf der letzten Jahre, in denen Präsidenten, Trainer und Ärzte zugegeben haben, daß Spieler zu verbotenen Substanzen greifen – angefangen von Ommer über Daum, Professor Liesen, bis hin zu Toni Schumacher.

Der DFB ist genau darüber informiert, wie Captagon und die übrigen Medikamente einzuschätzen sind, die hinter den Spielernamen stehen. In anderen Sportarten führt eine Selbstbezichtigung, und um eine solche handelt es sich in diesem Fall, zu einer vierjährigen Sperre.

Beim DFB kann der Spieler davor sicher sein, ihm drohen höchstens vier Wochen Sperre oder eine Geldstrafe. Aus der Sicht eines Arbeitgebers, der die Arbeitskraft der Spieler erhalten möchte, ist dieses Verhalten im Ansatz noch zu verstehen. Allerdings steht dem die permanente Betonung des sauberen Fußballs gegenüber, was mit Hilfe der Dopingkontrollen belegt werden soll. Und die sind alle negativ ausgefallen, wenn man dem DFB und Manfred Donike glauben darf.

»Unser Fall mit dem Thomale ist ja kein Einzelfall«, sagt Manfred Ommer. »Ich weiß, daß es anderen Vereinen genauso geht. Die Spieler geben brav alles an, was verboten ist, und aus Frankfurt keine Reaktion.«

Es fällt schwer, einen Verband ernst zu nehmen, der zumindest die Sorgfaltspflicht, die er den Spielern gegenüber nun mal hat, aufs gröbste verletzt, indem er sie nicht vor der

Einnahme verbotener Substanzen und einer möglichen Überdosierung schützt. Es fällt schwer, einem Verband zu glauben, der die Beweise in eindeutiger schriftlicher Form vorliegen hat und dann so tut, als gebe es im bezahlten Fußball keine medikamentöse Manipulation.

Unweigerlich drängt sich der Verdacht auf, daß es dem Verband ausschließlich um Leistung geht, und zwar auch auf Kosten der Spielergesundheit, weil der DFB genau weiß, wie ein Großteil der Leistung zustande kommt.

An diesem Punkt ließe sich wiederum einwenden: Die Spieler sind alle erwachsen, sie müssen wissen, was sie tun.

Das ist richtig. Die Aktiven sind genauso erwachsen wie Raucher, die Giftstoffe inhalieren, wie Trinker, wie Drogenabhängige und Tablettenkranke. Darum geht es nicht. Es geht vielmehr darum, daß es um Leben und Gesundheit der »Schutzbefohlenen« des DFB schlecht bestellt ist, denn Amphetamine sind in solchen Dosierungen, wie sie genannt werden, ausgesprochen gefährlich. Amphetamine erzeugen ein Hochgefühl, und im Zustand dieses Hochgefühls greift der Spieler die Reserven seines Körpers an, die für den Notfall – etwa für schnelle Reaktionen bei Todesangst – bestimmt sind.

Abgesehen davon, daß Amphetamine abhängig machen – so können einige Fußballer nicht mehr von dem Zeug lassen und klagen über ständige Schlafstörungen –, nimmt die Dosierung mit der Zeit stetig zu, weil sich der Körper daran gewöhnt. Und irgendwann könnte es im Fußball einen Fall wie den des Boxers Jupp Elze oder des Radfahrers Tom Simpson geben, die an einer Überdosierung von Aufputschmitteln gestorben sind – falls es ihn nicht schon gegeben hat.

Ein Horrorszenario

Das Finale der Saison 1991/92 konnte nicht spannender sein. Drei Mannschaften standen vor dem letzten Spieltag punktgleich an der Spitze. Dann fiel, wenige Minuten vor

Schluß, der erlösende Treffer des VfB Stuttgart und fast gleichzeitig wurde ein Elfmeter für die Frankfurter im Spiel gegen Rostock nicht gegeben. Der VfB wird Meister.

Schon im Stadion die berühmten Szenen, die jeder kennt. Die Spieler strahlen, Trainer, Fans und geladene Gäste freuen sich, lauter glückliche Gesichter. Das unterlegene Team hätte eh keine Chance auf den Titel gehabt, man vergißt es schnell in einem solch schönen Moment. Wie dumme Jungs stehen sie herum. Überflüssig kommen sie sich vor, manche, die das spüren, sind verlegen.

Im Umkleideraum knallen Sekt-, Pardon, Champagnerkorken, die Aktiven bespritzen sich mit dem perlenden Zeug, singen frivole Lieder – wie es in solchen Situationen überall im Sport geschieht –, sind ausgelassen und in einem Freudentaumel. Deutscher Meister kann immer nur einer werden.

Abends fliegen sie zur improvisierten Meisterschaftsfeier nach Stuttgart zurück, weil man sich vorher nicht sicher sein konnte. Zwei Tage später dann die richtige Feier mit dem Triumphzug durch die Stadt.

Zwei Tage später weiß auch jeder Athlet, ob seine Dopingprobe positiv ist.

Gesetzt den Fall, im letzten Spiel des VfB hätte es Kontrollen gegeben, und gesetzt den Fall, die eines Stuttgarters wäre positiv gewesen – der DFB hätte es noch nicht einmal bekanntgeben müssen, denn laut seinem Vertrag mit Donike, dem Leiter des Kölner Doping-Labors, obliegt dem Verband das alleinige Recht auf Veröffentlichung. Nachzulesen ist dies ebenfalls in den *Durchführungsbestimmungen Doping* des DFB. Unter § 9, Publikationen, steht:

»Der DFB hat das ausschließliche Recht für Publikationen jeder Art.«

Theoretisch könnte es der DFB also verschweigen, wenn zwei Stuttgarter positiv gewesen wären. Und vor dem Hintergrund von Äußerungen des Mannschaftsarztes des VfB,

Dr. Edgar Stumpf, er würde Spieler in Verletzungsphasen mit Anabolika behandeln,[133] hätte Donike womöglich tatsächlich Restbestände und Abbauprodukte davon feststellen können, weil so viele Stuttgarter in der Saison verletzt waren. Pikanterweise stand zur gleichen Zeit, im August 1992, als sich Dr. Stumpf so äußerte, Trainer Daum wegen des Eingeständnisses, die Profifußballer des VfB Stuttgart erhielten auch Clenbuterol[134] – ein Mittel, weswegen man Katrin Krabbe erneut gesperrt hat, allerdings nicht wegen Doping, sondern wegen Medikamentenmißbrauchs –, massiv in der Kritik.

Aber was man nicht sucht, kann man nicht finden …

Gegenüber *dpa* erklärte Donike, die Verwendung von anabolen Substanzen zur Rehabilitation von verletzten Spielern sei Ermessenssache des Arztes. »Solange die Leute aber auf Clenbuterol stehen, dürfen sie nach den Vorschriften des Internationlen Olympischen Komitees weder am Training noch an Wettkämpfen teilnehmen.«[135] Hier irrt sich Donike. Zum einen war zu dem Zeitpunkt, als Daum sich im Sommer 1992 äußerte, Clenbuterol noch nicht vom IOC als Dopingsubstanz verboten. Und zum anderen ist das IOC überhaupt nicht zuständig, was den deutschen Fußball betrifft.

Angenommen, ein missionarischer Anti-Doping-Funktionär im DFB, wie es ihn in anderen Sportarten, besonders der Leichtathletik, zuhauf gibt, erfährt nun aus dem Kölner Labor – der Hypothese liegt die Annahme zugrunde, daß Köln auch positive Befunde zum Verband nach Frankfurt meldet, was keineswegs als gesichert gelten kann –, der Spieler X aus Stuttgart sei positiv. Keine Frage, daß dies eintreten kann, wenn der Aktive vorher verletzt war und man ihn, wie der Mannschaftsarzt des VfB grundsätzlich zugegeben hat, mit Anabolika behandelt hat, um ihn schneller gesunden zu lassen. Dazu womöglich auch noch mit Clenbuterol, wie Trainer Daum erklärt hat.

Die ersten Feiern sind vorbei, einige stehen noch auf dem Programm, der Funktionär gibt den Vorfall an die Presse weiter. Abgesehen davon, daß der Betreffende die längste Zeit Funktionär gewesen wäre, würde nun die geballte Macht zumindest eines Fernsehsenders die Nation lückenlos aufklären. RTL – leer ausgegangen, als es um die Übertragungsrechte im Fußball ging, und Rivale von SAT 1 – ließe sich solch einen Knüller kaum entgehen, und die übrigen Medien würden groß einsteigen.

Allerdings ist dafür gesorgt, daß der DFB gar nicht erst in solch peinliche Situationen kommt.

Schon wiederholt ist im Kölner Dopinglabor ein falsches Testergebnis ausgeworfen worden. So hat sich vor einiger Zeit unter Aufsicht eines Apothekers ein Trainer aus dem Rollschuhsport mit allen gängigen Substanzen gedopt. Seine Urinprobe wurde als die eines Sportlers ausgegeben und nach Köln geschickt. Wenige Tage später kam das offizielle Ergebnis: Negativ.

Darauf angesprochen, erklärte Donike, der Leiter des Labors, sinngemäß, er lasse sich nicht auf diese primitive Art und Weise sein Institut diskreditieren.

Falls in unserem hypothetischen Beispiel Stuttgart den Titel am grünen Tisch verlöre – der VfB müßte ihn aberkannt bekommen, wenn man im Fußball die gleichen Kriterien anlegte wie in anderen Sportarten, wo nämlich schon das Eingeständnis für eine Sperre ausreicht –, würde der Stuttgarter Anhang in der kommenden Saison alles plattmachen, was sich ihm in den Weg stellt. Genau das weiß man in Frankfurt, genau deswegen kann im DFB kein Interesse daran bestehen, daß auch nur ein einziger Dopingfall publik wird. Denn jeder Dopingfall müßte die Tabelle beeinflussen, weil die Mannschaft, aus der der Gedopte stammt, das Spiel in jedem Fall als verloren gewertet bekommt, auch wenn sie gewonnen hat.

Dabei geht es nicht nur um den Deutschen Meister im bezahlten Fußball. Es geht um den Auf- oder Abstieg, es geht um die UEFA-Teilnahme, es geht um viel Geld. Und es geht um Übertragungsrechte, um Verträge mit diesem oder jenem Sender. Es geht letztendlich um die Existenz des bezahlten Fußballs.

Auch wenn der DFB in diesem hypothetischen Fall noch einen letzten Klimmzug macht und einen Arzt findet, der dem Spieler nachträglich das Dopingmedikament als medizinisch unbedingt erforderlich attestiert, der Gesichtsverlust wäre eklatant, der Schaden fast irreparabel, die Öffentlichkeit um eine Illusion ärmer und die anderen Verbände irgendwie erleichtert: Endlich tragen alle Schultern das Dopingproblem gemeinsam, auch die stärksten.

Und genau an diesem Punkt käme vielleicht zum erstenmal von einem Prominenten unserer Gesellschaft – es könnte ein Minister sein – ähnlich wie bei Drogen die Forderung: Gebt Doping frei.

Diese Forderung ist unnötig, denn wir haben in Deutschland faktisch bereits eine Dopingfreigabe. Jeder Bundesbürger darf nehmen, was ihm beliebt, jeder Sportler, jeder Politiker, Wissenschaftler, Reporter, Moderator, Größen aus Showbusineß und Kunst – alle können schlucken, was ihnen guttut. Alle haben das Recht, mit ihrem Körper so umzugehen, wie sie es für richtig halten. Einzige Ausnahme sind die höchstens fünfhundert Spitzensportler, die man auch im Training kontrolliert. Und unter diesen fünfhundert findet sich kein einziger Fußballer, kein Tennisspieler, kein Golfer und viele andere Sportarten auch nicht.

Warum kann es dann überhaupt noch – abgesehen von dem Interesse der Medien – zu Dopingskandalen kommen? Weil unsere Gesellschaft sich eine doppelte Moral leistet und an Spitzensportler andere Maßstäbe anlegt als an alle anderen.

Daß es aber beinahe zu einem Skandal gekommen wäre, verrät mir Ommer, Präsident des FC Homburg. Er hat, nachdem Stuttgart als Meister feststand, gesagt: »Würden im Fußball die gleichen Regeln gelten wie in der Leichtathletik, müßte der VfB Stuttgart seinen Meistertitel zurückgeben, und alle Spieler würden vier Jahre gesperrt.«[136] Ommer weiter: »Eigentlich müßte man nun den Zweiten, Borussia Dortmund, zum Meister machen. Die Stuttgarter schlucken doch Anabolika und Clenbuterol und sind gedopt.«

Nach einigen Sekunden erklärt Ommer amüsiert: »Stell dir doch mal vor, was passiert wäre, wenn die ganze Stuttgarter Mannschaft vor Gericht hätte antanzen und unter Eid aussagen müssen.«

Juristischer Balanceakt des DFB

Dünn, äußerst dünn ist das Eis, auf dem sich der DFB in juristischer Hinsicht in Sachen Doping bewegt. Jeder der Manipulation überführte Fußballprofi bekäme vor einem ordentlichen Gericht recht, denn der Verband begeht eine Unterlassung nach der anderen.

So taucht das Wort Doping noch nicht einmal in der Satzung des DFB auf. Unter den Aufgaben, die das Sportgericht zu erfüllen hat, findet sich in § 41 lediglich der Hinweis auf andere Ordnungen und Vorschriften.

»2. Dem Sportgericht obliegt insbesondere:
f) die Rechtsprechung gemäß den besonderen Bestimmungen in der Satzung und den Ordnungen des DFB. Ordnung im Sinne der Vorschriften des DFB ist auch das Lizenzspielerstatut.«

Erst in § 5, Absatz j der Rechts- und Verfahrensordnung ist nachzulesen, wie ein Dopingvergehen geahndet werden soll: »...mindestens vier Wochen Sperre. In leichteren Fällen kann eine geringere Strafe nach § 43 der Satzung des DFB verhängt werden.« In § 43 der Satzung werden lediglich die Strafen aufgeführt, von Doping steht dort kein Wort.

Ein anderer Hinweis auf Doping ist unter § 14 a der Spielordnung zu finden. Bemerkenswert der letzte Satz im zweiten Absatz: »Maßgeblich ist die vom DFB jeweils herausgegebene Liste.« Weiter heißt es in Absatz 6: »Die Einzelheiten werden in Durchführungsbestimmungen geregelt.« Aber nichts von alledem findet sich in der Satzung, obwohl es genau dort zu stehen hätte. Das zumindest ist die einhellige Auffassung von Juristen auf einem Fortbildungsseminar Ende März 1993 in Obergurgl, Österreich, die fordern: Bestimmungen zum Doping müssen in der Satzung festgelegt sein. Nach Meinung der Experten genügen schwammige Hinweise auf Ordnungen und Statuten keineswegs. Der Sportler muß ihrer Meinung nach durch das höchste Regelwerk des Verbandes in die Lage versetzt werden, sich darüber zu informieren und aufzuklären, was Doping ist und wie es geahndet wird.

Der Deutsche Leichtathletik-Verband hat dieses Versäumnis erkannt und seine Satzung nach dem sogenannten Fall Krabbe dementsprechend angepaßt.

Sehr vage klingt die Dopingdefinition des DFB in § 14a, Absatz 2. Man spricht von Doping und meint die Anwendung von Substanzen und Maßnahmen, die geeignet sind, »...den physischen oder psychischen Leistungszustand eines Spielers künstlich zu verbessern ...«

Abgesehen davon, daß man im gesamten Regelwerk des DFB – Satzung wie auch Ordnungen – nicht zwischen den einzelnen Substanzen unterscheidet – so werden beispielsweise Amphetamine und Anabolika in einen Topf geworfen, Peptidhormone noch nicht einmal erwähnt –, wird das zu erwartende Strafmaß eher angedeutet als festgelegt. Außerdem kann nach § 5, Absatz 2 der Rechts- und Verfahrensordnung an Stelle einer Sperre auch eine Geldstrafe verhängt werden. Wann was und in welchem Fall zu geschehen hat, bleibt genauso undurchsichtig wie die genannten Paragraphen und die Durchführungsbestimmung Doping überhaupt.

All das ist zu wenig, denn die DFB-Regelungen verstoßen gegen das Transparenzgebot, das der Bundesgerichtshof für die allgemeinen Geschäftsbedingungen – und somit auch für das Verbandsrecht – verbindlich vorgeschrieben hat.

Einen Sportler so allgemein und mit einer »Generalklausel« versehen auf die Suche zu schicken und ihn mit den Paragraphen allein zu lassen, falls er eruieren möchte, welche

Strafe ihn bei welchem Verstoß erwartet, entspricht nicht der gebotenen Transparenz.

Für die »Amateure« in der Ober- und Verbandsliga hat das alles keinerlei Bedeutung. Kontrollen werden allein im bezahlten Fußball durchgeführt – so steht es in den *Durchführungsbestimmungen Doping* des DFB unter § 2, Absatz 1 –, und die Strafen gelten auch nur für Vergehen bei Bundesspielen.

Ein Experte ohne Wert?

Im Herbst 1989 stellte Eintracht Frankfurt, exakt die Dopingbestimmungen befolgend, den Lizenzspieler Ralf Weber nicht auf, weil er ephedrinhaltige Nasentropfen, die auf der Verbotsliste stehen, genommen hatte. Dr. Schläfer, Mannschaftsarzt des FC Homburg 08, hört davon und schreibt an die Dopingkommission des DFB. In ihr sind vertreten Goetz Eilers, Chefjustitiar des DFB, Prof. Dr. Heinrich Hess, Orthopäde aus Saarlouis, und Ernst Knoesel, Vizepräsident des Verbandes und zugleich Vorsitzender der Kommission. Die Kommission leitet den Brief ohne Zustimmung des Homburger Arztes weiter an Donike, den »Dopingexperten« in Deutschland und bittet um Klärung.

Aus dem Brief ist zu ersehen, daß bereits eine knappe Woche vorher, nämlich am 10. Oktober 1989, der Mannschaftsarzt des FC Homburg mit einem Mitarbeiter des Dopinglabors in Köln gesprochen hat, da es hinsichtlich bestimmter Medikamente Unklarheiten bei den Bundesligavereinen und den sie betreuenden Ärzten gebe. Dr. Schläfer war überrascht, von dem Mitarbeiter zu hören, daß trotz der Anwendung eines normalen ephedrinhaltigen Medikaments – in diesem Fall Nasentropfen – von einem Dopingfall auszugehen sei. Besonders interessant an dem Brief vom 16. Oktober 1989 ist der Nachtrag. In ihm weist der Arzt auf einen Lizenzspieler hin, der von einem Urologen wegen Unfruchtbarkeit bei Oligospermie/Azoospermie ein Testosteronpräparat, also

16.10.1989

Sehr geehrter Herr

aus aktuellem Anlaß (Nichtaufstellung eine Lizenzspielers von
▓▓▓▓▓▓▓▓▓▓▓▓▓ wegen Verwendung von Nasentropfen mit einem
auf der Doping-Liste stehenden Stoff) habe ich am 10.10.1989
Ihren Mitarbeiter Herrn ▓▓▓▓▓▓▓▓▓ angerufen und um Auskunft
darüber gebeten, ob trotz Deklaration eines auf der Doping-Liste
stehenden Medikamentes (z.B. Nasentropfen mit Ephedrin, einem
Sympathomineticum und/oder einem Corticoid) von einem Dopingfall ausgegangen werden müsse. Diesbezüglich besteht offensichtlich sowohl in der DFB-Dopingkommission als auch bei den
betreuenden Ärzten von Bundesligavereinen Unklarheit.

Überrascht hat mich die klare Aussage ihres Mitarbeiters,daß
trotz der Deklaration von einem Dopingfall ausgegangen werden
müsse.
In praxi bedeutet dies, daß Sie uns die Therapie mit
nicht adäquat zu ersetzenden Medikamenten verwehren, und das
in einer Sportart, die 9 Monate im Jahr allwöchentlich wettkampfmäßig betrieben wird. Eine Therapie mit sog. Hausmitteln,
wie Kamilledampfbädern, Nasenspülung mit physiologischer Koch-
salzlösung etc. ist bei der Häufung grippaler Infekte in einer
Mannschaft praktisch nur schwer durchführbar und nach meiner
Erfahrung auch nicht vergleichbar effektiv. Eine solche Therapie
ist deshalb auch nur in Sportarten mit deutlich niedrigerer
Wettkampfrate akzeptabel.Eine meßbare Leistungssteigerung durch
die Verabreichung therapeutischer Dosen von z.B. Nasentropfen
mit einem Dopingstoff ist mir im Übrigen nicht bekannt.

Das Hauptproblem scheint mit ▓▓▓▓ ▓▓▓▓ ▓▓ ▓▓ ▓ ▓ ▓▓▓ ▓▓▓▓▓▓
lich Koffein und anabole Steroide quantitativ analysiert
werden.

Wäre es Ihnen nicht möglich, z.B. Ephedrin auch quantitativ
zu analysieren und entsprechende Medikamente in therapeutischen
Dosen freizugeben.
Für eine baldige Antwort wäre ich Ihnen sehr dankbar.
Vielleicht könnte die bestehende Unklarheit auch durch ein
entsprechendes Rundschreiben an die mannschaftsbetreuenden
Ärzte der 1. und 2. Bundesliga ausgeräumt werden.

        Mit freundlichen Grüßen

ein Anabolikum – das Dopingmittel schlechthin – verordnet
bekommen hat. Dieser Nachtrag wird noch eine Rolle spielen. (Die Ehefrau des Lizenzspielers brachte inzwischen
Drillinge zur Welt.)

Bereits wenige Tage später, am 23. Oktober 1989, erhält der
Mannschaftsarzt des FC Homburg eine Antwort aus Köln.
Gleich im ersten Absatz des Briefes wird erklärt, man werde
nicht auf den Nachtrag eingehen, in dem der Arzt darauf
hingewiesen hatte, ein Spieler nehme Testosteron.

Es braucht nicht viel Phantasie, sich auszumalen, wie der
gleiche Experte aus Köln reagiert hätte, wäre ihm ein solcher
Vorwurf aus dem Leichtathletiklager zu Ohren gekommen.
Einem Leichtathleten wäre als Strafe für mindestens vier
Jahre die Tartanbahn verboten worden. Unglaublich mutet
deshalb an, daß Donike im Brief zu diesem Vorwurf keine
Stellung nimmt. Immerhin hat er einen Vertrag mit dem

Sehr geehrter Herr ████████

Ihr Schreiben vom 16.10.1989 habe ich erhalten.

Zunächst vorweg möchte ich sagen, daß ich auf Ihren "Nachtrag" nicht eingehen kann, da mir das in Ihrem Schreiben angekündigte Attest des Urologen nicht zugegangen ist, so daß ich später hierauf zurückkommen müßte.

Bezüglich Ihrer Diskussion des Ephedrin-Problems in Nasentropfen kenne ich die Argumente aus anderen Sportarten, insbesondere aus dem Radrennsport seit mindestens 20 Jahren. Was mich als Chemiker, der einige Zeit in der pharmazeutischen Industrie in einem Entwicklungslabor gearbeitet hat, und der damit auch Kenntnisse der Galenik besitzt, erstaunt, ist Ihre Aussage, daß das Verbot von ephedrinhaltigen Nasentropfen eine adäquate Schnupfen- und Grippetherapie verhindert.

Ich gehe davon aus, daß Sie die Rote Liste zur Verfügung haben und wenn ich dort nachschaue, dann finde ich in der 1989er Ausgabe unter der Eintragung Rhinologika, beginnend mit Ziffer 71 019 bis 71 113 immerhin 94 Präparate, von denen nur die Präparate 71 071 bis 71 077, also Endrine, Endrine mild, Korin Nasenöl, Korin Nasenöl mild, Piniol Nasensalbe, Risin und Rolinex, ein Ephedrin bzw. Methoxamin enthalten. Dies sind 6 Präparate, so daß für die Therapie von Schnupfen noch immerhin 88 weitere zur Verfügung stehen.

Das Problem ist schlicht folgendes: Die ephedrinhaltigen Nasentropfen sind so hoch dosiert, daß bei mehrmaliger Einnahme so große Ephedrinmengen dosiert werden, daß hohe Urin-Konzentrationen auftreten. Darüber hinaus gehe ich davon aus, daß Ephedringaben von 5 bis 10 mg schon stimulierende Wirkungen entfalten können. Das früher in anderer Form im Handel erhältliche Percoffedrinol mit 50 mg Coffein und 7,5 mg Ephedrin-Hydrochlorid war ein typisches Beispiel für Stimulantien auf Ephedrinbasis, die wirkten.

Nach meiner Beurteilung gibt es für die häufige Verwendung von Ephedrin oder Ephedrinderivaten in Schnupfen- bzw. Erkältungsmitteln zwei Gründe: Erleichterung der Atmung durch Weitstellung der Bronchien und zweitens die allgemein stimulierende Wirkung dieser Präparate um Unlustgefühle bei grippalen Effekten etc. auszugleichen.

Eine quantitative Bestimmung von Ephedrin und seinen Abkömmlingen stellt keine adäquate Problemlösung dar, da die Urinkonzentration von einer Reihe von Faktoren, wie pH-Wert und Urindichte, beeinflußt werden, so daß keine eindeutige Trennungslinie gezogen werden kann.

Der beste Weg ist, die beteiligten Ärzte über alternative Behandlungsmethoden aufzuklären.

Ihrer Anregung, ein entsprechendes Rundschreiben zu verfassen, stehe ich positiv gegenüber, doch ich bin mir nicht ganz im klaren darüber, ob ich nur aufgrund Ihres Schreibens tätig werden soll, oder nicht.

Mit freundlichem Gruß

DFB, der die Dopingkontrollen regelt. Aber Donike sieht keine Veranlassung zu reagieren, obwohl ihn ein Mediziner informiert hat.

Mit dem Hinweis darauf, ihm sei das Attest des Urologen nicht zugegangen, weigert sich Donike, darauf einzugehen. Man muß sich einmal vorstellen, Ben Johnson hätte 1988 in Seoul, als man ihn des Doping überführte, das Attest eines Urologen vorgelegt. Gelacht hätte alle Welt über die Einfältigkeit eines Ben Johnson. Und so wäre es jedem anderen Sportler ergangen, angefangen bei Butch Reynolds bis hin zu Katrin Krabbe, würde man diese Variante auf andere Bereiche des Sports übertragen. Offensichtlich duldet der Deutsche Sportbund – sein Präsident Hansen war bis 1986 im DFB-Vorstand – Ausnahmepraktiken und Sonderregelungen im DFB.

Donike jedenfalls läßt die Nachricht des Arztes kalt, ein Lizenzfußballer nehme Testosteron.

Die Schwimmerin Astrid Strauß ging im Februar 1993 sogar zu Prof. Hans Kuno Kley, Singen, in Quarantäne, um zu beweisen, daß ihre Testosteron-Werte vom März 1992 durch Alkohol (Erdbeerbowle) erhöht waren. Zu diesem ungewöhnlichen Schritt der Rehabilitierung sah sich Astrid Strauß veranlaßt, denn der Deutsche Schwimmverband (DSV) hatte sie 1992 – die Sportlerin durfte nicht an den Olympischen Spielen in Barcelona teilnehmen – wegen erhöhter Hormonwerte gesperrt. Astrid Strauß, die inzwischen vom aktiven Sport zurückgetreten ist, wird »einen Tag vor Ablauf ihrer internationalen Sperre durch den Deutschen Schwimmverband vom Vorwurf des Dopings rehabilitiert«.[137] Das Dopinglabor in Utrecht, Niederlande, hat eine Analyse der Quarantäne-Urinproben vorgenommen, wodurch die überraschende These der erhöhten Testosteronausschüttung nach Alkoholgenuß (1,3 Promille) möglicherweise bestätigt wird.[138] Es ist nicht zu erwarten, daß sich auch nur einer bei der Schwimmerin für die vorschnelle Verurteilung entschuldigen wird. Der SC Magdeburg erwägt nun eine Klage gegen den Dopingbeauftragten Donike, der die Werte im Fall Strauß ermittelt hat.

Alle Athleten kämpfen um ihre sportliche Existenz, sobald sich das Verhältnis des Testosterons zum Epitestosteron verschiebt und größer als 6 zu 1 wird, was, wie man schon länger weiß, durchaus natürliche Ursachen haben kann. Nur im Fußball fordert der oberste Dopingjäger zuerst einmal ein Attest an. Um anschließend was in die Wege zu leiten? Nichts! Statt dessen behandelt Donike den Homburger Mediziner sehr herablassend in seinem Brief.

Dr. Schläfer – schnellster Arzt im bezahlten Fußball, früher ein Weitspringer und Sprinter, der die 100 Meter in 10,9 Sekunden lief –, der mit seinem Medizinköfferchen leicht gleichschnell neben stürmenden Fußballern zu einem verletzten Spieler hinläuft, findet, daß Intention und Inhalt von Donikes Brief einem Chemiker nicht zustehen. Das sei auch die Auffassung seiner Bundesligakollegen auf der Tagung der Ligaärzte gewesen.

26.10.1989

Sehr geehrte: Herr

Zunächst vorweg muß ich Ihnen mitteilen, daß ich betreffs meines
"Nachtrags" noch kein Attest des behandelnden Urologen vorlegen
kann, da sich dieser im Urlaub befindet. Auf mein Anraten hin
wurde die Testosteron-Therapie inzwischen zunächst unterbrochen.

Was die Therapie mit externen Rhinologika betrifft, so habe ich
diese offensichtlich in meinem Schreiben vom 16.10.1989 nicht klar
genug dargestellt: Es ging mir nicht speziell um eine Fürsprache
für ephedrinhaltige Nasentropfen, sondern um die Schwierigkeit
der Schnupfentherapie unter Berücksichtigung der Dopingliste.
Es ist natürlich nicht richtig, daß 88 Präparate zur Schnupfentherapie zur Verfügung stehen. Fast alle bekannten externen
Rhinologika beinhalten Stoffe, die auf der Dopingliste stehen:
So handelt es sich bei den Präparaten 71037 - 71054 um Präparate
mit Sympathomimetika. Die Präparate 71069 - 71091 enthalten ebenfalls gefäßaktive Substanzen.

Die Präparate 71024 - 71049 sowie 71056 - 71068 enthalten Corticoide.

Bei den Präparaten 71030 - 71036 handelt es sich um Präparate
zur Therapie der Rhinitis allergica. Bei einem normalen Schnupfen
kommen diese Präparate nicht infrage.

Letztendlich verbleiben noch einige wenige Rhinologika (sog.Natur-
heilmittel, Organpräparate, homöopathische Präparate), deren Wirkung nach meinen ärztlichen Erfahrungen zweifelhaft sind.

Der Sinn meines letzten Briefes war der, darauf hinzuweisen, daß
von den 94 in der roten Liste aufgeführten externen Rhinologika
die meisten wegen der Dopingbestimmungen nicht verordnet werden
dürfen! Darunter befinden sich auch alle gängigen Rhinologika.

Auf das Ephedrin habe ich nur deshalb hingewiesen, weil Ihr Mitarbeiter, Herr ▓▓▓▓▓▓▓▓▓▓ von der Möglichkeit einer quantitativen
Analyse sprach und ich deshalb die Möglichkeit sah, daß Sie Ihrerseits zwischen therapeutischen Dosen und in Dopingabsicht verabreichte Dosen differenzieren könnten.

Wie ich schon in meinem Schreiben vom 16.10.1989 erwähnt habe,
ist mir über eine meßbare Leistungssteigerung durch therapeutisch
verabreichte Rhinologika nichts bekannt.

▓▓▓ ▓▓▓ ▓ ▓▓▓▓ ▓▓ ▓▓▓▓▓▓▓ der gegebenen Situation doch ratsam
wäre, daß sich der Dopingausschuß noch einmal mit diesen Fragen
grundsätzlich beschäftigt (es geht ja nicht nur um die Rhinologika
sondern auch um andere Medikamente, s."Nachtrag").

Mit freundlichen Grüßen

Donike findet 1989 in seiner Roten Liste insgesamt 94 Rhi-nologika, auf die er näher eingeht, und zwar von Nummer 71 019 bis 71 113. (Das macht allerdings nicht 94, sondern 95 Präparate.)

Die von Nummer 71 071 bis 71 077 aufgeführten Mittel enthalten laut Donike verbotene Substanzen wie Ephedrin und Methoxamin. Obwohl das sieben Präparate sind, zählt Donike nur sechs, so daß also für die unbedenkliche Anwendung, sprich Therapie, noch 88 übrigbleiben.

Warum ephedrinhaltige Nasentropfen auf der Dopingliste stehen, begründet Donike im folgenden Absatz mit einer Leistungssteigerung bei Überdosierung und mit der Schwierigkeit, im Urin eine wirksame, sprich für den Sportler leistungssteigernde Konzentration nachzuweisen.

Mit diesem Brief von Donike war der Fall aber längst noch nicht abgeschlossen.

Der Mannschaftsarzt aus Homburg antwortet bereits am 26. Oktober und entschuldigt sich zuerst einmal dafür, daß er noch nicht das Attest des Urologen vorlegen kann.

Dann kommt der Mediziner auf Medikamente zu sprechen, die Sympathomimetika enthalten – seiner Meinung nach auch Dopingsubstanzen – und in der Roten Liste unter Nummer 71 037 bis 71 054 zu finden sind. Das sind immerhin 18 verschiedene Mittel.

Außerdem verweist Dr. Schläfer in seinem Brief noch auf Präparate, die Corticoide enthalten.

Folgende Medikamente, die Donike als unbedenklich ausgewiesen hat, sind auf der Dopingliste aufgeführt:

71 037   Balkis
71 053   Snup
71 061   Solupen-D
71 063   Vibrocil c.N.
71 065   Extracort Rhin
71 068   Volon A-Rhin antibiotikahaltig
71 079   Stipo
71 082   Solupen

71 083 Vibrocil
71 084 Caltheon
71 085 Coldargan
71 088 Nasalgon

Anmerkung: In der 1993 gültigen Liste haben die Präparate andere Nummern (Zum Beispiel: Balkis damals 71 037, heute 71 035), auch andere Bezeichnungen und Zusätze, Coldargan wird nicht mehr aufgeführt.

Donike hat die beiden letzten Ephedrinpräparate, Coldargan und Nasalgon, nicht zusammen mit den sieben aufgeführt (71071 bis 71077), die Ephedrin enthalten und seiner Meinung nach nicht verabreicht werden dürfen.

Nun gilt Donike als der Dopingexperte schlechthin. Ein »Experte« jedoch, der – wie dieser Fall zeigt – noch nicht einmal in der Lage zu sein scheint, die Rote Liste zu überprüfen.

Nimmt man Donikes Expertise aber ernst, kann man Athleten anderer Sportarten nur empfehlen, doch einfach die Medikamente zu nehmen, die der oberste Fahnder für die Fußballer zum Gebrauch freigegeben hat.

Wer schützt die Sportler aber davor, daß Donike später seine eigenen Ausführungen nicht wahrhaben will?

Auch wenn sich Athleten absolut sicher sind, weil das Präparat oder die Substanz nicht auf der nationalen und internationalen Liste zu finden ist, können sie gesperrt werden, wie Katrin Krabbes Beispiel zeigt. Das verunsichert natürlich die Sportler, die davon ausgehen müssen, den Interpretationsvarianten sogenannter Experten hilflos ausgeliefert zu sein. Dabei trug Donike als aktiver Sportler zu Beginn der sechziger Jahren sogar den Spitznamen »Die Spritze«, weil er als »Radprofi Amphetamin eingeworfen«[139] haben soll. Keiner habe sich so vollgepumpt wie er. Kollegen aus der damaligen Zeit nannten ihn auch »Die Kanüle«. Seine Spezialität soll gewesen sein, sich je nach Bedarf mit Hilfe einer Kanüle aus einem Depot – alles verborgen durch einen Verband – bestimmte leistungssteigernde Mittel zugeführt zu haben – subkutan (unter die Haut) oder direkt in die Vene.

In England gibt es in der Person des David Bedford ein Äquivalent zu Donike, was das frühere Agieren im Sport und die heutige Funktion anbelangt. Bedford, ehemals Leichtathlet und 1971 Vize-Europameister über 10 000 Meter, hat zu seiner Zeit gegen zahlreiche Regeln und Bestimmungen im Sport verstoßen, einschließlich der des Dopings. Heute ist Bedford Sekretär der British Athletic Federation (BAF) und zugleich oberster Dopingfahnder in der Leichtathletik. »Athleten macht er kaputt, um sich im Verband nach oben zu dienen.« Das ist die Meinung eines ehemaligen Sportkollegen von Bedford, der auch heute noch von Zeit zu Zeit mit ihm zu tun hat. »Es ist unglaublich, daß der oberste Dopingfahnder in unserem britischen Verband eine Person ist, der man mehrfach wegen Alkohol am Steuer die Fahrerlaubnis entzogen hat.«

Bedford setzte sich vehement dafür ein, daß ein Sportler, der an Krebs erkrankt ist und seine Karriere sowieso beenden muß, noch zum Abschluß wegen des strittigen Gebrauchs von Clenbuterol – in England betrachtet man diese Substanz allein in der Leichtathletik als ein Anabolikum – für vier Jahre gesperrt wird.

Katrin Krabbe wird ebenfalls vorgeworfen, Clenbuterol genommen zu haben. Das gibt sie auch zu, und zwar in Form des Medikaments Spiropent – zwei bis drei Tabletten pro Tag –, was durch die Analyse bestätigt wurde. Allerdings stand Clenbuterol zu der Zeit, als man sie im Juni 1992 anprangerte – als Donike sie anprangerte –, auf keiner Dopingliste. Erst am 31. Juli 1992 wurde in der medizinischen Kommission des IOC über ein Verbot diskutiert, trotzdem hat Donike bereits Wochen vorher danach gefahndet. Er untersuchte jedoch nicht alle Urinproben, die er von Leichtathleten und anderen Sportlern erhalten hat, nach Clenbuterol – sonst wären zumindest noch zwei weitere Athleten aufgefallen –, sondern die der Brandenburger Sportgruppe mit Katrin Krabbe, Manuela Derr und Grit Breuer. Unweigerlich drängt sich die Frage auf: Wieso nur bei diesen »Auserwählten«? Lag vielleicht ein diskreter Tip von Verband oder Trainer oder seitens mißgünstiger Athleten vor? Wie auch immer, Donike ist tätig geworden. Grund genug, sich auch emotionell zu engagieren, hatte er nach der weltweit bekanntgewordenen Schlappe, die er und der Verband im Frühjahr 1992 einstecken mußten. Katrin Krabbe wurde damals vorgeworfen, sie habe bei der Abgabe der Proben in Südafrika manipuliert. Der Deutsche Leichtathletik-Verband sperrte sie zunächst, obwohl Juristen aus dem eigenen Hause dies zu verhindern suchten. Vom Internationalen Verband, der IAAF, wurde Katrin freigesprochen.

In Donikes beflissener Suche nach Clenbuterol zeigt sich ein Übereifer, der so ganz im Widerspruch steht zu seinem Brief von 1989 an den Homburger Mannschaftsarzt.

Alle oben aufgeführten Präparate, die Donike im Fußball als unbedenklich ansieht – innerhalb des Deutschen Sportbundes, dessen Bestimmungen sich der DFB nach außen unterordnet, sind sie nicht erlaubt –, werden in einem 1990 vom Bundesinstitut für Sportwissenschaft herausgegebenen Buch mit dem Titel *Dopingkontrollen* eindeutig als Doping ausgewiesen. Aufgeführt sind die verbotenen Substanzen auf den Seiten 89 bis 130. Und Verfasser des Buches ist Prof. Dr. rer. nat. Manfred Donike, der Briefeschreiber. Was hätte er es sich doch so einfach machen können, wenn er in sein eigenes Buch hineingeschaut hätte!

Doping, vom DFB sanktioniert

Donikes Antwortschreiben an den Homburger Arzt ruft nun den Fußball-Verband auf die Bühne. Mit Datum vom 13. November 1989 verschickt Goetz Eilers, Chefjustitiar des DFB und Mitglied der Dopingkommission, unter der Überschrift »Dopingkontrollen« einen Brief und kündigt ein Rundschreiben an.

An die
Vereine der
Lizenzligen

Deutscher Fußball-Bund

Otto-Fleck-Schneise 6
Postfach 710265
6000 Frankfurt / Main 71
Telefon 069 / 6 78 81   2 3 7
Durchwahl 069 / 67 88 ....
Telex 41 68 15, Telefax 67 88 266
Bankverbindungen:
Dresdner Bank, Frankfurt / M.
Nr. 906992 (BLZ 500 800 00)
Bank für Gemeinwirtschaft, Aachen
Nr. 1025 537 200 (BLZ 390 101 11)
Postgirokonto Frankfurt / M. Nr. 87205-606

13. November 1989 tr

Dopingkontrollen

Sehr geehrte Damen und Herren,

als Anlage übersenden wir Ihnen ein Rundschreiben an die
Mannschaftsärzte der Vereine der Bundesliga und 2. Bundesliga. Wir bitten um Weiterleitung an den die Lizenzspie-
lermannschaft Ihres Vereins betreuenden Arzt.

Mit freundlichen Grüßen
DEUTSCHER FUSSBALL-BUND
   Der Justitiar

    E i l e r s

<u>Anlage</u>

Nach diesem Schreiben erwartet jeder Erklärungen zu der Verfahrensweise bei Dopingkontrollen. Aber es kommt anders.

Eilers richtet sein Schreiben an die Mannschaftsärzte und Vereine der Lizenzligen. Und gleich im ersten Absatz kommt er auf einen Fall aus Frankfurt zu sprechen. Der Spieler Ralf Weber wurde bei einem Meisterschaftsspiel wegen ephedrinhaltiger Nasentropfen nicht eingesetzt. Viel zu voreilig erscheint Eilers diese Entscheidung, wo doch Donike selbst ephedrinhaltige Substanzen zum Gebrauch freigegeben hat.

Eilers bezieht sich im dritten Absatz auf Donike, demzufolge ephedrinhaltige Nasentropfen hochdosiert seien, weshalb bei mehrmaliger Anwendung eine hohe Urinkonzentration auftreten könne.

Im weiteren Verlauf des Rundschreibens schließt sich Eilers Donike auch hinsichtlich der Unbedenklichkeit gewisser Präparate an. Demnach gebe es noch 88 weitere Präparate (der Rechenfehler von Donike hat immer noch Bestand, auch Eilers spricht von 94 Präparaten insgesamt, davon sechs ephedrinhaltigen), die zur Verfügung stünden.

Das kommt einem Aufruf zum bundesweiten Doping im Fußball gleich. Da verschickt der Verband ein Rundschreiben und weist auf 88 Präparate hin, die unbedenklich genommen werden können, obwohl 12 von ihnen auf der Dopingliste stehen. Und zwar auf einer Liste, die von Donike erstellt wurde – demjenigen also, der die Mittel dem DFB gegenüber erst freigegeben hat.

Gegen einen Irrtum spricht auch die Tatsache, daß Donike zwei Leichtathleten, die ihn im April 1993 auf die zwölf von ihm gegenüber dem DFB als unbedenklich ausgewiesenen Mittel angesprochen haben, deutlich zu verstehen gab, daß dies zweifelsfrei Dopingsubstanzen seien. Man brauche ja nur in seinem Buch nachzuschauen. Womit die Quadratur des Kreises endgültig gelungen wäre.

Aber mit der mündlichen Auskunft hat sich einer der Athleten nicht zufriedengegeben. Über seinen Trainer Karl-Hans

Deutscher Fußball-Bund

Otto-Fleck-Schneise 6
Postfach 710265
6000 Frankfurt/Main 71
Telefon 069/67881   237
Durchwahl 000/C788 ....
Telex 41 6815, Telefax 67 88 266

Bankverbindungen:
Dresdner Bank, Frankfurt/M.
N. 000000 (DLZ 500 800 00)
Bank für Gemeinwirtschaft, Aachen
Nr. 1025 537 200 (BLZ 39010111)
Postgirokonto Frankfurt/M. Nr. 87205-60C

An die
Mannschaftsärzte der
Vereine der Ligenligen
----

14. November 1989 E/tr

Sehr geehrte Herren,

sicherlich haben auch Sie der Presse entnommen, daß der
Verein Eintracht Frankfurt vor einiger Zeit den Lizenzspieler Ralf Weber in einem Meisterschaftsspiel nicht eingesetzt hat, weil er nach Feststellungen des Vereinsarztes
zuvor Nasentropfen mit Ephedrin zur Behandlung einer Erkältung verwendet hatte.

Dieser Fall hat auch bei Ärzten gewisse Unsicherheit darüber ausgelöst, ob das Verhalten des Vereins zwingend notwendig war, ob ein Dopingfall hätte festgestellt werden
müssen, wenn der Spieler zum Einsatz gekommen wäre, und ob
die Behandlung von Spielern mit ephedrinhaltigen Medikamenten ausgeschlossen und damit nur eine Therapie mit
Hausmitteln angebracht sei.

Herr Prof. Dr. Manfred Donike hat uns seine Einstellung
wissen lassen. Danach sind ephedrinhaltige Nasentropfen so
hoch dosiert, daß bei mehrmaliger Einnahme hohe Urin-Konzentrationen auftreten. Im übrigen entfalteten Ephedringaben von 5 bis 10 mg schon stimulierende Wirkungen.

Ephedrinhaltige Nasentropfen gehören damit zu den nicht
zugelassenen Substanzen.

Nach Angaben von Herrn Prof. Dr. Donike führt dies jedoch
nicht zur Verhinderung einer adäquaten Schnupfen- und
Grippetherapie. Ausgehend von der sogenannten "Roten Liste" finden sich in der 1989er Ausgabe unter der Eintragung "Rhinologika", beginnend mit Ziffer 71 019 bis 71 113
immerhin 94 Präparate, von denen nur die Präparate 71 071
bis 71 077, also Endrine, Endrine mild, Korin Nasenöl, Korin Nasenöl mild, Piniol Nasensalbe, Risin und Rolinex,
ein Ephedrin bzw. Methoxamin enthalten. Danach stehen für

eine Therapie von Schnupfen noch immerhin 88 weitere Präparate zur Verfügung.

Abschließend hat Herr Prof. Donike darauf hingewiesen, daß eine quantitative Bestimmung von Ephedrin und seinen Abkömmlingen keine adäquate Problemlösung darstellt, da die Urinkonzentration von einer Reihe von Faktoren, wie ph-Wert und Urindichte, beeinflußt werden, so daß keine eindeutige Trennungslinie gezogen werden kann.

Daher folgen wir seiner Empfehlung, die beteiligten Ärzte über alternative Behandlungsmethoden aufzuklären.

Mit freundlichen Grüßen
DEUTSCHER FUSSBALL-BUND
    Der Justitiar

E i *Viehm*

Riehm, Silbermedaillengewinner der Olympischen Spiele von Los Angeles 1984 im Hammerwurf, ließ er per Fax anfragen, um ganz sicherzugehen. Dabei bezog er sich auf die Medikamente Caltheon und Solupen, die Phenyleprin beziehungsweise Synephrin enthalten, beides verbotene Substanzen laut Donikes Buch *Dopingkontrollen*.
Donike verweist auf die verbotenen Wirkstoffe und bietet gleich eine Auswahl anderer Medikamente als Ersatz für die Kombinationspräparate an. Es soll nicht diskutiert werden, inwieweit Donike als Biochemiker berechtigt ist, einem Mediziner Vorschläge zur Behandlung von Patienten zu unterbreiten. Lediglich der Umstand, daß Donike im Fußball Medikamente freigegeben hat, die in anderen Sportarten nicht eingenommen werden dürfen, gibt – bezüglich der Dopingdefinition hat sich nichts geändert – erheblich zu denken. Außerdem standen und stehen die beiden Präparate Caltheon und Solupen immer noch als unbedenklich auf der 1989 von Donike erstellten Verbotsliste.

Karl-Hans Riehm   1. Dezember 1993
Kosterstraße 6

54329 Konz

Herrn
Prof. Dr. M. Donike
Sporthochschule Köln
Institut für Biochemie

5000 Köln

Sehr geehrter Herr Donike,

heute trete ich mit einer Bitte an sie heran. Ich betreue einge
Sportler, die mich wiederholt um Aussagen bezüglich "ganz normaler
Grippemittel" angehen, die ihnen ihr Hausarzt verschrieben hat.

Einer der Aktiven, er leidet oft unter Erkältungskrankheiten, wird
auch in der Hallensaison an den Start gehen. Sein Hausarzt
verschreibt ihm immer die Medikamente
Caltheon und
Solupen.

Nun bin ich nicht so bewandert, um beeurteilen zu könnne, darf er
die Medikamente auch wirklich nehmen oder darf er nicht. Für eine
Antwort wäre ich Ihnen sehr dankbar.

Vielen Dank für Ihre Bemühungen.

Mit freundlichen Grüßen

Was wäre wohl geschehen, hätte ein anderer Verband als der
DFB ein Rundschreiben mit ähnlichem Inhalt an die einzel-
nen Vereine verschickt. Ein Rundschreiben, in dem zwölf
verbotene Präparate als unbedenklich freigegeben werden.
Angesichts der Reaktionen der Presse und des Deutschen
Leichtathletik-Verbandes bezüglich Katrin Krabbe und
Clenbuterol – einer Substanz, die seinerzeit nicht auf der
Verbotsliste gestanden hat –, um wieviel heftiger hätte in
diesem Fall die Reaktion ausfallen müssen?
Wenn sich schon die Experten nicht einig sind, ob Clenbu-
terol einen anabolen Effekt hat oder nicht – die meisten

BEAUFTRAGTER
FÜR DOPINGANALYTIK
DES BUNDESINSTITUTS
FÜR SPORTWISSENSCHAFT
Prof. Dr. rer. nat.
Manfred Donike

PROF. DR. MANFRED DONIKE * Carl-Diem-Weg 6 * 50933 Köln

Karl-Heinz Riehm
Kosterstr. 6
54329 Konz
Fax 06501 4483

C/O Deutsche Sporthochschule Köln
INSTITUT FÜR BIOCHEMIE

Carl-Diem-Weg 6
50933 Köln

TELEFON: 0221-4971313
TELEFAX: 0221-4973236

KÖLN, DEN 1. Dezember 1993

Sehr geehrter Herr Riehm,

die beiden von Ihnen genannten Präparate enthalten jeweils Phenolalkylamine - Phenylephrin bzw. Oxydrin.

Ich frage mich, wieso Kombinationspräparate verordnet werden, wenn Monopräparate den gleichen Zweck erfüllen könnten.

Eine Auswahl :

Balkis, Dorenasin Gel /-Spray, Farial, Idril, NasenGel-ratiopharm, NasenSpray E /-K-ratiopharm, NasenTropfen E /-K-ratiopharm, Nasivin, Otalgicin, Otriven.

Mit freundlichem Gruß

Prof. Dr. M. Donike

Sehr geehrte Herren,

wie die beiliegenden Ablichtungen dokumentieren, stehe ich seit dem 16.10.1989 in einem Briefwechsel mit Herrn ███████████ und Herrn ███████████.

Das Rundschreiben des Deutschen Fußballbundes an die Mannschafts-ärzte der Vereine der Lizenzligen vom 14.11.1989 ist sachlich nicht haltbar: Leider blieb mein Brief vom 26.10.1989, in dem ich eingehend die Aussage von Herrn ███████████ widerlegt habe, es stünden von 94 Rhinologika noch 88 Präparate zur Verfügung, unberücksichtigt.
Durch das Rundschreiben wird indirekt die Verabreichung von Rhinologika mit Corticoiden, Sympathomimetika und anderen gefäß-aktiven Substanzen legalisiert!

Insbesondere in meinem ersten Brief habe ich auf die Probleme der Mannschaftsärzte im Fußballsport, der ja etwa 9 Monate im Jahr wettkampfmäßig betrieben wird, hingewiesen.

Bereits zu diesem Zeitpunkt habe ich im Nachtrag einen Fall ge-schildert, bei dem die Therapie mit einem Androgen erforderlich ist. Eine Antwort hierzu habe ich bisher nicht erhalten.

Inzwischen ist ein ähnlich gelagerter Fall des ███████████ n urologischer Behandlung. Auch hier ist eine Therapie mit Methyltestosteron erforderlich.

Ich meine, daß die kategorische Ablehnung anerkannter medika-mentöser Therapien nicht der Sinn von Dopingregeln sein darf und bitte Sie deshalb, mir möglichst schnell eine Genehmigung zur Hormontherapie für zwei unserer ██████ Lizenzspieler zu er-teilen.

Die Frage zur Verabreichung bestimmter Rhinologika habe ich nur beispielhaft aufgeworfen, und zwar mit dem Bestreben, die Dopingregeln für den nationalen Fußballsport praktikabler zu machen.

- Vielleicht sollte eine sog. Positivliste von Arzneimitteln erarbeitet werden.

- Vielleicht sollte auch die Deklaration eines auf der Doping-liste stehenden Medikamentes durch den behandelnden Arzt aus-reichend sein.

- Vielleicht sollte in speziellen Fällen eine Sondergenehmigung durch die Dopingkommission erteilt werden.

Für eine schnelle Antwort betreffs der Hormontherapie zweier meiner ██████ Spieler wäre ich Ihnen sehr dankbar.

        Mit freundlichen Grüßen

tendieren dazu, daß es keine anabole, also aufbauende Wirkung habe –, um wieviel mehr müßten in einem Fall, da die Einsatzmöglichkeit und Wirkungsweise der zwölf Substanzen zur Leistungssteigerung eindeutig feststeht, die Dopingbefürworter angeprangert werden?
Aber für den DFB scheinen eigene Regeln zu gelten.

Der letzte Akt

Von den Bundesligaärzten hat keiner auf das Rundschreiben reagiert, bis auf den schon bekannten Dr. Schläfer aus Homburg. Im November 1989 schreibt er an den Fußball-Verband und macht Einwände. Damit der DFB all die logischen Schritte des Mediziners nachvollziehen kann, legt er Kopien seines Schriftverkehrs mit Donike bei.
Völlig zu Recht schreibt er: »Durch das Rundschreiben wird indirekt die Verabreichung von Rhinologika mit Corticoiden, Sympathomimetika und anderen gefäßaktiven Substanzen legalisiert.« Der Mediziner hat Ephedrin vergessen, enthalten in den Präparaten Coldargan und Nasalgon.
Weiterhin beschwert sich der Homburger Arzt, daß man noch nicht auf seinen Hinweis, ein Spieler habe vom Urologen Testosteron verabreicht bekommen, reagiert hat. »Bereits zu diesem Zeitpunkt (gemeint ist der erste Brief vom 16. Oktober 1989) habe ich im Nachtrag einen Fall geschildert, bei dem die Therapie mit einem Androgen erforderlich ist. Eine Antwort hierzu habe ich bisher nicht erhalten.«
Und im folgenden Absatz steht: »Inzwischen ist ein ähnlich gelagerter Fall des … in urologischer Behandlung. Auch hier ist eine Therapie mit Methyltestosteron erforderlich.«
Der Brief endet: »Für eine schnelle Antwort betreffs der Hormontherapie zweier meiner … Spieler wäre ich Ihnen sehr dankbar.« Dem Brief beigelegt ist eine fachärztliche Bescheinigung mit dem Hinweis auf eine Padutin- und Provironbehandlung.
Proviron ist eines der wirksamsten Anabolika, die auf dem

Markt erhältlich sind. Die Dosierung von 25 Milligramm pro Tag reicht allemal aus für einen Gewichtheber von Weltformat mit 100 kg Körpergewicht, um sich für Olympia vorzubereiten.

Weder Donike noch der DFB haben sich auf diesen letzten Brief gerührt.

Zusammengefaßt ergibt sich folgendes Bild:

Am 16. Oktober 1989 wurde Donike, und damit der DFB, von einem Mannschaftsarzt der Bundesliga davon unterrichtet, daß ein Spieler Anabolika konsumiert. Am 14. November 1989 erfolgte das Rundschreiben des Verbandes mit der faktischen Freigabe von Dopingsubstanzen. Und all die Wochen bis zum 14. November 1989 hat dieser Spieler seine »Arbeit« verrichtet, wozu er laut Vertrag verpflichtet ist, und ist von seinem Verein in Punktespielen aufgestellt worden. Warum auch nicht? Der DFB und Donike wußten ja Bescheid. Wenn die kompetenten Stellen nicht reagieren, muß man davon ausgehen, daß sie nichts dagegen einzuwenden haben. Das wiederum läßt vermuten, daß Proviron oder Anabolika im Fußball zumindest dann von oben abgesegnet sind, wenn ein Urologe die Substanz verordnet.

Bei den weniger privilegierten und deshalb von Donike nicht geschützten Sportarten sieht das alles ganz anders aus. Angenommen, man fände bei einem Leichtathleten ein auf seinen Namen lautendes Rezept, auf dem ihm ein Arzt Anabolika verordnet, dieser Sportler würde auch dann gesperrt werden, wenn der Weg zur Apotheke noch vor ihm liegt.

Falls sich ein Schwimmer, Judoka oder Basketballer öffentlich auch nur für die Freigabe von Doping aussprechen würde – wohlgemerkt, ohne anzugeben, er würde dopen – würde der oberste Dopingbeauftragte des Deutschen Sportbundes, Dr. Evers, höchstwahrscheinlich sogenannte Zielkontrollen für den sich so freimütig äußernden Sportler veranlassen. Zielkontrollen bedeuten, daß Athleten außerhalb der unregelmäßig angesetzten Überprüfungsintervalle zusätzlich und ganz gezielt aufgesucht und zur Urinabgabe gebeten werden. Dazu hat der Dopingbeauftragte des Deutschen Sportbundes bei Athleten und Athletinnen, die durch ihr Verhalten in der Öffentlichkeit nicht die Gewähr für einen dopingfreien Sport bieten, das Recht. Dann kann es schon mal wie im April 1992 geschehen, daß ein Spitzensportler, der gerade als Trauzeuge auf einer Hochzeit ist, sich von der Gesellschaft für eine Weile verabschieden muß, um unter Aufsicht seinen Urin abzugeben.

Im Kontrast zu dem tatsächlichen Verhalten von DFB und Donike stehen die vollmundigen Sprüche der Funktionäre: »Wir haben noch nie einen positiven Dopingfall gehabt.« Der verstorbene Präsident Neuberger verweist 1992 in seinem Bericht zum Berliner Bundestag stolz auf dieses Ergebnis. Auch das DFB-*Journal* läßt Donike mit seiner These zu Wort kommen: »Anabolika spielen im Fußball praktisch keine Rolle. Somit ist Doping im Fußball bedeutungslos.« In der *Welt am Sonntag* wird Donike jedoch wie folgt zitiert: »Es gibt keinen Sport, in dem Doping nichts bringen würde.« Als Beleg für den dopingfreien Fußball muß aber, trotz der widersprüchlichen Äußerungen, immer wieder Donike herhalten, der sämtliche Urinproben des DFB analysiert.
Laut Peter Geyer haben zu seiner Zeit die Captagon-Tabletten einfach herumgelegen, jeder konnte sich bedienen, wie er wollte. Toni Schumacher berichtete das gleiche, und Paul Breitner ist der Überzeugung, Doping sei gravierender als die Bestechungsaffäre 1971. Berti Vogts dagegen beschuldigte Toni Schumacher, er habe »sein eigenes Nest beschmutzt«, woraufhin Paul Breitner im *Spiegel* sagte: »Das kann der Berti nicht ernst gemeint haben, denn er muß sich im Verlauf seiner langen Karriere mit dem Problem Doping beschäftigt haben.«[140]
Dabei ist allen Insidern bekannt, nicht nur den Spielern, was im bezahlten Fußball läuft. Da hat jemand ein neues Präparat, auf das er schwört – sofort macht es die Runde. Ein anderer kennt einen Arzt, der gleich an der Quelle sitzen soll – schon beginnt eine kleine Völkerwanderung wie in den

anderen Sportarten auch und wie in allen Bereichen unserer Gesellschaft, in denen es auf Leistung und die Erhaltung der Arbeitskraft ankommt.

Paul Breitner bietet im *Spiegel* eine mögliche Erklärung für diese Heuchelei. »Das Bild des Fußballs wird doch immer noch geprägt vom Herberger-Mythos ›elf Freunde müßt ihr sein‹ . Schön adrett, nett und clean.«[141]

Abgesehen davon, daß Doping die schon bestehenden Probleme des DFB verstärken würde, wünscht man sich in der Frankfurter Zentrale brave, saubere Jungs, die keiner Fliege etwas zuleide tun. Und immer wieder wird die Weltmeistermannschaft von 1954 zum Vorbild erklärt: Das waren noch aufrechte Kerle.

Paul Breitner: »Es ist aber eine scheinheilige Welt, in der Fußballer nicht rauchen, nicht trinken und nichts mit Frauen haben. Die Realität, das wollen die wenigsten wahrhaben, sieht anders aus. Es muß endlich gelingen, ein normales Bild des Sportlers aufzubauen.«

Keiner hat bisher herauszufinden versucht, warum so viele Teilnehmer der Berner Weltmeisterschaft gleichzeitig an Gelbfieber erkrankt sind. Will niemand wissen, welche Medikamente damals genommen wurden?

Und wer die Szene schon länger beobachtet, der beginnt sich bei gewissen unerwartet hohen oder überraschenden Spielergebnissen zu fragen: Ging das damals mit rechten Dingen zu? Erich Ribbeck, DFB-Trainer von 1978 bis 1984, Ex-Trainer der Bayern, sagte in einem Interview des Kölner *Express*: »Ich kann mir auch vorstellen, daß eine ganze Mannschaft sich für ein bestimmtes wichtiges Spiel dopt.«[142]

Schon oft hat es in der Bundesliga sogenannte Schicksalsspiele im Kampf gegen den Abstieg oder um einen UEFA-Cup-Platz gegeben. So schreibt Toni Schumacher in seinem Buch *Anpfiff*: »Wieder einmal ging es um das Überleben des Vereins. Einige Kölner Mitspieler probierten das Zeug aus – querbeet und wahllos schluckten wir Hustensäfte, die die höchsten Dosen Ephedrin enthielten. Die saftgestärkten Kollegen flitzten wie die Teufel über den Rasen.« Das war 1984.

Professor Heinz Liesen, ehemals Arzt der deutschen Fußball-Nationalmannschaft, bestätigt im *Express*, daß »zu Beginn der achtziger Jahre Stimulantien im Fußball eine Rolle
spielten«. Und darauf angesprochen, was für ihn unter Doping fällt, meinte Professor Liesen: »Anabolika-Einnahme
nach Verletzungen jedenfalls nicht.«[143]
Nun muß man wissen, daß besagter Professor als Mannschaftsarzt des Deutschen Fußball-Bundes während der
WM 1986 in Mexiko den Aktiven insgesamt 3000 (dreitausend) »aufbauende« Spritzen verabreicht haben soll.
Das jedenfalls behauptet Toni Schumacher in seinem Buch
Anpfiff. Auf den einzelnen Spieler übertragen bedeutet
dies im Durchschnitt die stattliche Anzahl von 150 In-
jektionen! Professor Kindermann, Liesens Nachfolger, äußerte sich laut *Frankfurter Allgemeine* bei seinem Amts-
antritt 1990 »zurückhaltend bis ablehnend« zu dieser
»Substitution«.
Bereits 1977 hat Franz Beckenbauer dem *Spiegel* zufolge
gesagt: »Auch in der Bundesliga wird geschluckt und gespritzt.«[144]
Und schon 1964 fielen die Spieler des italienischen Clubs
AC Bologna auf, die die Gegner des AC Turin mit 4:1
abfertigten. Castelini, zu seiner Zeit Reservespieler, heute
Besitzer eines Ausflugslokals an der Riviera oberhalb von
Pietra Ligure: »Training war ganz schön hart, etwas schluk-
ken einfacher. Und die meisten wollten dann nur noch
schlucken. Ich auch. Und zwei Tage nach einem Spiel waren
wir nicht mehr zu gebrauchen. Als dann meine Kollegen
auffielen, hat es etwas nachgelassen. Wir begannen auch
wieder zu trainieren. Und dann haben uns Ärzte über diverse Möglichkeiten aufgeklärt. Ab dem Zeitpunkt, das war so
um 1968 gewesen, ging es erst richtig mit den Pillen und
Spritzen los. Und jeder Beteiligte weiß in Italien eigentlich
bis heute, ob er kontrolliert werden soll.«
Diego Maradona wurde überführt, Kokain – eine massive
Droge, die gewöhnlich erst eingesetzt wird, wenn man sämtliche Dopingmittel durchgemacht hat – zu schnupfen und

daraufhin 15 Monate gesperrt.[145] Mit anderen Substanzen hat man ihn nie erwischt.

Gibt es eine weltweite Freizone im Fußball?

Das Geständnis

Der DFB hat sich in Sachen Doping auf ganz andere Art abgesichert, wie ein Ereignis vom 26. September 1992 beim Spiel Homburg gegen Jena zeigt. Kurz vor Beginn des Spieles ändert der Trainer von Homburg die Aufstellung und nimmt einen Aktiven heraus. Er begündet dies mit der lapidaren Feststellung: »Formschwäche.«

Im Anschluß an das Spiel findet die obligatorische Pressekonferenz im sogenannten VIP-Zentrum des FC Homburg statt. Kameras werden aufgebaut, Reporter versammeln sich, Schnittchen gibt es gratis, dazu Kaffee und Bier.

Zuerst erfolgt die Begrüßung durch den Präsidenten des FC Homburg, Manfred Ommer. Der gibt kurz darauf das Mikrofon weiter an den Trainer der Gäste und anschließend an den der eigenen Mannschaft. Und wieder wird auf die Frage eines Reporters als Grund für die Herausnahme des Spielers Dieter Finke »Formschwäche« genannt. An dieser Stelle mischt sich Manfred Ommer ein und korrigiert den Trainer. Man habe den Spieler Dieter Finke aus der Mannschaft entfernt, weil er ein Medikament, Grippostad, genommen hat, das auf der Dopingliste stehe. Der Mannschaftsarzt habe ihm das Medikament nicht verabreicht.

Offen gibt der Präsident eines Bundesligaclubs zu, ein Spieler sei gedopt gewesen. Ob vorsätzlich oder aus Versehen sei dahingestellt. Zwar hat Dieter Finke nicht gespielt, aber er stand auf der Spielerliste.

Die Pressevertreter nehmen diese Aussage zur Kenntnis, eine Kamera fängt sie in Bilder ein, das war es aber auch schon.

Selbstverständlich kommt dem DFB in Frankfurt dieses Geständnis zu Ohren, denn für diesen Tag war eine Dopingkontrolle angesetzt. Normalerweise hätte nach den Bestimmungen des Deutschen Sportbundes der Spieler gesperrt und sofort eine zusätzliche Dopingprobe anberaumt werden müssen. Nichts von beidem geschieht. Noch nicht einmal eine Anfrage des DFB geht in der Geschäftsstelle des FC Homburg ein, wie es sich denn nun im Fall des Dieter Finke verhalte.

War dem Profifußballer dieses auf der Dopingliste stehende Medikament vom Hausarzt verordnet worden? Therapeutisch sinnvolle Präparate kann man schon mal dulden. Hat der Mannschaftsarzt, der jeden Spielerbogen unterschreiben muß, die Verabreichung dieser Substanz für sinnvoll erachtet, auch wenn es Doping ist?

Aber vom DFB erging keine Aufforderung an den Mannschaftsarzt, Dr. Schläfer, zu dem Dopingeingeständnis des Homburger Präsidenten Stellung zu beziehen. Dabei hätte man in Frankfurt überprüfen müssen, ob das Medikament zu den verbotenen Substanzen gehört.

Als der FC Homburg später im Fall Finke nachfragte, gab man dem Vereinsarzt sinngemäß zu verstehen, er möge sich bitte nicht um Dinge kümmern, die ihn nichts angingen.

Was geschah wirklich im September 1992?

Dieter Finke: »Ich hatte eine Grippe und mich mies gefühlt. Und dann bin ich am Donnerstag (24. September 1992) hingegangen und habe mir Grippostad reingepfiffen. Und dazu Aspirin.«

»Haben Sie denn nicht gewußt, daß dieses Medikament verboten ist?«

Dieter Finke lacht. »Wie denn?«

»Mit Hilfe der Dopingbestimmungen im DFB.«

»Die drücken dir ein Blatt mit allen lateinischen Bezeichnungen in die Hand, und dann kannst du gucken, wie du klarkommst.«

»Gibt es keine genauere Auflistung mit den handelsüblichen Medikamentennamen?«

Finke zuckt mit der Schulter. »Ist mir nicht bekannt.«

»Und wie kam dann heraus, daß das Medikament verboten ist?«

Finke: »Also, wenn ich das gewußt hätte, dann hätte ich es natürlich nicht genommen. So ein Quatsch. Nun gut, ich habe es in der Kabine dem Mannschaftsarzt gesagt.«

»Und weiter?«

Finke: »Alle haben sich aufgeregt, am meisten Trainer Thomale. Weil ja der Doc vom DFB da war.«

»Was war die Konsequenz?«

Finke: »Dann haben wir uns überlegt, was zu tun ist. Und eine akzeptable Lösung gefunden.«

Dr. Leutheuser, der Arzt des Deutschen Fußball-Bundes, der die Dopingkontrolle an diesem Tag durchführen sollte, wurde informiert und schlug nun selbst vor – da Dieter Finke offensichtlich krank gewesen sei –, den Spieler nachher einfach nicht in den Pott zu tun, aus dem man die zwei Homburger Urinabgabekandidaten auszulosen beabsichtigte. Aus medizinischer Sicht ein durchaus verständliches Vorgehen, denn die Gesundheit des Spielers, sprich die Bekämpfung des Grippeanfalles, sollte Vorrang haben.

Andererseits setzt sich der Dopingbeauftragte des DFB damit über die Bestimmungen des Deutschen Sportbundes hinweg. Obwohl ihm und allen bekannt ist, daß ein Spieler ein verbotenes Mittel genommen hat, will er ihn nach dem Spiel nicht auslosen. Verkehrte Welt: Der Verein verhindert diese Manipulation, indem er den aufgestellten Spieler von der Liste streicht. Doping paradox!

In § 2, Absatz 2 der *Durchführungsbestimmungen Doping* des DFB heißt es:

»Zuständig für die Anordnung der Dopingkontrollen ist die Dopingkommission des DFB. Ihr gehören ein Vertreter des DFB-Präsidiums, ein sportärztlicher Berater sowie ein Beauftragter der DFB-Geschäftsstelle an. Die Dopingkommission bestimmt auch den Umfang der Untersuchung.«

Und weiter in § 2, Absatz 3:

»Zuständig für die Kontrollen beim Spiel ist ein von der Dopingkommission beauftragter Arzt, der einer vom DFB-Vorstand erstellten Liste entnommen wird. Hierzu hat jeder Landesverband ein Vorschlagsrecht.«

Auf die Leichtathletik übertragen, hätte das Homburger Ereignis zu einer Explosion in den Medien geführt. Aber im Fußball gelten nun mal andere Regeln, wie Harald Kohr, ein ehemaliger Bundesligaprofi, über die Reaktionen von Vereinsführung und Mannschaftsarzt zu berichten weiß: »Sobald man gesagt hat, ich habe eine Erkältung: Hast du drei Tage vorher aufgehört mit dem Zeug?«
Also kennt man die Wirkungsweise von Dopingsubstanzen genau und weiß obendrein, daß man einen Nachweis verhindern kann, indem man einfach drei Tage vorher die Medikamente absetzt. »Teilweise mußtest du immer daran denken: Oh, ich habe ja Sonntag ein Spiel, dann mußtest du aufhören mit dem Kram.«
Gibt es zwei Dopingwelten? Nehmen die Medien eine Sportart ins Visier, in der es von Athleten wimmelt, die freimütig ihre Meinung äußern, während im Fußball zwischen Profis und Journalisten eine Art Stillhalteabkommen zu gelten scheint?
Es gibt zwei Dopingwelten. Und der DFB biegt sich seine Welt je nach Situation zurecht. Bestes Beispiel dafür ist der seltsame »Dopingfall« des Profifußballers Raimond Aumann. Zuerst wird er für ein Spiel gesperrt, weil er Tabletten gegen höllische Zahnschmerzen eingenommen hat, die aber leider, wie so viele Schmerztabletten, Dopingsubstanzen enthalten. Pikanterweise handelt es sich bei der Begegnung am 26. April 1993, bei der Aumann zuschauen soll, um den Mega-Hit Bremen gegen Bayern. Am Spieltag selbst tagt der DFB und kommt zu dem

Ergebnis, der Bayern-Torwart Aumann dürfe nun doch antreten. Begründet wird die Kehrtwendung damit, daß der Einsatz des Mittels unter medizinischen Aspekten absolut notwendig gewesen sei. Außerdem würden nach Aussagen von Fachärzten die Substanzen innerhalb von sechs Stunden abgebaut.[146]

Daraus ergibt sich erstens: Dopingsubstanzen sind im DFB dann erlaubt, wenn das Mittel aus medizinischer Sicht notwendig ist.

Und zweitens: Dopingsubstanzen sind dann erlaubt, wenn sie bereits nach sechs Stunden abgebaut werden. Bekanntlich dauert eine Begegnung mit Halbzeit etwas mehr als 100 Minuten, also keine zwei Stunden. Können jetzt alle Spieler das Aumann-Medikament bedenkenlos vor einem Spiel einnehmen?

Um ganz sicherzugehen, brauchen sie ihre Urinabgabe nur um vier Stunden hinauszuzögern, bis das Medikament abgebaut ist. Da die Lizenzfußballer vor der Urinabgabe duschen und sich umziehen dürfen, könnten sie einfach ihre Blase entleeren und anschließend bedauern, über Stunden kein Wasser lassen zu können.

Sicherlich wird die DFB-Entscheidung auch dem Spieler Dirk Anders aus Leipzig helfen. Zuerst am 24. April 1993 in der Begegnung gegen Osnabrück vom Platz gestellt, mußte er anschließend auch noch zur Kontrolle antreten, weil man ihn, doppeltes Pech, ausgelost hatte. Zufällig klagte Anders am Freitag, 23. April 1993, über vergleichbar starke Zahnschmerzen wie Raimond Aumann. Sein Mittel enthielt Codein, einen Opiumextrakt, der auf der Dopingliste steht. Was dem Erstligisten recht ist, muß dem Zweitligisten billig sein: Anders sollte sich einfach auf medizinische Notwendigkeit berufen.

In diesem Zusammenhang wirkt die Bemerkung Ribbecks in der anschließenden Pressekonferenz, als man ihn auf Raimond Aumann ansprach, deplaziert. »Er will sich noch bei anderen Sportarten erkundigen, was es da für Medikamente gibt, um so etwas zu vertuschen«, so sagte er

im Bericht von SAT 1 am 26. April 1993 über diese Pressekonferenz.
Warum die Mühe? Der DFB sorgt doch dafür.

Warum es nicht dazu kommen kann

Im Vergleich zu anderen Sportarten im Deutschen Sportbund sind die *Durchführungsbestimmungen Doping* des DFB dilettantisch. Das beginnt schon mit der Definition, was unter Doping zu verstehen ist. Hier der genaue Wortlaut von § 1 der *Durchführungsbestimmungen Doping*, verabschiedet vom DFB-Vorstand am 22. April 1988:

> »Die Anwendung von Substanzen und Maßnahmen vor oder während des Wettbewerbs, die geeignet sind, den physischen und psychischen Leistungszustand eines Spielers künstlich zu verbessern, oder der Versuch von Dritten, solche anzubieten oder jemanden zu deren Verwendung zu veranlassen, wird als Dopingvergehen angesehen.«

Mit der vagen Formulierung: »...vor oder während des Wettbewerbes ...« wird automatisch der Trainingszeitraum ausgeklammert. »Vor dem Wettbewerb« kann sich dabei nur auf den Zeitraum des Wettkampftages selbst beziehen. Weiter zurückzugehen macht wenig Sinn, irgendwann wäre man sonst bei der Geburt des Spielers angelangt. Demzufolge ist also Doping im Training nicht ausdrücklich verboten, auch nicht nach Beendigung der Saison.
Im zweiten Absatz des § 1 wird darauf verwiesen, daß die verbotenen Substanzen und Maßnahmen in einer Liste enthalten sind,

> »die vom DFB aufgestellt und in ihrer jeweiligen gültigen Fassung den Vereinen und Spielern zur Verfügung gestellt wird«.

Im Fußball umfaßt diese Liste ein DIN-A4-Blatt, mit dem kein Spieler und kein Vereinsvertreter etwas anfangen kann, da lediglich die lateinischen Begriffe der Substanzgruppen aufgeführt werden. Der Deutsche Sport-Bund benötigt für das alphabetische Verzeichnis der verbotenen Wirkstoffe, nachzulesen in *Dopingkontrollen*, 64 Seiten mit etwa 60 Präparaten pro Seite. Und diese verbotenen Wirkstoffe sind bindend für alle Sportarten im DSB, auch für den Deutschen Fußball-Bund.

Wer meint, wenigstens Dopingkontrollen seien im DFB an jedem Spieltag zumindest für eine Begegnung verpflichtend vorgeschrieben, täuscht sich.

In § 2 der Durchführungsbestimmungen wird ausgeführt:

»Dopingkontrollen werden obligatorisch beim DFB-Pokalendspiel, dem Spiel um den DFB-Supercup und bei den Relegationsspielen um die Qualifikation zur Bundesliga durchgeführt. Fakultativ können sie bei Meisterschaftsspielen der Lizenzligen angeordnet werden.«

Fakultativ bedeutet wahlfrei. Und von dieser Möglichkeit macht der DFB regen Gebrauch, indem er einfach auf Kontrollen verzichtet.

Für die Durchführung der Kontrollen ist die Dopingkommission des DFB zuständig (§ 2, Absatz 2 und 3). Da sich die Kompetenzen dieser Kommission nicht über Deutschland hinaus erstrecken, gibt es also auch keine vom DFB veranlaßten Proben im Ausland, weder bei Spielen noch im Trainingslager. Darauf angesprochen, heißt es im DFB, das sei Aufgabe der befreundeten Sportnation. Die wiederum aber hat ja vom DFB keinen Auftrag erhalten.

Mindestens eine Gruppe von Profifußballern wird nie positiv getestet werden können. Die Rede ist von denen, die in der letzten Viertelstunde eingewechselt werden. In § 2 heißt es dazu:

»Fünfzehn Minuten vor Ende der regulären Spielzeit (90 Minuten) werden vom Dopingarzt durch Losentscheid die zu kontrollierenden Spieler aufgrund des Spielberichtsbogens bestimmt. An der Auslosung muß je ein Vertreter beider Vereine teilnehmen. Das Verfahren richtet sich nach den von der Dopingkommission entwickelten Anweisungen.«

Die zum Schluß Eingewechselten werden schon deswegen nicht positiv auffallen, weil sich bis zu diesem Zeitpunkt auch für den letzten herumgesprochen haben wird, daß der Dopingarzt im Stadion sitzt.
Weiter heißt es:

»Es wird jeweils nur ein einziger Spieler für die Urinabgabe in den Dopingkontrollraum eingelassen.«

Wie kann es da passieren, daß Fußballer in der Zeit, in der sie auf ihren Auftritt warten, Skat spielen? Nur wenige der Getesteten erinnern sich, allein im Dopingkontrollraum gewesen zu sein. Und keiner der Befragten erzählt davon, daß er sich habe nackt ausziehen müssen, wie es bei anderen Sportarten üblich ist.
Paragraph 3 der Bestimmungen verpflichtet die Ärzte dazu, genau aufzulisten, welche Medikamente ein Spieler in den letzten 48 Stunden vor dem Spiel genommen hat. Das geschieht durch Befragung. Aufgeführt werden diese Spieler mit den von ihnen eingenommenen Medikamenten in einer sogenannten »Ärztlichen Bescheinigung«.
Diese »Ärztliche Bescheinigung« ist nichts anderes als ein ärztliches Attest, ein ärztliches Zeugnis. Damit attestiert der Mannschaftsarzt dem Spieler die Medikamente, die er eingenommen hat – nachträglich.
Wörtlich heißt es auf dem Bogen:

»Der unterzeichnende Mannschaftsarzt bescheinigt, daß in den 48 Stunden vor dem Spiel den zum Aufge-

bot gehörenden Spielern folgende Medikamente verabreicht bzw. an ihnen nachstehende Therapien praktiziert worden sind.«

Sollte es überhaupt jemals zu einem Dopingfall kommen,
bietet sich hier ein eleganter Ausweg an: Der gedopte Spieler
sagt, er habe es dem Doc gemeldet, und der hat es attestiert.
Der DFB kann sich auf das Attest oder auf die »Ärztliche
Bescheinigung« im Sinne einer medizinisch gerechtfertig-
ten Verordnung berufen. Zudem wird hier vom DFB der
unter § 1, Dopingbegriff, vorgegebene Zeitraum »vor dem
Wettbewerb« exakt auf 48 Stunden eingegrenzt. Alles, was
weiter zurückliegt, ist demnach kein Doping, muß anscheinend weder genannt noch in die »Ärztliche Bescheinigung«
aufgenommen werden.
Nun gibt es allerdings eine Vielzahl an Dopingsubstanzen –
eigentlich die gebräuchlichsten –, die man über einen länge-
ren Zeitraum während des Trainings nimmt und die zu einer
Verbesserung der Grundeigenschaften (Ausdauer, Schnellig-
keit, Schnellkraft und Kraft) führen. Auf die Einnahme von
Anabolika etwa kann jeder Athlet 48 Stunden verzichten.
Was die Durchführung der Kontrollen anbelangt, gibt der
DFB eine ausführliche Aufstellung, die der in anderen
Sportarten ähnelt.
So in § 5, Durchführung der Kontrollen, Absatz 2:

»Der Spieler muß unter Aufsicht des Dopingarztes
bleiben, bis eine Urinabgabe von genügender Menge
(70 ml) abgegeben wurde. Umkleiden und Duschen ist
gestattet.«

Wie soll ein Dopingarzt die ausgelosten vier Spieler beauf-
sichtigen, wenn er, wie in § 2, Absatz 9 vorgeschrieben, nur
jeweils einen für die Urinabgabe in den Dopingkontrollraum
lassen darf, kann oder muß?
Nach § 5, Absatz 11 ist der Dopingarzt »für den Transport
der Urinproben zum Labor verantwortlich«. Warum über-

nimmt das nicht eine neutrale Instanz, um schon im Ansatz jedem Manipulationsversuch – nicht nur Sportler können dieser Versuchung erliegen – aus dem Wege zu gehen? Daß es mit Ausnahme der »versehentlichen« Einnahme von Grippemitteln im DFB aus all diesen Gründen wohl kaum je einen echten Dopingfall geben kann, wird so immer deutlicher.

Der im Sommer 1992 aus gesundheitlichen Gründen ausgeschiedene Generalsekretär des DFB, Dr. Wilfried Gerhardt, geht in seinem letzten Rechenschaftsbericht auf die Zusammenarbeit mit anderen Verbänden ein. »Auf nationaler Ebene arbeitete der DFB als verläßlicher Partner mit dem DSB, dem NOK und mit der ständigen Konferenz der Spitzenverbände zusammen, ebenso wie mit einzelnen Fachverbänden, zu denen sich besondere Berührungspunkte ergaben.« Ohne Zweifel ist der DFB ein verläßlicher Partner, besonders des Deutschen Sportbundes, denn der Vorsitzende des DSB, Hans Hansen, war lange im DFB-Vorstand und schied erst 1986 auf dem Bremer Bundestag aus. Als Mitglied des Sportbundes hat sich der DFB allerdings auch dazu verpflichtet, »Doping mit allen (ihm) zu Gebote stehenden Mitteln zu bekämpfen«.

In der Präambel der DSB-Rahmenrichtlinien zur Bekämpfung des Dopings heißt es:

>»Die im Deutschen Sportbund zusammengeschlossenen Turn- und Sportverbände verpflichten sich, gemäß §§ 2, 3 und 7 der Satzung des DSB die Verwendung von Doping-Substanzen im Sport zu verbieten und das Doping mit allen ihnen zu Gebote stehenden Mitteln zu bekämpfen. Mit diesem Ziel beschließen die Mitgliedsorganisationen des DSB diese Rahmen-Richtlinien als gemeinschaftliche Orientierung zur Bekämpfung des Dopings im Bereich des Deutschen Sportbundes; sofern weitergehende Bestimmungen der internationalen Föderationen bestehen, treten sie an die Stelle der Richtlinien.«

Im gleichen Zusammenhang wird auf eine Dopingliste des Deutschen Sportbundes verwiesen, in der alle verbotenen Substanzen aufgeführt sind:

»Diese Dopingliste ist von den Spitzenverbänden zum Bestandteil ihrer Wettkampfbestimmungen zu machen.«

Würde der DFB sich daran halten, stünde er genauso in der Dopingkritik wie andere Sportverbände auch. Er hätte mindestens die gleiche Anzahl von Dopingfällen mit all den negativen Auswirkungen in der Presse und in der öffentlichen Meinung zu erwarten. Genau das muß aus Sicht des DFB unter allen Umständen vermieden werden. Lieber tausend Gerüchte, auf die man nicht eingehen braucht, als ein einziger positiver Dopingbefund.

Die DFB-Donike-Connection

Im Zusammenspiel zwischen DFB und Donike wird all das, was man bisher über Dopingbekämpfung gehört und gelesen hat, in Frage gestellt. Oder anders ausgedrückt: Die Methode des DFB, auf andere Sportarten übertragen, würde eines garantieren: es gäbe keinen einzigen positiven Dopingfall.
Donike hat einen Vertrag mit dem DFB in Frankfurt. Pauschal wird Herrn Donike alles abgegolten, was er für den DFB macht. Gleichgültig, ob er eine Probe analysiert oder deren tausend.
Die *Welt am Sonntag* beschreibt die DFB-Donike-Allianz wie folgt: »Zwar hat der DFB in der Tat ein eigenständiges Kontroll-System aufgebaut, doch dessen Handhabung erinnert fatal an das Beispiel eines Chemie-Werkes, das bei Gas-Alarm den eigenen Meßwagen losschickt, um sodann der Bevölkerung mitteilen zu können, es bestehe kein Grund zur Sorge.«[147]

Durch einen besonderen Paragraphen entledigt sich der DFB jeglicher Fürsorgepflicht den Athleten gegenüber.
In § 6, Absatz 1 der DFB-Durchführungsbestimmungen steht:

»Für die Untersuchung der Proben trägt der Chef des mit der Analyse beauftragten Laboratoriums die Verantwortung.«

Aus Absatz 4 des gleichen Paragraphen geht hervor, daß er dabei nicht besonders sorgfältig vorgehen muß, denn zur Analyse gehören demnach nur folgende Schritte:

»Screening
Gaschromatografie (GLC) für die Bestimmung flüchtiger und nichtflüchtiger Verbindungen
Identifikation
Für die Identifikation wird ein System mit Computerauswertung von Gaschromatografie Massenspektrometrie (GLC – MC) verwendet.«

Legt man als Maßstab einer Qualitätsuntersuchung Donikes Buch *Dopingkontrollen* zugrunde, dann werden bei den oben beschriebenen Analyseverfahren verschiedene Apparaturen nicht eingesetzt. Die *Durchführungsbestimmungen Doping* des DFB lassen die Ausstattung für folgende Testmethoden vermissen: Dünnschicht-Chromatographie und Hochdruckflüssigkeitschromatographie. Diese beiden Geräte sind jedoch vom IOC für die Anerkennung als Kontrollabor vorgeschrieben. Als ein vom IOC anerkanntes Labor hat auch das Kölner Institut die entsprechende Ausrüstung. Warum setzt man sie nicht ein?
Zuoberst steht in § 6, Absatz 4 der DFB-Durchführungsbestimmungen das Wort »Screening«, was soviel bedeutet wie: durch ein Raster erfassen, sieben. Normalerweise versteht man unter Screening eine Bandbreite, die alle Substanzen abdeckt – auch die der anabolen Steroide. Die vom DFB vorgeschriebenen Analyseschritte mit Hilfe der Gaschroma-

tographie (GLC) schränken jedoch das Verfahren ein und sind identisch mit zwei der von Donike angeführten Analyseschritte: Screening für »flüchtige Dopingmittel« und Screening für »schwerflüchtige Dopingmittel«. Donikes dritter Punkt, die separat ausgewiesene Screeningprozedur für anabole Steroide samt den Unterpunkten 3.1 und 3.2, fehlt somit in den Durchführungsbestimmungen des DFB, genauso wie die unter Punkt 4 aufgeführte für Corticosteroide und die für Diuretika und andere Substanzen in Punkt 5, soweit es die Analyse durch die Hochdruckflüssigkeitschromatographie betrifft. Dafür greift man auf die Gaschromatographie/Massenspektrometrie nach Derivatisierung zurück. An einer Screeningprozedur für Corticosteroide dürfte der DFB nur mäßig interessiert sein. Die intraartikuläre Injektion (Gelenke) von Kortison vor dem Spiel, um die Entzündung zu hemmen und dem Profi die Schmerzen zu nehmen, ist in der Bundesliga alltäglich und erlaubt, intramuskuläre,

§ 6 Untersuchung der Proben
(Durchführung der Analyse)

(1) Für die Untersuchung der Proben trägt der Chef des mit der Analyse beauftragten Laboratoriums die Verantwortung.

(2) Bei Ankunft im Labor wird die Unversehrtheit der Verplombung, der Verpackung und der Urinflasche vom für die Analyse verantwortlichen Chemiker überprüft und schriftlich bestätigt.

(3) Die Analyse der Proben A wird unmittelbar begonnen, die Kontrollproben B werden ungeöffnet im Kühlschrank aufbewahrt und gegen Zugang Dritter abgesichert.

(4) Die Analyse vollzieht sich in folgenden Schritten:

Screening
Gaschromatografie (GLC) für die Bestimmung flüchtiger und nichtflüchtiger Verbindungen
Identifikation

Für die Identifikation wird ein System mit Computerauswertung von Gaschromatografie Massenspektrometrie (GLC – MC) verwendet.

I. Apparative Ausrüstung

Gas-Chromatographie (GC), Dünnschicht-Chromatographie (TLC), Massen-spektrometrie (MS), vorzugsweise in Verbindung mit einem Gas-Chromatographen und einem Computer sowie Hochdruckflüssigkeits-Chromatographie (HPLC).

II. Analytische Verfahren

1. Screening für „flüchtige Dopingmittel" mit Hilfe eines N-FID und einer geeigneten Kapillarsäule (z. B. SE 54). Zusätzlich können andere GLC-Systeme verwendet werden.

2. Screening für „schwerflüchtige Dopingmittel" und β-Blocker, nach salzsaurer bzw. enzymatischer Hydrolyse und Extraktion bei pH 9,5 und nach Derivatbildung, Chromatographie auf einer geeigneten Kapillarsäule, Detektion mit Hilfe eines N-spezifischen Detektors bzw. der Massenfragmentographie (massenspezifische Detektion). Zusätzlich kann die Dünnschichtchromatographie verwendet werden.

3. Screeningprozedur für anabole Steroide:

3.1 Freie Steroide nach Extraktion des Urins bei pH 8,0–10,0 und Trimethylsilylierung mit Hilfe der massenspezifischen Detektion (Massenfragmentographie).

3.2 Konjugierte Steroide nach enzymatischer (chemischer) Hydrolyse, Extraktion und Trimethylsilylierung durch massenspezifische Detektion (Massenfragmentographie). Alternativ kann eine gemeinsame Extraktion der freien und der konjugierten Steroidfraktionen mittels z. B. XAD-2 und anschließende Auftrennung in die Fraktionen der freien und konjugierten Steroide vorgenommen werden.

4. Screeningprozedur für extrem polare Verbindungen wie Pemolin und Corticosteroide, sowie zur quantitativen Bestimmung von Koffein.

5. Screeningprozedur für Diuretika und andere Substanzen, die im sauren Extrakt nachweisbar sind.

Als Analysenmethoden für 4. und 5. dienen entweder die Hochdruckflüssig-keits-Chromatographie oder die Gas-Chromatographie / Massenspektrometrie nach Derivatisierung

Bemerkung: EINE ENDGÜLTIGE IDENTIFIZIERUNG IST ERST AUFGRUND VON MASSENSPEKTROMETRISCHEN DATEN MÖGLICH.

Quellennachweise:
Linke Seite aus: *Durchführungsbestimmungen Doping* des DFB.
Rechte Seite aus: M. Donike/S. Rauth: *Dopingkontrollen*, hrsg. v.
Bundesinstitut für Sportwissenschaft, Schorndorf 1990.

intravenöse und orale Gaben dagegen sind verboten. Allerdings ist später durch eine Dopingprobe nicht zu unterscheiden, ob nicht doch eine intramuskuläre und/oder orale Verabreichung stattgefunden hat, die wegen der euphorisierenden Wirkung und anderer Nebeneffekte des Kortisons – es erhöht unter anderem auch die Ausdauer – eindeutig gegen die Dopingbestimmungen des DSB verstößt.

Stellt man die DFB-Dopinganalyse der des Deutschen Sportbundes (DSB) und des Internationalen Olympischen Komitees (IOC) gegenüber, an die sich alle olympischen Sportarten zu halten haben, auch der Deutsche Fußball-Bund, dann gibt es für die unterschiedlichen Durchführungsbestimmungen nur eine Erklärung: Gewisse Substanzen darf oder will man im Fußball anscheinend nicht finden. »Man weiß ja, was die Fußballer zumindest bei Verletzungen so alles nehmen«, meint dazu ein ehemaliger Mitarbeiter des Kölner Labors. Anabole Steroide werden demnach nicht durch die vom DFB vorgegebenen Analyseschritte erfaßt, obwohl dazu die Gaschromatographie – weitere international anerkannte Methoden sind die immunchemische Bestimmung, besonders die der Radio-Immuno-Assay (RIA) und die Hochdruckflüssigkeitschromatographie – in der Lage wäre. Anabolika erfordern eben eine spezielle Screeningprozedur über alle Substanzen, so wie im Buch *Dopingkontrollen* beschrieben. Wenn man Anabolika entsprechend der DFB-Vorgabe zur »Untersuchung der Proben« nicht aufspüren will oder kann, dann macht auch die 48-Stunden-Regel Sinn. Nur die innerhalb dieses Zeitraums eingenommenen Medikamente – Aufputschmittel und Stimulantien verlieren nach 48 Stunden ihre Nachweisbarkeit im Urin – muß der Spieler dem Arzt gegenüber angeben, der sie auf der sogenannten »Ärztlichen Bescheinigung« einträgt. Damit fallen alle Medikamente, die ein Spieler vor den 48 Stunden zu sich genommen hat, durch das Raster.

Anabolika sind zweifelsfrei über einen Zeitraum von mindestens acht Tagen nachzuweisen – intramuskulär verabreicht sogar viele Wochen –, bleiben allerdings nach der vom

DFB vorgeschriebenen Analysemethode unentdeckt. Daß nach anabolen Steroiden erst gar nicht gesucht wird, läßt die Vorgabe der Analyseschritte vermuten – auf die der DFB in seinen Durchführungsbestimmungen hinweist –, an die Donike laut Vertrag gebunden ist. Was mag den Dopingexperten bewogen haben, dieser Allianz mit dem DFB zuzustimmen? Eine Allianz, die seinen ganzen bisherigen Einsatz um den sauberen Sport total zu untergraben droht.

Diese faktische Anabolikafreigabe des DFB wird noch durch Äußerungen von Bundesligaärzten gestützt, die freimütig erklären, ihren Spielern in Phasen der Rekonvaleszenz anabole Steroide verabreicht zu haben, um den Heilungsverlauf zu fördern. Beispielsweise erhielt der Stuttgarter Eberhard Trautner nach einem Schien- und Wadenbeinbruch Anabolika.

Der Mannschaftsarzt des VfB, Edgar Stumpf, gibt in *Sport-Bild* zu, daß Spielern zur muskulären Wiederherstellung selbstverständlich ein Anabolikum verordnet wird.[148] Und für Professor Liesen, den früheren Arzt der Nationalmannschaft, fallen Anabolika, nach Verletzungen verabreicht, nicht unter Doping.[149] Aber wie lange nach einer Verletzung sind Anabolika wohl noch gerechtfertigt? Zwei Wochen? Oder einige Monate?

Die meisten Ärzte verabreichen Anabolika intramuskulär – auf diesem Wege wirken sie gezielter, das lästige Schlucken von Pillen entfällt –, und genau diese Anwendungsform führt dazu, daß man die Metaboliten, also die Abbauprodukte, oft noch über Monate nachweisen kann. Der Patient ist längst gesund, spielt schon wieder seit einigen Wochen, hat aber immer noch Anabolika im Körper. Falls man ihn testen sollte, dann sind das eben zwangsläufig Rückstände der ärztlich notwendigen Behandlung. Wer will das Gegenteil beweisen?

Der Stuttgarter Mannschaftsarzt zeigt sich gewissenhaft: »Bevor wir Spieler für das Training freigeben, führen wir Urin- und Blutkontrollen durch. Nur wenn sie sauber sind, erlauben wir die Teilnahme am Training.«

In Kreischa, in der ehemaligen DDR, testete man die Sportler auch und gab ihnen die Bewilligung für einen Auslandsstart erst dann, wenn sie unbedenklich, sprich sauber waren. Das wurde im Westen als Vertuschungsmanöver angeprangert, mit dem die DDR all das, was in der Trainingsphase an Manipulationen geschehen ist, deckte. Deshalb konnte kein DDR-Sportler des Dopings überführt werden; diese Garantie hatten westliche Athleten nicht.

Verfährt man nicht heute im deutschen Fußball genauso? Hat man denn nicht durch Kreischa gelernt? Hinzu kommt die Frage, wo der Verein VfB Stuttgart seine Proben analysieren läßt.

Der DFB macht es sich wirklich zu einfach und läßt Doping abhaken, indem er argumentiert: Wir haben doch Kontrollen eingeführt. Dabei sind schon die Kontrollen an sich eine Farce.

Es soll an dieser Stelle nicht diskutiert werden, ob Anabolika zur Therapie sinnvoll sind oder nicht. Das ist allein die Entscheidung des Arztes, und der darf nicht Normalbürgern all das verabreichen können, was schnell wirkt, während er bei Spitzensportlern auf weniger gute Substanzen ausweichen muß, die aus medizinischer Sicht unsinnig sind, bloß damit keine Bestimmungen aus dem Sport verletzt werden. Außerdem könnte sich durch Ersatzmedikamente die Dauer der Behandlung verlängern.

In anderen Sportarten gibt es diese Zweiklassengesellschaft schon längst. Jedem Leichtathletikarzt würden sofort die Finger abfallen, wenn er einem Athleten unter den gleichen medizinischen Gesichtspunkten wie sein Kollege aus dem Fußball in der Phase der Rekonvaleszenz Anabolika verordnete. Zeit seines Lebens würde dieser Arzt aus dem Sport ausgestoßen. Trotzdem sind beide Verbände unter dem Dach des Deutschen Sportbundes organisiert, beide Verbände nehmen gemeinsam in einer bundesdeutschen Mannschaft an Olympischen Spielen teil. Und die Ärzte in der Leichtathletik mußten im Vorfeld von Barcelona sogar eine eidesstattliche Versicherung unterschreiben, keine Dopingsubstanzen – besonders Anabolika waren gemeint – verabreicht zu haben. Das galt und gilt auch für die Verletzungsphase.

Im Fußball jedoch ist alles ganz anders. Auf der Liste der verbotenen Substanzen – sie ist im Anhang zu den *Durchführungsbestimmungen Doping* des DFB zu finden – gibt es nämlich eine Besonderheit, die in ihrer Art in keiner anderen Sportart anzutreffen ist:

> »Der DFB behält sich ausdrücklich das Recht vor, die Kontrollen auch auf anabole Steroide auszudehnen.«

Bedeutet das, daß der DFB die Kontrollen noch nicht auf anabole Steroide ausgedehnt hat?

»Anabolika spielen im Fußball praktisch keine Rolle. Somit ist Doping im Fußball bedeutungslos«,[150] sagte Donike beim Sportmedizinischen Kongreß der UEFA vom 21. bis 23. Januar 1993 in Frankfurt und legte als Beweis umfangreiches Zahlenmaterial vor.

Der DFB wuchert mit Donikes Äußerung im *Journal*, dem offiziellen Magazin des Deutschen Fußball-Bundes. In der Ausgabe 1/93 wird Donike unter der Überschrift »Doping im Fußball bedeutungslos« zitiert. Weiter heißt es in dem Beitrag: »Um dieses sensible Feld noch überzeugender zu bearbeiten, werden seit dem Jahresbeginn auch stichprobenartige Kontrollen bei Freundschaftsspielen von Lizenz-Mannschaften durchgeführt. Da die meisten Privatspiele vor Saisonbeginn und vor Beginn der Rückrunde stattfinden, fallen die Kontrollen damit mitten in die wichtige Phase des Aufbautrainings. In der Bundesliga und in der 2. Bundesliga hat der DFB die Stichproben 1989 eingeführt. Es gab ausschließlich negative Resultate, was mehr als positiv ist.«

Um es noch einmal ganz deutlich zu sagen: Anabolika sind im Fußball deswegen bedeutungslos, weil man sie nach der vorgegebenen Sreeningprozedur gar nicht finden kann. Selbstverständlich kann es dann auch keine positive Analyse und keinen positiven Dopingfall geben. Mit diesem erstaunlichen Ergebnis geht man dann werbend an die Öffentlichkeit und stellt den Fußball auf einem sportmedizinischen Kongreß der UEFA als heile, dopingfreie Insel des Sports dar.

Auf Donike und dessen Funktion als Dopingexperte angesprochen, winken viele, denen die Hintergründe bekannt sind, ab. »Der hat doch seinen eigenen Sohn zur Olympiade gebracht.«

Sie spielen auf folgenden Vorfall an: Der Radfahrer Strittmatter verletzte sich 1984 einige Wochen vor den Deutschen Meisterschaften und wurde in Absprache mit dem Verband von Prof. Dr. Klümper, Freiburg, mit Anabolika behandelt. Strittmatter qualifizierte sich für die Olympischen Spiele von Los Angeles, 1984, und eine Untersuchung kam zu dem Ergebnis, daß die Anabolikarückstände nur noch verschwindend gering im Nanogrammbereich festzustellen waren und in kurzer Zeit ganz verschwunden sein würden. Strittmatter reiste nach Los Angeles, wo eine Analyse durch Donike ergab: der Sportler ist gedopt, er darf nicht starten.

Prof. Dr. Klümper ist der Ansicht, das sei unmöglich: »Er kann, als er in Los Angeles ankam, keine Metaboliten [Abbauprodukte] mehr gehabt haben.«

Obwohl zwei neutrale Analysen — eine wurde noch am gleichen Tag angefertigt — zweifelsfrei ergaben, daß in Strittmatters Urin keine Rückstände von Anabolika festzustellen waren, stützte sich die deutsche Mannschaftsführung auf den »Experten« Donike, der Athlet durfte nicht antreten. An seiner Stelle wurde in der Vierer-Mannschaft ein anderer Radfahrer gemeldet, und zwar Donikes Sohn.

Seltsam an dieser sehr dubiosen Geschichte ist folgendes, wie Prof. Dr. Klümper erklärt: »Der vom Saulus zum Paulus gewandelte Donike analysierte das Anabolikum Deca-Durabolin, ich aber hatte Primobolan verabreicht.«

Möglicherweise irrte sich Donike auch nur. Primobolan hat in der Roten Liste aller im Handel erhältlichen Medikamente heute die Nummer 75 004, Deca-Durabolin 75 003.

Wahrlich wundersam veränderte sich 1984 in Los Angeles auch das Testergebnis eines Hammerwerfers. Zuerst positiv ausgewiesen, wandte sich der Athlet Orlando an den Chef seines Verbandes. Der kümmerte sich um das kleine Problem, prompt wurde wenig später die B-Probe negativ analysiert. Kein Athlet kann das bewerkstelligen. Soviel Macht haben nur Spitzenfunktionäre, wie der damalige Präsident des italienischen Verbandes – heute ist er Präsident der IAAF –, Primo Nebiolo.

Deutscher Fußball-Bund sabotiert Deutschen Sport-Bund

In § 5 der DSB-Rahmenrichtlinien zur Bekämpfung des Dopings heißt es:

»Auch aus medizinischen Gründen dürfen …. Doping-Substanzen von Sportler/innen nicht eingenommen werden … Für die Anwendung von anabolen Hormonen bei Sportler/innen besteht keine Indikation.«

Würde sich der DFB daran halten, er könnte sehr viele Irritationen vermeiden, denn dann dürfte es auch im Fußball-Verband nicht zur Anwendung von anabolen Steroiden bei Maßnahmen zur Genesung kommen, wie es in den anderen Sportarten schon längst die Praxis ist.
Christoph Daum, ehemaliger Trainer des VfB, hat gegenüber *Bild*, nachzulesen in der Ausgabe vom 13. August 1992, zugegeben, daß Dopingsubstanzen während der Verletzungspause Anwendung finden:

»Frage: Gibt es neben Daum-Doping auch das Krabbe-Mittel Clenbuterol beim VfB Stuttgart?
Antwort Daum: Sie werden sich wundern. Ja. Wir setzen Clenbuterol ein, um die Muskulatur bei verletz-

ten Spielern schneller zu stabilisieren. Wir setzen das Mittel natürlich rechtzeitig wieder ab. Der Springstein dagegen muß ein Vollidiot sein. Bei uns hat das mit Doping aber nichts zu tun, wie ich überhaupt glaube, daß in der Bundesliga nicht gedopt wird.«

Damit hat Daum – inzwischen in der Türkei gelandet – ganz klar ausgesagt, daß Clenbuterol zur Anwendung kommt. Würde jemand in einer anderen Sportart das gleiche Eingeständnis machen, die Presse überschlüge sich.

Pikant und beleidigend auch Daums Bemerkung über den Krabbe-Trainer: »Der Springstein dagegen muß ein Vollidiot sein.«

Einer, der beim Europapokalspiel Stuttgart gegen Leeds United nicht bis vier zählen konnte – Daum hat am 30. September 1992 anstelle der drei erlaubten Ausländer Eyjölfür Sverrisson (Island), Slobodan Dubajic (Jugoslawien) und Adrian Knup (Schweiz) mit Jovica Simaniac (Jugoslawien) den vierten eingesetzt, weshalb das mit 4:1 gewonnene Spiel annulliert wurde –, sollte mit Äußerungen, irgend jemand sei ein Idiot, vorsichtig sein.

Man muß sich nur einmal vorstellen, was den Stuttgartern aus dem »Fehler«, nicht bis drei oder vier zählen zu können, alles an Einnahmen entgangen ist. Zehn Millionen Mark, so schätzt man, sind es mindestens.

Zu Daums Rechenfehler sagt Mayer-Vorfelder, Präsident des VfB und DFB-Vize: »Das Versehen ist im Eifer der Schlußphase passiert.« Und weiter fügt er hinzu: »In einem normalen Unternehmen müßte man den Vorstand feuern, aber das ist bei einem Verein nicht möglich.«[151]

Und warum nicht? Vielleicht, weil Mayer-Vorfelder zu der Zeit noch mit dem Posten des DFB-Präsidenten geliebäugelt hat? Sein Hinweis, dem Schiedsrichter sei vor dem Spiel auch nicht aufgefallen, daß vier Ausländer auf dem Spielerbogen standen, kann jedenfalls nur als Ausrede angesehen werden.

Immerhin hat Daums Äußerung in *Bild* einen kleinen

Proteststurm entfacht. Der Deutsche Meister dopt seine Spieler. Die Anwendung von Anabolika in Verletzungsphasen ist nach den Bestimmungen des DSB (§ 5 der Rahmenrichtlinien), denen sich der DFB unterordnet, eindeutig Doping.

Der Mannschaftsarzt des VfB Stuttgart, Edgar Stumpf, versuchte Daums Patzer auszubügeln. Zuerst rief er beim Hersteller in Biberach an und ließ sich über Clenbuterol aufklären.

»Das Asthma-Mittel erhöht in großer Dosis dermaßen den Pulsschlag, daß es im anabolischen Bereich gar nicht anzuwenden ist.«

So ist es in *Sport-Bild*[152] nachzulesen. Und in der Tageszeitung *Welt*[153] wird der Stuttgarter Mannschaftsarzt wie folgt zitiert:

»Im therapeutischen Bereich bei Langzeitverletzten wird bei Leistungs- wie auch bei Nichtsportlern, nach operativen Eingriffen mit längerer Ruhigstellung und damit verbundener Muskelverschmächtigung zur Wiederherstellung des muskulären Zustands selbstverständlich ein Anabolikum verordnet.«

Aber mit dieser Äußerung ist überhaupt nichts richtiggestellt worden. Im Gegenteil, sie bestätigt und ergänzt Daum – nun werden plötzlich neben Clenbuterol auch noch »selbstverständlich« Anabolika verordnet. Daum selbst bemühte sich in der Folgezeit, seine Aussage vom 13. August 1992 abzuschwächen. Bereits einen Tag später sagte er:

»Ich wollte mit meiner Aussage deutlich machen, daß Anabolika in der Rehabilitationsphase von Langzeit-Verletzten eingesetzt werden können. Ausschließlich mit dem Ziel, den ursprünglichen Zustand der Muskulatur wieder herzustellen.«

So stand es in *Bild* vom 14. August 1992. VfB-Manager Hoeneß ergänzt dazu: »Daum war irrtümlich der Auffassung, daß hierfür auch Clenbuterol verwendet werden kann.«

Braucht Daum schon einen Sprecher, der sich an seiner Stelle artikuliert? Daum beteuert:

> »Ich bedauere zutiefst, daß durch meine Aussage der Eindruck erweckt wurde, im Fußball würden unerlaubte, leistungssteigernde Mittel verwendet. Ich sage noch einmal, in der Bundesliga wird nicht gedopt.«[154]

Einen Tag zuvor »glaubte« Daum noch, in der Bundesliga würde nicht gedopt, inzwischen weiß er es.

Bei so viel Wirbel mußte der DFB einfach reagieren. Daum wird am 18. August 1992 nach Frankfurt zitiert und dort von Hans Kindermann, dem damaligen Vorsitzenden des DFB-Kontrollausschusses, vernommen.

Schon am 19. August[155] ist nachzulesen, daß Daum bedauert, Anabolika mit Clenbuterol verwechselt zu haben. Warum eigentlich bedauert er das? Denkt er, Anabolika seien weniger schlimm? Hält er sie nicht für eine Dopingsubstanz? Oder geht es bloß darum, daß die Substanz Clenbuterol durch den angeblichen Dopingfall Krabbe so ins Gerede gekommen ist? Dabei stand zu dem Zeitpunkt, als Daum seine Äußerungen machte, Clenbuterol auf keiner einzigen deutschen Dopingliste, während Anabolika dort schon längst Wurzeln geschlagen hatten. Warum also bedauert er seine Aussage?

Im *Kicker* vom 20. August wurde dann berichtet, daß »nach DFB-Angaben Daum bestreitet, die Erklärungen in der von der Bildzeitung überlieferten Form gemacht zu haben«.

Dieser Vorwurf ließe sich schnell vor Gericht klären, wenn Daum eine Klage gegen die Reporter von *Bild* anstrengen und man diese auf die Wahrheit vereidigen würde. Außerdem hat die Zeitung am 14. August ihren Beitrag vom Tag zuvor damit untermauert, daß man den Wortlaut des Interviews mit Daum auf Band habe.

Die Unstimmigkeit hätte schnell bereinigt werden können, statt dessen hat der DFB das Verfahren gegen Daum eingestellt. Der DFB mußte das Verfahren einstellen, denn eine Bestrafung wäre ein Eingeständnis gewesen. Die Mitarbeiter von *Bild*, die etwas anderes hätten bezeugen können, hat der DFB allerdings aus verständlichen Gründen nicht angehört.

Am 19. August 1992 stellt *Bild* endlich klar:

1. Daum hat immer wieder gesagt: »In der Bundesliga wird nicht gedopt.« So stand es auch in *Bild*.
2. Daum hat mehrfach öffentlich bedauert, daß er irrtümlich Anabolika, die (üblicherweise) bei der Rehabilitation von Langzeit-Verletzten eingesetzt werden, mit Clenbuterol verwechselt hat. Auch das stand in *Bild*.

Will man Christoph Daum mit Gewalt einen Skandal anhängen?

Sogar der verstorbene Präsident Hermann Neuberger hat noch kurz vor seinem Tod auf DFB-typische Art zu Doping und Daum Stellung bezogen. »Denn es paßt in die allgemeine Dopinghysterie, die den deutschen Sport umklammert hat, daß der Trainer des aktuellen deutschen Meisters in einem Interview leichtfertig Dinge in den Raum stellte, von denen er wenig bis gar nichts versteht ... Weitere Besserwisser meldeten sich in der Öffentlichkeit zu Wort und lieferten den Stoff zu fingerdicken Schlagzeilen.«

Und im nächsten Absatz erfolgt die Reinwaschung des Verbandes: »Merkwürdigerweise gehen diese Denunzianten auf Tauchstation, wenn sie gebeten werden, Beweise für ihre Behauptungen auf den Tisch zu legen – dann nämlich würde der Kontrollausschuß sofort ermitteln. Allen dubiosen Anschuldigungen halte ich entgegen, daß der DFB seit vier Jahren Dopingkontrollen durchführt (allein in der letzten Bundesligasaison waren es 266), und keine einzige war positiv.«[156]

Was will der DFB eigentlich noch alles? Wenn man Daums erster, später bestrittener Äußerung: »Wir setzen Clenbuterol ein, um die Muskulatur bei verletzten Spielern schneller zu stabilisieren«, Glauben schenkt, ist das doch wohl deutlich genug. Und die Ergänzung durch den Stuttgarter Arzt, daß selbstverständlich ein Anabolikum verordnet werde, auch. Aber eine DFB-Instanz ist nicht tätig geworden. Genauer gesagt, sie hat das Verfahren eingestellt. Daum meinte dazu in einem Interview des Fernsehsenders SAT 1, der DFB-Kontrollausschuß unter Leitung von Kindermann habe deshalb so entschieden, weil er diese Äußerung in dieser Form nie abgegeben habe.

Schließlich erfährt der Leser durch Neuberger, warum im Fußball überhaupt kein Doping anzutreffen ist. »In der allgemeinen Diskussion geht jedoch völlig die Kernfrage unter, und die lautet: Welchen Sinn soll Doping im Fußball überhaupt machen? Denn wenn ich schneller laufe, höher springe, mehr Kraft und eine verbesserte Kondition besitze, da bin ich noch lange kein guter Fußballer. Spieltechnik, taktisches Verhalten, das Gefühl für Teamwork und die gesamte Koordination lassen sich nicht durch künstlich-medizinische Mittel stimulieren. Davon bin nicht nur ich überzeugt, sondern auch kompetente Mediziner. Deshalb kann ich nur … mit absoluter Glaubwürdigkeit versichern: Doping spielt im Fußball keine Rolle.« So ist es nachzulesen im Jahresbericht des Deutschen Fußball-Bundes, 1989–1992.

In diesem Zusammenhang hat es den Anschein, als hätte Neuberger Schützenhilfe von der *FAZ* erhalten und sich auf einen Bericht bezogen, der am 14. August 1992 in dieser Tageszeitung erschienen ist. Dort steht: »Im Unterschied zu Sprung-, Lauf- oder Wurfwettbewerben werden pharmakologische Manipulationen wegen der koordinativen und technischen Anforderungen eines Ballspiels, zumal unter Turnierbedingungen und in langen Bundesliga-Monaten, eher als störend denn als fördernd bezeichnet. Während Leichtathleten und andere Sportler sich immer wieder höhere Wettkampfleistungen erschleichen wollen, scheint es im Fußball vorrangig um die Wiederherstellung der Wettkampffähigkeit zu gehen.«

Abgesehen davon, daß der Eindruck entsteht, im Fußball sei man nicht auf Leistungssteigerungen aus, wird umgekehrt ein Schuh daraus: Was aber geschieht, wenn ein guter Fußballer mit Spieltechnik, taktischem Verhalten und Koordination zu Substanzen greift, und dadurch noch schneller läuft, höher springt, mehr Kraft und eine verbesserte Kondition bekommt? Macht dann Doping immer noch keinen Sinn?

Heile Dopingwelt DFB. Bereits auf dem DFB-Bundestag in Trier, 1989, wurde durch Neuberger Erfreuliches über die Dopingkontrollen im Lizenzbereich berichtet. Unangemeldet habe man stichprobenartige Kontrollen durchgeführt, allesamt negativ.

Und genauso, wie der DFB im Fall Daum diesem durch die Einstellung des Verfahrens die Absolution erteilt, übt er sich in Schweigen, wenn ähnliche Attacken gegen den Fußball geritten werden. Auf Peter Geyers Bekenntnis, in der Bundesliga werde gedopt, und seine Beschuldigung, jeder, auch der DFB, wisse davon, erfolgte keine Reaktion aus der Zentrale in Frankfurt, kein Kontrollausschuß ermittelte, wie Neuberger behauptet. Unangenehme Themen werden einfach totgeschwiegen.

Oder es kommt wie bei Toni Schumacher zum Ausstoß aus dem Kreis der Auserwählten, der Nationalmannschaft. »Nestbeschmutzer«, wie Berti Vogts Schumacher titulierte, kann man nicht brauchen.

Besonders ein Aspekt gibt in diesem Zusammenhang sehr zu denken: Mayer-Vorfelder, Präsident des VfB Stuttgart, ist spätestens seit Stumpfs und Daums Äußerung über die Anabolika- und die bestrittene Clenbuterolanwendung in seinem Verein unterrichtet. Zugleich ist Mayer-Vorfelder als Vorsitzender des Liga-Ausschusses verpflichtet, Satzung und Ordnungen des Verbandes zu befolgen und gegen Doping vorzugehen. Nichts dergleichen hat er getan. Mayer-Vorfelder, Minister und zugleich DFB-Vizepräsident, führt einen Verein, in dem möglicherweise Dopingpraktiken angewendet wurden, und keiner stört sich daran. Weder der Verband, noch der Deutsche Sportbund, noch die Medien.

Aber Mayer-Vorfelder scheint der Schuh noch an anderer Stelle zu drücken. »Meine Sorge ist es, daß über lockeres Bargeplauder der große Hammer rauskommt.« Vor welchem großen Hammer hat der DFB-Vize, der sich so ahnungsvoll gegenüber der *Welt*[157] geäußert hat, Angst? Was könnte die Sportnation und den DFB noch mehr aufschrecken als Daums Clenbuterol-Äußerung?

Sportlich geraten die Stuttgarter in der darauffolgenden Saison in Turbulenzen, sie stehen weit unten in der Bundesligatabelle und sind in keinem internationalen Wettbewerb vertreten. Daum, der sich bisher hat so vieles leisten können, verkündet am 1. Dezember 1993 entnervt, daß er sein Traineramt beim VfB Stuttgart noch vor Weihnachten zur Verfügung stellen werde. Mayer-Vorfelder bedauert dies.[158]

Ja, man könnte wirklich noch darüber lachen, wenn nicht die Öffentlichkeit getäuscht und für dumm verkauft würde. Auf der einen Seite werden medienwirksam Kampagnen gestartet –»Keine Macht den Drogen«, »Fair geht vor«, »Mein Freund ist Ausländer« –, Absichtserklärungen und Rahmenrichtlinien unterschrieben und angeblich mitgetragen, auf der anderen Seite werden genau diese Richtlinien unterlaufen. Gibt es auf Doping bezogen innerhalb des Deutschen Sport-Bundes eine Lex DFB?

Es darf nicht sein

Der verstorbene DFB-Präsident Neuberger hat einmal sinngemäß gesagt, der Fußball mit all seinen Randbereichen wie Spieler, Vereine und Verband sei ein harmonisches Gefüge. Dieses Gefüge würde zerstört, käme es zu einer vergleichbaren Anzahl von Dopingfällen wie in anderen Sportarten.

Brutalität der Spieler auf dem Platz läßt sich noch vertreten – Fußball ist nun mal eine Kampfsportart Mann gegen Mann, auch Frau gegen Frau, da können zuweilen Verletzungen auftreten –, aber dies in Verbindung mit dem anrüchigen Doping würde den Sport in eine Krise stürzen.

Bei bestimmten Spielen darf es keine Dopingsünder geben, das würde den Fußballfrieden stören, angesetzte Meisterschaftsfeiern würden platzen, Rabauken alles zertrümmern, wenn der am Samstag gekürte Meister montags der Manipulation überführt wird.

Und was bringt die Zukunft?

Die Zukunft ist schon Gegenwart, denn im Fußball wird nicht nur gedopt, sondern auch zu Drogen gegriffen. Maradona ist ein Beispiel, der argentinische Nationalspieler Claudio Caniggia, Spieler des AS Rom, ein anderes. Gemeinsam mit Thomas Häßler im April 1993 zu einer Kontrolle bestellt, wiesen die Tester in einem Fall Kokainkonsum nach.[159]

Sofort geriet Caniggia, obwohl der deutsche Thomas Hässler mit ausgelost worden war und man keine Namen nannte, in Verdacht.

Schon als Caniggia 1989 für Hellas Verona stürmte, war der Argentinier in eine Drogenaffäre verwickelt.[160] Ein von der Drogenbekämpfung beschatteter Dealer hatte seinen Namen preisgegeben und ausgesagt, daß Caniggia einen sehr hohen Konsum gehabt haben soll. Caniggias Sperre endet im Sommer 1994 kurz vor der Weltmeisterschaft. Diego Maradona beeilte sich, dem Kokainkollegen beizustehen. Er behauptete, man habe Caniggia gezielt ausgeschaltet, weil er bei der WM 1990 das entscheidende Tor gegen Italien geschossen hatte.

Kokain im Sport, Kokain im Fußball – beides ist nicht neu. In den Vereinigten Staaten beträgt die Quote der Baseballspieler, die Kokain nehmen, astronomische vierzig Prozent. Über abgetakelte Profis, deren Leistung nach einem halben Jahr Kokaingenuß in den Keller wandert, ziehen Drogenbarone ein Verteilernetz auf mit dem Hintergedanken, auch noch andere Spitzensportler, allesamt Großverdiener, an das weiße Zeug zu gewöhnen. Und tatsächlich soll Kokain anfangs die Leistung beflügeln, weshalb die Droge in vielen Sportarten, darunter auch Fußball und Tennis, Einzug gehalten hat. Es beeinflußt die Psyche so, daß man sich besser, überlegener, kraftvoller fühlt und auf einer euphorischen Welle reitet. Höchstens eine Stunde hält die Wirkung an, dann muß aufgefrischt werden. Im Fußball wie auch in anderen Sportarten dient dazu die Halbzeitpause. Und während des Wettkampfs gibt es auch verschiedene Methoden, für Nachschub zu sorgen. Kokain unter den Schweißbändern an den Handgelenken hat sich nicht durchgesetzt, weil das weiße Pulver feucht wird und verklumpt. Ausgetüftelter sind da schon kleine, im Hemdsaum eingenähte Täschchen außen am Oberarm, in denen es in flachen Plastiktütchen deponiert wird. Mit einer Hand aufgedrückt, dann scheinbar den Schweiß von der Stirn gewischt, schon kann die Droge geschnüffelt werden.

In England ist Kokain schon sehr weit im bezahlten Fußball verbreitet. Dr. A. J. Banks hat es sich darum angewöhnt, Spieler vor Operationen – um eine Gegenreaktion bei der Anästhesie zu vermeiden – auf Drogenkonsum hin zu untersuchen. Dr. Banks ist Orthopäde und als Facharzt zuständig für die verletzten Profis von Manchester United und Manchester City. Er ist seit vielen Jahren ein Kenner der englischen Fußballszene, dem bisher noch kein Profi begegnet ist, den man – obwohl es laut Verband auch auf der Insel Kontrollen gibt – zu einem Dopingtest bestellt hat. Dr. Banks sagt, die Quote der Spieler, die Kokain und Amphetamine – nicht nur zur Leistungssteigerung, sondern auch wegen des berauschenden Gefühls – nehmen, sei ungewöhnlich hoch und im Fußball ein ständig wachsendes Problem.
Linksaußen Sharpe von Manchester United – zugleich auch englischer Nationalspieler – konnte oder wollte nicht von der Droge lassen und kam deshalb zwölf Monate nicht zum Einsatz. Ein anderer Ex-Aktiver von Manchester sitzt im Gefängnis, weil er zusätzlich auch noch Falschgeld in Umlauf gebracht hat, um Geld für die Droge zu verdienen. Gefälschte Zwanzigpfundnoten tauschte er bei Mitspielern im Verhältnis 1:1 ein gegen echte Fünfpfundnoten.

Die kokainabhängigen Sportler sehen sich in illustrer Gesellschaft mit Künstlern, Schauspielern und anderen Spitzen unserer Nation, bei denen der Drogenkonsum schon zum guten Ton gehört. Der Liedermacher Konstantin Wekker hat mehrfach zugegeben, über Jahre Kokain zum Teil unmäßig konsumiert und in einer Größenordnung bis zu 400 Gramm – das entspricht einem Marktwert von mehreren 100 000 Mark – erstanden und über Ländergrenzen hinweg geschmuggelt zu haben, weil er seine Leistung steigern wollte und um mit Freunden die Droge zu genießen. Nun, die Fans haben seinen Rausch honoriert, indem sie seine Schallplatten kauften und die Auftritte besuchten. Und auch jetzt, wo bekannt ist, wie er sich inspirieren ließ, gehen sie immer noch hin und fördern den Künstler. In all den Monaten, in denen Wecker als werbeunterstützende Maßnahme für ein neues Buch seinen Kokainkonsum publikumswirksam unter das Volk streute, war keine einzige kritische Stimme in den Medien zu hören. Wecker kam unbescholten davon. Auch hier werden zweierlei Maßstäbe angelegt: Keine Sperre für Wecker, kein Auftrittsverbot von vier Jahren.

Jeder kann sich ausmalen, was passiert wäre, hätte man bei Katrin Krabbe auch nur ein Gramm Kokain – und nicht etwa vierhundert, wie bei Wecker – gefunden. Die Presse hätte für sie eine moderne Form der Hexenverbrennung kreiert.

Kokain findet im Spitzensport und Fußball genauso Eingang wie in anderen Bereichen der Gesellschaft. Und besonders der Fußball ist gefährdet. Zum einen gehören die Spitzenspieler nach der Höhe ihres Einkommens zu den potentiellen Konsumenten, die jeden Preis zahlen können. Und falls sie zu der Droge greifen, dann werden sie, wie in England, anfällig für Erpressungen.

Zum anderen wollen viele Spieler ausloten, auf welchem Wege man seine Leistungsfähigkeit auch noch weiterhin steigern kann. Kokain gehört zu den Mitteln, die eine Leistungssteigerung versprechen.

Und zum dritten: Lizenzfußballer, meist aus der Unterschicht stammend und plötzlich ins Rampenlicht gerückt, haben oft das große Problem, was sie mit ihrer vielen freien

Zeit anfangen sollen. Das Training einschließlich Vorbereitungen dauert höchstens drei Stunden am Tag. So mit Freizeit gesegnet, dazu der entsprechende Umgang in Verbindung mit einer geradezu berufsbedingten Anfälligkeit – das ist der rechte Nährboden für Kokain.

Dem DFB dürfte die Gefahr nicht unbekannt sein. Spätestens die italienischen Verhältnisse müßten ihn gewarnt haben, über England wird er auch informiert sein. Die Frage ist, wie der Verband gegensteuern will und was er zu unternehmen gedenkt, um Drogen aus dem Fußball zu verbannen – Kampagnen allein genügen nicht. Gibt es eine Zusammenarbeit mit Drogenberatern, um schon im Vorfeld eine Gefährdung bei den Profis zu erkennen? Oder steht der DFB auf dem Standpunkt, die Fußballer sind nicht gefährdet, also brauchen wir auch nichts in die Wege zu leiten? Solange der DFB nicht über die Medien massiv mit einem Problem konfrontiert wird, existiert es nicht für ihn. Nach dieser Methode verfährt er seit Jahren mit Doping – uns ist nichts bekannt, gibt es nicht im Fußball, bringt nichts –, mit Kokain und anderen Drogen wird er es genauso tun. Der Verband zieht es lieber vor, auch weiterhin in der selbstgebastelten heilen Sportwelt zu leben.

8. Transfer

Das Szenario

Für den Transfer eines Spielers gibt es genaue Regeln, die in den Statuten des DFB nachzulesen sind. Auf sie und mehr noch auf die gängige Praxis, die erheblich von den DFB-Regeln abweicht, soll im folgenden eingegangen werden.

Damit ein Lizenzspieler überhaupt kicken darf, benötigt er zuerst einmal entsprechend § 26 a des Lizenzspielerstatuts eine Spielerlaubnis, und »die ist vom Verein, der den Spieler verpflichtet hat, beim Liga-Ausschuß schriftlich zu beantragen«.

Will ein Lizenzspieler den Verein wechseln, dann muß er vorher schriftlich die Aufnahme in die sogenannte Transferliste beantragen – ohne geht es nun mal nicht. Sind sich alle Parteien auch noch über die Höhe der Transferentschädigung, auch Ablösesumme genannt, einig, steht einem Wechsel nichts mehr im Wege.

Die Höhe der Transferentschädigung ist normalerweise frei aushandelbar. Lediglich in den Amateurligen wird sie vom DFB vorgegeben und beträgt, wenn ein Spieler von der Verbandsliga in die Oberliga wechselt, 20 000 Mark. Diese Größenordnung wird auch immer eingehalten – auf dem Papier.

Beim Wechsel eines Amateurspielers in die Zweite Liga beläuft sich die Entschädigung derzeit auf 35 000 Mark. Hier kommt es nun zu einer Besonderheit, denn diese 35 000 Mark werden auf sieben Jahre umgelegt, pro Jahr also 5000 Mark. Jeder Verein, für den der Spieler in dieser Zeitspanne gespielt hat, erhält anteilig und nach einem genau ausgeklügelten Modus einen gewissen Betrag, wobei das letzte Jahr besonders berücksichtigt wird.

Direkt aus der Oberliga in die Erste Bundesliga gewechselt, werden 80 000 Mark fällig, aufgeteilt nach dem gleichen Schlüssel. Weitere Regelungen, die beachtet werden müssen, sind aus § 32 des Lizenzspielerstatuts, Transferbestimmungen für Amateurspieler, zu ersehen.

Natürlich mosern die Vereine in der Oberliga, wenn sie einen Fußballer aus der Verbandsliga für 20 000 Mark einkaufen und ein Zweitligist ihnen den Sportler bereits nach einem Jahr wieder per Vertrag wegnimmt. Dann erhält der Oberligaverein trotz investierter 20 000 Mark zunächst lediglich ein Siebtel von 35 000 Mark.

Daß sich auf diese Weise, geht der Handel noch eine Stufe weiter, erhebliche Gewinne erzielen lassen, liegt auf der Hand. Aktive, für 35 000 oder 80 000 Mark im bezahlten Fußball eingekauft, werden ein oder zwei Jahre später oft für mehr als eine Million weitervermittelt. Karlheinz Riedle ist ein solches Beispiel. Sein Oberligaverein FC Augsburg bekam für ihn 33 000 Mark (damals war die vom DFB vorgegebene Summe beim Wechsel in die Bundesliga noch wesentlich geringer), Blau-Weiß 90 Berlin dagegen veräußerte den Profi später für 1,6 Millionen an Bremen. Der gleiche FC Augsburg hat schon bei Roland Grahammer und Raimond Aumann in die berühmte Röhre schauen müssen.

Hier prallen zwei verschiedene Modalitäten aufeinander, die der DFB letztlich durch seine Vorgaben provoziert.

Selbstverständlich sind die Präsidenten der Oberligisten empört, wenn sie sehen, für wie wenig sie einen guten Mann wegziehen lassen müssen, weil der DFB die Obergrenze der Ablösesumme vorschreibt, ohne später am Zugewinn partizipieren zu können. Mit einer einzigen Ausnahme, und die wird in § 32, Absatz 6 des Lizenzspielerstatuts geregelt:

»Wechselt ein Lizenzspieler erstmals von einem Lizenzverein zu einem anderen Lizenzverein, ist der abgebende Lizenzverein zur Zahlung einer Zusatzentschädigung verpflichtet, wenn

– der Wechsel innerhalb der ersten 24 Monate nach Inkrafttreten des ersten Lizenzspielervertrages, spätestens jedoch nach zwei Spieljahren erfolgt

und

– der aufnehmende Lizenzverein eine Transferentschädigung einschließlich aller Nebenleistungen von mindestens TDM 300 zu zahlen bzw. gezahlt hat. Die Zusatzentschädigung entspricht der Höhe nach dem Betrag, der vom abgebenden Verein gemäß § 32 des DFB-Lizenzspielerstatuts aus Anlaß der erstmaligen Verpflichtung des Amateurspielers als Lizenzspieler zu zahlen war.«

Wahrlich sehr umständlich formuliert, und das im reinsten Beamten-, Verwaltungs- und DFB-Deutsch.

Hier die Übersetzung: Macht der abgebende Lizenzverein durch den Verkauf des Spielers eine Kasse von mehr als 300 000 Mark, und das innerhalb von 24 Monaten nach Einkauf, muß er dem Verein, von dem er den Amateur erworben hat, nachträglich eine zweite Ablösesumme zahlen. Und zwar einen gleichhohen Betrag wie zu dem Zeitpunkt, als er den Spieler selbst vom Amateurverein gekauft hat (also beispielsweise 20 000 Mark).

Während beim Übergang von den Amateuren zu den Profis die Ablösesummen vorgeschrieben sind, reguliert sich im bezahlten Fußball der Preis über Angebot und Nachfrage. In § 30 Transferbestimmungen für Lizenzspieler steht:

»1. Transferentschädigungen für Lizenzspieler können zwischen dem abgebenden und dem aufnehmenden Verein frei vereinbart werden.«

Dieser Paragraph stützt sich auf den vorhergehenden § 29, in dem nachzulesen ist:

»1. Ein Verein der Lizenzligen, der einen Spieler eines anderen Vereins unter Vertrag nimmt, ist zur Zahlung einer Transferentschädigung an diesen Verein verpflichtet ...«

Während § 29 die Verpflichtung festlegt, eine Transferentschädigung zu zahlen, wird in § 30 davon gesprochen, daß eine solche Entschädigung frei vereinbart werden kann. Und solange diese Regelung existiert, wird es immer wieder zu Differenzen und Spannungen kommen, die letztlich durch den DFB – der Liga-Ausschuß muß jedem Wechsel zustimmen – erst möglich werden. Deshalb ist es nicht verwunderlich, wenn selbsternannte Spielervermittler bereits in den Ober- und Verbandsligen nach »Material«

Ausschau halten. Haben sie einen guten Balltreter entdeckt, werden sie ihn in der Ersten Liga immer los. Das bedeutet nicht, daß er dort auch unbedingt zum Einsatz kommen muß. Er wird als Investitionsobjekt gekauft und anschließend, falls man genügend Aktive hat, an einen Zweitligisten ausgeliehen. »Verleast« nennt man das im Fußball. Der Spieler erhält sein vereinbartes Gehalt vom ausleihenden Club, und der Verleihclub bekommt eine Gebühr, die sich bei Abgabe an die Zweite Liga je nach Wert jährlich zwischen 50 000 und 150 000 Mark bewegt und ungefähr 15 Prozent der Ablösesumme ausmacht. Beide Vereine sind glücklich: Der Zweitligist kann sich verstärken, ohne einen teuren Neueinkauf zu tätigen und dadurch die Bilanzen zu schmälern, der Erstligist hat den Gewinn schon eingefahren. Noch glücklicher wird er, wenn er den Spieler weitere ein oder zwei Jahre die Runde machen läßt und dann mit Profit verkauft.

Schon seit längerem gibt es Modelle der Amateurvereine, die diese dem DFB vorgestellt haben, um am Gewinn der Lizenzclubs zu partizipieren. Aber der DFB hat bisher alle Anträge ins Leere laufen lassen, weil der Liga-Ausschuß unter Vorsitz von Mayer-Vorfelder so dominant in dieser Frage ist. Das ist nicht verwunderlich, denn sogar schon eigenwillige Spieler mit Charisma und Ausstrahlung, die sich erdreisten, nachzudenken und ihre Meinung zu sagen, scheinen dem Vereinspräsidenten Mayer-Vorfelder zu mißfallen. So hat er kraft seines Amtes Karl Allgöwer, mit dem der CDU-Landesminister als Präsident des VfB ständig im Clinch gelegen hatte, aus dem VfB Stuttgart »entfernen« lassen.

Der Fußballbasar

Für den Normalbürger sind die Transferentschädigungen ein undurchsichtiges Kapitel, dabei entbehren sie nicht einer gewissen Logik.

306

Berufsverband
Schmidtstr. 12
6000 Frankfurt/Main 1
Tel. 0 69 / 7 39 38 50/1
Tel. 0 69 / 75 80 43 40/1
Fax 0 69 / 7 39 38 52

Vereinigung der
Vertragsfußballspieler e.V.

MULTIPLIKATORENTABELLE
GÜLTIG AB 01.07.1992 bis 30.06.1993

```
Verein                        Multiplikator
-----------------------------------------------------------

Bayern München                5,5000
Bayer 04 Leverkusen           4,9417
VfB Stuttgart                 4,8354
1. FC Kaiserslautern          4,8161
Borussia Dortmund             4,7266
Eintracht Frankfurt           4,5174
FC Schalke 04                 4,4781
Werder Bremen                 4,3940
1. FC Köln                    4,2579
Hamburger SV                  3,9541
Borussia Mönchengladbach      3,6521
1. FC Nürnberg                3,6214
Karlsruher SC                 3,3305
VfL Bochum                    3,2622
Fortuna Düsseldorf            3,2031
SG Wattenscheid 09            3,1156
MSV Duisburg                  3,0725
FC St. Pauli                  3,0611
Hertha BSC Berlin             2,9033
Bayer Uerdingen               2,9020
1. FC Saarbrücken             2,8039
Hannover 96                   2,7934
Stuttgarter Kickers           2,6656
Eintracht Braunschweig        2,6166
Dynamo Dresden                2,6036
Waldhof Mannheim              2,5484
Hansa Rostock                 2,5015
VfL Osnabrück                 2,4880
Fortuna Köln                  2,4665
FC Homburg                    2,4431
SV Darmstadt 98               2,4196
VfB Oldenburg                 2,3905
FSV Mainz 05                  2,3367
SV Meppen                     2,3341
SC Freiburg                   2,2704
Chemnitzer FC                 2,2564
Carl Zeiss Jena               2,1925
VfB Leipzig                   2,1913
1. FC Remscheid               2,1268
Wuppertaler SV                2,0458
SpVgg. Unterhaching           2,0146
VfL Wolfsburg                 2,0000
```

Wird ein Spieler aus einem laufenden Vertrag herausgekauft, dann ist die Höhe der Ablösesumme eine Sache der Verhandlung und hängt zum einen davon ab, welchen Marktwert der Profi hat und zum anderen davon, wie lange der Vertrag noch läuft und wie alt der Spieler ist. Je jünger er ist, desto teurer wird er. Manche unterzieht man allein aus diesem Grund einer Verjüngungskur, wie den Ghanesen Yeboah. In seinem zweiten, von der Botschaft ausgestellten Paß soll er plötzlich nicht mehr 1964 geboren sein, sondern am 6. 6. 1966.[161] In Mark ausgedrückt macht das beim heutigen Wert des Spielers etwa eine Million aus.

Etwas anders verhält es sich, wenn ein Spieler, der auf der Transferliste steht, Ende der Saison seinen auslaufenden Vertrag nicht verlängern will und Ausschau nach einem neuen Verein hält. Hat er ihn gefunden, dann beginnt der Fußballbasar.

Als Grundlage der Berechnung für die Höhe der Transferentschädigung – wohlgemerkt nur Grundlage, denn die Summe ist immer noch frei aushandelbar – dient das momentane Brutto-Jahresgehalt des Spielers inklusive aller Nebeneinnahmen wie Prämien und Bonus. Hinzu kommt das Angebot des neuen Vereins, ebenfalls als Jahresgehalt und als dritte Größe das Neuangebot des jetzigen Vereins. Die drei Summen werden in der Regel addiert und durch drei geteilt. Die Endsumme wird mit einem Faktor multipliziert, der zwar vom DFB festgelegt, aber von Verein zu Verein unterschiedlich ist und der jeweiligen Wirtschaftskraft des erwerbenden Clubs angepaßt sein soll. Heraus kommt ein Richtwert, an den sich die Vereine halten können, aber nicht müssen.

Die Multiplikatortabelle zeigt, daß Bayern München in der Saison 1992/93 mit 5,500 den größten Multiplikator hatte, Wolfsburg, obwohl VW-Stadt, mit 2,000 den kleinsten.

Wie sich der Multiplikator ändern kann, zeigt die Tabelle 1993/94:

Verein	Multiplikator 1993/94
Borussia Dortmund	5,5000
Bayern München	5,4153
1. FC Kaiserslautern	4,8137
Bayer Leverkusen	4,8134
VfB Stuttgart	4,7564
Werder Bremen	4,5735
Eintracht Frankfurt	4,4006
1. FC Köln	4,0278
FC Schalke 04	3,9934
1. FC Nürnberg	3,8194
Hamburger SV	3,7812
Mönchengladbach	3,5649
Karlsruher SC	3,1989
SG Wattenscheid 09	3,0754
MSV Duisburg	3,0645
VfL Bochum	3,0050
1. FC Saarbrücken	2,8851
Hannover 96	2,8848
Dynamo Dresden	2,8795
FC St. Pauli	2,7400
Bayer Uerdingen	2,7172
Hertha BSC Berlin	2,6933
Hansa Rostock	2,5599
SC Freiburg	2,4921
Stuttgarter Kickers	2,4889
Waldhof Mannheim	2,4454
VfB Leipzig	2,4382
Chemnitzer FD	2,4349
Fortuna Köln	2,4039
FC Homburg	2,3550
FSV Mainz 05	2,3384
VfL Wolfsburg	2,3215
SV Meppen	2,3206
Wuppertaler SV	2,2984
Carl Zeiss Jena	2,2757
TSV 1860 München	2,1065
Rot-Weiß Essen	2,0373
TB Berlin	2,0000

Jetzt führt Dortmund, wegen der Einnahmen in Millionenhöhe aus dem UEFA-Cup, vor München und Kaiserslautern.
Schlußlichter sind die Neuaufsteiger in die Zweite Bundesliga, TSV 1860 München, Rot-Weiß Essen und Tennis Borussia Berlin.

Verwunderlich ist, daß man zum einen den FC Schalke 04 abgestuft hat, von 4,4781 auf 3,9934, während Dynamo Dresden – trotz der hohen Schulden – aufgewertet wurde: 2,8795 anstelle von 2,6036. Hat man in Schalke den finanziellen Kollaps nahen sehen, während man den von Dresden als nicht so gravierend einstufte?

Bei der Erstellung des Multiplikators beachtet der DFB auch die Wirtschaftskraft der Vereine, die mit Hilfe der jährlich eingehenden Bilanzen errechnet wird.

Aber mit diesen beiden Möglichkeiten, die Höhe der Transferentschädigung zu gestalten, ist es noch nicht getan. Eine weitere Tabelle hilft, das Alter des betreffenden Spielers zu berücksichtigen. Ist der Aktive jünger als 25 Jahre, dann gibt es einen Aufschlag, über dreißig einen Abschlag.

Unter Beachtung all dieser Vorgaben kommt es dazu, daß die Vereine für ein und denselben Spieler unterschiedlich hohe Ablösesummen zahlen. Dazu ein fiktives Beispiel, das zeigt, wie solche Geschäfte gemeinhin ablaufen.

Spieler Müller, 26 Jahre alt, hat ein Jahresgehalt von 250 000 Mark, der neue Verein will 350 000 Mark zahlen, sein alter Club macht ihm ein Angebot von 300 000. In diesem Fall beträgt die Entschädigung, wenn Borussia Dortmund den guten Müller haben will, 1,65 Millionen (Durchschnitt der drei Angebote 300 000 Mark mal Faktor 5,5). Tennis Borussia Berlin, mit Faktor 2,000 am Ende der Tabelle stehend, braucht nur 600 000 Mark zu zahlen, weit weniger als die Hälfte.

Was auf den ersten Blick sozial ausgewogen erscheint, öffnet der Manipulation Tür und Tor, denn die Vereine können manchmal sehr gut am Transfer verdienen (Werder Bremen bezahlte 1982 für Rudi Völler 1,2 Millionen und 1987 für Karlheinz Riedle 1,4 Millionen, verkauft wurden beide für insgesamt 21 Millionen). Abgesehen davon führt der Modus dazu, daß alle an Borussia Dortmund, Bayern München, 1. FC Kaiserslautern und Bayer 04 Leverkusen verkaufen wollen. Da diese außerdem mit der entsprechenden finanziellen Substanz ausgestattet sind, werden die spielerisch starken Vereine immer stärker.

Bleiben wir, um Manipulationsmöglichkeiten aufzuzeigen, bei Spieler Müller. Bisher hat er ein Jahresgehalt von 250 000 Mark, und er weiß, sein alter Verein wird ihm in der kommenden Saison kein höheres Angebot machen. Müller glaubt nun den idealen Arbeitgeber im 1. FC Köln zu sehen, ist sich mit dem Club handelseinig über ein Gehalt von 300 000 Mark und unterschreibt einen Vertrag, was er eigentlich laut DFB nur machen darf, wenn er auf der verbandseigenen Transferliste steht. Da der Spieler nun mal nicht auf der Transferliste steht, unterschreibt er einen Vorvertrag ohne Datum, das erst später eingesetzt wird. Er und Köln wollen sich ihrer Sache sicher sein. Zwar ist dieser Deal nicht erlaubt, bringt aber höchstens eine Strafe von 1000 Mark mit sich, falls der DFB dahinterkommt.

Nun tritt Müllers Heimatverein, sagen wir, es soll der VfL Wolfsburg sein, in Vertragsverhandlungen mit Köln. Zufällig erfährt Wolfsburg, daß Müller bereits einen Vorvertrag unterschrieben hat. Jetzt geht der clevere Präsident der VW-Stadt hin und unterbreitet dem lieben Müller ein phantastisches Angebot: Jahresgehalt 500 000 Mark.

Müller, der sich sonstwo hinbeißen möchte, muß nun gestehen, daß er schon mit den Domstädtern ... er dort spielen möchte ... man ihm doch bitte keine Steine in den Weg ...

»Klar, Junge, du kannst gehen. Wir legen dir selbstverständlich keine Steine in den Weg. Die Geißböcke brauchen nur die richtige Ablösesumme zu zahlen.«

Und die ist in diesem Fall auf einmal astronomisch hoch, nämlich 1 409 730 Mark.

»Wir lassen dich auf die Transferliste setzen und liefern dem DFB den Nachweis über die Beendigung des Vertragsverhältnisses mit dir gleich mit.«

Müller schluckt, die Rheinländer schlucken und der Wolfsburger Präsident reibt sich die Hände. Denn soeben hat er mit Müller mindestens dreihunderttausend mehr erzielt, als er eigentlich hätte erzielen können. Normalerweise und ohne das nachgeschobene Angebot über 500 000 Mark Jahresgehalt hätte Müller nur 1 074 079 Mark »gekostet«.

Falls sich der 1. FC Köln geprellt fühlt, kann er sich an den DFB wenden. Einigen sich nämlich die beiden Parteien nicht über die Höhe der Ablösesumme, dann kommt es nach § 30, Absatz 3 des Lizenzspielerstatuts zu einem Schlichtungsverfahren vor einem DFB-Gutachter.

»Bei Streitigkeiten über die Höhe einer Transferentschädigung können der abgebende und der aufnehmende Verein sie durch einen unabhängigen, an keine Weisungen gebundenen Schiedsgutachter feststellen lassen. Der Schiedsgutachter ist kein Organ des DFB.«

Und weiter im nächsten Absatz:

»Eine Streitigkeit liegt vor, wenn der aufnehmende Verein den Vertragsabschluß mit einem Spieler nachweist und es bis dahin nicht zu einer Vereinbarung mit dem abgebenden Verein gekommen ist. Beide Vereine sollen sich auf ein Mitglied des Liga-Ausschusses, im Falle fehlender Übereinstimmung auf ein Mitglied des Kontrollausschusses einigen ... Der Schiedsgutachter trifft seine Entscheidung ... nach freiem Ermessen (§§ 317 I, 319 II, BGB). Damit ist die Anrufung des Schiedsgerichts und/oder der ordentlichen Gerichtsbarkeit ausgeschlossen. Die Entscheidung des Schiedsgutachters ist für die Beteiligten verbindlich, unanfechtbar und endgültig.«

Es fällt auf, wie der DFB sich nach allen Seiten abzusichern
· versucht. »Der Schiedsgutachter ist kein Organ des DFB.«
Gleichzeitig aber soll er Mitglied des Liga-Ausschusses oder des Kontrollausschusses sein und darf seine Entscheidung nach freiem Ermessen treffen. Wer kann schon im bezahlten Fußball frei ermessen, ohne den DFB zu fragen?
Die Anrufung des Schiedsgerichtes, eines DFB-Organs, und der ordentlichen Gerichte ist ausgeschlossen. Bemüht man trotzdem ein ordentliches Gericht, gilt das als »unsportli-

312

ches Verhalten« oder was auch immer. Ommer, Homburg, hat diese Erfahrung machen müssen. »Ich habe eine Einstweilige Verfügung gegen den DFB erwirkt, und der brummte mir eine Strafe auf.«

Da die Entscheidung des Schiedsgutachters verbindlich, unanfechtbar und endgültig sein soll, wird zumindest das verbriefte Recht eines jeden Bürgers, in einem Streitfall die ordentlichen Gerichte anzugehen, dadurch unterlaufen.

In unserem Streitfall Köln–Wolfsburg wird sich also der Schiedsgutachter des DFB die Verträge anschauen und sagen: ich weiß nicht, was ihr wollt, alles ist rechtens. Auf das erhöhte Angebot des abgebenden Vereins angesprochen – nach Punkt 4 der Transferrichtlinien besteht die Möglichkeit, einen Abzug vorzunehmen, falls die »neuangebotenen Bruttobezüge erheblich über den bisherigen« liegen, was in der Regel höchst selten geschieht –, wird er mit den Schultern zucken: »Vertrag ist nun mal Vertrag. Meiner Meinung nach ist der Verein wirtschaftlich in der Lage, das Geld aufzubringen.« Und obwohl alle drei Parteien wissen, daß das Wolfsburger Angebot total überzogen und getürkt ist, um eine höhere Ablösesumme zu kassieren, stimmt der Schiedsgutachter dem Wechsel zu. Er schaut in seinen Richtlinien nach – sie stammen aus dem Jahr 1982 und gelten immer noch – und sieht, daß er lediglich das letztjährige und das neue Gehalt des abgebenden Vereins zu beachten hat. Dadurch, daß das Angebot des zukünftigen Vereins, in unserem hypothetischen Fall also das der Kölner, vom DFB-Gutachter nicht zwingend beachtet werden muß, wird die Ablösesumme noch höher.

Der 1. FC Köln berappt zähneknirschend die unrechtmäßig geforderte hohe Summe, weil zum einen der Vertrag längst unterschrieben ist, und zum anderen, damit das System nicht kippt. Genauso wie Uerdingen an den FC Homburg gezahlt hat, als die Saarländer 1988 im Abstiegsjahr aus der Ersten Liga den Spieler Thomas Stickroth an den Bayer-Verein verkauften. Ungefähr 300 000 Mark, so gibt der Homburger Präsident Manfred Ommer zu, hat der Club aus dem

Saarland dadurch mehr erzielt, weil man Stickroth, der vorab bei seinem neuen Arbeitgeber unterschrieben hatte, ein so hohes Angebot gemacht habe. Und Uerdingen hatte nur einen niedrigen Faktor. Hätte man Stickroth an die Bayern in München verkauft, wären es fast 400 000 Mark mehr gewesen.

»Jeder versucht auf diese Art und Weise sein Schnäppchen zu machen«, konstatiert Manfred Ommer. »Die Vereine wollen am Transfer und an der Ablösesumme verdienen. Ist doch logisch.«

Und Ommer spricht auch davon, daß Gelder ohne Beleg von einem gemeinnützigen Verein zum anderen gemeinnützigen Verein wandern, was verschiedene Gründe haben kann. Einmal, um zu verdecken, daß ein Vermittler eingeschaltet worden ist. Dann einigt man sich auf eine niedrigere Transferentschädigung, »der Rest ist cash«. Oder weil ein Vereinsmanager am Handel mitverdienen möchte. Er redet dem Vorstand ein, man müsse einen gewissen Spieler unbedingt loswerden, weil er sich nicht in die Mannschaft einfüge, und bietet den Betreffenden wesentlich billiger und unter Wert an. Ein Teil des Rabatts wandert in die Brieftasche des Managers oder Trainers.[162]

Der umgekehrte Weg, wenn also etwa Bayern München einen Spieler verkauft, ist nicht so profitabel. Bayern hat den zweithöchsten Multiplikator, kann also nur an Vereine herangehen, die wesentlich weniger zu zahlen bereit sind. Nun hat Bayern München jedoch das Plus, zweimal für den Spieler das Jahresgehalt einbringen zu können, sein bisheriges und sein fiktives künftiges. Auf diesem Umweg läßt sich wieder ein Teil des »Verlustes« auffangen.

Der DFB ist, da er die Bilanzen der Vereine kennt, bestens informiert, welches Angebot real und welches getürkt ist. Anders ausgedrückt: Der DFB unterbindet nicht den Betrug der Vereine untereinander, obwohl er ihn durch die konsequente Anwendung von Punkt 4 der Transferrichtlinien verhindern könnte.

Ein weiteres profitables Geschäft machten die Homburger

mit dem zwanzigjährigen Spieler Kai Friedmann, den sie 1983 beim Aufstieg in die Zweite Liga verpflichteten. Von Südwest Ludwigshafen für 15 000 Mark gekauft – ein Nachschlag von 10 000 Mark folgte nach dem Aufstieg –, zeigte Kaiserslautern 1986 großes Interesse an dem jungen Profi. Nun aber begingen die Lauterer einen gravierenden Fehler. Nach Geheimverhandlungen, die auch zum Vertragsabschluß führten, verbreiteten sie voreilig samstags in einer Pressekonferenz, daß Friedmann zum Betzenberg wechseln würde. Das Fatale: Der Spieler stand nicht auf der Transferliste.

Montags ließen die Homburger den jungen Friedmann kommen und legten ihm ein phantastisches Angebot vor. Friedmann zierte sich: Er könne das Angebot nicht annehmen, weil er in Kaiserslautern unterschrieben habe.

Die Vertreter der beiden Vereine trafen sich, und »Atze« Friedrich, damals Präsident von Kaiserslautern, sprang nach wenigen Minuten erregt auf, als sein Kollege Udo Geitlinger, Homburg, die Höhe der Ablösesumme nannte.

Friedrich: »Das ist für uns keine Basis.«

Die Verhandlung war geplatzt, der Schiedsgutachter Dr. Engelbrecht wurde bemüht, und Homburg begründete sein hohes Angebot: man sei gerade in die Erste Liga aufgestiegen und habe nun wegen der Sponsorenverträge ein gutes finanzielles Polster.

Kai Friedmann, darauf angesprochen, warum er denn nicht bei Homburg bleiben wolle, die böten ihm doch viel mehr, redete sich heraus. Er sehe seine sportliche Zukunft in Kaiserslautern, und deshalb spiele Geld nun mal keine so große Rolle.

Auf alle Fälle erzielten die Homburger, abgesegnet durch den Schiedsgutachter, der in dem Angebot von etwa 300 000 Mark im Jahr nichts Anstößiges sah, obwohl Friedmann in der gerade ausgelaufenen Saison eben mal 60 000 Mark verdient hatte, einen hohen Preis. Der Schiedsgutachter Dr. Engelbrecht legte die Transferentschädigung »unter Heranziehung von Erfahrungswerten« fest, und dagegen gibt es laut DFB-Bestimmung keine Einspruchsmöglichkeit. Kaiserslautern zahlte 750 000 Mark plus Mehrwertsteuer.

Das ganze Spielchen ist aufgeflogen, weil Friedmann einen Fehler begangen hat: Ohne auf der Transferliste zu stehen, hat er bereits bei den Lauterern trainiert. Das spricht sich in der Branche, wo jeder jeden kennt, schnell herum.

Wie soll unter diesen Verhältnissen bei den Vereinen im bezahlten Fußball ein Unrechtsgefühl entstehen, wenn der DFB einen solchen Handel absegnet?

Viele kritisieren in diesem Zusammenhang den DFB, weil er es versäumt, zu überprüfen, ob die bei Verhandlungen angegebenen Beträge, die ja immerhin Vertragsgrundlage sind, auch tatsächlich stimmen. Da dies nicht geschieht, ist die Zahlung von Schwarzgeld zu einer Selbstverständlichkeit geworden. Oft fließen größere Beträge illegal als legal.

Wer überhaupt in der Lage sei, Schwarzgeld zu zahlen – so ein Trainer aus dem bezahlten Fußball –, ließe sich leicht feststellen, wenn man sich nur den Präsidenten, den ersten Vorsitzenden, die Mitglieder des Präsidiums und dazu den Sponsor anschaue, der womöglich eine Tochterfirma im Ausland oder zumindest wichtige Geschäftsbereiche dorthin verlagert habe. All die Sparten kommen in Frage, meint der Trainer, in denen auch sonst versteckt abkassiert wird. Obenan stehe immer noch das Baugewerbe. Die Schwarzgelder der Sponsoren und der Präsidiumsmitglieder wandern weiter bis in die Taschen der eingekauften Spieler und in die Kassen der abgebenden Clubs. Und von dort wiederum ... Dieser Modus, so der Insider, sei der »Schmierstoff« für die Bundesliga.

Manche Vereine schneiden sich auch regelmäßig ins eigene Fleisch. Sie »verladen sich selbst«, wie Spieler es formulieren. Und zwar dann, wenn man einen guten Balltreter verpflichtet und ihm einen großen Teil des Gehalts, womöglich mehr als die Hälfte, schwarz zukommen läßt. Will der Profi den Verein wechseln, dann kann man nicht mehr Schwarz in Weiß umwandeln. Notgedrungen wird der kleinere Teil des Gehalts als Einkommensgröße zur Berechnung der Ablösesumme herangezogen, und die fällt dann entsprechend niedrig aus. Kommt es dazu – erst recht, wenn man nicht damit rechnet, daß ein Spieler sich heimlich verabschieden will, es also keine Möglichkeit gibt, gegenzusteuern –, dann können schon mal Präsident und Manager aufheulen wegen der eigenen Dummheit ...

So geschehen bei einem Club, der einen Mann an einen Bundesligaaufsteiger hat abgeben müssen. Offiziell hat der Profi bisher 120 000 Mark im Jahr verdient, so steht es auf seiner Lohnsteuerkarte vermerkt. Unter der Hand bekam er 60 000 Mark draufgezahlt. Nun hat dieser Spieler den Verein ausgetrickst, indem er sich einem anderen anbot – die Erste Liga reizte ihn – und dort einen Vertrag unterschrieb, ohne daß jemand etwas wußte. Das geschah am 13. Mai 1993. Der neue Verein bietet ihm mehr als 200 000 Mark, und der abgebende Verein ging nun hin und hat dem Abwandernden, der aus verständlichen Gründen nicht auf der Transferliste stand, ein Angebot über 370 000 Mark unterbreitet. Das war natürlich total überhöht. Aber allein durch dieses Angebot versetzt sich der Verein in die Lage, ungefähr die Transferentschädigung zu erzielen, die man selbst hat aufbringen müssen, nämlich immerhin 560 000 Mark im Jahre 1990.

Daß sich ein Verein sträubt, Spieler unter Wert abzugeben, ist zu verstehen. Prompt geht der neue Arbeitgeber zum DFB-Schiedsgutachter, und der sieht das ungewöhnlich niedrige Jahreseinkommen des abgebenden Vereins aus der vergangenen Saison und das astronomische Angebot für die kommende. Ist es nun Unkenntnis, Naivität oder Duldung, die dazu führen, daß der Gutachter sich trotzdem auf die schwammigen Werte stützt?

Man weiß es nicht. Aber zweifellos sind Dr. Engelbrecht, Mitglied des Liga-Ausschusses und oft für die Zweite Liga verantwortlich, Dr. Böhmert, beteiligt am Wechsel von Andreas Möller, und Dr. Spiek, um nur einige zu nennen, Experten auf ihrem Gebiet.

Egal wie man es dreht: Über all diese Ungereimtheiten ist der DFB informiert. Oder anders ausgedrückt: Durch den Verband erst werden sie legitimiert!

Handel mit Spielern

Offiziell gibt es den Spielerhandel nicht, genausowenig wie es offiziell die Spielervermittler gibt. Sie dürfen nicht vermitteln, das ist allein Sache des Arbeitsamtes. Wenn überhaupt, dann dürfen die Herren nur beraten, und sie nennen sich deshalb auch Berater.

Man muß dem DFB in diesem Punkt weise Voraussicht attestieren, denn in seiner Rechts- und Verfahrensordnung hat er schon das Problem erkannt und in § 5a festgelegt:

> »Spieler und Verein machen sich eines unsportlichen Verhaltens schuldig und werden bestraft, wenn sie im Falle einer Vermittlung im Sinne des Arbeitsförderungsgesetzes nicht die Dienste der amtlichen Arbeitsvermittlung in Anspruch genommen haben. Dies gilt auch für den Versuch.«

Wieder einmal taucht der Gummibegriff »unsportliches Verhalten« auf. Aber zweifellos gibt es einen sogenannten Transfermarkt, der in einer rechtlichen Grauzone agiert. Dort laufen Dinge ab, wie sie überall ablaufen, wo das schnelle Geld gemacht werden kann.

Das bedeutet weiß Gott nicht, alle Spielervermittler, Pardon, alle »Berater«, wären Halunken. Das heißt aber auch nicht, daß bisher auch nur ein einziger Spieler vom Arbeitsamt weitervermittelt worden wäre, obwohl offiziell nur dieser Einrichtung eine Vermittlung zusteht.

»Berufsberatung, Vermittlung in berufliche Ausbildungsstellen und Arbeitsvermittlung dürfen nur von der Bundesanstalt für Arbeit betrieben werden.« So ist es in § 4 des Arbeitsförderungsgesetzes nachzulesen. Kommt man darauf zu sprechen, dann lachen Spieler und Berater. Und sie lachen immer noch, wenn man ihnen erklärt, bereits 1979 habe das Landgericht in Kaiserslautern festgestellt, daß die »Besorgung eines Transfers eines Berufsfußballspielers gegen Entgelt Arbeitsvermittlung im Sinne des Arbeitsförderungsgesetzes ist«.

Natürlich fragen sich alle in der Bundesliga, wer denn auf den Arbeitsämtern überhaupt für diese Aufgabe kompetent sei. Wohl niemand in Deutschlands Amtsstuben ist in der Lage, einigermaßen praxisnah das Geschehen zu beurteilen.»Und sogar in fünfzig Jahren wird es noch keinen geben, der sich Experte für die Vermittlung von Profifußballern nennen darf«, behauptet Joachim Leukel, ein Spielervermittler. »Wenn Sie heute hingehen, dann kann der höchstens eine Karte aus seinem Kasten ziehen und nachschauen: spielt er nun mit rechts oder spielt er mit links. Aber nur Experten habe eine Chance, sich in diesem Dschungel zurechtzufinden.«

Darum ist es nicht verwunderlich, was so alles in der Bundesliga an Vermittlern herumschwirrt. Die Spieler fallen immer wieder auf solche Agenten herein. Das spricht nicht gerade für sie, auch wenn man ihnen zugute halten muß: Profifußballer haben normalerweise kein Interesse, sich ausführlich mit den Transferverhandlungen zu beschäftigen, das überlassen sie den Beratern. Und dann kann es schon mal dazu kommen, daß sich ein Spieler, der sein Abitur mit der Note 1,6 gemacht hat, einem ehemaligen kleinen Beamten als »Berater«, sprich Spielervermittler, anvertraut.

Besonders seltsam in ihren Vorgehensweisen sind laut *Playboy* die Vermittler Joachim Leukel, Wolfgang Karnath und Holger Klemme, die das Magazin als »die berüchtigtsten Menschenhändler im deutschen Fußball« bezeichnet.[163] Leukel und Klemme sind vorbestraft, letzterer war Berater der Allofs-Brüder und wird gejagt von Anwälten und Spielern, die von ihm Geld zu bekommen haben. Mehrmals hat man ihm Haft angedroht, weil er der Aufforderung zum Offenbarungseid nicht Folge leistet. Im Februar 1993 wurde Klemmes Vermögen zwangsversteigert.[164]

Joachim Leukel hat auch große Probleme mit den Behörden. Im Jahre 1992 wurden gegen ihn drei Haftandrohungen zur Ableistung des Offenbarungseides erlassen. Im Dezember letzten Jahres verurteilte ihn das Landgericht Frankfurt zu

18 Monaten Haft bei dreijähriger Bewährung wegen betrügerischen Bezugs von Sozialhilfe und wegen Steuerhinterziehung im Umfang von 200 000 Mark. Leukel hat über Jahre seine Einkünfte aus dem Transfer von Spielern nicht versteuert, das Urteil ist rechtskräftig.

»Ich war damals ein Zocker«, gesteht der gutgekleidete Mittvierziger. »Alles ging den Bach runter, und ich konnte nichts dagegen unternehmen. Außerdem sind es 250 000 Mark«, verbessert er mich. »Aber jetzt bin ich clean. Und zu keiner Zeit habe ich einen Spieler über den Tisch gezogen.«

Willi Hoppen verwahrt sich entschieden dagegen, als Vermittler angesehen zu werden. Er sieht sich als Berater, für den der Sportler im Mittelpunkt steht. Gleichzeitig jedoch sieht er sich auch als Verkäufer, der eine Ware anbietet und beide Parteien zufriedenstellen muß. Hoppens Ausführungen klingen glaubhaft, wenn er sagt, er sei nicht der Alleinseligmachende und in seinem Metier, das seien alles Menschen, jeder schieße mal einen Bock. Aber Hoppen hat Prinzipien. Will ein Verein einen Abwehrspieler, dann bietet er ihm nicht einen Stürmer an. Und hat er jemanden, den er berät, dann geht er nicht mit ihm hausieren, sondern sucht gezielt einen Club, zu dem sein Kunde passen könnte.

Auf seine Provision angesprochen, schweigt Hoppen. Aber landläufig beträgt sie zehn Prozent der Transferentschädigung. Dubberke, ein ehemaliger Polizist, soll sich mit 7,5 Prozent zufriedengeben, die der Spieler Yeboah dem *Playboy* zufolge laut Vertrag aus allen Einkünften bis Ende 1994 an ihn abzutreten hat.[165]

Bei Knebelverträgen kann die Provision der Vermittler auch auf die dreißig Prozent zugehen. Und da kommt schon einiges für die zwielichtigen Herren zusammen.

»In dem Geschäft kursieren Summen, das ist haarsträubend. Ich habe eine Zweizimmerwohnung und kann gut leben. Ich verdiene auch ganz gut. Aber die Millionen, von denen man hört?« Leukel schüttelt den Kopf. »Gut, es kann schon mal sein, daß einer ein dickes Geschäft macht. Aber bei mir ist das leider noch nicht der Fall gewesen.«

Die Nummer 1 der Branche, Norbert Pflippen, der Profis wie Matthäus, Effenberg, Frontzek unter Vertrag hat, leistet sich zwanzig Prozent von allen Werbeverträgen, weiß der *Playboy*.[166] Lothar Matthäus hat davon sieben, unter anderem mit American Express, Mercedes, Panasonic und Gatorade. Aber Pflippen hält es nicht mehr nur im Fußball, er möchte zum Tennis wechseln. Genau gegenläufig ist das Interesse von Ion Tiriac, Ex-Manager von Boris Becker. Er lud den Leverkusener Manager Calmund 1993 zum Turnier nach Wimbledon ein. Da Calmund nicht konnte, schickte er als seinen Vertreter den neuverpflichteten Trainer Stepanovic. Und der war vom Tennis-Ambiente begeistert.

Hoppen, oft mit einem portugiesischen Kollegen unterwegs, besucht im Jahr mehr als hundert Spiele in der Ersten und Zweiten Liga und Oberliga, davon viele im benachbarten Frankreich, Belgien und den Niederlanden. Hoppen erhält selbst auch Besuch von ausländischen Kollegen, mit denen er dann übers Land fährt, um sich »Spielermaterial« anzuschauen.

Seine Arbeit, so Hoppen, sei ein sehr sensibler Bereich. Nichts zu tun haben will er mit Kollegen, wie dem aus Westfalen, dessen Berufsauffassung so lautet: »Da gibt es den Spieler, da gibt es den Verein und da gibt es mein Portemonnaie. Was denkst du wohl, was mir am nächsten ist?«

Auf den DFB schimpft Hoppen, der meint, die neuen Regionalligen seien nicht durchdacht: »Die Funktionäre im DFB sind Amateure, kommen nicht mit der Entwicklung zurecht, werden von Geschäft und Wirklichkeit überrannt.«

Hoppen lobt das System in Belgien, wo ein Spieler etwa 15 Prozent seines Einkommens als Rücklage abgeben muß. Die Zukunft im bezahlten Fußball sieht er schwarz, weil seiner Meinung nach der »DFB die Basisarbeit in der Jugend vernachlässigt und nicht an die Kommunen herangeht«. Weiter sagt er: »Der DFB merkt nicht, wie die Basis immer schmaler wird, und läßt sich davon blenden, daß die Deutschen Weltmeister sind.« Dabei glaubt er festzustellen, daß das Niveau immer mehr sinkt, ganz rapide in der Zweiten Liga.

Während Andreas Brehme – er spielt wieder bei Kaiserslautern in der Bundesliga – sich nicht mit Spielervermittlern einläßt und lieber direkt mit den Vereinsmanagern spricht, sieht Harald Kohr, Ex-Bundesligaprofi bei Kaiserslautern und Wattenscheid, in dem Vermittler auch etwas Positives. Wahrscheinlich, weil Hannes Bongartz ihn beraten hat. Gute Berater, so meint Kohr, sollten erlaubt sein: »Warum auch nicht, wenn sie mir anstelle von 250 000 im Jahr 500 000 herausholen? Dann kann er ruhig eine Provision bekommen. Die hat er sich verdient.«

Kohr hat eine ganz einfache Erklärung, warum der DFB und die Vereine gegen Vermittler sind: »Durch die Vermittler werden die Spieler schlau gemacht, was man alles fordern kann.« Das Geld, so Kohr weiter, bleibe dann nicht länger beim DFB und den Vereinen. Deshalb, so Kohrs Begründung, wollen beide Parteien die Spieler auch weiterhin dumm halten und die Vermittler mit Hilfe der Statuten ausmerzen.

Schwarze Schafe unter den Spielervermittlern gibt es immer wieder im Transfersumpf, wie Vorfälle belegen, die mir zu Ohren gekommen sind. Es soll sogar zu Prügeln gekommen sein, damit Fußballer ihren Vertrag unterschrieben, so bei einem Profi aus Nigeria. Oder Spieler werden regelrecht »verschleppt und zum neuen Verein gekarrt«, wie in der Presse nachzulesen war. Auf diese ungewöhnliche Weise soll Yeboah von Saarbrücken nach Frankfurt gewechselt haben, die Saarländer meinen, er sei »gekidnappt« worden. Verantwortlich dafür nach deren Auffassung Joachim Leukel und Harald Dubberke.

Aber aus Leukels Sicht – er stellt sofort richtig, daß er mit Yeboah keinen Vertrag, sondern lediglich eine Vertretungsvollmacht hat, überhaupt laufe zwischen ihm und den Spielern meistens alles nur mündlich ab – klingt der Vorfall ganz anders. »Die Saarbrücker haben sich lange um Yeboah bemüht und ihn weichgeklopft. Hätten sie am 28. Mai 1990 einen Vertrag dabei gehabt, Anthony hätte unterschrieben. Dadurch erst erhielten wir die Möglichkeit und haben am 29. Mai mit ihm in Saarbrücken im Hotel Windsor verhandelt, in dem der Spieler auch gewohnt hat. Vor der Unterschrift habe ich zu ihm gesagt: Toni, geh doch mal rauf auf dein Zimmer und überlege dir gemeinsam mit deiner Freundin die Angelegenheit.«

Yeboah hat unterschrieben, und als alle auf dem Weg zu den Autos waren (Yeboah, seine damalige Freundin und heutige Frau, sein Bruder, Leukel und Dubberke) – in Neu-Isenburg sollte im Lokal »Alter Haferkasten« eine Pressekonferenz mit Yeboah und Eintracht Frankfurt stattfinden –, »da stellt sich uns der Saarbrücker Mouget, damals Betreuer und Manager, heute hat er mit dem Verein nichts mehr zu tun, in den Weg und wollte uns an der Abfahrt hindern. Aber da war alles gelaufen, denn Yeboah hatte längst unterschrieben, war also vertraglich nicht mehr an Saarbrücken gebunden. Und in der Presse konnte man dann nachlesen, wir hätten Anthony verschleppt. Lachhaft, kann ich nur sagen.«

Sehr ungewöhnlich soll der finanzielle Ablauf der Aktion gewesen sein. Dubberke kassierte vom 1. FC Saarbrücken, als er Yeboah an die Saar verpflichtete, 65 000 Mark an Provision. Beim Wechsel des Profis nach Frankfurt im Sommer 1990 mußten die Mainstädter wesentlich mehr als nur 1,3 Millionen an Ablösesumme zahlen. An die International Sports Academy (ISNA), P.O. Box 13346, D-62104 Seeheim, gingen angeblich 450 000 Mark, und zwar zu Händen des Geschäftsführers.[167] Dessen Name ist Dubberke, der die Transaktion per Quittung bestätigt und gesagt haben soll, er leite das Geld nach Ghana, Yeboahs Heimatland, weiter. »Dort, so hält sich hartnäckig das Gerücht, sei das Geld auch eingetroffen, allerdings auf einem weiteren Konto des Vermittlers und nicht etwa beim Fußballverband von Ghana.« So wird der Vorfall in *Profis*, dem Magazin der VdV, geschildert.

Anläßlich des Afrika-Cups, 1992, äußert sich Anthony Buffoe, Sohn des ghanesischen Finanz- und Kulturattachés in

Bonn, über Spielervermittler, die sich in Westafrika tummeln: »Was hier läuft, grenzt an Sklaverei.« Buffoe meint die Art, wie sich die Vermittler als eine neue Art von Kolonialherren gebärden. Sie grasen Afrika ab auf der Suche nach Talenten, und die Spieler wundern sich, wenn sie einen Vertrag unterschrieben haben, was alles an Geld geflossen ist. Sie erhalten 30 000 Dollar Handgeld, die Familie 20 000 Dollar und der Club vielleicht 60 000 Dollar. Aber der neue Verein muß eine Million zahlen.

Tony Buffoe ist laut *Profis*, dem VdV-Magazin, immer noch an den »Sklavenvertrag« mit der International Sports Academy gebunden. Ein Unternehmen, das sich als eine »private Initiative zur Förderung des Sportes in Ländern der Dritten Welt« bezeichnet und von sich behauptet, daß es »auf der Basis der reinen Selbstkosten kalkuliert und nicht auf Gewinn ausgerichtet« ist.[168] Seltsam, daß aber Anthony Yeboah dem VdV-Magazin zufolge eine Geldstrafe in Höhe von 500 000 Mark an die ISNA zahlen muß, falls es zu einem Vertragsbruch kommt. Und noch einmal zehn Prozent sollen bei Vertragsveränderungen oder bei einem Vereinswechsel fällig sein.[169]

Leukel behauptet, bei ihm gehe es seriös zu: »Der Spieler muß gebracht werden, der behauptet, er sei von mir über den Tisch gezogen worden.«[170]

Der DFB distanziert sich immer wieder von Spielervermittlern und streitet jede Zusammenarbeit ab. Interessant in diesem Zusammenhang ist, daß der DFB jeden Wechsel ins Ausland genehmigen muß. Aber ein Verfahren gegen die Italienkicker Möller, Matthäus und Effenberg, die von Berater Gerster beziehungsweise Pflippen betreut werden, und gegen die vielen anderen, die bisher ins Ausland gewechselt sind, ist bisher noch nicht eingeleitet worden.

Den Statuten nach kann der DFB einem Verein und einem Spieler die Lizenz verweigern, falls sich beide eines Vermittlers bedienen: »Die Spielerlaubnis kann versagt oder entzogen werden, wenn der Spieler im Falle einer Vermittlung nach dem Arbeitsförderungsgesetz nicht die Dienste der

amtlichen Arbeitsvermittlung in Anspruch genommen hat.«
So steht es in § 26a des Lizenzspielerstatuts.

Genaugenommen müßte nach diesen Kriterien die gesamte
Bundesliga durch Lizenzentzug der Aktiven und der Vereine aufgelöst werden. Doch der DFB nimmt seine Statuten
selbst nicht ernst, unter seinen Augen läßt er illegale Transfers geschehen – das ist jeder Vereinswechsel eines Spielers,
der durch einen Vermittler zustande kommt –, und schweigt
meist.

Ommer kennt die Situation im deutschen Fußball genau.
»Wenn einer vor Gericht geht, wie das einmal Uli Hoeneß
vorhatte, als es um den Wechsel von Grahammer und Reuter
ging – den Uli hat man ganz schön über den Tisch gezogen
–, dann stürzt das ganze System ein wie ein Kartenhaus. Und
der DFB mit. Die in Frankfurt haben den lieben Uli hände-
ringend gebeten, das doch bitte sein zu lassen.«

Vermittler Leukel sieht das alles aus geschäftlicher Sicht.
»Wenn das Kerle wären, müßten die mir Provision zahlen,
weil ich ihnen für etliche Zweitligaspieler das Arbeitslosen-
geld eingespart habe.«[171]

Sogar auf offiziellen Anlässen, wie der Fußball-Gala des
DFB-Hallenmasters am 30./31. Januar 1993 in München,
tummeln sich die Spielervermittler. Während im Sheraton-
Hotel Liga-Direktor Straub am Eingang stehend Besuchern
der Masters-Party, die ihre Einladungskarte auf dem Hotel-
zimmer haben liegen lassen, den Zugang verweigerte, ver-
gnügten sich drinnen die Herren »Berater« am kalten Buffet,
erinnern sich Vertreter der VdV.

Erst zweimal hat der DFB Bußgelder verhängt wegen illegaler Vermittlung. Beide Male war Eintracht Frankfurt betroffen. Für Yeboah – Leukel vermittelte den Spieler von Saarbrücken – hatte die Eintracht 40 000 Mark Strafe zu zahlen
und für den von Klemme eingeleiteten, aber geplatzten
von-Heesen-Transfer 30 000 Mark.[172]

Es ist schon erstaunlich, wie einfach und trotzdem effektiv
Vermittler vorgehen. Sie suchen, ohne beauftragt zu sein,

einen Top-Verein auf und fragen: Welche Ablösesumme wollt ihr für Spieler X? Die Antwort: Vier Millionen, keine Mark weniger. Daraufhin meint der Vermittler: Gut! Was kriege ich, wenn ich mehr erziele? Der Verein: Teilen wir uns.

Jetzt rennt der Vermittler durch ganz Europa und behauptet: Ich vertrete den Spieler X – was ja gar nicht stimmt –, der ist für acht Millionen zu haben. Zahlt das einer?

Es meldet sich ein Verein: Acht Millionen ist ein bißchen viel. Kann man den denn nicht für sechs bekommen? Der Vermittler lenkt ein: Also, wenn ich ihn euch für sechs bringe, was kriege ich dafür? Die Hälfte, die wir sparen bezüglich der acht Millionen.

Der Vermittler geht zum Spieler: Hör mal zu, mein Freund, ich hab' einen Verein, da kannst du hinwechseln. Was willst du denn verdienen?

500 000 Mark.

Was kriege ich denn, wenn ich dein Gehalt verdopple?

Einen Beratervertrag und zehn Prozent.

Gut, sagt der Vermittler, mal sehen, was sich machen läßt.

Dabei ist aber schon längst alles abgeklärt. Jetzt läuft dieser Vermittler wieder zum abgebenden Verein und behauptet: Ich habe einen Verein, der gibt euch sechs Millionen. Ich kriege von euch eine Million von der Ablöse. Wunderbar, klasse, prima. Als nächstes rennt er zum erwerbenden Verein und sagt: Alles klar, ich habe die auf sechs Millionen gedrückt. Also kriege ich von euch eine Million. Mittlerweile hat der Vermittler schon zwei Millionen Honorar in Aussicht und rast zum Spieler: Hör zu, eine Million pro Jahr für drei Jahre, davon zehn Prozent für mich.

Bei Vertragsunterschrift hat der Vermittler an diesem Wechsel von einem Spitzenverein der Bundesliga zu einem Spitzenverein in Italien 2,3 Millionen Mark kassiert.

Jetzt gibt es nicht nur den Wechsel dorthin, sondern auch wieder zurück. Der Berater verdient in etwa wieder die gleiche Summe, wenn der Spieler klagt: Ich komme hier nicht zurecht, ich will hier weg. Er schaut sich in der

Bundesliga um, in Dortmund, Bremen und München. Und dann heißt es, er geht nach Dortmund. Was seid ihr denn bereit zu zahlen? Ich habe mit Mailand gesprochen, die geben den ... ab.

Nur aus diesem Grund sind die Vermittler daran interessiert, daß das Transfersystem bestehen bleibt. Dann kann es schon mal vorkommen, daß der aufnehmende Verein, in diesem Fall der italienische, in der Presse verlautbaren läßt: Wir haben für den Spieler sieben Millionen Ablöse bezahlt. Der abgebende Verein dagegen behauptet: Wir haben aber nur fünf Millionen Ablöse erhalten.

Es gibt oft in der öffentlichen Darstellung eine Differenz, und die, so wird vermutet, landet in der Tasche des Vermittlers. Im Fall Effenberg hat Florenz behauptet, man habe 9,5 Millionen bezahlt, und in Deutschland war wochenlang immer nur von 7,5 Millionen zu lesen. Anschließend ist die Zahl von den Bayern auf 8,5 Millionen korrigiert worden. Das ist der Punkt, an dem die Vermittler möglicherweise viel verdienen.

Zuletzt konnte man das gleiche Spielchen beim Wechsel von Karlheinz Riedle verfolgen. Lazio Roms Manager Bendoni gab kund, man habe 12,7 Millionen Mark erhalten (elf Milliarden Lire), Dortmunds Manager Meier dagegen behauptete, nur 9,5 Millionen bezahlt zu haben. Sicherlich ist schwer zu durchschauen, wer die richtige Zahl bekanntgibt. Womöglich beide, dazu braucht man nur Riedles Manager und Berater Vöge zu fragen.[173]

»Vielleicht ist das eine auch mit und das andere ohne Mehrwertsteuer«, mutmaßt Vermittler Leukel und grinst.

DFB – Deutschlands größter illegaler Vermittler?

Obwohl der Verband um den Mißstand der illegalen Spielervermittler weiß und laut Statuten sogar gezwungen wäre, dagegen einzuschreiten, hat er bisher – abgesehen von zwei

Fällen – nichts unternommen. Dem DFB ist zumindest bekannt, welcher Spieler, der ins Ausland wechselt – der Verband muß die Freigabe bewilligen –, bei welchem Vermittler unter Vertrag steht. Es ist dem DFB bekannt, zu welchen Modalitäten der Spieler von A nach B wechselt, weil der Transfer erst durch die Genehmigung des DFB zustande kommt. Der Liga-Ausschuß erteilt auf schriftlichen Antrag des Vereins die Spielerlaubnis für den neuverpflichteten Lizenzspieler (§ 26 Lizenzspielerstatut).

Obwohl der DFB die Transferhintergründe genau kennt, sieht er dem Treiben der Vereine und Spieler tatenlos zu. Dabei hätte er gegen die meisten Profifußballer und alle Vereine entsprechend seiner Statuten wegen Einschaltens eines Spielervermittlers vorzugehen und sie mit einer Geldstrafe zu belegen, wie er es zweimal bei Eintracht Frankfurt wegen Yeboah und von Heesen – Verstoß gegen § 5a der Rechts- und Verfahrensordnung – ja auch getan hat.

In diesem Zusammenhang taucht die Frage auf: Was bewegt Spieler und noch mehr die Vereine, sich der Dienste der teilweise dubiosen Vermittler zu bedienen? Was bewegt sie, falls der Handel vor die DFB-Instanzen kommt, einen eventuellen Punktabzug und sogar den Verlust der Lizenz in Kauf zu nehmen?

Nun, die beiden letzten Aspekte berühren die Vereine mit Sicherheit nicht. Weder Punktabzug noch Lizenzverlust können sie davon abhalten, mit den Spielervermittlern Geschäfte zu tätigen. Falls der DFB versuchen sollte, entsprechend der Satzung durchzugreifen, würde, da die Vereine dann die Gerichte bemühen würden, das gesamte Transfersystem auf einen Schlag zusammenstürzen. Deshalb agieren alle Parteien ungeniert im rechtsfreien Raum weiter.

Genau das ist jedoch vollkommen unverständlich: Wie kann ein gemeinnütziger Verband, der sich über seine Regional- und Landesverbände auf gut fünf Millionen Mitglieder stützt, der eine besondere Fürsorgepflicht den Tausenden von Schüler- und Jugendmannschaften gegenüber hat, diese Form von »Menschenhandel« – der *Spiegel* spricht vom

»Menschenmarkt«,[174] zwei Europaabgeordnete, die einen Antrag zur Abschaffung der Transferregelung eingereicht haben, von »moderner Sklaverei«, »illegalen« und »monopolistischen Praktiken« – im bezahlten Fußball dulden?

Der DFB kann sich kaum darauf berufen, man habe die Tragweite des Handels mit dem Objekt Profifußballer nicht erkannt. Am 18. Februar 1993 trafen sich die Manager der Bundesligavereine mit Liga-Sekretär Wolfgang Holzhäuser in Dortmund. Und an diesem Tag kam, im Gegensatz zu sonst, auch das Thema Spielervermittler zur Sprache. Drei nach den DFB-Statuten illegal operierende Herren wurden auf eine »schwarze Liste«[175] gesetzt, mit der Maßgabe, in Zukunft keine Verträge mehr mit ihnen abzuschließen. Bei den »Auserwählten« handelt es sich um Klemme, Karnath und Leukel, auf deren Arbeitsweise der *Playboy* in einem Artikel näher eingegangen ist.[176]

Nun verhandelt jedoch Anthony Yeboah, Eintracht Frankfurt, nicht ohne seinen Berater Leukel. Da damals aber viele Bundesligavereine an dem Spieler interessiert waren, erinnert sich plötzlich keiner der Beteiligten mehr an den »Ausschluß-Beschluß«.[177] »Man habe den Fall Leukel nur prüfen wollen«, sagt Bayern-Manager Hoeneß.[178]

Wolfgang Karnath kam wohl deswegen auf die ominöse Liste, weil er viele Spieler von Dynamo Dresden in den Westen der Republik verkauft hat. Dresden soll er, als der Verein ihn anläßlich des Transfers von Wolfgang Liberam zur Firmen-Mannschaft von Hyundai/Korea wegen eines versprochenen koreanischen Autos nervte – geliefert wurde später durch Karnaths Hilfe ein anscheinend minderwertiges deutsches –, gedroht haben, er würde seine Profis zu weniger Leistung auffordern. »Wenn ihr jetzt nicht zustimmt, dann spielt der Pilz am Samstag schlecht.«[179] Hans-Uwe Pilz steht bei Karnath unter Vertrag. Daraufhin ist der Vermittler von Dresden mit Hausverbot belegt worden.[180]

Karnath hat von allen Vermittlern die Gunst der Deutschen Wiedervereinigung am geschicktesten ausgenutzt und schon im November 1989 anläßlich des letzten Länderspiels der DDR gegen Österreich etliche DDR-Spieler vertraglich an sich gebunden. Unter ihnen Matthias Sammer, ein Schnellwechsler, der innerhalb eines halben Jahres bei drei Vereinen gespielt hat: VfB Stuttgart, Inter Mailand – dort wochenlang auf der Bank – und Borussia Dortmund.

Karnath, gelernter Chemielaborant, der noch vor einigen Jahren »immer bloß die Mannschaftskabinen hatte fegen dürfen«,[181] machte sich selbständig. »Ich schloß Managementverträge ab«, wird er im *Playboy* zitiert, »in denen ich mich verpflichtete, den Spielern in allen Belangen zur Verfügung zu stehen. Dafür erhielt ich eine unwiderrufliche Verhandlungsvollmacht.«[182]

Der Präsident des VfB Stuttgart, zugleich Landesminister und Vizepräsident des DFB, Mayer-Vorfelder, weiß auch, wovon er spricht: »Da hat sich eine Wirklichkeit eingeschlichen, die mit den Bestimmungen der Arbeitsvermittlung nicht übereinstimmt.«[183] Was aber unternimmt der DFB-Vize und Vorsitzende des Liga-Ausschusses, um die Realität den Bestimmungen anzupassen?

Allmählich wird es monoton, all die Verfehlungen des DFB gegen die eigene Satzung und Ordnungen aufzuzählen. Das Treffen vom 18. Februar 1993 in Dortmund wirft folgende Fragen auf:

1. Wenn unter Leitung des DFB-Liga-Sekretärs Wolfgang Holzhäuser Manager der Ersten Bundesliga beschließen, drei der Vermittler zu ächten, heißt das dann, daß die übrigen Vermittler unbehelligt weiter aktiv sein können?

2. Hat der DFB in der Vergangenheit von der illegalen Tätigkeit der Vermittler gewußt und diese zumindest in all den Fällen geduldet, in denen es durch einen Vermittler zu einem Vereinswechsel gekommen ist, bei dem man zur Festlegung der Transferentschädigung einen Schiedsgutachter eingesetzt hat?

Dann hätten der DFB und die Manager der Lizenzvereine über Jahre gegen § 5a der Rechts- und Verfahrensordnung verstoßen, wonach sich Vereine und Spieler eines un-sportlichen Verhaltens schuldig machen und bestraft wer-den,

>wenn sie im Falle einer Vermittlung im Sinne des Arbeitsförderungsgesetzes nicht die Dienste der amt-lichen Arbeitsvermittlung in Anspruch genommen ha-ben. Dies gilt auch für den Versuch.«

Allerdings gibt es für die Vereine noch einen eleganten Ausstieg, ein DFB-Hintertürchen. Erfährt der Verband von einem Vorfall, ohne innerhalb von vier Monaten zu reagie-ren, dann ist die Angelegenheit entsprechend § 6 der Rechts- und Verfahrensordnung sowieso verjährt. Und für den Fall, daß der Verband selbst gegen seine Regeln verstößt, sind gar keine Sanktionen vorgesehen.

Verstoßen hat man auch gegen § 7 des Lizenzspielerstatuts, Absatz 1d, in dem es um die Lizenzen der Vereine geht:

»Für die technische und verwaltungsmäßige Qualifi-kation ist es erforderlich, daß der Verein sich zur Vermittlung von Spielern und Trainern nur der amtli-chen Arbeitsvermittlung bedient.«

Was soll man dazu noch sagen? Dem DFB müssen die Machenschaften im deutschen Fußball bekannt sein, denn Liga-Sekretär Wolfgang Holzhäuser hat bei dem Dortmunder Treffen von sich aus Joachim Leukel als dritten Geächteten ins Spiel gebracht und auf die Liste gesetzt.[184]

»Eigentlich hätte Vöge auch darauf gehört«, sagt Vermittler Leukel. »Aber weil der Meier aus Dortmund gerade mit dem zu tun hatte, fehlt er.«

Nicht genug damit, soll Mayer-Vorfelder sogar laut *Spiegel* den persönlichen Kontakt zu Hans Hägele, einem Spieler-vermittler und Duz-Freund, »mit dem er gern ein Viertele trinkt«, pflegen oder gepflegt haben. Hägele hat seinerzeit – Mayer-Vorfelder war Kultusminister von Baden-Württemberg und zugleich Präsident des VfB – Jürgen Klinsmann von Geislingen nach Stuttgart »gelotst«.[185]

Der DFB unterläuft einerseits die eigenen Regeln, während er gleichzeitig rigoros gegen Rote-Karte-Sünder vorgeht, sie für vier Punktspiele sperrt und Geldstrafen wegen unsportlichen Verhaltens verhängt. In all den Fällen stützt sich der DFB auf § 47 der Satzung und bedient sich eines besonderen Organs, und zwar des Kontrollausschusses.

> »Der Kontrollausschuß ist dazu berufen, die Einhaltung der Vorschriften des Lizenzspielerstatuts und der Trainerordnung zu überwachen und bei Verstößen nach Durchführung einer Voruntersuchung Anklage bei den zuständigen Rechtsorganen des DFB und der Mitgliedsverbände zu erheben.«

Welche Bedeutung der Kontrollausschuß – zwei Jahrzehnte war der von den Spielern gefürchtete Kindermann Vorsitzender, der in den letzten Jahren seiner Tätigkeit sogar Fernsehbilder auswertete, um nicht vom Schiedsrichter bemerkte Vergehen nachträglich zu ahnden – für Rote-Karte-Sünder hat, wird aus dem zweiten Absatz deutlich.

> »Er kann auch Unsportlichkeiten verfolgen, die im Zusammenhang mit Bundesspielen begangen werden. Der Kontrollausschuß ist berechtigt, im Rahmen seiner Zuständigkeit gegen die Entscheidungen der Rechtsorgane Rechtsmittel einzulegen.«

Messen mit zweierlei Maß – im DFB scheint dies Tradition zu haben. Wer kontrolliert eigentlich den Verband?

Der DFB hat vom Arbeitsamt eine Lizenz, Spieler eigenverantwortlich zu vermitteln. Die offiziell seit 1963 beim DFB ansässige Spielervermittlungsstelle kommt allerdings nicht ihrer Bestimmung nach. Wie sollte sie das auch, wenn allgemein nicht bekannt ist, daß es diese Stelle überhaupt gibt? Wenn angeblich kein Personal zur Verfügung steht?

»Die haben noch dem ersten Spieler einen neuen Verein zu besorgen«, belustigt sich Leukel über die DFB-Einrichtung. Zuständiger Leiter dieser DFB-Vermittlungsstelle ist Wilfried Straub, Direktor der Abteilung Liga, Marketing und Wirtschaft. Hier wird ganz klar eine wichtige Chance, den Spielern ihre Würde zu belassen – indem der Verband die Vermittlung in die eigenen Hände nimmt und die Illegalen aus dem Markt drängt –, vertan.

Inzwischen spielt der DFB nur noch auf Zeit, weil er weiß, daß sich die Regelung bezüglich der Spielervermittler irgendwann ändern wird. Der Weltfußballverband FIFA beabsichtigt, eine Lizenz für Vermittler und Berater im Fußball einzuführen. Alle Bewerber – sie müssen dreißig Jahre alt sein und ein polizeiliches Führungszeugnis vorweisen – haben vor der FIFA eine Prüfung abzulegen. Spielervermittler Leukel fragt sich, was man eigentlich prüfen will. Etwa wer am geschicktesten die Spieler über den Tisch ziehen kann? Wie man am Finanzamt gewisse Summen vorbeischleust, ohne daß sie in der Vereinsbilanz auftauchen? Vielleicht aber auch das Dreiländergeschäft über Luxemburg, um mit Hilfe einer Societé Anonyme elegant Schwarzgeld miteinfließen zu lassen?

Dazu Joachim Leukel: »Ich kenne mich in dem Metier aus. Wenn ich als Bester die Prüfung bestehen sollte, dann heißt das noch lange nicht, die FIFA gibt mir auch die Lizenz. Die nehmen nur den, den sie und der DFB auch haben wollen.«

Sportler als Ware

»Ich will 60 000.«
Der Interessent schüttelt den Kopf.
»Dann mach ein Angebot.«
»Höchstens 40 000.«
Man einigt sich schließlich auf 45 000 Mark und packt noch einige Absprachen mit hinein.
Nein, es handelt sich nicht um den Besitzerwechsel eines

Jahreswagens der gehobenen Mittelklasse, sondern um einen Spieler aus der Ersten Liga, der, da über dreißig, keinen neuen Vertrag mehr im Oberhaus erhält und zu einem Amateurverein wechselt. Dreißig Jahre, das ist meist die Schallmauer. Er wandert in diesem Fall in die Oberliga, und zwar oft als Spielertrainer mit der beruflichen Doppelfunktion von Trainer und Spieler.

Was wie eine Art Versteigerung anmutet, ist auch eine. Der Spieler wird gehandelt, er wird verkauft, und dann wechselt er eben zu seinem neuen Arbeitgeber, geht über in den Besitz des Vereins. Und der Verein besitzt noch viele andere Spieler, mindestens achtzehn, meistens zweiundzwanzig, weil er bei dem stetig wachsenden Verletzungsrisiko eine Reserve braucht.

Einen neuen Arbeitgeber finden, das heißt Ortswechsel – zwei gleichwertige Clubs in einer Stadt oder in direkter Nachbarschaft sind ausgesprochen selten –, also Umzug, neue Wohnung, neues Haus, neue Einrichtung. Das bedeutet neuen Bekanntenkreis, sich neu eingewöhnen müssen und für die Kinder eine große Umstellung, denn auch Kindergarten oder Schule müssen gewechselt werden. Damit haben der Gehandelte und seine Familie fertig zu werden.

Natürlich muß der Spieler diesem Deal zustimmen. Aber nur die ganz Großen können sich einen Verein aussuchen. Die meisten Lizenzfußballer jedoch haben keine Alternative. Was also soll das Handelsobjekt machen, falls sich ihm keine bessere Möglichkeit auftut? Ganz einfach: unterschreiben!

Harald Kohr wäre gerne nach München gegangen, aber die Lauterer haben bei der Transferentschädigung gemauert. Deshalb mußte er ein Jahr später mit Stuttgart vorliebnehmen. Und die Pfälzer bekamen mit reichlich Verzögerung mehr als eine Million Mark weniger.

Dieter Müller, als er aus Bordeaux, Frankreich, für 300 000 Mark sogenanntes Handgeld – das ihm der neue Verein zahlte – und 300 000 Mark Jahresgehalt nach Deutschland zurückkehrte, hatte es einfach. Für ihn verlangte man keine Ablösesumme. Bei Pierre Littbarski sah es anders aus. Nach der WM 1986 spielte er zehn Monate für Racing Paris. Sein Ausflug ins Nachbarland mißglückte sportlich gesehen, Litti wollte in die Bundesliga zurück, aber Paris forderte eine Ablöse von 3,5 Millionen Mark. Damit er bei seinem Wunschverein in Köln spielen konnte und der Wechsel nicht an der Summe scheitern sollte, gewährte der Fußballer den »Geißböcken« ein Darlehen über 600 000 Mark. So kann es einem Spitzenspieler auch ergehen. Und die Kölner waren angetan von ihrem Litti, der 1990 sogar einen Kreuzbandriß wegsteckte und den Verein ein Jahr später in das DFB-Pokalfinale dirigierte. Auch nach der Verletzung waren die Kölner froh mit dem O-beinigen Dribbelkünstler, der 1978 als A-Jugendlicher von Hertha Zehlendorf ins Rheinland wechselte und nun in Japan seine Künste vorführt. Inzwischen sind einige ehemalige Bundesligaspieler im Fernen Osten gelandet: Frank Ordenewitz, Köln, Uwe Rahn, vormals Frankfurt, der Japan der Ersatzbank vorgezogen hat, und Michael Rummenigge, Dortmund, der seinen Stammplatz durch Matthias Sammer gefährdet sah.

Vielleicht ist diese Art von Littbarski-Transfer, sich mit Eigenkapital den Wunschverein auszusuchen, immer noch besser als die Situation eines Thomas Berthold. Zwei Jahre beim AS Rom unter Vertrag, kam er 1991 zu den Bayern und saß dort seit Mai 1992 auf der Tribüne: Er soll nicht gut in Form gewesen sein, lautete die offizielle Begründung. Hinter einer solchen Entscheidung können auch Querelen mit dem Trainer stehen, der den Betreffenden gar nicht erst aufstellt. Der 28jährige Berthold hatte 800 000 Mark Jahresgehalt und wurde in keinem Punktspiel eingesetzt, aber kurioserweise auch über längere Zeit nicht verkauft. Man kann sich leicht ausrechnen, wann in einem solchen Fall der Marktwert wegen mangelnder Spielpraxis gegen Null strebt.

Wie Berthold – inzwischen ist er für 800 000 Mark[186] auf dem Umweg über Köln beim VfB Stuttgart gelandet (ihm selbst zufolge betrug seine Ablöse, wie der *Kicker* schreibt, nur 650 000 Mark, außerdem habe er aus eigener Tasche noch 150 000 Mark »Schmerzensgeld« an Köln gezahlt, weil

er dort bereits vertragliche Bindungen eingegangen war) –
kann es manchem Heimkehrer ergehen. Sie wollen nicht
wahrhaben, daß sich ihr Ausflug ins Ausland als Flop erwiesen hat. So seltsam es klingen mag, aber manche finden nicht
mehr den Anschluß in der Bundesliga. Dabei besteht quali-
tätsmäßig zu Italien gewiß kein großer Unterschied.

Stefan Reuter agierte ein Jahr bei Juventus Turin und spielt
seit 1992 bei Borussia Dortmund. Zwar hat er schnelle
Beine, fügt sich aber ungeschickt in die Mannschaft ein und
fällt mehr durch unglückliche Aktionen auf.

Andere wiederum werden zu den Trägern einer Mannschaft.
Neben Pierre Littbarski hat Klaus Allofs und Wolfgang Rolff
der Wechsel nach Frankreich gutgetan in bezug auf ihren heutigen Stellenwert. Das gleiche gilt für Matthias Sammer, der es
nur sechs Monate bei Inter Mailand ausgehalten hat, während
Lothar Matthäus immerhin vier Jahre dort war. Wolfram
Wuttke erlebt in Saarbrücken nach seinem Spanienausflug
bei Español Barcelona einen neuen Fußballfrühling. Zwar
sind die Saarländer in die Zweite Liga abgestiegen, Wuttke
jedoch will dem Verein treu bleiben, der Trainer Neururer
entlassen und dafür Fritz Fuchs neuverpflichtet hat.

Manchmal treibt der Transfer in Deutschland seltsame Blüten. Präsidenten der Ersten und Zweiten Liga handeln mit
Spielern, ohne sie zu fragen. Anschließend können die
meisten nur noch zustimmen. Über ihre Köpfe hinweg hat
man schon alles abgesprochen. Ideal für solche Gespräche
sind die Treffen der Bundesligapräsidenten, bei denen, wie
am 23. Mai 1993, so mancher Kauf getätigt wird.

Aber es geht auch andersherum. Spieler unterschreiben bei
einem neuen Verein, und der alte hat keinen blassen Schim-
mer von den Abwanderungsgelüsten. Ernsthaft führt man
Verhandlungen mit dem Aktiven und möchte ihn, weil er
ein Sieggarant ist, auch noch für die kommende Saison
binden. Und dann platzt vor einem entscheidenden Spiel
die Bombe: Er geht weg. So gehandelt und gepokert hat der
Ex-Homburger Rodolfo Cardoso, im Dezember 1990 von

Vermittler Oskar Iparaguire, einem argentinischen Fleischhändler, für 560 000 Mark ins Saarland geholt. Viermal traf sich Cardoso heimlich mit den Freiburgern, dann war der Wechsel perfekt. Verständlich ist das Bestreben des Profifußballers, in der Ersten Liga dabeizusein, denn sie entspricht seinem sportlichen Potential. So spielt einer den anderen aus, sobald sich die Gelegenheit ergibt.

Allerdings konnte Ommer, Präsident des FC Homburg, den sich abzeichnenden Verlust später noch elegant in ein akzeptables Geschäft umwandeln. Er schob Cardoso, der auf keiner DFB-Transferliste stand, noch ein Angebot über 370 000 Mark Jahreseinkommen nach, welches in die Berechnung der Transferentschädigung miteinfloß. Schließlich einigte Ommer sich mit Freiburg, die mehr als 500 000 Mark Ablöse zahlten und obendrein auch noch den eigenen Spieler Thomas Ruoff für nur 25 000 Mark an die Saarländer verkauften. »Wann kriegst du schon mal einen Spieler für 25 000 Mark?« kommentierte Ommer den Handel.

Und nun kann sich aus der sportlich prekären Lage der Saarländer – sie waren zeitweise abstiegsgefährdet – folgende Variante des Transferbetrugs ergeben, wie mir ein Homburger Insider plausibel erklärt, der folgendes Szenario entwirft:

»Die Freiburger zahlen eine hohe Ablösesumme an uns Homburger, und wir kämpfen momentan gegen den Abstieg. Falls sich jedoch der FC in der Oberliga wiederfindet und dem bezahlten Fußball adieu sagen muß, geht der Betrag um etwa 200 000 Mark zurück, denn wir sehen uns dann nicht mehr in der Lage, Cardoso ein neues Angebot zu unterbreiten, welches zur Berechnung der Transfersumme herangezogen wird. Die Freiburger können also einen dicken Brokken einsparen, indem sie Cardoso einen Deal vorschlagen: Wenn Homburg absteigt, kriegt er 50 000 Mark, und der Rest der ersparten Summe geht an den Freiburger Verein. Was hat Cardoso, ohne den bei uns kaum ein Spiel zu gewinnen ist, zu tun? Sich vor jeder Begegnung an den Oberschenkel zu fassen und zum Trainer Klimaschefski zu sagen: Zerrung.

Also wird er nicht aufgestellt und wir verlieren. Und schon erfaßt uns voll der Abstiegsstrudel. Jetzt kommt noch die Mannschaft von St. Pauli zu uns ins Waldstadion, gleichfalls abstiegsgefährdet, die aber durch einen Sieg in der Zweiten Liga verbleiben könnte.«

Glücklicherweise spielte Homburg gegen St. Pauli unentschieden, trotz eines behäbig agierenden Cardoso, und verlor im letzten Auswärtsspiel bei Hertha BSC Berlin nur mit 1:0. Homburg und St. Pauli entgehen dem Abstieg.

Aber genauso, wie der Homburger Insider es schildert, wird es gemacht. Hat ein Spieler einen neuen Vertrag unterschrieben, dann kämpft er kaum noch für seinen alten Verein. Jedem Zweikampf und jeder Verletzung geht er aus dem Weg. Und falls noch ein Treffen mit dem neuen Arbeitgeber des Spielers ansteht, dann ist der Trainer gut beraten, ihn nicht aufzustellen.

Das Kilo zu 500 000 Mark

Allein schon die spezifischen Termini, die man bei einem solchen Geschäft, das gern als »Transfer« umschrieben wird, gebraucht, zeigen auf, daß man den Spieler nicht als Mensch sieht, sondern als Ware.

Ein Spieler wird »verkauft«, »gekauft«, »gehandelt«, »übertragen«, »verleast« und wechselt von A nach B. Der Verein »stockt« sein »Spielerpotential« auf, »verstärkt« die »Substanz« oder macht beim Verkauf einen »Zweimillionendeal« und glänzt durch eine positive Bilanz, in der nicht der Spieler, sondern sein merkantiler Gegenwert auftaucht. Spieler werden »verschoben«, »verschachert«, »übertragen«, »anteilsmäßig« von Investoren erstanden. Sie, besser gesagt ihren Wert, kann man »beleihen«, man kann sie an eine Bank oder einen Gläubiger »abtreten« – quasi als lebendiges Pfand –, der dann das alleinige Sagen hat und jeden Verkauf, falls erforderlich, blockiert. Und manche Vereine, von der Schuldenlast gebeutelt, hören auf zwielichtige

Scheinfirmen, nehmen deren Dienste in Anspruch und beleihen einen Spieler gleich mehrfach, so daß im Endeffekt keiner mehr weiß, wem er eigentlich noch gehört.

Spieler sind nur eine Ware, deren Wert schwer zu taxieren und zu erfassen ist. Um den Marktwert zu bemessen – allein darum geht es in dem Geschäft –, gibt es, neben vielen abstrakten Umschreibungen, nur drei konkrete Anhaltspunkte: Alter, körperlicher Zustand und Spiele für die Nationalmannschaft – ersatzweise die Begegnungen in der Ersten oder Zweiten Bundesliga, falls es sich nicht um einen der gefragten Stars handelt.

Mehr oder weniger greifbar ist als Maßstab der Beurteilung auch noch die Leistung aus der letzten Saison, gemessen an Einsätzen und Toren, von der man auf die zukünftige schließt. Alles andere wird, da nicht verifizierbar, entsprechend der jeweiligen Taktik des Käufers oder Verkäufers umschrieben. Da ist zum einen das Kriterium der Aggressivität. Der Käufer spricht von Schlaftablette, Valium, einer lahmen Ente, von einem Firmling oder einem Klosterschüler, weil er den Preis drücken will. Darauf angesprochen, warum er überhaupt an einem solchen Klops Interesse zeigt, zuckt der Bieter mit den Schultern. »Habe noch ein paar Tausender in der Kasse.«

Für den Verkäufer ist das Handelsobjekt der Bomber schlechthin, Rocky des Rasens, bissigster Terrier aller Zeiten. Und er gibt seinen besten Mann nur ab, weil es dessen Wunsch ist. Der Spieler wird eifrig nicken, falls er zugegen sein sollte.

Bezüglich der Ausdauer kippt er nach zwanzig Minuten aus den Latschen, so der Käufer, hechelt den anderen hinterher, hat nach 45 Minuten eine Zunge, lang wie eine Krawatte, und ist stehend k.o.

Auf der Gegenseite ist er reif, den Mount Everest zu besteigen – selbstverständlich ohne Sauerstoffmaske –, an einem Halbmarathon teilzunehmen oder zwei Spiele nacheinander durchzustehen. Anschließend verabredet er sich noch mit einem Kollegen zum Jogging.

Schließlich einigt man sich augenzwinkernd in der Mitte. Der eine weiß, er hat etwas zuviel gezahlt, der andere, man hat ihm zuviel gegeben. Schon geht man zum nächsten Kandidaten über.

Zwischen dem Kauf eines Pkw und dem eines Spielers gibt es viele Parallelen. Laufleistung und PS eines Autos werden umgemünzt auf das Objekt Mensch, hier Alter, Gesundheitszustand, Körpergröße und Gewicht. Alltagstauglichkeit wird zur Spielertauglichkeit und damit im übertragenen Sinne zur Robustheit gegen Verletzungen. Die Frage nach der Häufigkeit des Ölwechsels entpuppt sich als Gesundheitstest. Gemeint ist das regelmäßige »Abschmieren« bei einem Arzt, also die Versorgung gewisser Bereiche und Gelenke mit aufbauenden und stabilisierenden Substanzen.

Verletzungen mindern den Wert erheblich. Ein Kreuzbandabriß ist schlimmer als ein Austauschmotor, eine Meniskusoperation kann man mit ausgeschlagenen Stoßdämpfern gleichsetzen. Und Probleme mit der Hüfte sind ein wahres Kaufhemmnis, ähnlich einer nicht vorhandenen TÜV-Plakette. Muster ohne Wert.

Wie der Spieler aussieht, welche Haarfarbe er hat, seine Religions- und Parteizugehörigkeit interessiert niemanden. Keiner fragt nach seiner inneren Einstellung zu Themen des Lebens, keiner nimmt Rücksicht auf seine spätere berufliche Laufbahn. Was heißt Rücksicht: Im Normalfall fragt eben niemand danach.

»Es ist ein moderner Sklavenhandel«, so äußern sich die Betroffenen einstimmig. »Du wirst zur Schau gestellt, mußt dich, falls Zweifel an deiner Gesundheit auftauchen, vom Mannschaftsarzt des neues Clubs oder einem neutralen Gutachter untersuchen lassen. Die gucken dir zwischen die Beine, fassen dir an die Klötze, klopfen deinen Bauch ab und fummeln an den Adduktoren herum. Und anschließend schicken sie dich aufs Fahrrad. Dann mußt du strampeln, bis dir die Lunge herauskommt.«

Harald Kohr, zuletzt bei Wattenscheid: »Du bist eine Ware.

Und weil du das weißt, versuchst du den Preis nach oben zu treiben. Immerhin geht es um dich.«

Übrigens wechselte Kohr erst im zweiten Anlauf in den bezahlten Fußball, auch das ist eine Seltenheit. 1985 boten ihm die Lauterer mit 110 000 Mark Jahresgehalt nicht genug. In Trier, so erklärt Kohr, habe er als Vertragsamateur mehr verdient. Und die 10 000 Mark, die ihm die Saarbrücker pro Monat avisierten, genügten ihm auch nicht. Schön, wenn man als Vertragsamateur ein so gutes Einkommen hat und sich das richtige Profiangebot aussuchen kann, denn die meisten müssen nehmen, was sie kriegen.

Thomas Helmer, Bayern München, sieht eine Gefahr in den Transferentschädigungen – der Spieler werde immer mehr zu einer Ware – und ist hilflos, weil er nicht dagegen angehen kann. Auch er kommt sich vor wie beim Autokauf, wo gefeilscht, ein Angebot gemacht und schließlich nach langem Hin und Her der Preis bezahlt wird.

Hakt man nach, fühlen sich die Spieler, obwohl es um viel Geld gehen kann, schon entwürdigt. Da ihnen jedoch an einem guten neuen Vertrag gelegen ist, und dieser Gesundheitscheck einen enormen Einfluß hat – fällt er schlecht aus, gibt es keinen Vertrag –, geben sie ihr Bestes, obwohl manche die letzte Operation gerade erst überstanden haben.

Loyalität zum neuen Verein setzt man automatisch voraus, gleichgültig, mit welchem Widerwillen der Spieler dem zukünftigen Club begegnet. Negativeinschätzungen behält er klugerweise für sich, denn allein sein Gehalt zählt, aufgestockt um die Sieg- und Jahresprämie, falls die Mannschaft einen bestimmten Tabellenplatz erreicht. Mit seiner Unterschrift geht er die Verpflichtung ein, sich voll und ganz für die Belange des zukünftigen Arbeitgebers einzusetzen. Der Verein wird zum Besitzer des Spielers und stockt sein Spielermaterial auf, das er dem Gegner in der kommenden Saison entgegenschleudert. Der Wert des Vereins ist durch einen Neueinkauf gestiegen, sein Potential hat sich verbessert.

Sein Wert kann aber noch wesentlich mehr gestiegen sein, falls man einen Fußballer günstig und gerade noch so vor Ablauf der körperlichen Garantie hat verschachern können. Rückgaberechte gibt es nicht, obwohl gehandelt und gefeilscht wird wie auf einem orientalischen Basar.

Eine neue Variante der körperlichen Werterhaltung und -einschätzung haben Kaiserslautern und Bayern München kreiert. Andreas Brehme wechselte 1986 für 2,1 Millionen aus der Pfalz an die Isar. Und damit der Profi, wenn er einige Monate später in München anzutreten hatte, nichts von seinem Marktwert einbüßte – Kaiserslautern ging es damals finanziell nicht so gut wie heute, man hatte den Transfererlös schon voll für das kommende Haushaltsjahr eingeplant –, versicherte man Brehme exakt in der Höhe der Transfersumme gegen Invalidität.

Kaiserslautern hatte bereits eine Absicherung von annähernd einer Million als Verein für die noch laufenden Bundesligaspiele, der DFB eine separate für die Länderspiele und für die Europameisterschaft. Und die Differenz, die dann noch an der Ablösesumme von 2,1 Millionen fehlte – das war etwa eine halbe Million –, füllte man auf durch Llodys in London, eine Gesellschaft, die gegen entsprechende Prämien auch ungewöhnliche Versicherungen anbietet. Mehr als 15 000 Mark hat das für wenige Wochen bei Lloyds gekostet. Vermittler war in diesem Fall ein Mitarbeiter des Gerlingkonzerns aus Pirmasens, der in solchen Dingen Erfahrung hatte. Absolut legal dieser Vorgang, aber im Grunde genommen ein Handel wie an der Börse, wo man auch Gegengeschäfte tätigt, um das Hauptgeschäft vor Verlust zu schützen. Mit ausgetüftelt haben soll diese Variante Uli Hoeneß, Manager bei Bayern München.

Der finanzielle Rahmen, innerhalb dessen ein Spieler gehandelt wird, erstreckt sich von mehreren Millionen – auch schon mal in zweistelliger Höhe, wenn es um einen Akteur der Nationalmannschaft geht –, bis zu wenigen tausend Mark. Im letzteren Fall hat der Spieler das Ende der sportlichen Fahnenstange erreicht. Danach bleibt ihm nur noch der Rückzug ins Amateurlager oder der berühmte Nagel, an den er seine Schuhe hängen sollte.

Gute Spieler in der Ersten Bundesliga kosten immer eine Million und mehr, in der Zweiten entsprechend weniger. Viele der jungen Sportler versuchen über die Zweite in die Erste Liga aufzusteigen, benutzen also die zweithöchste Klasse als Sprungbrett. Die wenigsten schaffen diesen Sprung auf Dauer, und was ihnen bleibt, ist das Prinzip Hoffnung. Daraus schlagen alle Kapital, Verband, Verein und Sponsor, nur meist nicht derjenige, um den es geht. Natürlich verdient ein Spieler gut, sogar sehr gut bei Jahreseinkommen, die in der höchsten Klasse zwischen dreihunderttausend und zwei, sogar drei Millionen schwanken, bezieht man die Werbeverträge mit ein. Aber als einziger setzt der Spieler ein Kapital ein, das nicht rückholbar ist: seine Gesundheit. Das ist auch dann der Fall, wenn man die höchste Transfersumme heranzieht, die bisher gezahlt worden ist. Gut 500 000 Mark fürs Kilogramm Lebendgewicht blätterte man in Italien für den Profi Gianluca Vialli hin, als er für 30 Milliarden Lire, damals rund 40 Millionen Mark, von Sampdoria Genua nach Juventus Turin wechselte.

Verglichen mit Vialli sind die Deutschen Kohler, Reuter, Effenberg, Sammer, Riedle und Möller lediglich »Peanuts«, und Neapel hat 1984 sogar für Maradona nur halb soviel an Barcelona zahlen müssen.

Die beiden Holländer Marco van Basten und Ruud Gullit sind nicht mehr die am besten bezahlten Fußballprofis in Italien. Vialli hat mit einem garantierten Nettojahresgehalt von knapp vier Millionen Mark sogar den Argentinier Diego Maradona überflügelt, der es lediglich auf 3,3 Millionen brachte.

Keine Frage, daß zu einem solchen Deal auch noch eine Luxusvilla gehört, die der Verein auf seine Kosten dem Star zur Verfügung stellt.

Der Vialli-Handel wurde wie folgt abgewickelt: Genua erhielt zehn Milliarden Lire in bar, für die restlichen zwanzig wechselten fünf Jungtalente von Turin nach Genua.[187] Vielleicht erweist sich dies als weit vorausschauend, wenn man zwei Jahre später das gleiche Spielchen wiederholen kann und die im Wert gestiegenen Nachwuchsprofis mit Gewinn verkauft – womöglich sogar zurück an Turin?

Transfergebaren des DFB

Von ihm unverständlichem Transfergebaren des DFB in Zusammenarbeit mit dem VfB Stuttgart kann der aus Trier stammende Ex-Lauterer Harald Kohr ein Lied singen. Als Nachfolger für den nach Italien gewechselten Klinsmann vorgesehen, unterschrieb er im Winter 1988/89 beim VfB Stuttgart ohne Wissen von Kaiserslautern einen Vertrag über drei Jahre. Beraten wurde er von Hannes Bongartz, heute Trainer bei Wattenscheid, der ihn nach Kaiserslautern geholt hat.

Aber Kohr wollte nicht nach Stuttgart, München hätte ihm besser gefallen. Deshalb beriet er sich mit Bongartz unter vier Augen und sagte zu ihm, daß er ganz unsinnige Forderungen an die Stuttgarter stellen wolle, damit man ihn nicht unter Vertrag nehme. Der Stuttgarter Unterhändler Ohlicher jedoch ging zu Kohrs Verwunderung auf alles ein, während Bongartz draußen wartete, weil er die Forderungen seines Schützlings für überzogen hielt.

Bevor jedoch Kohr in Stuttgart antreten konnte, zog er sich zwei Monate später, noch in Diensten des 1. FC Kaiserslautern, eine Knieverletzung zu. Eiligst wollte nun der VfB Kohr aus dem Vertrag hinauskomplimentieren, weil ja durch seine Verletzung – die wohlgemerkt erst *nach* Vertragsunterschrift eintrat – die Geschäftsgrundlage entfallen sei, da sie wahrscheinlich zur Sportinvalidität führe. VfB-Geschäftsführer Ulrich Schäfer fühlte zwar menschlich mit Kohr, war aber aus Verantwortung für den Verein leider gezwungen, von dem Transfer Abstand zu nehmen.[188]

Es ist brutal, wie man mit einem Sportler umspringt – als hätte ein Autoverkäufer einen Unfallschaden verschwiegen. Aber dem Verein ging es in diesem Fall immerhin um 1,6 Millionen Mark und dem Sportler um einen guten Vertrag. Anwälte wurden bemüht, und die Verletzung, die sich Kohr nach Vertragsunterzeichnung eingefangen hatte, spielte plötzlich überhaupt keine Rolle mehr. Statt dessen unterstellte man ihm, er habe Stuttgart arglistig getäuscht. Er sollte bereits bei der Untersuchung durch den Club-Arzt, einige Wochen vor Vertragsunterzeichnung, andere Beschwerden verschwiegen haben, obwohl der Profi die neuesten Röntgenaufnahmen mitgebracht hatte.

»Blödsinn, absoluter Blödsinn«, so Kohr. »Der Arzt hatte alle Unterlagen vor sich liegen.«

Merkwürdig ist in diesem Zusammenhang, daß Kohr auch anschließend, also nach der Untersuchung, so viele Tore in der harten Bundesliga für Lautern hat schießen können, darunter zwei im Spiel gegen Dortmund, das die Pfälzer mit 3:1 gewannen. Erst eine zweite Verletzung und die anschließende Operation im Juni 1989 warfen Kohr lange zurück. Verbissen quälte er sich über Monate mit Hilfe eines Krankengymnasten, um wieder fit zu werden. Dabei zeigte er eine bewundernswerte Arbeitshaltung: Trotz der »Riesensauerei durch die Vorstandsherren des VfB«[189] bemühte er sich, den Vertrag zu erfüllen und dem Verein seine Arbeitskraft zur Verfügung zu stellen. Doch der VfB zeigte kein Interesse mehr.

Der erste Termin vor dem Arbeitsgericht verlief ergebnislos. Kohrs Rechtsbeistand Horst Kletke, VdV, meinte zu den Äußerungen des VfB-Anwalts: »Ein Ziehen an allen Seilen« und eine »chaotische Verteidigungstaktik«, die im Vorwurf der »arglistigen Täuschung« durch den Spieler gipfelt.[190]

Im November 1989 kommt es in Stuttgart vor einem ordentlichen Gericht zu einer Klärung, und man hat Kohr recht gegeben. Der Spieler, so argumentierte ein Mediziner während der Verhandlung, sei in drei bis vier Wochen wieder arbeitsfähig, er könne also den Vertrag mit dem VfB erfüllen.

Die Stuttgarter jedoch blockten erneut ab, aber man einigte sich schließlich doch. Kohr, der von sich behauptet, er sei ein Schotte, weil er so sparsam ist, war nun froh über den nicht leistungsbezogenen Vertrag, der ihm bei entsprechend hohem Grundgehalt vor Gericht eine saftige Abfindung garantierte.

Kohr ging nach Zürich und wurde unter Trainer Otmar Hitzfeld, heute Dortmund, mit der Mannschaft Pokalsieger und Meister. Im letzten Spiel, welches unbedingt gewonnen werden mußte, schoß Kohr zwei Tore.

Von Zürich wechselte er nach Wattenscheid, genauer gesagt liehen ihn die Züricher an den Verein aus, um einen Teil der Transferentschädigung zurückzuerhalten. Zürich hat, so meint Harald Kohr, etwa 1,2 Millionen gezahlt, da nach der Verletzung sein Wert nicht mehr so hoch gewesen sei. An Kaiserslautern sei das Geld gegangen, einen Teil habe noch Stuttgart dazu beigetragen, so daß die Pfälzer mit ihm ein gutes Geschäft gemacht hätten: Von Trier für 48 000 Mark drei Jahre vorher erstanden, nun für 1,2 Millionen weiterverkauft.

Schon ein Jahr vor dem Stuttgarter Flop hätte Kohr aus einem noch laufenden Vertrag wechseln können. Sein Wunschverein sei immer Bayern München gewesen, weil die alle drei oder fünf Jahre Deutscher Meister würden. Die Lauterer hätten jetzt wieder zwanzig Jahre zu warten. München bot den Pfälzern 2,5 Millionen für Kohr, aber Lautern wollte 4,5 Millionen, deshalb sei der Wechsel geplatzt.

Kohr ist der erste Fall in der Transfergeschichte der Bundesliga, in dem ein Club versucht hat, den Wechsel wegen einer nachträglich erlittenen Verletzung rückgängig zu machen. Präsident des VfB Stuttgart war und ist Minister Mayer-Vorfelder, zugleich Vorsitzender des Liga-Ausschusses und DFB-Vizepräsident. Durch seine Funktion als Vorsitzender des Liga-Ausschusses wie als Präsident des VfB ist Mayer-Vorfelder nach Kohrs Auffassung involviert in die Vertragsbrüchigkeit des Vereins, denn der Liga-Ausschuß hat letztlich darüber zu befinden, ob ein Vertrag zustande kommt oder nicht. Der Ausschuß ist laut § 14 unter anderem zuständig:

- »für die Erteilung der Spielerlaubnis an die Lizenzspieler für einen bestimmten Verein der Lizenzligen«
- »für die Entscheidung über Anträge und Einsprüche zur Transferliste«
- für den Erlaß von »Richtlinien für den Schiedsgutachter in Transferangelegenheiten«.

Es hat den Anschein, als wäre Mayer-Vorfelder durch seine Doppelfunktion in einen Interessenkonflikt wie aus dem Bilderbuch geraten. Ein solcher Mann sei doch im DFB nicht tragbar, meint Harald Kohr und führt weiter aus, die finanziellen Vorteile des Vereins seien ihm wohl wichtiger gewesen als die Vertragseinhaltung gegenüber einem Lizenzspieler.

Durch diese Erfahrung von Profi Harald Kohr wird dokumentiert, daß nicht der Mensch, sondern das Objekt in der Bundesliga gefragt ist.

Der DFB hat nichts gegen den VfB Stuttgart unternommen, gleichzeitig aber durch die Freigabe von Kohr nach Zürich bewiesen, daß sich plötzlich das Hauptargument der Schwaben – mögliche Invalidität – als völlig haltlos erwies. Ansonsten hätte der Verband niemals nach § 28 des Lizenzspielerstatuts die Freigabe geben dürfen, denn bei jedem Wechsel und bei jeder neuerlichen Spielberechtigung muß die Sporttauglichkeit des Spielers nach § 12 c des Lizenzspielerstatuts attestiert werden.

Kohr, der in dem Trierer Vorort Pfalzel wohnt und in Köln seine Trainerausbildung absolviert – später möchte er Sport studieren –, äußert sich über das Verhalten des DFB in der damaligen Vertragsangelegenheit mit Stuttgart sehr negativ. Er weist auf einen dicken Aktenordner und sagt: »Der DFB, das ist eine absolute Frechheit, eine Lachnummer. Der Vertrag wurde in drei Ausfertigungen erstellt, und eine hat der DFB erhalten. Aber ich habe hinten und vorne nichts vom Verband gehört. Auch dann nicht, als ich ihn über meinen Rechtsanwalt habe anschreiben lassen.«

Dafür, so vermutet er, hat Mayer-Vorfelder in seiner Doppelfunktion gesorgt. Kohr wirft dem Verband vor, daß er alle illegalen Dinge wie Transfer und Verträge – so wie in seinem Fall – laufen lasse und die Spieler nicht schütze, wie es eigentlich seine Aufgabe wäre. Der Kontrollausschuß hätte eingreifen müssen, aber »Kindermann ist einfach abgetaucht«.

Kohr, der auf dem Sprung in Nationalmannschaft und Olympiaauswahl war, wird demnächst am Meniskus operiert. »Das ganze Transfersystem mit den dubiosen Ablösesummen gehört abgeschafft. Zumindest sollten Spieler nach einer Art Punktesystem daran beteiligt werden«, faßt er seine Erfahrungen zusammen.

Heute ist Kohr Sportinvalide, aber noch hat die Versicherung nicht endgültig entschieden. Der Aktenordner, in dem Kohr alle Schriftstücke und Gutachten verwahrt, ist inzwischen mehrere Pfund schwer.

Viele Fußballer beklagen sich in gleicher Weise wie Kohr. Jeder dritte wird am Meniskus operiert und anschließend wieder vom Arzt gesundgeschrieben. Die Profis spielen weiter, zehn Jahre und länger. Sind die Knorpel am Knie kaputt und abgeschliffen und wollen sie von der Versicherung eine Entschädigung, dann bekommen sie zu hören, das sei Verschleiß. Direkt nach der Operation zahlt die Versicherung ebensowenig, weil der Arzt die Kicker gesundschreibt und sie bereits nach wenigen Wochen wieder spielen können.

Ähnlich wie Kohr, der seine Angelegenheit noch ausfechten will, erging es Norbert Dickel von Borussia Dortmund. Auch er erhielt bisher keine Mark von der Versicherung. Dabei wird zum Beispiel ein Meniskusschaden von der Berufsgenossenschaft als Berufskrankheit anerkannt. Meistens steht der Schaden mit einer »plötzlich von außen auftretenden Kraft« in Zusammenhang – laut Versicherungsbedingungen eine unabdingbare Voraussetzung, um den kausalen Zusammenhang zwischen Verletzung und Unfallfolge festzustellen. Obwohl sich keiner bei der Versicherung zuständig fühlt, muß Dickel in seiner Funktion als Stadionsprecher in Dortmund für die Assekuranz werben.[191] Trotz der körperlichen Beschwerden möchte er keine Stunde missen, ihm hat die Profizeit riesigen Spaß bereitet.

In einem anderen Transferfall hat der DFB sogar gegen seine eigenen Statuten verstoßen. Thomas Allofs wechselte in der Saison 1989/90 vom 1. FC Köln zu Racing Straßburg und erhielt die Freigabe durch den DFB, der bei Auslandstransfers zuständig ist. Der französische Verein geriet in finanzielle Schwierigkeiten, ein Sponsor sprang ab, Racing meldete Konkurs an. Zudem hatte plötzlich der zwischen Köln und Straßburg ausgehandelte Vertrag vor der UEFA-Schiedskommission keine Gültigkeit mehr. Außerdem sollte Straßburg noch mehr als die doppelte Summe an Köln überweisen.

Allofs einzige Chance bestand darin, zurück in die Bundesliga zu kommen. Allerdings ist seinerzeit nach dem Lizenzspielerstatut ein zweiter Wechsel innerhalb einer Transferperiode unmöglich gewesen. Mit der Androhung, vor Gericht zu gehen, gelang es Allofs und dem an ihm interessierten Verein Fortuna Düsseldorf, »dem DFB einen ›Sonderfall‹ abzuringen, in dem der DFB-Vorstand eine völlig neue Auslegung des Lizenzspieler-Status zum besten gab und ihm die Spielgenehmigung für die Rückrunde der Saison 1989/90 bei Fortuna Düsseldorf erteilte«.[192]

Die neue Regelung lautet jetzt (§ 20, Absatz 4 des Lizenzspielerstatuts):

> »Der Transfer eines Spielers während der laufenden Saison ist nur einmal zulässig. Nicht angerechnet wird der ... Wechsel ins Ausland.«

Total überfordert zu sein scheint der DFB in einer anderen Angelegenheit, in die ihn der 1. FC Kaiserslautern eingeschaltet hat. Der 32jährige Thomas Dooley, ehemaliger Spieler der Lauterer mit insgesamt 160 Bundesligaeinsätzen, nahm 1992 die US-Staatsbürgeschaft an und wanderte zum amerikanischen Nationalteam ab, um in Zukunft nur noch Länderspiele zu bestreiten – wie er bekundete. Deshalb hat Dooley sich in den Staaten auch keinem Verein angeschlossen. Lautern gefällt das ganz und gar nicht, denn sie wollen den Spieler nicht zum Nulltarif ziehen lassen. Prompt fordern sie 1,1 Millionen Mark Transferentschädigung und liegen jetzt mit dem amerikanischen Verband im Streit, der bisher keine Veranlassung sah, zu reagieren.

Das Unterfangen eines Vereins, von einem nationalen Verband eine Ablösesumme zu kassieren, ist einzigartig in der Geschichte des bezahlten Fußballs. Weil Kaiserslautern bisher noch nicht zum Zuge gekommen ist – im Oktober 1993 lehnte die FIFA auf einer Sitzung in Zürich die Zahlung einer Transferentschädigung, zu der nur Vereine und nicht Verbände verpflichtet sind, ab –, erwägen die Pfälzer sogar eine Klage. Auf die Begründung darf man gespannt sein.

Zusätzlich wenden sich die Pfälzer auch noch an den DFB, damit er sich als Vermittler einschaltet und mithilft, das Geld einzutreiben. Wirklich eine kuriose Konstellation: Der DFB – eine Inkassogesellschaft für Vereine der Bundesliga? »Lug und Betrug«, sagt Manfred Ommer, Präsident eines Bundesligavereins, und meint damit auch den DFB. »Jeder versucht dem anderen das Fell über die Ohren zu ziehen. Jeder möchte einen möglichst großen Reibach machen.«

Transfer ins Ausland

Der bevorstehende Transfer eines Spielers ins Ausland ist oft ein Spektakel, inszeniert in der Absicht, für eine bestimmte Zeit Medienpräsenz zu erlangen, die sich günstig auf den Abschluß auswirken kann.

Ohnehin werden die Großen im Fußball fürstlich umworben, wenn es um den Vereinswechsel geht. Oft mit einem Privatjet abgeholt, quartiert man sie in First-Class-Hotels ein, liest ihnen jeden Wunsch von den Lippen ab und verwöhnt sie, als seien sie der Nabel der Welt. Alles in der Absicht, die Spitzenprofis des runden Leders günstig zu stimmen, sie zur Unterschrift zu bewegen. Immerhin geht es in solchen Fällen um Millionen. Millionen an Einnahmen für den Verein, der den Spieler verkauft, Millionen für den Spieler und Millionen an Kosten für den neuen Verein, der hofft, seine Investition lohne sich, und zwar so, daß man den Gegenstand aus Muskeln und Zellen möglicherweise in zwei Jahren für noch mehr Geld weiterverkaufen kann.

Für Freundin oder Ehefrau wird ein Sonderprogramm entwickelt, das, je nach Neigung, über Stadtrundfahrten, Besichtigungen von historischen Orten bis hin zum Besuch eines Couturiers reicht. Welches Mitspracherecht Ehefrauen und sogar Freundinnen haben, konnte Bayern München erfahren, die an dem Holländer Ruud Gullit interessiert waren. Der Wechsel vom AC Mailand kam trotz Buhlens und eines avisierten Jahresgehalts in Höhe von 2,6 Millionen Mark brutto[193] deswegen nicht zustande, weil Gullits schwangere Freundin einfach nicht wollte und sie sich in Deutschland nicht wohl fühle. Bernd Schuster soll vor Jahren die Wahl gehabt haben zwischen Spanien, und damit seiner Ehefrau, wie viele meinen, und der Nationalmannschaft.

Sobald man sich über den Wechsel einig ist, steht einer Pressekonferenz nichts mehr im Wege, in der jede der Parteien Zufriedenheit und Hoffnung äußert. Von dem Gerangel unter dem Tisch, den Versprechungen und Zahlungsvereinbarungen außerhalb jeder Überprüfbarkeit spricht niemand. Immerhin riskiert der Spieler durch ein Auslandsengagement seine Aufstellung für die Nationalmannschaft. Das beste Beispiel dafür ist wohl Schuster, der seinen Spanientransfer zumindest in dieser Hinsicht mehr als einmal bereut haben dürfte. Nun kickt er wieder in der Bundesliga, und

Leverkusen hofft, mit seiner Hilfe noch weiter nach oben zu kommen.

Aber kein Auslandswechsel ohne den DFB. Im Lizenzspielerstatut wird dies durch § 28 geregelt.

»1. Über die Freigabe von Spielern zu einem anderen Mitgliedsverband der FIFA entscheidet der DFB gemäß seiner Satzung und seinen Ordnungen sowie den Bestimmungen der FIFA.

2. Voraussetzungen für die Freigabe sind, daß
    a) der abgebende Verein keine berechtigten Einwendungen gegen die Freigabe des Spielers durch den DFB erhebt,
    b) keine Einwendungen gegen eine Aufnahme in die Transferliste vorliegen.«

Welche Probleme unvermittelt bei einem Wechsel ins Ausland auftauchen können, wird durch Andreas Möller deutlich. Er soll, als er von Borussia Dortmund zur Eintracht nach Frankfurt wechselte, seinem neuen Verein zugesichert haben, fünf Millionen Mark[194] aus eigener Tasche zu zahlen, falls er im ersten Jahr vorzeitig ins Ausland gehen würde. »Möller besitzt in Frankfurt einen Drei-Jahresvertrag mit zweijähriger Option: Im nächsten Jahr müßte er bei einem Wechsel nur noch 2,5 Millionen zahlen, 1994 ist er ablösefrei.«[195]

Lange vorher, im April 1990, unterschrieb Möller für 1,3 Millionen[196] eine Option – an anderer Stelle ist von 900 000 Mark die Rede[197] –, in Italien nur für Juventus Turin zu spielen. Turin verkaufte zwischenzeitlich die Option an Bergamo, denn Möller spielte dem Agnelli-Klub zu schlecht. Möller, dessen Anwalt Kletke, VdV, meinte, Optionsverträge hätten »keinerlei bindende Wirkung«,[198] wollte aber jetzt plötzlich in Frankfurt bleiben. Die Spielerstatut-Kommission der FIFA jedoch sprach am 10. März 1992 dem italienischen Rekordmeister Juventus Turin – anscheinend haben sie die Option zurückgekauft – alle Rechte an Möller zu, da er einen gültigen Arbeitsvertrag unterschrieben und die »Optionsprämie« angenommen habe. Möller und Verein legten Berufung ein. Möller konnte einen triftigen Grund für sein Bleiben in Frankfurt vorweisen: Wegen seines noch bestehenden Vertrages mit der Eintracht hätte er, wie zugesichert, fünf Millionen Mark Abstand aufzubringen, falls er nach Italien ziehen sollte.

Die Berufungsverhandlung, die am 14. Mai 1992 in Zürich unter Vorsitz des FIFA-Präsidenten Joao Havelange abgehalten wurde, bestätigte die Entscheidung vom März 1992.

Aber schon am 12. Mai 1992, also zwei Tage vor der FIFA-Sitzung, kam ohne Wissen des Vereins und ohne den FIFA-Spruch abzuwarten ein Vertrag mit Turin zustande, wonach Möller zum 1. Juni 1992 für eine Ablösesumme von 3,6 Millionen Mark nach Italien zieht.[199]

Inzwischen ist Möller jenseits der Alpen gelandet. Und als er am 5. Mai 1993 mit Turin bei seinem ehemaligen Verein Borussia Dortmund im ersten Finale um den UEFA-Cup antritt, empfängt ihn ein gellendes Pfeifkonzert. Fußballfans sehen es nicht gerne, wenn ihre Lieblinge jede Mark aus dem Sport herausquetschen. Vom Arbeitsgericht wird Möller auch tatsächlich zur Zahlung von fünf Millionen Mark an Eintracht Frankfurt verurteilt. Obwohl in vergleichbaren Fällen lediglich eine Strafe in Höhe des Jahresnettogehalts vorgesehen ist, falle bei Möller die Summe deswegen so hoch aus, argumentierte der Richter, weil er von sich aus diese Strafe angeboten habe. Weiterhin hat der Arbeitsrichter in der letzten Instanz erklärt, Möller habe ja die Chance gehabt, bei Gericht eine Aufhebung dieser Vertragsstrafe wegen Ungesetzmäßigkeit, Unbotmäßigkeit oder Sittenwidrigkeit zu beantragen.

»Denkbar ist, daß Turin die fünf Millionen Mark für Möller übernimmt. Damit würde der Transferpreis von 3,6 auf 8,6 Millionen Mark steigen – für italienische Verhältnisse aber noch immer ein glänzendes Geschäft.«[200]

Die Vereinigung der Vertragsfußballspieler (VdV) hat bereits am 13. Mai 1992, also einen Tag nach Vertragsunterzeichnung mit Turin, die »Akte Möller« geschlossen und das von dem Spieler erteilte Mandat zurückgegeben. Als Begründung gibt die VdV unter anderem an: »Die Rolle des Möller-Beraters Klaus Gerster geriet in der Angelegenheit von Tag zu Tag problematischer.«[201]

Gerster hatte eine Doppelfunktion: Er war Manager des Vereins und zugleich auch Spielervermittler und Berater der Profis Möller, Binz, Lasser. Am 20. Mai 1992 kündigte Eintracht Frankfurt fristlos den bis 1994 gültigen Arbeitsvertrag mit Gerster.

Uli Stein spricht von einem »festgeschriebenen Skandal«, da der »Manager Gerster sich im Zweifel zuerst um die Spieler kümmern durfte, die er in seiner Hauptrolle als Berater betreute«.

Uli Stein in seinem Buch[202] über Gerster: »Verblendet aber vom Größenwahn, der sich vor allem aus seiner symbiotischen Beziehung zu dem Wertpaket Andreas Möller speiste – ohne Gerster kein Möller – und dem damit einhergehenden Medienrummel, wollte Gerster alles sofort... Seinen Traum von der Alleinherrschaft bei Eintracht Frankfurt posaunte er laut hinaus.«

Im Augenblick ist die Bereitschaft der Italiener, deutsche Kicker zu verpflichten, nicht mehr allzu groß. In der Vergangenheit war man mit Spielern wie Karl-Heinz Rummenigge, den man in die Schweiz abgeschoben hatte, Hansi Müller und Rudi Völler, der – für 9,3 Millionen gekauft – sehr verletzungsanfällig und oft nicht Leistungslieferant war, eher unzufrieden.

Im Fall Völler war die Transferentschädigung – damals hatte die UEFA eine Höchstgrenze für einen Wechsel ins Ausland festgesetzt – deshalb so hoch, weil er aus einem laufenden Vertrag freigekauft wurde. Und genau an diesem Punkt offenbart sich eine länderübergreifende Praxis, bei der beide Parteien, Käufer wie Verkäufer, mitspielen. Noch nie ist ein Top-Spieler zum von der UEFA vorgeschriebenen Satz ins Ausland gegangen (zu Völlers und Rummenigges Zeiten lag die festgesetzte Summe noch bei zwei Millionen, heute gibt es keine Limitierung mehr). Immer wurden sie aus laufenden Verträgen verpflichtet. Dafür gibt es, abgesehen davon, daß der Aktive in das Konzept der Mannschaft passen muß, zwei Gründe. Erstens: Nur Vereine, die eine dicke Kasse haben, kaufen Profis kurzfristig aus laufenden Verträgen frei, weil sie ansonsten den Überschuß zu versteuern hätten. So war es auch im Fall von Dortmund und Karlheinz Riedle. Zweitens: Hohe Transfersummen bieten eine einmalige Gelegenheit, Schwarzgeld in Umlauf zu bringen. Und davon gibt es bei uns wie im Ausland genügend.

Kenner glauben sogar, in Italien einen Trend auszumachen, die Deutschen deswegen nach Hause zu schicken, weil ihr »teutonischer Spielwitz«, wie der *Spiegel* es formuliert, nicht mehr gefragt sei.

»Weg mit den Deutschen.« Luis Suarez, Trainer von Mailand, stellte im April 1992 in einem Zeitungsinterview diese Forderung auf und fügte hinzu: »Zumindest von Lothar Matthäus und Andreas Brehme müßte man sich trennen. Wir brauchen jüngere und besser motivierte Spieler.«[203]

Weiter erklärte er, man werde versuchen, Matthäus in diesem Sommer (1992) zu verkaufen, allerdings äußerte Suarez die Befürchtung, es gebe für den Deutschen viel weniger, als sie für ihn bezahlt haben. Die Profifußballer müssen sich damit abfinden: Ihr Wert sinkt wie bei einem Fahrzeug, dessen Motor eine hohe Laufleistung aufweist.

Berti Vogts Reaktion auf Suarez: »Unverschämtheit.« Und da hat der Bundestrainer wohl recht. Lothar Matthäus weigerte sich, die Aussage seines Vereinstrainers zu glauben.

An Deutlichkeit sind die Aussagen des ehemaligen spanischen Nationaltrainers nicht mehr zu überbieten. Klar wird nun auch, wie man Spieler behandelt: Sie müssen weg, egal wie.

Eine Pikanterie am Rande: Exakt vier Wochen nach dieser Aussage war Suarez bei Inter Mailand am Tiefpunkt seiner Karriere angelangt. Eine 0:2-Heimniederlage gegen Absteiger Cremonese – eine Parallele vielleicht zum VfB Stuttgart, der sein hundertjähriges Vereinsjubiläum gebührend feiern wollte und im April 1993 zu Hause gegen den Tabellenletzten Uerdingen 1:2 spielte – kostete den Meistertitel, den der Erzrivale AC Mailand einheimste.

Wenn italienische Clubs einen Spieler loswerden wollen, sind sie ganz rigoros, auch wenn Verträge etwas anderes beinhalten. Der Betreffende kommt auf die Auswechselbank oder auf die Tribüne. Was allein schon die Androhung »Tribüne« bedeutet, wissen die Profis nur zu genau. Auch beruhigende Zusicherungen können schnell gebrochen werden, zumal in Italien, wo Spieler oft den Launen der milliardenschweren Club-Präsidenten ausgeliefert sind, denen zehn Millionen Mark überhaupt nichts zu bedeuten scheinen.

Clevere Spieler wechseln früh genug, bevor ihr Marktwert durch Banksitzen gedrückt wird. Rudi Völler zog es zu Olympique Marseille, Frankreich, wo er bei dem durch Bestechung ins Gerede gekommenen Verein vom Regen in die Traufe kam, Lothar Matthäus ging nach München und Jürgen Klinsmann nach Monaco. Auch Andreas Brehme ist nach einem Zwischenspiel in Saragossa nun wieder bei Kaiserslautern.

Der Verdrängungswettbewerb im Profifußball ist auf allen Ebenen verdammt hart, und nur die hohen Gehälter bieten, wenn überhaupt, einen einigermaßen akzeptablen Ausgleich für derlei Demütigungen und dafür, als käufliches Objekt behandelt zu werden.

Selbstverständlich braucht sich ein Fußballer all das nicht gefallen zu lassen. Er könnte auch den Vertrag beenden, keinen neuen abschließen und nur noch Privatmann sein. Genau das will aber niemand mit sechsundzwanzig oder dreißig. Einmal von der Droge Ruhm genossen, möchte keiner vorzeitig davon lassen.

Vorverträge und Optionen: Geschäft mit der Zukunft

Offiziell ist laut § 27 des DFB-Lizenzspielerstatuts die Unterschrift eines Profis unter einen Vertrag erst dann erlaubt, wenn der Betreffende auf der Transferliste des Verbandes steht. Genau heißt es: »Die Spielerlaubnis für einen Verein in den Lizenzligen dürfen nur Spieler erhalten, deren Aufnahme in die Transferliste bekanntgegeben worden ist.«

Damit will man erreichen, daß sich alle Vereine an den Spieler wenden können, falls sie interessiert sind. Aber manche Spieler wollen nicht auf die Liste, weil dann jeder weiß, daß sie wechseln wollen. Möglicherweise würde dadurch das Pokern um einen besseren Vertrag erschwert. Deshalb schließt man lieber heimlich einen undatierten Vorvertrag ab, eine sogenannte Option. Erhält der DFB davon Kenntnis, dann droht normalerweise eine Strafe in Höhe von 1000 Mark, die leicht zu verschmerzen ist.

Weiterhin wird im Statut gesagt: »Die Aufnahme in die Transferliste ist schriftlich zu beantragen.« Sodann heißt es in Absatz 3: »Aufnahmen und Streichungen von Spielern werden vom DFB wöchentlich dienstags ... bekanntgegeben ... Mit der Bekanntgabe wird mitgeteilt, ab welchem Zeitpunkt der jeweilige Spieler verpflichtet werden darf.«

Nun gibt es im DFB zwei Transferperioden. Die Transferperiode I wird in § 20, Absatz 2 festgelegt:

»Verträge dürfen zwischen dem 1.1. und 30.6. eines Jahres nur mit Wirkung vom 1.7. dieses Jahres und für die Mindestlaufzeit von einem Jahr abgeschlossen werden (Transferperiode I).«

Demnach offiziell erst dann, wenn der Spieler auf der Transferliste steht.

Die Transferperiode II erklärt sich wie folgt:

»Mit Spielern, deren Verträge im beiderseitigen Einvernehmen aufgelöst worden sind, können vom 1.7. bis zu einem vom Liga-Ausschuß jährlich vor Beginn der Spielzeit neu festzulegenden Zeitpunkt vor Beendigung der Spielpause im Winter mit sofortiger Wirkung (Transferperiode II) und außerhalb vom 1.1. bis

zum 30.6. mit Wirkung vom darauffolgenden 1.7. geschlossen werden.«

Auf gut deutsch heißt das: Spieler, die über den 1.7. hinaus
noch keinen neuen Verein gefunden haben (»Sauerbier«),
können bis zur Winterpause, die kurz vor Weihnachten beginnt, noch Verträge mit einem neuen Arbeitgeber abschließen, die aber erst im kommenden Juli wirksam werden.
Die Praxis sieht ganz anders aus. Haben Spieler bis Weihnachten keine Option oder eine optionsähnliche Absichter-
klärung unterschrieben, durch die sie einen Vereinswechsel
bekunden, dann werden sie nach Aussage von Spielerberater Willi Hoppen »wie Sauerbier« gehandelt. Nur Wolfgang
Holzhäuser, DFB-Ligasekretär, behauptet, Optionen seien
ein italienisches Phänomen.
Alle in Deutschland abgeschlossenen Vorverträge sind ohne
Datumsangabe eine Art Option oder Verpflichtungserklärung, die wechselbereite Spieler nur deshalb unterschreiben, um sich, ohne auf der Transferliste zu stehen, frühzeitig einen neuen Arbeitsplatz zu sichern.[204] Allerdings sind
diese Vorverträge juristisch gesehen nichts wert, meint
Anwalt Kletke, VdV. Und wer versucht, sie einzuklagen,
würde das gesamte Transfersystem in Frage stellen. Kurioserweise besteht aber der Verband auf der Einhaltung dieser
Verpflichtungen, so etwa bei Andreas Möller und dessen
Wechsel nach Italien. In diesem Fall wurde vom DFB
vorsätzlich und in Kenntnis des juristischen Problems der
Athlet zur Vertragserfüllung genötigt, weil es die FIFA
anders sah.
Sicherlich sind in Deutschland Optionen weniger verbreitet
als in Italien, wo man die Vorkaufsrechte hortet und mit
ihnen in jeder finanziell denkbaren Hinsicht jongliert. Am
besten kann das wohl Inter Mailand. Der Club hat Reserven
in der Hinterhand und partizipiert am steigenden Marktwert
der Optionierten. Da gibt es keinen Unterschied mehr zur
Börse oder zum Warenterminmarkt, wo auf die gleiche
Weise spekuliert wird.

Was für den einen Schweinebäuche, sind für den anderen Spielerbeine.

Es ist bedenklich, wenn in der Bundesliga Privatleute – meist handelt es sich um Mitglieder des Präsidiums oder des Verwaltungs- und Beirates von Vereinen – Transferrechte besitzen, etwa nach dem Motto: Ich gebe dir jetzt 'ne Million, und dafür trittst du mir die Rechte für einen bestimmten Spieler ab. Im Grunde genommen ist das – Blau-Weiß Berlin hat es vorexerziert – nichts anderes als eine Sicherheitshinterlegung für ein gewährtes Darlehen oder eine Bürgschaft. Natürlich hat dann der Privatmann, der das Transferrecht an einem bestimmten Spieler besitzt, die Möglichkeit des wirtschaftlichen Zugewinns und damit der Steuerfreiheit, denn er partizipiert am »Markt- oder Kursgewinn« des Profifußballers. Nach diesem Prinzip funktioniert auch das Modell in Homburg, von dem noch die Rede sein wird.

Dem Spieler kann es am Ende nicht egal sein, wenn bei seinem Wechsel plötzlich jemand Einfluß zu nehmen versucht, der lediglich an einem Gewinn Interesse hat und sagt: Hör mal zu, mein lieber Verein, der Wechsel gilt jetzt nicht, der Spieler ist noch nicht teuer genug.

Nicht zuletzt deshalb ist das gesamte Transfersystem eine heikle Angelegenheit, weil es die Möglichkeiten der Spekulation nicht unterbindet.

Normalerweise ist die Abtretung der Transferrechte nur mit Zustimmung des DFB möglich. Allerdings sieht § 30 des Lizenzspielerstatuts lediglich Abtretungen vor, »wenn sichergestellt ist, daß derjenige Betrag, der den banküblichen Sicherungszweck übersteigt, dem abgebenden Verein zufließt«.

Außerhalb der Statuten jedoch treffen Verein und Privatmann ihr Abkommen, wobei letzterer auf einen guten Profit hofft. Aber er kann auch reinfallen, so wie Manager Klaus Hilpert, der kurz nach der Wende Optionen von mehreren Spielern besaß, darunter auch die des heutigen Nationalspielers Ulf Kirsten. Der Leverkusener Manager Reiner Calmund, so berichtete der *Spiegel*, konnte Hilpert von der

Fragwürdigkeit der Verträge, »die einer juristischen Überprüfung nicht standhalten würden«,[205] überzeugen. Daraufhin, so ist nachzulesen, trat Hilpert die Rechte für Kirsten an Calmund ab – und zwar für drei Fußbälle, die dieser im Kofferraum seines Autos hatte.

Noch ist der deutsche Fußballmarkt nicht zum Tummelplatz von Industriellen und Konzernen geworden wie in Italien, wo es zum Gesellschaftsspiel geworden ist, wer den teuersten Profistall sein eigen nennen darf. Das seltsame Gerangele treibt perverse Blüten, wenn es darum geht, einen Konkurrenten auszustechen und ihm einen Spieler vor der Nase wegzuschnappen.
Der Medienzar Berlusconi (AC Mailand), Fertigmenüfabrikant Pellegrini (Inter Mailand) und Fiat-Präsident Agnelli (Juventus Turin) treten an wie zu einer Pokerpartie. Weil Agnelli mit Vialli einen 40-Millionen-Deal machte, zog Berlusconi mit Lentini nach, der noch mehr gekostet haben soll.
Manchmal gesellen sich zu der Partie auch noch ein alternder Zementfabrikant, der Hauptaktionär einer großen Versicherungsgesellschaft sowie ein Immobilienmakler aus Neapel und der Direktor einer Privatbank, der mit Krediten zur Finanzierung seines Hobbys sicherlich die wenigsten Probleme hat.
Dabei brauchen die schwerreichen Herren ihre vielen Stars überhaupt nicht. Der AC Mailand hat knapp dreißig Spitzenspieler unter Vertrag, darunter zur Zeit zehn italienische Nationalspieler und sieben Ausländer, die man wegen der Regel, wonach lediglich drei Ausländer pro Spiel gestattet sind, nie und nimmer gleichzeitig einsetzen kann. Diese Regel konterkariert den Gedanken einer Europäischen Union. Spekuliert Berlusconi auf das Kippen der Regel? Will er dann mit Mailand in Europa die Nummer 1 sein?
Und sie wird kippen. Was noch alles auf den behäbigen DFB zukommt – in einigen Jahren wird es eine Europaliga geben –, man kann es nur ahnen. Amateure aus der Frankfurter

Zentrale treten in einem vereinten Europa gegen ausgebuffte, mit Konzernen liierte Profis an, die ganze Kanzleien mit Rechtsfragen beschäftigen und sich dabei längst nicht mehr nur auf das jeweilige Inland beschränken. Der Handel mit Optionen wie in Italien – siehe Möller – wird zweifellos auch bei uns Einzug halten. Außerdem werden in Deutschland wohl immer mehr Spieler von Investorengruppen eingekauft und vermietet. Modelle, die dies anschaulich zeigen, gibt es genügend. Manfred Ommer hat es mit seinem FC Homburg schon 1988 vorexerziert. Mittlerweile kann man bei fast jedem Bundesligaclub einen Spieler leasen, und der Hamburger SV wollte aus seinem Verein sogar eine Aktiengesellschaft machen.

Die Macht des DFB ist von ganz anderer Seite schon heute bedroht: Mittlerweile haben sich 650 Profifußballer in der Vereinigung der Vertragsfußballspieler (VdV), einer Art Gewerkschaft, organisiert, die der DFB zwar immer noch zu ignorieren versucht, aber in Zukunft nicht mehr übergehen kann. Spätestens dann nicht mehr übergehen kann, wenn die Vereinigung ihrer Forderung, an den Fernsehrechten beteiligt zu werden, Nachdruck verleiht. Ohne die 650 Kikker läuft nichts im bezahlten Fußball.

Marktwert, und sonst nichts

Im Vergleich zu anderen Fußballnationen geht es bei einem Wechsel innerhalb der Bundesliga noch geruhsam zu, und es ist auch nicht so viel Geld im Spiel. Selbst dann nicht, wenn ein Großer aus Italien heimkehrt und sich vertraglich an die gewiß nicht armen Clubs Bayern München oder Borussia Dortmund bindet, so wie Lothar Matthäus und Karlheinz Riedle.

Aber in allen Fällen existiert nur ein einziger Maßstab, an dem sich alle orientieren: der Marktwert – ein äußerst zweischneidiges Schwert. Schnell kann es mit ihm abwärts gehen, wenn ein Spieler nicht mehr in der Nationalmannschaft aufgestellt wird, und damit fürs Ausland unattraktiv geworden ist. Doch auch der umgekehrte Fall ist möglich. Nationaltorwart Andreas Köpke, inzwischen 31 Jahre alt, hat Bodo Illgner durch seine Weltklasseleistung beim Spiel gegen Schottland vorübergehend den Rang abgelaufen – manche sind der Überzeugung, Köpke sei deshalb vom DFB bevorzugt worden, weil Illgner sich zu sehr in der Vereinigung der Vertragsfußballspieler engagiere – und wird nicht ins Ausland wechseln. Er hat den einzig richtigen Weg beschritten, seinen Marktwert zu steigern: durch Leistung. Besonders geglänzt hat er im Spiel Schottland–Deutschland, das mit einem schmeichelhaften 1:0-Sieg für die Deutschen endete. Weil seine Vorderleute so schwach waren, gab es für Köpke genügend Gelegenheiten, sich auszuzeichnen. Berti Vogts attestierte ihm »Weltklasse«.

Für Andreas Köpke kam das genau zum richtigen Zeitpunkt, auch wenn er in einem Interview bestritt, von den Bayern eine konkrete Offerte bekommen zu haben: »Nürnberg hat ein Angebot schriftlich formuliert, doch sind da einige Passagen, Sponsoren betreffend, unklar gefaßt. Die will ich in der nächsten Woche noch geklärt haben.«

Vielleicht nicht ganz zufällig waren der Manager und der damalige Trainer von Bayern München, Uli Hoeneß und Erich Ribbeck, im März 1993 Zuschauer des Spiels im Glasgower Ibrox-Park gewesen. Nürnberg reagierte prompt, aber zähneknirschend – immerhin hat der Verein sechzehn Millionen Schulden[206] – mit einem neuen Vertrag, viel besser als der alte.

Nicht selten gehen Vereinsmanager und Spielerberater auf Tour, weil ein Profi, der gerade in Verhandlungen mit seinem alten Verein steht, sie eingeladen hat. Wenn dann in der Pause im VIP-Raum scheinbar unbedacht der Name des Profis fallengelassen wird, weiß jeder, auf wen man es abgesehen hat. Spätestens jetzt schrillen bei jedem Vereinspräsidenten und seinem Manager die Alarmglocken. Den Mann mit einem besseren Angebot halten oder ziehen lassen – eine andere Alternative gibt es nicht.

»Bitte verkaufen Sie mich.«

Es klingt wie ein Hilferuf, und es ist auch einer. Derjenige, der seinen Verein anfleht, man möge ihn bitte verkaufen, sitzt laut *Sport-Bild*[207] seit länger Zeit auf der Bank, wird hingehalten und vertröstet – wir brauchen dich –, kommt aber nicht zum Einsatz. »Ich will endlich wieder spielen. Bitte verkaufen Sie mich.« Jörg Bode, erst 24 Jahre alt und seit Monaten beim HSV nur zweite Wahl, eine Art Joker, den man zu gegebener Zeit aus dem Ärmel ziehen möchte, sucht einen neuen Arbeitgeber, obwohl Hamburg ihm als Stadt zusagt. Die Ungewißheit, spiele ich oder spiele ich nicht, das mache ihn fix und fertig. Seit 1989 hat er einen Vertrag mit dem HSV, allerdings kam er nur 81mal zum Einsatz, also in etwa 40 Prozent der Spiele, aber oft nicht über die vollen 90 Minuten. Deshalb sein Flehen, verkauft zu werden. So, wie Bode sich ausdrückt, weiß er nur zu gut um seinen Markt- und Stellenwert als Tausch- oder Handelsware. Und er kennt die Entwürdigung, beim Manager des Vereins vorsprechen zu müssen, damit dieser ihm bitteschön nicht weiter bei der Ausübung seiner Arbeit im Wege steht.

Die Einschätzung von Bode wird durch die Aussage des Trainers Rainer Zobel untermauert. Als er noch in Diensten des Bundesligaklubs Kickers Stuttgart stand, wollte im Juni 1991 im *Aktuellen Sportstudio* Moderator Günter Jauch von ihm wissen, ob es denn nicht »ein guter Schnitt« sei, innerhalb von nur zwei Stunden zwei neue Spieler zu verpflichten. Zobels Antwort: »Sie kaufen ja ein Stück Fleisch auch in 'ner halben Minute.«

Als Uli Stein von Hamburg nach Frankfurt wechselte, waren die Mainstädter nicht bereit, die geforderte Ablösesumme zu bezahlen. Der HSV verlangte durch seinen Unterhändler Felix Magath 600 000 Mark, der Frankfurter Kraus bot 300 000 Mark und legte später noch mal 100 000 Mark drauf. Magath blieb vorerst stur, ging jedoch schließlich auf 500 000 Mark herunter. Als Kraus dann um 50 000 Mark erhöhte, fehlten immer noch 50 000 Mark. Uli Stein rief Kraus an: »Hör mal, ich bezahle zur Not die fehlenden 50 000 Mark selber.« Nach den DFB-Statuten war dies verboten, deshalb machte Stein mit der Frankfurter Führung einen »astreinen Deal«. Dazu Stein in seinem Buch: »Wenn sie [die Eintracht] mich für 500 000 Mark übernimmt, verzichte ich auf 50 000 Mark meines Jahresgehalts. Die Herren sahen's gern, und ich habe mich damit zu einem nicht unerheblichen Teil selbst freigekauft.«[208]

Für die zweite Garnitur gibt es kein First-Class-Hotel, keinen Privatjet, keine Möglichkeit, zu verhandeln. Im Gegenteil, man muß buhlen, um überhaupt gehört zu werden. Aktive nutzen ihre Kontakte aus und tragen dem Vereinspräsidenten oder dem Manager Angebote vor, weil es um ihre Existenz geht. Meist verkauft der Verein einen Spieler der zweiten Garnitur, ohne ihn überhaupt richtig zu fragen. Und der, im Verlauf seiner Profikarriere Unmündigkeit gewöhnt, unterschreibt genau dort, wo man für ihn das Kreuzchen gemacht hat – als hätte man einen Analphabeten vor sich.

Genau in diesem Umfeld zwischen Frust und Hoffnung machen sich die Vermittler breit. Sie versprechen den Spielern das Blaue vom Himmel, angeblich hätten sie schon drei oder vier Optionen, wenn er doch bitte nur noch eine Art Beratervertrag unterschreiben möchte. Das macht der Profifußballer, und nach und nach entpuppen sich die angeblichen Kontakte als Luftblasen. Die kommende Saison rückt immer näher, noch ist kein neuer Arbeitgeber in Sicht, und der alte hat erst ein Angebot von 50 Prozent des noch gültigen Vertrages unterbreitet.

Manchmal kann es auch zu einem ungewöhnlichen Handel kommen. Volker Finke, Trainer der neu im Oberhaus spielenden Freiburger, stellte sich eine Mannschaft zusammen und »erwarb« auf Empfehlung eines Studenten und durch Einschalten der Stadträtin Rita Czech-Blasel, zwölfmalige deutsche Skilanglaufmeisterin, auch den albanischen Nationalspieler Altin Rraklli von dessen Club Besa Kavaja. Was er für ihn bezahlte? Ganz einfach: Finke tauschte Rraklli, so steht es in *Sport-Bild*, gegen einen mit Sportartikeln gefüllten, gebrauchten Kleinbus ein.

Und wie läuft der Spielerwechsel auf der untersten Stufe ab?

>»Gut geführter B-Ligist, Raum Trier, sucht zur Verstärkung seiner 1. Mannschaft überdurchschnittliche Fußballspieler (Mittelfeld und Sturm). Ziel: Aufstieg A-Liga. Beste Sportanlagen und gutes Vereinsklima. Wir haben ein Angebot zu machen. Sofortige Meldung (telefonischer Rückruf). Zuschriften unter ...«

So steht es Jahr für Jahr im Mai und Juni in den Zeitungen. Kleine Vereine, C-, B- oder A-Liga, suchen per Annonce Spieler für ihre Mannschaft. Viele der Anzeigen erscheinen unter Chiffre, bekanntere Vereine gebe sich auch zu erkennen, so wie die Eintracht Trier.

>»Wir suchen für unser Ziel Wiederaufstieg noch dynamische Spieler für unsere 2. Mannschaft. Bewerbung an: SV Eintracht Trier 05, Postfach ...«

Auch das ist Realität, und zwar die Realität der unteren Ligen, die mit allem zu kämpfen haben: Keine guten Spieler, keine Sponsoren, schlechte Platzverhältnisse und vieles mehr. Auch das sind Vereine, die über den Landes- und Regionalverband Mitglied des DFB sind.

Kinderhandel

Ein weiteres dunkles Kapitel im Fußball ist der Handel mit Kindern und Jugendlichen. Laut DFB-Statuten wird eine Ablösesumme an den Heimatverein nur dann fällig, wenn der Jungfußballer einen Profivertrag unterschreibt. Das vermeiden die Clubs natürlich tunlichst, die ein Auge auf den

talentierten Nachwuchs geworfen haben und Vermittler be-
auftragen, in alle Lande, besonders in die neuen Bundesländer, auszuschwärmen, um das »Material« zu sichten. Mit
einem solchen Vermittler – er ist nebenbei auch noch Jugendwart in einem Westverein und möchte deswegen uner-
kannt bleiben – habe ich gesprochen. Er schilderte mir seine
Vorgehensweise.

Hat der Vermittler ein Talent entdeckt, macht sich der
Westverein an dieses heran. Natürlich nicht über den Heimatverein, sondern über die Eltern. Was der Junge, vielleicht gerade 13 Jahre alt, in Stuttgart, München oder Hamburg doch für Möglichkeiten habe! Nicht zu vergleichen mit
denen vor Ort.

Und wenn die Eltern zögern – sie müssen gleichfalls unterschreiben, solange ihr Filius noch keine achtzehn ist –,
schwenken die Einkäufer um auf die Ausbildung. Zuerst die
Mittlere Reife, dann ein Ausbildungsvertrag bei Daimler
oder BMW oder im Bayer-Werk in Leverkusen. Und sie
ködern die Eltern mit einem Gehalt von 5000 Mark und mehr
pro Monat, das ihr Sohn erhalten soll. Sind die Erziehungs-
berechtigten immer noch nicht schlüssig, springt plötzlich
für die Mutter eine Stelle als Kassiererin heraus, und für den
Vater werde man auch etwas finden.

So in die Geldzange genommen, überreden die Eltern ihren
Sohn, nicht so großen Wert auf die alten Freunde zu legen
und den alten Club. In der Stadt X sei er doch wesentlich
besser aufgehoben.

Der Handel wird perfekt, und anfangs setzt man die Jungtalente in Jugend- und Amateurmannschaften ein. Privat-
rechtliche Verträge mit den Eltern regeln die Zukunft. Wenig
später taucht das Talent dann im bezahlten Fußball auf, falls
es den Anforderungen genügt.

Allerdings wird der Kinderhandel nicht nur in Ost-West-
Richtung abgewickelt. Auch innerhalb der alten Länder
wird abgeworben, wie und wo es nur geht. Und auch hier
sind keine Entschädigungen fällig.

Da taucht die Frage auf, warum der DFB, Anwalt Kletke

bezeichnet ihn als einen »verknöcherten und versteinerten Verband«,[209] in seinen Statuten keinen entsprechenden Paragraphen hat, der dies unterbindet.

In Satzung und Ordnungen, Stand 1. Februar 1993, ist davon jedenfalls nichts zu finden. Zeit genug hätte der DFB gehabt, denn der Kinder- und Jugendhandel ist ja nicht erst ein Problem seit heute.

Lediglich § 12, Absatz c des Lizenzspielerstatus weist darauf hin, daß erst mit Vollendung des 18. Lebensjahres eine Lizenz erteilt wird.

»Die in Frankfurt tun nichts. Ich bin froh darum«, gibt der Jugendvermittler zu. »Was kann mir also schon passieren?« Fühlt sich der DFB nicht verantwortlich, die Jugendlichen zu schützen? Sieht er moralisch nichts Verwerfliches darin, daß das Geld die gesamte persönliche Entwicklung bestimmt und sich schon Vierzehnjährige den Gesetzen des Marktes unterwerfen müssen? Oder ist der DFB der Auffassung, das Abwerben eines Jungtalents – der Verband erhält davon automatisch eine Mitteilung – wäre eine Auszeichnung für die gute Vereinsarbeit – und damit sei es auch schon getan. Keine Entschädigung für all das, was ein Club in die Jungs gesteckt hat.

Zumindest sittenwidrig sind alle Verträge, die darauf hinauslaufen, Kinder und Jugendliche abzuwerben und frühzeitig an einen Bundesligaverein zu binden. Juristen beziehen sich auf den Paragraphen 138 des Bürgerlichen Gesetzbuches. Dort heißt es:

»Ein Rechtsgeschäft, das gegen die guten Sitten verstößt, ist nichtig.

Nichtig ist insbesondere ein Rechtsgeschäft, durch das jemand unter Ausbeutung der Zwangslage, der Unerfahrenheit, des Mangels an Urteilsvermögen oder der erheblichen Willensschwäche eines anderen sich oder einem Dritten für eine Leistung Vermögensvorteile versprechen oder gewähren läßt, die in einem auffälligen Mißbrauch zu der Leistung stehen.«

Zweifellos sind die Jugendlichen und ihre Eltern in diesem Metier nicht bewandert, und allein schon ihres Alters wegen sind Heranwachsende oft mit einem Mangel an Urteilsvermögen behaftet. Eine Zwangslage kann auch ausgenutzt werden, wie seinerzeit bei dem sechzehnjährigen Carsten Jancker, dessen Mutter Marlen, eine ehemalige DDR-Handballnationalspielerin, an einem Hüftleiden laborierte. Der 1. FC Köln verpflichtete den Jungen, der Mannschaftsarzt der Geißböcke operierte die Mutter, und der Verein bezahlte.[210] Inzwischen spielt Jancker in der Ersten Bundesliga.

In diesem Zusammenhang stellt sich grundsätzlich die Frage, ob Eltern unterschriftsberechtigt sein dürfen, wenn sie doch nur um persönlicher Vorteile willen einem Vereinswechsel ihres Sohnes zustimmen. Für die *Junge Welt* ist dieser Markt der jugendlichen Kicker eine »Schweinerei mit Minderjährigen«.[211]

In England scheint sich im Fußball ein neuer Höhepunkt des Kinderhandels anzubahnen. Kane Jackson aus Manchester, gerade fünf Jahre alt, ist zum Objekt der Begierde geworden. Als er vier war, fiel er in einem Ferienlager mit seinen Ballfertigkeiten auf. Inzwischen interessieren sich mindestens 20 Liga-Vereine für den Knirps. Seine Eltern haben ein Angebot von einem Spitzenverein über 10 000 Pfund – etwa 25 000 Mark – erhalten mit der Auflage, daß der Junge im Alter von 16 Jahren einen Profivertrag unterschreibt. Jacksons Eltern haben abgelehnt. »Wir können Kanes Karriere nicht im voraus planen. Vielleicht wird ihn der Fußball als Beruf gar nicht reizen.«[212]

Dazu Mike Wilmore, der Sprecher des englischen Fußball-Verbandes: »Was der Klub macht, verstößt eindeutig gegen die Regeln.«[213] Als wenn das eine Rolle spielen würde!

Die englischen Bestimmungen besagen nämlich, daß ein Junge erst mit neun Jahren eine Fußballschule besuchen darf, und er muß mindestens vierzehn sein, bevor man ihm erlaubt, sich einem Proficlub anzuschließen. Offiziell dürfen Vereine erst nach Verlassen der Schule, wenn der Heranwachsende sechzehn ist, finanzielle Angebote unterbreiten. Im DFB sucht man solche Regelungen vergeblich. Zumindest im Fußball und bei Kane Jackson sind die englischen Vereine der Zeit und den Statuten des DFB – in Deutschland können Verträge frühestens mit Sechzehnjährigen abgeschlossen werden, Frage ist allein, ob sich daran gehalten wird – um elf Jahre voraus.

Die Lösung

In den vorangegangenen Kapiteln ist aufgezeigt worden, welche Probleme durch die augenblicklich bestehende Transferregelung mit ihren Ablösesummen, Vorverträgen und Optionen entstehen. Dreh- und Angelpunkt allen Übels sind die Transferentschädigungen, die den Sportler zu einer Ware degradieren und deshalb genauso überflüssig sind wie ein Kropf. Deutlich wird dies, wenn man sich folgende Zahlen vergegenwärtigt:

1. Die Fernsehsender ARD, RTL, ZDF, SAT 1 und Premiere zahlen für die Übertragungsrechte an den DFB pro Saison etwa 220 Millionen.[214]

2. Jedes Jahr gehen von den Toto- und Lottogesellschaften und von Sponsoren an die 42 Clubs im bezahlten Fußball (ab 1993/94 sind es nur noch 38, wodurch sich der Anteil für den einzelnen Verein erhöht) etwa 110 Millionen.[215]

Zieht man von diesen 330 Millionen alle Gehälter der Spieler und Trainer ab, die rund 230 Millionen ausmachen, dann verbleibt ein Überschuß von ungefähr 100 Millionen. Das sind die garantierten Einnahmen des bezahlten Fußballs, bevor auch nur ein Schiedsrichter ein Spiel angepfiffen hat. Rechnet man noch die Zuschauer hinzu – etwa acht Millionen strömen pro Saison in die Stadien (um die Profis zu sehen und nicht wegen der Funktionäre des DFB oder der

Club-Präsidenten) –, so wandern zusätzlich 100 Millionen Mark und mehr[216] in die Kassen der Vereine. Macht demnach – Abgaben an den Verband nicht berücksichtigt – einen Überschuß von mindestens 200 Millionen, vorausgesetzt, der DFB gibt auch alle Fernsehgelder an die Vereine des bezahlten Fußballs weiter, wie Präsident Braun behauptet. Nicht vergessen werden darf in diesem Zusammenhang, daß das Unternehmen Bundesliga jährlich auch knapp 200 Millionen Mark Lohn- und Mehrwertsteuer abführt, und zwar aus: Eintrittspreisen 26,9 Millionen, Werbeeinnahmen 15,4 Millionen, TV-Einnahmen 27,5 Millionen, Transfers 16,4 Millionen, Würstchen und Getränken 18,3 Millionen. Dickster Brocken jedoch sind die 750 Bundesligaprofis, die ja nicht schlecht verdienen und, nimmt man einen Steuersatz von durchschnittlich 35 Prozent an, jährlich etwa 81 Millionen Mark an den Staat abführen.[217]

Zu diesem Thema wird Uli Hoeneß wie folgt zitiert: »Stadionmiete zahlen wir ja auch noch. Aus unserer Bandenwerbung in München erhält die Stadt zudem noch zwei Millionen Mark.«[218]

Allerdings werden die Einnahmen in Höhe von etwa 430 Millionen (der *Spiegel* spricht von über 400 Millionen)[219] – in der Saison 1993/94 werden es voraussichtlich 460 Millionen sein – nicht gleichmäßig unter die einzelnen Clubs aufgeteilt. Aber eines belegen die Zahlen zweifelsfrei: Spieler und Trainer sind nicht überbezahlt, sie erwirtschaften ihr Einkommen selbst und brauchen nicht von der öffentlichen Hand gefördert zu werden wie Opern- und Schauspielhäuser.

Zusätzlich zu diesen mehr als 400 Millionen werden in der Bundesliga pro Saison viele Millionen Mark an Transfergeldern hin und her bewegt. Die Vereine erzielten 1993 durch Verkäufe knapp 40 Millionen, gaben aber gleichzeitig für den Kauf etwa 75 Millionen[220] aus. So gesehen fällt es schwer, eine wirtschaftliche Begründung für die Transferentschädigungen zu finden.

Im Gegenteil: Für die jetzige Ablöseregelung gibt es wohl

kaum stichhaltige Argumente. Der heutige Modus stellt sich lediglich als Instrument der Transferkontrolle dar, da die Probleme, die einem Profi erwachsen können, der aufgrund von Ablöseforderungen keinen neuen Verein findet, eindeutig sind: Arbeitslosigkeit infolge von Vertragslosigkeit. Und die Angst vor Arbeitslosigkeit treibt die Profis womöglich in die Arme der Spielervermittler und Spielerberater.

Außerdem ist unverständlich, warum für einen Arbeitsplatzwechsel Geld bezahlt werden muß, was sonst normalerweise ja auch nicht vorkommt. Aber im Fußball kann ein Arbeitsplatzwechsel verhindert werden, wenn sich die beiden Vereine nicht einig sind. Das wiederum ist eine Besonderheit, die letztendlich viele Spielertransfers scheitern läßt.

Absolut keine Beachtung bei allen Transferangelegenheiten findet ein Absatz aus § 29 des Lizenzspielerstatuts, in dem es heißt: »Die Wirksamkeit des Arbeitsvertrages darf nicht von einer bestimmten Höhe und/oder Einigung über eine Transferentschädigung abhängig gemacht werden.«

Die Realität funktioniert genau andersherum: Erst wenn man sich über die Transferentschädigung einig ist, kommt es zu einem Arbeitsvertrag!

Mit den zunehmenden Umsätzen der Vereine sind die Ablösesummen in die Höhe geschossen. Außerdem werden mehr und mehr Spieler sehr teuer aus bestehenden Verträgen freigekauft. Das wäre noch zu akzeptieren – hier gibt es auch eine Parallele zur Industrie, wo man inzwischen bei gesuchten Kräften gleichfalls mit Abfindungen arbeitet.

Es gibt genügend Beispiele von Spielern, die teuer aus laufenden Verträgen herausgekauft werden, ohne daß der abgebende Verein einen Überschuß erzielt. Nicht nur Borussia Dortmund gibt wesentlich mehr aus als durch Spielerverkäufe eingenommen wird. Lediglich fünf Vereine der Bundesliga können auf eine positive Spielerbilanz in Form eines Überschusses verweisen. Schalke steht mit 1,35 Millionen Mark auf dem Papier an der Spitze – um Lizenzauflagen des DFB, wonach der Verein keine Spieler kaufen

durfte, zu unterlaufen, erklärten seinerzeit Präsident Eich-
berg und Schatzmeister Höffken, Profis für mehr als zwei
Millionen Mark privat erstanden zu haben[221] –, gefolgt von
Kaiserslautern mit 800 000 Mark, Köln mit 340 000 Mark,
Leipzig und Dresden. Aber bereits Dortmund allein »erwirt-
schaftete« ein Minus von elf Millionen Mark durch die
Einkäufe von Riedle, 9,5 Millionen, und Freund, 3,25 Mil-
lionen, denen lediglich die 950 000 Mark für die Abgabe von
Lusch gegenüberstehen.[222] (Im Verlauf der Saison 1993/94
verbesserte sich die Bilanz noch durch den Verkauf von
Michael Rummenigge, der nun zusammen mit Uwe Rahn,
Frankfurt, in Japan in einer Mannschaft spielt.) Finanziert
hat der Club dies alles aus den 23 Millionen Mark Einnahmen des UEFA-Cups. Bayern München folgt mit 9,9 Millionen Mark im Soll, wobei die Abgabe vom teuer eingekauften
Weltmeister Thomas Berthold für nur 800 000 Mark besonders schmerzlich gewesen sein muß. Insgesamt ergibt sich
für die Bundesliga folgendes Bild: Ausgaben für Spielerkäufe 74,265 Millionen, Einnahmen durch Spielerverkäufe
37,740 Millionen, Unterdeckung 36,525 Millionen.[223]
Mit Neuberger war in der Transferfrage kein Handel zu
machen, Egidius Braun, der bekanntlich für Kontinuität ist,
wird sich ähnlich verhalten.
Der Verband weiß, wie umstritten das Transfersystem unter
rein juristischen Gesichtspunkten ist. Mayer-Vorfelder hat
das 1992 dem Bundestag zu verstehen gegeben und deutlich
gemacht, es habe allein in der »Tatsache seine Daseinsberechtigung, daß die gezahlten Gelder im Kreislauf der Vereine bleiben und letztlich dazu dienen, den Spielbetrieb des
Lizenzfußballs – insbesondere der ›kleinen Vereine‹– zu
finanzieren. Fließt das Geld jedoch aus dem Kreislauf ab,
kommt also nicht den Vereinen und damit auch den Spielern zugute, sondern der Refinanzierung und dem Gewinn-
streben privater Investoren, hat das Transfersystem seine
Daseinsberechtigung verloren.«[224]
Vergleicht man die DFB-Kriterien mit der Realität, dann
müßte der Verband sofort für die Abschaffung des Transfer-

systems sein. Deshalb ist die Vereinigung der Vertragsfußballspieler, VdV, bestrebt, mit dem DFB ins Gespräch zu
kommen, um die Ablöseregelung zu modifizieren. Aber so
einfach ist das nicht. Wenn die VdV um einen Termin
nachsucht, sind die DFB-Herren oft verhindert. Trägt die
VdV Vorschläge an den Fußballriesen heran, finden sie
keine Beachtung: Entweder reagiert der DFB überhaupt
nicht oder er kanzelt die Vereinigung ab, ihr Vorschlag
widerspreche der Satzung und den Ordnungen. Monatelang
hat sich die VdV um einen »Arbeitstermin« bemüht, »die
Fußballfunktionäre sind durch ›Sitzungs- und Reisetermi-
ne‹ stets verhindert«.[225]
Wenn es um soziale Absicherung, um Urlaubsgeld und
Prämien für die Profifußballer geht, fühlt sich der Verband
nicht zuständig, das sei allein Sache der Vereine. Zudem
hält der DFB die Spielervereinigung auch noch für überflüssig. »Deren Ideen tragen wir schon lange vor unserer Fahne
her.« So äußerte sich Ligasekretär Wilfried Straub.[226]
Stefan Lottermann, Präsident der VdV, hat »jede Hoffnung
auf Zusammenarbeit aufgegeben« und vermutet hinter
alldem »die pure Angst vor dem Machtverfall«.[227] In der
Tat: Warum auch soll der DFB das Transfergeschehen als
eine wirkungsvolle Form der Kontrolle aus der Hand
geben?
Aber beachtenswert sind die Vorschläge der Vereinigung
der Vertragsfußballspieler schon, denn die VdV will eine
legale Spielerbörse einrichten und im Sinne der Bundesanstalt für Arbeit die Vermittlung übernehmen. Dadurch hofft
die VdV, die seltsamen Praktiken der Vereine und der Vermittler in den Griff zu bekommen.
Nach einem Gespräch im März 1992 mit der Bundesanstalt
für Arbeit in Nürnberg kam es am 11. Juni 1992 zwischen
dem Arbeitsamt Frankfurt und der VdV zu einer Koopera-
tion unter der Prämisse, ein gemeinsames Vermittlungskon-
zept zu erstellen.[228] Dazu sollten der DFB und die Bundesligavereine gewonnen werden. Frage war jedoch, ob dem
DFB und den Vereinen im bezahlten Fußball an einer sol-

chen Lösung überhaupt gelegen ist. Betrachtet man den Werdegang der Verhandlungen, dann scheint wenig Interesse daran zu bestehen.

Am 4. November 1992 fand erstmals eine Gesprächsrunde mit Vertretern von DFB, Bundesligavereinen und der VdV statt, zu der die Spielervereinigung angeregt hatte. Ziel: Die Entwicklung einer Konzeption zur Spielervermittlung bis zum Ende der Saison 1992/93. Alle Beteiligten waren der Meinung, eine gemeinsame Transferstelle sei sinnvoll.

Bereits am 12. Dezember unterbreitete die VdV, basierend auf den Gesprächsergebnissen vom 4. November, ein überarbeitetes Konzept.[229] Allerdings lehnten der DFB und die Vereine beim anschließenden Treffen eine Diskussion über das Arbeitspapier der VdV ab und trugen statt dessen ihre eigenen Vorstellungen mündlich vor. Wenige Wochen später, am 14. Januar 1993, ging der DFB-Vorschlag schriftlich bei der VdV ein, woraufhin die Vereinigung bereits am nächsten Tag mit dem Arbeitsamt in Frankfurt einen Kommentar zu diesem Papier erarbeitete, um ohne Zeitverlust an das Problem »Spielertransfer« heranzugehen.[230] Dann tat sich über Monate nichts, der DFB zeigte keine Reaktion, obwohl die VdV und das Arbeitsamt Frankfurt wiederholt Gespräche angeboten hatten. Ein Grund für das Schweigen des DFB könnte darin liegen, daß zwischenzeitlich die FIFA ein eigenes Konzept vorgestellt hat, wonach mit Beginn der Saison 1994/95 offiziell akkreditierte und lizenzierte Spielervermittler tätig sein dürfen.

Hier das FIFA-Konzept:

»1. Antragsteller müssen mindestens 30 Jahre alt sein und ein polizeiliches Führungszeugnis vorlegen.
2. Es müssen Grundkenntnisse über die Verbandsstatuten (DFB, UEFA, FIFA) vorhanden sein.
3. Es müssen Grundkenntnisse in Arbeits- und Zivilrecht vorhanden sein.
4. Eine Kaution über DM 150 000 muß hinterlegt werden.

5. Das Vermittlungshonorar liegt zwischen fünf und maximal zehn Prozent (je nach Höhe) der Transfersumme.
6. Beraterverträge mit Spielern sind zulässig, jedoch mit einer Laufzeit von maximal einem Jahr mit Verlängerungsklausel.
7. Eine Schulung mit anschließender Prüfung für Lizenzerhalt ist vorgeschrieben.«[231]

Aus dem DFB-Vorschlag – er ähnelt dem der FIFA – wird offensichtlich, daß er darauf angelegt ist, die Beibehaltung der Ablösesummen und die Macht des Verbandes zu sichern. Deutlich wird dies etwa daran, daß der DFB auf seiner Transferliste besteht, die um zusätzliche Spielerangaben ergänzt werden soll. Außerdem soll nach der Vorstellung des Verbandes in Rechts- und Streitfällen die Rechts- und Verfahrensordnung des DFB gelten.[232]

Der Verband will nun die Zustimmung der Spielervereinigung erhalten, aber genau dagegen sträubt sich die VdV, denn dies würde ihre Bestrebungen nach mehr Eigenständigkeit der Spieler unterlaufen. Um den Kontakt zum DFB nicht abzubrechen, erarbeitete die VdV gemeinsam mit dem Arbeitsamt in Frankfurt eine Kompromißlösung.

Noch ist nichts entschieden. Allerdings wird der DFB wohl nur einem Modus zustimmen, der dem Verband auch weiterhin die Kontrolle über den Spielertransfer beläßt. Obwohl inzwischen in der VdV mehr als 650 Profis organisiert sind und man meinen müßte, diese Vereinigung spiegele genau die Sportlermeinung wider, wird sich der DFB sträuben, nachzugeben. Es wäre auch das erste Mal.

Reamateurisierung

Jede Sportlerkarriere geht einmal zu Ende. Viele müssen wegen Invalidität aufhören, andere zieht es ins Amateurlager, um dort noch einige Jahre den Ball zu treten. Peter Geyer bekam am Ende seiner Laufbahn keinen Vertrag mehr mit einem Oberligisten, obwohl er nur 50 000 Mark Ablöse gekostet hätte.

Für Profifußballer besteht die Möglichkeit, sich reamateurisieren zu lassen, um als Spielertrainer noch etwas zu verdienen. Oft aber mauern die Vereine in einem solchen Fall, weil sie Geld sehen wollen.

Dieter Finke vom FC Homburg hatte eine schwere Bänderverletzung mit anschließender Operation überstanden und wollte dem FC Homburg den Rücken kehren. Er stellte einen Antrag auf Reamateurisierung, so wie es § 34 des Lizenzspielerstatuts vorschreibt, wollte nach Wolfsburg gehen und hatte diesbezüglich beim FC Homburg vorgefragt. Und das war ein Fehler.

Finke, der dachte, seine Transferentschädigung betrage etwa 50 000 Mark – das ist so üblich, wenn man aus einem noch laufenden Vertrag ins Amateurlager wechselt –, staunte nicht schlecht, als er hörte, die Homburger wollten 200 000 Mark haben. Sie hätten auch das Doppelte verlangen können, da die Forderung ganz im Ermessen des Vereins liegt. Von dieser Summe erhält der Spieler normalerweise nicht einen einzigen Pfennig.

Selbstredend war Finke den Wolfsburgern damit zu teuer. Also wartet er auf einen Verein, der bezahlen kann, oder auf den Zeitpunkt, da sein Vertrag beim FC Homburg abläuft. In der Regel ist das der 30. Juni. Dann ist normalerweise nach § 34 des Lizenzspielerstatuts über Reamateurisierung und Wartezeit keine Ablösesumme mehr fällig. Voraussetzung dafür ist allerdings, daß der abgebende Verein dem Spieler nicht bis zum 30. Juni ein neues Angebot unterbreitet, welches mindestens fünfzig Prozent des bisherigen betragen muß. So wird ein Verein dann reagieren, wenn er weiß, daß der Spieler einen neuen Club hat, der sehr stark an ihm interessiert und bereit ist, eine Entschädigung zu zahlen. Oder anders ausgedrückt: Das Vereinsangebot von mindestens fünfzig Prozent dient dann häufig allein dazu, für jemanden, der seine Karriere im bezahlten Fußball beenden will, noch eine Ablösesumme zu kassieren.

Genau heißt es in § 34, Absatz 4:

>»Eine Wartezeit für Lizenzspieler, deren Vertrag durch Zeitablauf oder fristgemäße Kündigung endet,
> a) entfällt, wenn der Spieler den Verein nicht wechselt und beträgt
> b) ohne ein Vereinsangebot ihres Vertragsvereins mit mindestens 50 % ihrer Bezüge des laufenden Spieljahres bei Vereinswechsel mit Zustimmung des Vereins einen Monat, ohne sie drei Monate
> c) mit einem Vertragsangebot ihres Vertragsvereins mit mindestens 50 % der Bezüge des laufenden Spieljahres und bei Vereinswechsel
> aa) ohne Zustimmung des abgebenden Vereins zum Vereinswechsel zwölf Monate
> bb) mit (auch nachträglicher) Zustimmung des Vereins zum Vereinswechsel einen Monat.«

Erhält also der Spieler von seinem bisherigen Verein ein Angebot und einigt sich der neue Amateurverein nicht mit dem abgebenden Club, dann kann der bisherige Verein die Zustimmung versagen, was zu einer Sperre von zwölf Monaten führt. Das ist eine lange Zeit für jemanden, dessen sportlicher Zenit überschritten ist und der die Dreißig hinter sich gelassen hat.

Der Weg zurück ins Amateurlager ist also gar nicht so einfach, wie man meinen könnte. Der DFB hat ein geschlossenes System an Verträgen und Bestimmungen entwickelt, die den Spieler stark in seiner Persönlichkeit und Entscheidungsfreiheit einengen. Der abwanderungswillige Spieler sollte sich deshalb gegenüber seinem Arbeitgeber hüten zu sagen: Mein Vertrag läuft aus, ich schließe mich einem Amateurverein an. In einem solchen Fall ist es die Regel, daß der abgebende Verein die Reamateurisierung des Spielers durch ein neues Angebot erschwert, da bei einem kurzfristigen Wechsel seine Zustimmung erforderlich ist.

Immer öfter werden Gerichte mit der Frage konfrontiert, ob die DFB-Statuten zur Reamateurisierung mit Artikel 2 des Grundgesetzes (Allgemeines Persönlichkeitsrecht) und Artikel 12 (Recht auf freie Berufswahl) kollidieren. Bereits 1971 kündigte die Deutsche Angestellten-Gewerkschaft an, sie wolle gerichtlich klären lassen, inwieweit ein »Knebelungsvertrag« aus dem »Fußball-Mittelalter«, so äußerte sich der DAG-Bundesligareferent Gerhard Wiesner[233], dem DFB das Recht gibt, Berufsverbote für Lizenzspieler auszusprechen. Es blieb jedoch bei der Ankündigung durch die DAG.

Der ehemalige Profi Bernd Fuhr, der sich reamateurisieren lassen wollte, beantragte gegen Preußen Münster eine Einstweilige Verfügung. Die Richter des Arbeitsgerichts in Münster befanden, die Reamateurisierungsstatuten des DFB seien wegen Verstoßes gegen Artikel 2 und Artikel 12 des Grundgesetzes unwirksam.[234] Der DFB nimmt das zur Kenntnis und reagiert nicht.

Natürlich ist Dieter Finke wegen der Homburger Haltung sehr verbittert. Sogar dann, wenn Finke einen fristlosen Kündigungsgrund hätte, müßte noch eine Ablösesumme an den Verein entrichtet werden. In § 31 des Lizenzspielerstatuts steht:

»Abweichend von den Vorschriften ... hat der abgebende Verein bei rechtswirksamer fristloser Kündigung durch den Lizenzspieler einen Anspruch auf eine Transferentschädigung in Höhe der vereinbarten Bruttobezüge des laufenden Vertragsjahres.«

Mit diesem Paragraphen stellt der DFB die gängige Rechtsprechung der Arbeitsgerichte total auf den Kopf. Der Spieler hat einen rechtswirksamen Kündigungsgrund, trotzdem muß noch eine Entschädigung an den Verein gezahlt werden. Offengelassen wird in § 31, wer dafür aufzukommen hat, falls der Spieler seine Karriere beenden will.

Finke will nun dafür sorgen, daß der Verein keine Mark erhält. Wenn es nicht anders gehe, dann werde er eben als Trainer in der Oberliga arbeiten. Im Frühjahr 1994 beginne er in Köln mit der Ausbildung, den A-Trainerschein habe er bereits.

So wie Finke geht es vielen. Finke, der seit seiner Operation Sportinvalide ist, kann einiges aus der Pflicht-Unfallversicherung, die jeder Profifußballer abschließen muß, erwarten, wenn er seine Karriere beendet. Außerdem hofft er, daß das Arbeitsamt seine Ausbildung auf der Trainerakademie als Umschulungsmaßnahme anerkennt und bezahlt, alle Fragen mit der Berufsgenossenschaft seien schon abgeklärt. Homburg als Verein hat ebenfalls eine hohe Zusatz-Unfallversicherung auf Finke abgeschlossen, die demnächst fällig wird. Das machen Vereine fast immer, um das finanzielle Risiko zu mildern, falls ein Spieler durch Verletzung ausfällt und zum Sportinvaliden wird. Auf diesem Umweg bekommt der Club einen Teil der Transfersumme zurückerstattet, die er seinerzeit hat aufwenden müssen.

Weil aber in der letzten Zeit viele Aktive zu Sportinvaliden geworden sind, wird es bei den einzelnen Gesellschaften immer schwieriger, einigermaßen abzeptable Prämien auszuhandeln. Mittlerweile sind die meisten Fußballer der Bundesliga bei Lloyd's, England, untergekommen – einer der günstigsten Anbieter auf dem Sektor.

Profimannschaften sind kostbar. Bei Eintracht Frankfurt kommt ein Versicherungswert von 38 Millionen zustande – davon entfallen allein fünf Millionen auf Yeboah –, wofür die Mainstädter laut *Sport-Bild* pro Jahr insgesamt schätzungsweise 500 000 Mark zu begleichen haben.[235]

Allerdings können die Vereine ihr Muskel- und Sehnenkapital nicht mit dem vollen Marktwert absichern. Das wäre zu teuer, wie Leverkusens Manager Calmund klagt – er denkt dabei wohl an Ulf Kirsten und Andreas Thom, die beide schon mit je acht Millionen Mark veranschlagt werden. Dennoch hat die Bayer-Elf etwa 40 Millionen Mark Versicherungswert – die Bremer kommen auf 25 Millionen –, wofür per anno gut 200 000 Mark an Beiträgen zu zahlen sein sollen.[236]

Um das Risiko zu mildern, ist es gängige Praxis der Assekuranz, die lädierten Körperteile der Profis einfach vertraglich auszuklammern. Wer also bereits ein angeschlagenes Knie hat, so wie Bernd Schuster, Leverkusen, erhält keine müde Mark, wenn er sich dort erneut verletzt und vielleicht sogar deswegen seine Karriere beenden muß.

Viele Spieler versichern sich noch zusätzlich selbst. Mehmet Scholl, Bayern München, für eine Million Mark, wofür er jährlich 10 000 Mark aufzubringen hat, und Lothar Matthäus sogar für zwei Millionen, was ihn 17 000 Mark kosten soll.[237]

Bei Dieter Finke, dem Ex-Zweitligisten aus Homburg, ist die Versicherungssumme nicht so hoch. Von den 600 000 Mark, die in seinem Fall auszuzahlen wären, erhält der FC Homburg 400 000 Mark und der Spieler den Rest, sobald das Verfahren um die Anerkennung als Sportunfall – das kann wie im Fall Harald Kohr sehr lange dauern – abgeschlossen ist. Genau deswegen versteht Finke – der das Geld als Startkapital gut gebrauchen könnte – nicht das Verhalten des Präsidenten Manfred Ommer, der ihm die Freigabe verweigert und dem er unterstellt, er benutze den Fußball, um auf Umwegen Werbung für seine Kölner Unternehmensgruppe DETAG zu machen.

»Ist das der Dank für drei Jahre Kapitän und Leistungsträger in einem Bundesligaverein? Bist du gut, dann versprechen sie dir alles. Nach dem Motto: Wenn du Probleme hast, wir regeln das schon. Und jetzt, wo sie mir nach zwei schweren Verletzungen – immerhin eingehandelt für den Verein – helfen könnten, nichts. Bist du unten, dann stehst du allein.«

Hilfe vom DFB kann Finke in dieser Angelegenheit nicht erwarten, auch wenn man nach seiner Auffassung in Homburg ganz offensichtlich seine berufliche Zukunft blockiert.

»Man muß als Spieler wissen, daß man eine Ware ist und jederzeit verkauft werden kann.« Für Finke sind das Methoden des 17. Jahrhunderts, ist es eine modernere Form der Sklavenhalterei. Ihn und andere Profifußballer ärgert ungemein, daß der DFB dieses von Gerichten als illegales Transferunterfangen abgestempelte Verhalten nicht nur duldet, sondern sogar über die Reamateurisierung hinaus am Leben erhält.

9. Spieler und Verträge

Antrag auf Lizenz

Wenn es im bezahlten Fußball eines im Übermaß gibt, dann Verträge. Das beginnt schon in der Jugend mit einer Option oder Verpflichtungserklärung für einen bestimmten Spieler, die man später in einen Vorvertrag und dann schließlich zum endgültigen Vertrag umwandelt.

Verträge begleiten den Fußballer durch seine Laufbahn, und an sie hat er sich zu halten. Andernfalls wird man ihm zumindest unsportliches Verhalten, das abrufbereite Damoklesschwert des Fußballs, immer wieder vorwerfen können. Im Zusammenhang mit den Verträgen tauchen seltsame Dinge und Konstellationen auf. Jeder Fußballer, der sein Geld mit dem Sport verdienen will, muß einen Antrag auf Erteilung der Lizenz beim DFB stellen. Dazu hat er laut § 11 des Lizenzspielerstatuts einen umfangreichen Vertrag zu unterzeichnen. Allerdings wird durch diesen Vertrag ein Arbeitsverhältnis zwischen Spieler und DFB nicht begründet, obgleich er laut Absatz 3 »seine Unterwerfung unter die Satzung, das Lizenzspielerstatut, die Ordnungen des DFB und die Entscheidungen der DFB-Organe« beinhaltet.

Dem Vertrag sind entsprechend § 12 des LSt (Lizenzspielerstatut) ein Arbeitsvertrag des Vereins und ein Gesundheitszeugnis beizulegen, das die sportliche Tauglichkeit (vorgeschrieben nach § 12 c LSt ist ein Nachweis alle zwei Jahre) attestiert.

Auch wenn es in § 10 des Statuts heißt: »Lizenzspieler sind

Arbeitnehmer besonderer Art eines vom DFB lizenzierten Vereins«, hat der Verband zu jeder Zeit über Satzung und Ordnungen eine Zugriffsmöglichkeit auf den Aktiven. Folglich gibt es ohne DFB-Lizenz eines Vereins und DFB-Lizenz eines Spielers also auch keinen Arbeitsvertrag bei einem Club im bezahlten Fußball.

Der »Vertrag zwischen dem Spieler und dem DFB« verweist einmal in § 1 auf die Lizenzerteilung und im zweiten Absatz des § 3, unter dem Stichwort »Vertragspflichten«, auf das Dopingverbot, das schon an anderer Stelle ausführlich besprochen worden ist.

Aus § 2 geht hervor, daß der DFB bei Verstößen gegen Benutzungsvorschriften der Vereinseinrichtungen Strafen gegenüber dem Spieler verhängen kann. Unter § 3 werden in Absatz 5 die Strafen aufgeführt; sie sollen der Schwere des Vergehens angemessen sein.

Im Zusammenhang mit § 4 kann die Lizenz entzogen werden, wenn der DFB dem Spieler aus einem wichtigen Grund fristlos kündigt »...oder der Spieler gegen seine Pflichten als Lizenzspieler schuldhaft verstoßen hat«.

Kein Profi kann sich erinnern, daß einem Fußballer wegen grober Unsportlichkeit auf dem Spielfeld, also einem brutalen Foul, die Lizenz entzogen wurde. Weder Bodo Illgner, der 1987 Karl Allgöwer durch einen Bodycheck einen Riß in der linken Schulter beibrachte, noch Paul Steiner, der 1979 dem Spieler Heinz Flohe das Schien- und Wadenbein brach, oder der Schalker Klaus Täuber – er zertrümmerte 1985 dem Hannoveraner Carsten Surmann den Kiefer. Strafverfahren, wie das gegen den Bremer Norbert Siegmann, der 1981 Ewald Lienen den Oberschenkel aufschlitzte, wurden genauso eingestellt wie Schadensersatzklagen zurückgewiesen – so die gegen Emanuel Günther, der Hasse Borg das Schienbein brach.[238]

Dabei ist doch der Höhepunkt der Unsportlichkeit dann erreicht, wenn Attacken gegen Gesundheit und Körper des Gegners geritten werden. Das bedeutet, auch wenn ein Fußballer während einer Begegnung einen anderen Aktiven bewußt – und alle Roten Karten sind aus Schiedsrichtersicht eindeutige Belege für Regelwidrigkeit und Vorsätzlichkeit – zu einem Invaliden macht, hat das demnach bisher keine lizenzrechtlichen Konsequenzen gehabt. Viele sehen darin eine stillschweigende Erlaubnis, im Zweifelsfall mit entsprechender Brutalität vorzugehen, um ein Tor zu verhindern. Dieser Schluß liegt erst recht nahe, wenn die Sperre, die der Roten Karte folgt, in eine spielfreie Zeit fällt wie bei den Freiburgern Heidenreich und Freund, also keine negativen Auswirkungen auf Beruf und Einkommen oder den Tabellenstand des Vereins hat. Einige der Aktiven kommen deshalb sehr bereitwillig der Aufforderung der Trainer nach, den Gegner zu attackieren.

Die Verwaltungs-Berufungsgenossenschaft (VBG) sieht nicht zuletzt deshalb im Beruf des Fußballprofis den riskantesten überhaupt. Acht von zehn Aktiven erleiden pro Saison eine schwere Verletzung, und jede zweite geht auf eine »direkte Einwirkung des Gegenspielers« zurück.

Bereits 1974 hat sich dazu der Bundesgerichtshof geäußert. Er meint, das Fußballfeld sei keineswegs ein rechtsfreier Raum. Grundsätzlich nehme der Spieler Verletzungen in Kauf, die auch bei regelgerechtem Spiel nicht zu vermeiden seien. Bei nicht regelgerechtem Verhalten des Gegenspielers gebe es allerdings einen Schadensersatzanspruch.[239]

Norbert Dickel, Borussia Dortmund, ist froh, nicht »Opfer eines Killers« gewesen zu sein, der ihm die Knochen kaputtgetreten hätte, sondern ein Fall »höherer Gewalt«.[240]

Im Arbeitsrecht haften Arbeiter bei Vorsatz, falls sie einem Kollegen oder der Firma Schaden zufügen. Warum trifft das nicht auf die Spieler im Lizenzfußball zu?

Wie Augenwischerei mutet da § 3 der Lizenzerteilung an, mit dem sich der Spieler zu sportlichem Verhalten verpflichtet, »insbesondere zur Einhaltung der Regeln des Fußballsports«.

Eigene Rechte aus diesem Vertrag ableiten oder mit seiner Hilfe Schadensersatzansprüche gegen den DFB begründen kann der Spieler nicht, das wird durch § 5 ausgeschlossen.

Schiedsgerichtsvertrag

Durch den Schiedsgerichtsvertrag, den die Spieler ebenfalls unterschreiben müssen, baut der DFB für einen Streitfall vor.

»Über sämtliche Streitigkeiten zwischen dem DFB und dem Lizenzspieler .... entscheidet das ständige Schiedsgericht«, derzeit unter Vorsitz von Dr. Günter Baarz und zwei Beisitzern.

Der DFB gibt als Vertreter des Vorsitzenden den Münchner Professor Dr. Hans Kaufmann und als ständigen Beisitzer Dr. Karl-Ernst Engelbrecht, Darmstadt, an. Auch andere Beisitzer sind denkbar, so im Fall Dresden der ehemalige Präsident des 1. FC Köln, Dietmar Artzinger-Bolten, und der Vorsitzende des DFB-Bundesgerichts, Georg Adolf Schnarr.

Bemüht ein Lizenzfußballer das Schiedsgericht, dann hat er die Klage an »das ständige Schiedsgericht für Lizenzspieler – Geschäftsstelle Kanzlei Rechtsanwalt Dr. Karl-Ernst Engelbrecht, Mathildenplatz 11, Darmstadt – zu richten«. Für die Vereine gilt die gleiche Adresse.

Das Schiedsgericht darf »objektiv unbillige Vertragsstrafen ... nach billigem Ermessen herabsetzen« und ist außerdem berufen, »sonstige nach § 315 BGB (Bestimmung der Leitung durch eine Partei) vom DFB getroffene Festsetzungen ... zu überprüfen und im Falle grober Unbilligkeit durch eine der Billigkeit entsprechende Festsetzung oder Bestimmung zu ersetzen«.

Nach § 3 des Schiedsgerichtsvertrages müssen die Schiedsrichter die Befähigung zum Richteramt haben. Da das ständige Schiedsgericht über alle Streitigkeiten entscheidet, bedeutet das klipp und klar, daß sich der Spieler laut DFB nicht an ein ordentliches Gericht wenden darf. Nach Auffassung des DFB ist das sicher sowieso nicht nötig, sind ja eh alles Richter. Unmißverständlich wird das Verbot, ein anderes Gericht aufzusuchen, in § 30 des Lizenzspielerstatuts formuliert, in dem es in Absatz 3 heißt: »Der Schiedsgutachter trifft seine Entscheidung ... nach freiem Ermessen. Damit ist die Anrufung des Schiedsgerichts und/oder der ordentlichen Gerichtsbarkeit ausgeschlossen.«

Anwalt Horst Kletke, der alle Profis, die dem Verband der Vertragsfußballspieler als Mitglied angehören, in Rechtsfragen berät und vor Gericht vertritt, meint zu diesem Schiedsgerichtsvertrag, den Spieler und Vereine unterschreiben müssen: »Dieser Schiedsgerichtsvertrag hebelt das Recht aus, und der DFB reiht sich gut in die Bewertungsrichtlinien eines Kartells ein.«

Deshalb wohl fordert der Anwalt die Vereine offen auf, den Vertrag, der sie der DFB-Justiz unterstellt, zu kündigen.[241]

Aber so einfach ist das nicht: Falls sich Spieler oder Verein weigern, den Vertrag zu unterschreiben, dann erteilt der Verband eben keine Lizenz.

Der Arbeitsvertrag

Abgesehen von dem Gesundheitszeugnis hat der Spieler dem Lizenzantrag beim DFB einen Arbeitsvertrag mit dem Verein beizulegen. Entsprechend § 21 des Lizenzspielerstatuts sind die Vereine in der Ausgestaltung der Verträge grundsätzlich frei. Allerdings dürfen diese »keine Vereinbarung enthalten, die gegen die Satzung, dieses Statut und die Ordnungen des DFB bzw. gegen die Satzung und die Ordnungen der Regionalverbände verstößt«.

Als Orientierungshilfe für die Vereine existiert ein vom DFB abgesegneter Standardvertrag, den diese benutzen und entsprechend ihren Bedürfnissen abwandeln können.

In diesem Einheitsvertrag wimmelt es von Unklarheiten. Im Gegensatz zu den bisherigen Regelungen gibt es nun in Streitfragen eine Besonderheit (§ 24 LSt, Streitigkeiten aus Verträgen):

»Für Streitigkeiten aus Verträgen zwischen Verein und Spieler sind die Arbeitsgerichte zuständig. Vor Anrufung des Arbeitsgerichtes kann jede Partei beim

Liga-Ausschuß die Benennung eines Schlichters beantragen, der eine gütliche Einigung herbeiführen soll.«

Auf den ersten Blick erscheint dieses Angebot des DFB
durchaus sinnvoll – immerhin sind Lizenzspieler Arbeitnehmer besonderer Art eines vom DFB lizenzierten Vereins
–, säße da nicht im Kontrollausschuß der Vorsitzende Hilpert, der zugleich auch im Saarland Vorsitzender des Arbeitsgerichtes ist. Falls also der DFB-Schlichter keine Einigung erzielt, können theoretisch die Spieler des Saarlandes
benachteiligt sein.
In diesem Zusammenhang taucht die Frage auf, warum der
Verband, wenn er schon dieses Angebot unterbreitet, nicht
auch in dem Arbeitsvertrag – so wie im Lizenzvertrag mit
dem Spieler – den Dopingparagraphen aufnimmt. Hier
besteht ein rechtliches Vakuum. Im Vertrag zur Lizenzerteilung wird der Spieler auf Doping und dessen Verbot
hingewiesen, in seinem eigentlichen Arbeitsvertrag, also
dem Vertrag, der seine beruflichen Belange wie Einkommen
und Urlaub regelt, findet sich dazu kein Wort. Allerdings
unterwirft sich der Spieler der Satzung des Verbandes,
»soweit hierfür die gesetzlichen Voraussetzungen vorliegen«.
Durch diese Unterwerfung wird Doping pauschal abgehandelt, weil es in der Spielordnung und in der Rechts- und
Verfahrensordnung dazu genauere Hinweise gibt. Weshalb
dann aber nicht auch einen Extrapassus im Arbeitsvertrag?
Doping ist laut Arbeitsrecht nicht strafbar, das ist der Grund.
Außerdem sind für Streitigkeiten im Arbeitsvertrag die öffentlichen Gerichte zuständig.
Damit DFB-Satzung und Ordnungen nicht mit dem Arbeitsrecht kollidieren, wird fein unterschieden zwischen dem
Arbeitsvertrag der Spieler mit ihrem Verein und dem Li-
zenzvertrag des DFB.
Der Spieler erkennt durch § 1 des Arbeitsvertrages das DFB-
Lizenzspielerstatut, die Spielordnung, die Rechts- und Ver-
fahrensordnung und vieles andere an und unterwirft sich

diesen Bestimmungen und den Entscheidungen der DFB-Organe.

Natürlich hat der Spieler seinem Arbeitgeber gegenüber auch Pflichten zu erfüllen. Im BGB regelt § 611 diesen Punkt. Der Arbeitnehmer hat danach den Weisungen des Arbeitgebers Folge zu leisten, soweit dessen Direktionsrecht reicht. Die Grenzen des Direktionsrechtes ergeben sich unter anderem aus § 242 des BGB, »Leistung nach Treu und Glauben«.

Laut Arbeitsvertrag gehört es zu den Pflichten eines Spielers,

> » ...bei allen sonstigen Darstellungen des Vereins ... insbesondere im Fernsehen, Hörfunk und Presse ... mitzuwirken.
> Bei diesen Veranstaltungen ist die vom Verein gestellte Sportkleidung ... zu tragen. Andere Werbung des Spielers an und auf der Kleidung für Firmen ... ist unzulässig.«

Ein *Boss*-Pullover im *Sportstudio* geht also nicht, wenn ein Abkommen mit Schiesser besteht. Welches Outfit ist wohl für eine vereinsinterne Weihnachtsfeier vorgeschrieben? Für den Krankenbesuch eines Kollegen? Die Hochzeit eines Mitspielers?

Sehr suspekt wird es im vorletzten Absatz der »Pflichten«. Der Spieler hat

> »sich auf alle sportlichen Veranstaltungen des Vereins gewissenhaft vorzubereiten. Dazu gehört insbesondere, den Anweisungen des Trainers bezüglich der Lebensführung Folge zu leisten.«

Wo sind hier die Grenzen? Dürfen Eheleute in der Woche zweimal Geschlechtsverkehr haben – nach Voranmeldung und Genehmigung durch den Vereinsarzt –, aber nicht in den letzten beiden Wochen vor einem Spiel, während Unverheiratete dauerhafte Enthaltsamkeit üben müssen?

Natürlich ist dies sehr spitz formuliert, solange jedoch die vertraglich sanktionierte Möglichkeit zur Einmischung in das Privatleben besteht, könnten solche Weisungen vorkommen. Zudem hat der DFB schon immer ein sehr gespanntes Verhältnis zu den Ehefrauen der Nationalspieler gehabt und ihnen die Teilnahme an der Vorbereitung zu internationalen Ereignissen wie Europameisterschaften und Weltmeisterschaften verboten. Sogar noch während der WM 1986 in Mexiko mußte Karl-Heinz Rummenigge Frau und Kinder in einem benachbarten Hotel unterbringen, Uli Stein ebenfalls, während die Pressevertreter im gleichen Hotel wie die Spieler wohnten.

Daß sich Trainer gerne in das Privatleben der Spieler einmischen, hat Tradition. Uli Stein mußte einmal 50 Mark Strafe zahlen, weil er eine Cola getrunken hatte und dabei von Trainer Feldkamp erwischt wurde. Begründung: »...wegen Zuwiderhandlung gegen neueste wissenschaftliche Erkenntnisse«, was die Ernährung betrifft. So steht es in Steins Buch *Halbzeit*.[242]

Erich Ribbeck ließ, als er noch bei Borussia Dortmund auf der Gehaltsliste stand und man um den Klassenerhalt kämpfte, während eines Trainingslagers in Estepona, Spanien, von Spielern die Cola-Flaschen vom Tisch räumen – in einem Hotel, in dem es genug Personal gegeben hätte.

Und abends hatten die Profis um 22 Uhr im Bett zu liegen, so lautete die Anweisung des Trainers Ribbeck. Marcel Raducanu jedoch war nach etwas anderem. Er wollte sich einige Softpornos anschauen – gemeinsam mit Leichtathleten, die auch in Estepona weilten, um sich auf die kommende Saison vorzubereiten. Selbstverständlich zur Entspannung und als Ausgleich für das harte Training. Um Ribbeck auszutricksen, stand auf jedem Stockwerk ein Sportler, der Raducanu gewarnt hätte, wäre sein Coach auf die Idee gekommen, einen Rundgang durch das Hotel zu machen, um die Anwesenheit zu kontrollieren.[243]

Dem gleichen Ribbeck war im Herbst 1992 zu Ohren gekommen, daß sich einige der Münchner Spieler zu lange auf dem

Oktoberfest amüsiert hatten. Die Folge war eine Standpauke, die sich gewaschen hatte, und die Androhung einer saftigen Geldstrafe für den Wiederholungsfall. »Da rappelt et im Kasten .«[244] Nicht vergessen werden darf in diesem Zusammenhang der Ribbecksche Maulkorb, den er den Bayern-Spielern im Juli 1993 verordnete.[245]

Die Vorschrift, den Anweisungen des Trainers bezüglich der Lebensführung Folge zu leisten, wird durch eine Ergänzung in § 6 des Arbeitsvertrages, wo es um Einsatz, Tätigkeit und Vertragsstrafen geht, noch zusätzlich verstärkt.

- »Einsatz und Tätigkeit des Spielers werden nach Art und Umfang vom Vorstand oder dem von ihm Beauftragten bestimmt,
- Der Spieler hat den Weisungen aller vom Verein dazu eingesetzten Personen – insbesondere des Trainers – vor allem auch hinsichtlich seiner Teilnahme am Spiel, Spielvorbereitungen, Behandlungen sowie aller sonstigen Vereinsveranstaltungen zuverlässig und genau Folge zu leisten.«

Der Profi im Fußball – das unmündige Wesen. Immer präsent sein, um Leistung zu bringen, seine Knochen hinhalten, aber dann gegängelt und bevormundet werden wie ein kleines Kind. Und permanent sind Aufpasser zur Stelle, um Anweisungen geben zu können, die der Aktive zuverlässig und genau zu befolgen hat. Dabei kann es selbst bei schärfsten Überwachungen in Trainingslagern vorkommen, daß Spieler wie Norbert Eilenfeld und Andreas Brehme von Funktionären mit kleinen Diensten bedacht werden. Jeden Abend erhielten sie in Malta diskret ihr Quantum an Alkohol als. Schlummertrunk, ohne den sie nicht die nötige Bettschwere erreichten. Und das, obwohl Alkohol strengstens verboten war![246]

Toni Schumacher war schon längst über dreißig und hatte die Angewohnheit, sich abends mit zwei oder drei Bierchen, am liebsten Kölsch, in Schlafstimmung zu versetzen. Im

Trainingslager Kaiserau, 1986, verordnete der Mannschaftsarzt Professor Dr. Liesen den Aktiven Schlaftabletten. »Die
sind notwendig, weil ein ausgeschlafener Spieler sich eben
wohler fühlt.« Toni Schumacher bat seinen Betreuer Horst
Schmidt statt dessen um ein Bier. »Er wurde ganz blaß,
spähte verstohlen um sich, tuschelte Berti Vogts was ins
Ohr. Mein zweites Bier wurde strikt abgelehnt.« So ist es in
Schumachers Buch nachzulesen.[247]
Stellt sich der Fußball nicht permanent ein Armutszeugnis
aus, so unmündig, wie die Spieler behandelt werden? Und
alles läuft unter der Regie und abgesegnet durch den DFB ab.

Wie es in der Praxis zugeht, dazu ein Beispiel aus der Saison
1992/93. Die Mannschaft des FC Homburg befand sich am
25. April auf dem Heimweg von einem Auswärtsspiel in
Chemnitz. Trainer Uwe Klimaschefski war mit seinem Pri-
vat-Pkw unterwegs und nahm den Manager des Vereins mit.
Die Spieler hatten die klare Anweisung, unverzüglich nach
Homburg zurückzufahren.
Nun kam der Spieler Marmon bereits wenig später auf die
Idee, an einem Kiosk anzuhalten und sich mit Whisky
einzudecken, während andere Spieler Bier kauften. Alkohol
war jedoch tabu auf der Fahrt.
Daß sich besonders Marmon, ein Engländer – »Spitzenrei-
ter« des Vereins mit einer Roten und sechs Gelben Karten
bei 23 Einsätzen –, der Traineranweisung widersetzt hatte,
wäre kaum aufgefallen, hätte er nicht die leere Flasche im
Bus in den Abfalleimer geworfen, wo man sie entdeckte.
Schnell war der Übeltäter ausgemacht, Marmon auf der
Stelle vereinsintern gesperrt, und der Sperre folgte die frist-
lose Kündigung.
Marmon: »Die haben doch bloß einen Grund gesucht, um
mich loszuwerden. Wenn nicht heute, dann morgen.«
Der Engländer, der sich juristisch bei Anwalt Kletke von der
Vereinigung der Vertragsfußballspieler beraten ließ, kreidet
dem deutschen Fußball besonders eine für ihn ungewohnte
Verbissenheit an. Ihm fehle die Lockerheit, hinzu kämen die

Mannschaftsbesprechungen vor einem Spiel, die oft dreißig Minuten und länger dauerten, als ob die Profis nicht wüßten, was sie zu machen haben. »Bei uns dauert das gerade zwei Minuten.«

Marmon kommt sich verschaukelt vor. Im Januar am Knöchel operiert, hat er täglich sechs Stunden trainiert, um wieder möglichst schnell fit für die Mannschaft zu sein. Und jetzt der Rausschmiß.

Für Marmon verlangt Homburg als Ablösesumme noch 50 000 Mark. Was darüber liegt, ist laut Präsident Ommer für den Engländer bestimmt. Er soll sich einen neuen Arbeitgeber suchen.

So schnell kann es im Profifußball bei Spielern der zweiten Garnitur gehen, wenn die Anordnungen des Vereins oder des Trainers nicht befolgt werden. Andererseits ist jedoch aus Spielersicht kurioserweise die »Sehnsucht« nach einer harten Linie groß, nach einem richtigen Schinder als Coach. Verfährt der nicht dementsprechend, dann schleichen sich mehr und mehr Nachlässigkeiten ein, die Disziplin läßt nach, der Trainer verliert an Kompetenz, und das wiederum kann den Verein im Falle einer oder mehrerer Niederlagen eine ganze Menge Geld kosten.

Der FC Homburg kam durch Marmon in erhebliche personelle Nöte, denn in der Saison 1992/93 sind insgesamt neun Spieler durch Operationen ausgefallen. Und wenn man so viele Spieler ersetzen muß, dann wird die Personaldecke sehr, sehr dünn. Marmon, den man gerade in der letzten Phase der Saison hätte gebrauchen können, fehlte dem Verein.

Solange ein Spieler Leistung bringt und zum Stamm der Mannschaft gehört, wird er das Zwangskorsett nicht spüren. Dann stimmt auch das Einkommen und die soziale Zufriedenheit. Was jedoch erzählen ehemalige Aktive? Wie sehen sie ihre damalige Situation aus heutiger Sicht? Wie den DFB in seiner Allgewalt? Die Vereine, die Strafen, das Sportgericht, den Kontrollausschuß?

Massive Kritik bekommt man von den Aktiven zu hören, der

sich sogar Vereinspräsidenten und Spielerberater anschließen. Sie alle sehen den Verband ganz anders, als er sich der Öffentlichkeit und den punktuell auftretenden Kritikern gerne verkaufen möchte, wenn er auf die Erfolge bei Welt- und Europameisterschaften verweist und in einem Atemzug erklärt, daß Doping im Fußball nicht anzutreffen ist.

In Ergänzung zum normalen Arbeits- oder Lizenzspielervertrag wird oft eine Vereinbarung abgeschlossen, die die Höhe der Punkt- und Einsatzprämie in Abhängigkeit von der Spieldauer regelt.

Was aus diesem Zusatzvertrag deutlich wird, ist der Einkommensverlust, den ein Spieler erleidet, wenn er von einem Gegner gefoult wird. Gleich in den ersten Minuten gehen ihm 75 Prozent der vereinbarten Summe – in der Zweiten Liga können das, je nach Tabellenplatz, mehrere tausend Mark sein – verloren. Und bleibt er über mehrere Spiele nicht einsetzbar, entgeht dem Verletzten auch noch die vereinsübliche Punktprämie bei einem auswärtigen Unentschieden oder einem Sieg.

Wenn ein Aktiver durch ein vorsätzliches übles Foul, das mit der Roten Karte geahndet wurde, aus dem Spiel ausscheidet, kann er nach einem Urteil des Bundesgerichtshofes aus dem Jahre 1974 Schadensersatz verlangen, obwohl die Profis davon selten Gebrauch machen. Nur wenige Male wurde der Versuch unternommen, einen Gegenspieler vor einem ordentlichen Gericht zu verklagen. Mit ein Grund könnte das Kastendenken im Fußball und das von oben verordnete Zusammengehörigkeitsgefühl sein: Wir sind doch eine große Familie.

Als Torwart Bodo Illgner, Köln, dem Stuttgarter Allgöwer am 15. April 1987 durch ein brutales Foul außerhalb des 16-Meter-Raumes einen Riß in der Schulter beibrachte, verklagte Allgöwer den Kölner auf Schadensersatz in Höhe von 23 000 Mark. Illgner, der lediglich die Gelbe Karte gezeigt bekam, ließ sich vor Gericht durch den Präsidenten seines Vereins, Dietmar Artzinger-Bolten, vertreten. Auf Kameradenart versuchte Artzinger-Bolten den Fall außergerichtlich zu klären, indem er von Mayer-Vorfelder verlangte, er möge bitte auf Karl Allgöwer einwirken, damit dieser die Klage zurückziehe. Mayer-Vorfelder lehnte ab, um »mit dem engagierten SPD-Wähler Allgöwer nicht schon wieder in Streit zu geraten«.[248] Vor der Presse jedoch erklärte Mayer-Vorfelder, daß er »strikt gegen diese Klage«[249] sei.

Am 19. April 1988 bot Illgner einen Vergleich an. Er war bereit, 10 000 Mark an Allgöwer zu zahlen und 5000 Mark an eine karitative Einrichtung. Allgöwer lehnte ab, das Gericht vertagte sich auf den 17. Mai 1988 und wies an diesem Tag die Klage Allgöwers zurück. Dr. Hans Hartmann, der Vorsitzende Richter der 25. Zivilkammer, sagte nach dem Studium von Videoaufzeichnungen in seiner Begründung, Illgner habe sich zwar rechtswidrig verhalten, aber keinen groben Regelverstoß oder ein vorsätzliches Foul begangen.[250] Rechtswidrigkeit ist demnach im Fußball noch lange kein Regelverstoß. Im Fußball bleibt also eine solche Rechtswidrigkeit ohne Folgen.

Schlimme Verletzungen der Spieler müssen die Aktiven als Risiko von vornherein mit einkalkulieren. Nach den Regeln des DFB wird jeder schlimme unsportliche Regelverstoß lediglich mit einer Roten Karte und einer Sperre von mehreren Spielen geahndet, die der Kontrollausschuß automatisch ausspricht.

Normalerweise erhält der Gesperrte dann ebenfalls ein Mindereinkommen, und seine Prämien gehen verloren – manche Vereine setzten sich in der Vergangenheit jedoch mitunter darüber hinweg und behandelten den Rotsünder, als habe er weitergespielt –, allerdings wird die Differenz nicht dazu verwendet, das finanzielle Defizit des Verletzten auszugleichen. Erst eine vom DFB überwachte Schadensersatzregelung würde den Anspruch des Verbandes, sich für die Unversehrtheit der Spieler einzusetzen und die Einhaltung der Regeln zu überwachen, dokumentieren und zugleich abschreckend wirken. Mehr wollen die Spieler nicht, die in jedem Punktspiel ihren Körper einsetzen.

Inzwischen hat ein Gerichtsurteil die Situation der Spieler verbessert und zugleich für Verwirrung unter den Vereinen gesorgt. Das Landesarbeitsgericht in Niedersachsen hat entschieden, daß bei Stammspielern während der Erkrankung die Lohnfortzahlung im Prämienbereich so aussehen muß, als wäre der Spieler nicht erkrankt. Das Arbeitsgericht in Mannheim hat sich der Rechtsansicht des sogenannten Lohnausfallprinzips am 26. November 1992 angeschlossen. Nach Maßgabe dieser allgemein anerkannten Grundsätze hält das Gericht den Anspruch des Klägers (Spieler) dann für begründet, wenn er ohne die eingetretene Erkrankung (Verletzung) die begehrten Prämien erhalten hätte. Bedingung für die Prämienzahlung im Krankheitsfall ist, daß der Aktive Stammspieler des Vereins sein muß.[251]

Für Anwalt Kletke, VdV, ist dieses Urteil ein Schritt hin zur Realität in der Arbeitswelt des Fußballers, genauso wie die Entscheidung des Bundesarbeitsgerichts vom 24. November 1992, »daß die Einsatz- und Punktprämien bei der Berechnung des Urlaubsentgelts zu berücksichtigen sind«.

Anwalt Kletke: »Obwohl inzwischen zwei höchstrichterliche Entscheidungen vorliegen, sträuben sich die Vereine immer noch, sie zu akzeptieren. Und der DFB, wenn man ihn darauf anspricht, sagt: Das ist Sache der Vereine. Dabei hätte er Möglichkeiten genug, auf eine schnelle Umsetzung hinzuwirken.« Zumindest Mönchengladbach scheint einsichtig geworden zu sein und zahlte im Sommer 1993 die seit 1991 ausstehenden Urlaubsgelder in Höhe von 500 000 Mark.

In einem weiteren Gerichtsurteil vom November 1989 befand die Richterin im Streitfall Harald Kohr gegen VfB Stuttgart, daß der Arbeitsvertrag des Spielers rechtsunwirksam sei und das Arbeitsrecht unterlaufe. In allen Verträgen mit Profifußballern sei die Dauer des Arbeitsverhältnisses limitiert, bei Harald Kohr auf drei Jahre. Zeitverträge jedoch, so die Richterin, dürfe es nicht geben. Und jeder Spieler habe das Recht, seinen Vertrag mit dreimonatiger Frist zu kündigen.

»Der DFB«, sagt Harald Kohr, der von Anwalt Kletke vertreten wurde, »war darauf bedacht, das Gerichtsurteil ganz schnell fallenzulassen. Hintenherum wurde gemauschelt und ein Scheinverfahren eingeleitet, um das Urteil vom Tisch zu bekommen.«

Auf die Frage, warum der Verband sich so verhalte, meint Kohr, der DFB wolle nichts gegen die Form der ungesetzlichen Verträge unternehmen, genausowenig wie gegen das Transfergeschäft, um einer Prozeßlawine vorzubeugen. Bestes Beispiel ist Thomas Allofs, der sich an ein ordentliches Gericht wenden wollte. Ungemein hurtig habe daraufhin der DFB gewisse Paragraphen geändert, die dem Profi den Wechsel von Frankreich zurück in die Bundesliga in der noch laufenden Saison erlaubten.[252]

Aber die befristeten Arbeitsverträge gibt es immer noch.

10. Menschenhandel im DFB

Der Profifußball, reglementiert durch den DFB, ist ein Gewerbe, »in dem Menschenhandel ja durchaus üblich ist«.[253]

So formulierte es bereits der *Spiegel* um die Jahreswende 1985/86, als es um Machenschaften ging, in die auch der Berliner Verein Blau-Weiß 90 verwickelt war.[254]

Das funktionierte damals wie folgt: Man nehme eine Agentur, die sich verpflichtet, auf eigene Kosten Spieler, die auch in der Bundesliga bestehen können, zusammenzukaufen und zu entlohnen. Mit dieser Idee trete man an einen Verein heran, der sehr gerne die Oberluft im Fußballgeschäft schnuppern möchte. Und dann streue man den Köder aus: Falls der Verein in die Erste Bundesliga aufgestiegen ist, könne man die Spieler-Kapitalanlage mit einem enormen Profit verkaufen. Da der Verein ohne Risiko in dieses Geschäft einsteigen kann, stimmt der Vorstand sofort zu. Süß die Verlockung, zur Spitze zu gehören.

Um eine enge Bindung zwischen Agentur und Verein zu bewerkstelligen, erhält der Finanzier und Hintermann der Agentur einen Managerposten im Verein, und in seinen Vertrag wird ein Passus aufgenommen, demzufolge er bei einem Spielertransfer während der Saison die Zustimmung des Vereins benötigt. Nicht ausgehandelt wird, was nach Saisonende geschieht, dann darf die Agentur nach Gutdünken schalten und walten. Und weil sie auch noch das Recht hat, Profis zur Finanzierung an Dritte abzutreten, ist der Menschenhandel perfekt, und die Spieler sind mit Hypotheken belegt.

In der Amateuroberliga funktionierte das Modell auch hervorragend, alle Verpflichtungen wurden von seiten der Agentur erfüllt. Da allerdings Amateurspieler kein Gehalt empfangen dürfen, wandelte man die Zuwendungen in einen Ausbildungszuschuß um.[255]

Der Aufstieg in die Zweite Liga klappte, aber als Konsequenz stiegen die Spielergehälter. Die Agentur versorgte sich mit einem Darlehen, zahlte zweistellige Zinsen und trat als Sicherheit die Transferrechte an den oder die Geldgeber ab, so auch den Spieler Leo Bunk, damals Torjäger der Zweiten Liga. Ein gewisses Maß an Cleverneß und Schlitzohrigkeit außerhalb der Legalität muß man der Agentur zugestehen, die die Rechte nicht nur einmal abtrat, sondern die Spieler gleich mehrfach verpfändete – Leo Bunk insgesamt elfmal.[256] Sogar der DFB – dreimal erteilte er dem Verein die Lizenz – ließ sich als Sicherheit neben Bankbürgschaften die Transferrechte der Spieler übertragen, »ohne zu wissen, daß sie schon an eine ganze Schar von Gläubigern abgetreten waren«.[257]

Leo Bunk wurde an den VfB Stuttgart für 650 000 Mark verkauft und das Finanzloch dadurch etwas gestopft. Trotzdem benötigte man neues Geld, und als Großfinanzier sprang der Steuerberater der Agentur mit 1,2 Millionen Mark ein. Als Gegenleistung erwarb er 21 Spieler des Vereins Blau-Weiß.

Weil die Agentur mehr und mehr in Zahlungsschwierigkeiten geriet – 1,3 Millionen an Spielergehältern standen aus –, kündigte der Verein seinen Vertrag mit der Leasingfirma in Sachen Lizenzspieler.

Als Retter in letzter Sekunde betrat ein Sanitärgroßhänder die Bühne des Spielermarktes, löste die 1,3 Millionen der Agentur gegenüber dem Verein ab und kaufte obendrein die Rechte des Steuerberaters in Höhe von 1,2 Millionen. Der Kaufmann rettete den Verein, die Spieler konnten wieder bezahlt werden. Und, was niemand für möglich gehalten hatte, im Sommer 1986 stieg Blau-Weiß Berlin in die Erste Bundesliga auf.

All das geschah unter den Augen des DFB, der das Modell laut *Spiegel* zwar »kritisch beäugte«, ohne jedoch etwas dagegen zu unternehmen, daß Spieler von einem Finanzjongleur, für den sich die Staatsanwaltschaft interessierte, allein nach Renditegesichtspunkten gehandelt wurden.

Der DFB habe seinen Statuten entsprechend keine Möglichkeit gehabt, gegen das Wirken einzuschreiten, erklärte Ligasekretär Straub.[258] Das Abtreten von Transferrechten an eine Bank oder einen Finanzier zum Zwecke der Darlehensabsicherung ist in Satzung und Ordnungen des DFB ebensowenig vorgesehen, wie ein Verkaufsrecht auf Spieler im Hinblick auf einen bevorstehenden Wechsel.

Was der DFB erlaubt, ist nach § 30 Lizenzspielerstatut »die Abtretung, Verpfändung oder treuhänderische Übertragung der Ansprüche des abgebenden Vereins auf Zahlung einer Transferentschädigung ...«

Im Zusammenhang mit Blau-Weiß verwundert die Naivität, mit der der DFB hofft, daß sich solche Probleme von allein erledigen. Hat ein Verein kein Geld, erhält er keine Lizenz. Nach Wilfried Straub »stehen genug andere vor der Tür, die nur darauf warten, daß ein Platz frei wird«. Deutlicher kann der DFB seine Lizenzvereine nicht abkanzeln.

Die Wirklichkeit ist dem Verband längst enteilt. Rechte an Spielern werden abgetreten und veroptioniert, gerade wie es dem Verein behagt. Und keiner im DFB stört sich daran. Mit dem Marktwert der Spieler jonglieren, hat in der Bundesliga Methode. Der Schalker Geschäftsführer, Peter Peters, gibt zu, daß der Verein die gleichen Spieler bei mehreren Banken als Sicherheit angeboten habe. So etwas wie Stolz schwingt mit, wenn Peters behauptet: »Aber diese Spieler wurden nur ein einziges Mal verpfändet.«

Zumindest bei einem Mittelfeldspieler, der, obwohl an die Genossenschaftsbank Essen verpfändet, gleich mehreren Instituten angeboten worden sein soll, scheint sich Peters zu irren.[259]

Fragt man die Spieler der ersten Garnitur, dann kommen sie sich natürlich nicht als Handelsware vor. Ihre Interessen werden meist gewahrt, und sie haben ein großes Mitspracherecht, weil man um sie buhlt.

Andere jedoch, weniger prominent und ohne Lobby, haben zugegeben, vertraglich in die Enge getrieben worden zu sein und keinen Ausweg mehr gesehen zu haben. Sie mußten einfach unterschreiben, um die eigenen finanziellen Verpflichtungen erfüllen zu können. Normalerweise kennt ein Verein den finanziellen Status seiner Spieler, und wenn beim Vereinswechsel der Schiedsgutachter bemüht wird, der Einsicht in die Arbeitsverträge erhält, ist auch der DFB darüber informiert. Außerdem ist jeder aufnehmende Verein verpflichtet, »innerhalb von acht Tagen nach Abschluß des Vertrages dem DFB die Höhe der Transferentschädigung mitzuteilen«. Aus der Höhe der Entschädigung kann der Verband, der diese Abkommen stillschweigend absegnet, ohne weiteres den Marktwert der Ware Mensch herauslesen. Lizenzfußballer verkaufen ihren Körper und dessen Leistung an den Meistbietenden. Wenn ein Spieler überhaupt keine Möglichkeit hat, seinen Verkauf zu verhindern, sondern aus welchen Gründen auch immer genötigt wird, den Vertrag zu unterschreiben, wird er zum Gegenstand, mit dem man nach Belieben handeln kann. Und Handel bedeutet nichts anderes als die Beschaffung von Waren und deren Verkauf, ohne daß eine nennenswerte Veränderung dieser Waren stattfindet.

Der DFB wie auch die Vereine handeln mit Menschen nach dem einfachen wirtschaftlichen Prinzip von Angebot und Nachfrage, woraus der Preis resultiert. Sie handeln erst recht mit Menschen, wenn aus Spielern ein Objekt, eine Ware wird. Im Fall des Hamburger Spielers Bode verhindert sein »Besitzer«, der HSV, daß er einen neuen Arbeitgeber findet. Die Ware muß im Regal, sprich auf der Reservebank, präsentiert werden. Da nützt es wenig, wenn der Betroffene fleht: »Bitte verkaufen Sie mich.«[260]

11. Die Bundesligaseuche: Neid und Mißgunst

Bundesligavereine bekämpfen einander nicht nur auf dem Spielfeld, sondern auch außerhalb. Keiner gönnt dem anderen den Erfolg, und wenn sich die Vertreter der Vereine treffen, dann sitzen nur potentielle Gegner an einem Tisch. Deshalb ist es ausgesprochen selten, daß es einmal zu einer Einigung kommt. Verblüfft haben Insider deswegen auch reagiert, als man auf einem Treffen der Bundesligamanager im Februar 1993 drei der Spielervermittler geächtet hat. Kenner messen diesem Abkommen keinen Wert bei – kein Verein läßt die Chance aus, einen guten Spieler zu kaufen, gleichgültig, wer dessen Vermittler auch ist. Alle Bedenken werden dann zur Makulatur, wenn es um den eigenen Vorteil, um Gewinn und Ansehen geht. Deshalb ist es auch nicht verwunderlich, daß sich Uli Hoeneß einen Tag nach dem Treffen der Vereinsmanager in Dortmund mit einem der Geächteten verabredet hat, um über Yeboah zu verhandeln. Hoeneß, damals frühzeitig abgereist, glaubte, die Liste der boykottierten Vermittler gelte erst ab 1. Juli 1993 – außerdem habe man den Fall Leukel nur geprüft[261] –, während der Dortmunder Manager Meier laut *Playboy* für die sofortige Umsetzung gewesen sein soll. Damit wollte Meier verhindern, behauptet Vermittler Leukel, daß der Bayern-Manager mit ihm und Spieler Yeboah zusammenkam, der für Dortmund gleichfalls interessant war.

Auch in diesem Fall hat Manager Hoeneß von Bayern München § 5a der Rechts- und Verfahrensordnung und § 7, Absatz 1d des Lizenzspielerstatuts nicht beachtet, weil er nicht die »Dienste der amtlichen Arbeitsvermittlung in Anspruch« nahm. Aber niemandem ist eine Ahndung wegen unsportlichen Verhaltens zu Ohren gekommen. Im DFB scheint ab einer gewissen Position jeder Funktionär und jeder Manager, sei er vom Verband oder von einem Verein, tun und lassen zu können, was er will. Hauptsache, die Öffentlichkeit erfährt nichts davon.

Das Agieren der Manager an den Ordnungen vorbei hat einen Grund. Genauso wie es auf dem Rasen um Leistung geht und kaum einer hinterfragt, ob sie auch regelgerecht zustande kommt – sprich ohne Doping –, geht es in den Chefetagen der Lizenzvereine ausschließlich um Leistung.

»Für den Erfolg gehe ich notfalls über Leichen«, wird Udo Lattek aus seiner Zeit als Sportdirektor beim 1. FC Köln zitiert,[262] und Trainer Winfried Schäfer ist bei bewußt provozierten Regelwidrigkeiten der Auffassung: »Wenn ich so etwas mache, dann muß ich doch die Schnauze halten können.«[263]

In der Bundesliga tobt ein stetiger Kampf: Punkte müssen her, ein vorderer Tabellenplatz, zumindest die UEFA-Cup-Teilnahme wird angestrebt. Allein das öffnet die Tür für das große Geld, vorausgesetzt, der Trainer kann bis drei zählen. Und um nach oben zu kommen, wird manipuliert, werden Spieler gekauft und verkauft, wie es gerade der Vereinsstrategie entspricht.

Dazu Vermittler Leukel: »Der Calmund (Manager von Bayer Leverkusen) hat mal sinngemäß gesagt: ›Wenn der Teufel eine Granate im Angebot hat, dann verhandele ich auch mit dem Teufel‹.«[264]

Trainer gehören längst der gleichen Warenkategorie wie Spieler an und werden wie diese gehandelt. Bei Mißerfolg heißt es, ab in die Wüste, und wenn kein Mißerfolg nachzuweisen ist, wird er auch in die Wüste geschickt, weil man dem Coach einfach unterstellt, er könne die Mannschaft nicht mehr motivieren. Das ist ein nie nachzuweisender Vorwurf, der aber allemal zur Kündigung ausreicht, wie das Beispiel von Reinhard Saftig, Leverkusen, zeigt. So etwas ist natürlich aus der Sicht eines Vereins kein unsportliches Verhalten, genausowenig wie das Anfeinden der Manager untereinander, von denen keiner dem anderen die Butter auf dem Brot gönnt und die alle über die Medien versuchen, den sportlichen Gegner bloßzustellen. Hinlänglich bekannt sind die Differenzen zwischen Calmund, Leverkusen, und seinem linksrheinischen Widerpart Thielen vom 1. FC Köln. Desgleichen die Fehde zwischen Hoeneß, München, und Lemke, Bremen. Hoeneß, der laut *Playboy* ein »Strohmann der CSU und des mit ihr verbündeten Medienmoguls Leo Kirch«[265] sein soll, gegen SPD-Mitglied Lemke, einen parteipolitischen Kontrahenten also, der, so schreibt das *Manager-Magazin*, sogar Landesgeschäftsführer der Partei war.

Da es Calmund nicht bei einem Intimfeind belassen will, hat er sich einen zweiten geschaffen, Meier aus Dortmund, und sogar noch einen dritten, Hölzenbein, den Frankfurter. Anlaß dafür war, daß Calmund Trainer Stepanovic, ehedem in Diensten der Eintracht, als Nachfolger für Saftig mit viel Geld geködert hat.

Hölzenbein wiederum muß vor dem Hamburger Bruchhagen – der im Jahre 1991 in einen illegalen Wettskandal verwickelt worden sein soll[266] – auf der Hut sein, der ihm Preistreiberei vorwirft. Hölzenbein hat nämlich den HSV-Stürmer Jan Furtok verpflichtet, was wiederum Eintracht-Spieler Edgar Schmitt auf den Plan gerufen hat, der nun um seine Einsätze fürchtet. Glückliches Ende: Schmitt wechselte für knapp eine Million[267] zum Karlsruher SC und schießt dort Tor um Tor, im UEFA-Cup gegen Valencia gleich vier der sieben.

Manche meinen, Hölzenbein sei frustriert und fühle sich benachteiligt, weil er als Vizepräsident nur ehrenamtlich tätig sein dürfe. Unentgeltlich bekleidet er seit der Entlassung des Managers Gerster den Posten eines sportlichen Leiters.

Gegenüber dem *Playboy* erklärte der Ex-Profi, er sei »charakterlich nicht schwach genug«, um sich für den aufreibenden Dienst an der Eintracht bezahlen zu lassen. »Ich mache das ehrenamtlich und lasse mich noch nicht einmal schmieren.«[268]

Aber Hölzenbein möchte inzwischen nicht länger ohne Gehalt dastehen und verweist auf Bundesligamanager in den Spitzenclubs wie Hoeneß (München), Calmund (Leverkusen), Meier (Dortmund), Lemke (Bremen) und wieder Hoeneß (Stuttgart), die unter 500 000 Mark im Jahr angeblich keinen Finger rühren. Hölzenbein möchte nun mit jährlich 300 000 Mark[269] entschädigt werden, das jedoch verstößt gegen die Satzung des DFB. Will man den agilen Hölzenbein halten, muß irgendwie die Satzung umgangen werden.

Mit ihren Meinungen halten Trainer und Manager nicht hinter dem Berg. So sagt etwa Heese, Ex-Trainer von Frankfurt, über Calmund: »Es ist meiner Ansicht nach unerhört, was der sich erlauben kann. Er lügt sich rein und lügt sich raus, und ich halte es für unglaublich, daß ein Weltkonzern wie Bayer Leverkusen einen solchen Manager duldet.«[270]

In den Vereinen geht es oft sehr brutal zu. Jeder intrigiert gegen jeden, wenn es darum geht, Einfluß zu gewinnen und seine Position zu stärken. Exemplarisch dafür ist das Gerangel der Altstars Beckenbauer, Rummenigge, Breitner und Hoeneß, das der *Spiegel* als »Kampf der Viererbande« bezeichnete.

Hoeneß, Chefmanager der Bayern, will weg von Hektik und Frust und möchte im kommenden Jahr Präsident werden, aber Rummenige – wie Beckenbauer bereits Vizepräsident – strebt ebenfalls nach dem höchsten Sessel des Vereins, und schon ist der Zwist der alten Kämpen vorprogrammiert, die seinerzeit in unnachahmlicher Manier auf dem Rasen Eintracht demonstriert haben.

Die Freundschaft zwischen Hoeneß und Breitner soll bereits

vor zehn Jahren in die Brüche gegangen sein, als der Uli schon Manager und Paul noch Profi war. Damals verloren die Bayern in Singapur mit 2:1, woraufhin Hoeneß den Spieler Breitner hart kritisierte.

Aber Breitner zahlte es dem Uli in *Bild* heim, indem er Stimmung gegen ihn und Bayern München machte, Beckenbauer – er löste Weihnachten 1993 Erich Ribbeck als Trainer ab – benutzte dazu sein Buch und verpackte Unerledigtes geschickt in seine Memoiren. Rummenigge zog es zur *Welt am Sonntag* hin, dem setzte Hoeneß die *Süddeutsche Zeitung* entgegen.[271] Die Kameraden von einst üben sich nun auf Nebenschauplätzen im Abtausch von verbalen Attacken, der Presse ist das recht. Wie steht es bei den vieren mit dem Maulkorberlaß?[272]

Die Bundesliga ist schnellebig. Präsidenten gehen inzwischen auch immer öfter, RW Essen, beim DFB in Lizenzturbulenzen geraten – »Rot-Weiß, datt ist wie Schalke, nur schlimmer«[273] –, hatte zeitweise mit Himmelreich und Arnold sogar zwei.

Und es trifft nicht nur welche wie Günter Eichberg, Schalke 04. Manfred Ommer, der oft in diesem Buch zu Wort kommt, darf nicht mehr den Zweitligisten FC Homburg 04 vertreten. Der Kölner Geschäftsmann liegt mit dem Vereinsvorsitzenden Udo Geitlinger – einem langjährigen Freund und Partner, der ihn 1984 zum Präsidenten gemacht hat und nun kategorisch jede weitere Zusammenarbeit ablehnt – im Clinch. Dem Präsidenten in Wartestellung ist untersagt worden, den Innenraum des Homburger Waldstadions zu betreten. Geitlinger fühlt sich von Ommer hintergangen, wirft ihm Lügen und Intrigen vor.[274] Ommer soll Spieler anrufen, um sie über Coach – er steht mit Uwe Klimaschefski auf Kriegsfuß – und Training auszuhorchen, das untergrabe die Moral der Mannschaft. Außerdem habe Ommer seine finanziellen Engagements nicht erfüllt. Anstelle über seinen Fonds 1,5 bis 2 Millionen Mark in neue Spieler zu investieren, habe er lediglich 436 000 Mark ausgegeben. Weiterhin unterstellt Geitlinger dem Präsidenten ein übersteigertes Geltungsbedürfnis und will in Zukunft »Deals« mit dem Ommer-Fonds verhindern. Deshalb hat er am 7. Oktober 1993 beim DFB alle Vollmachten für Ommer widerrufen. »Entweder legt Ommer sein Amt nieder – oder ich höre auf.«[275]

Manager Klein, Homburg, will für keine Seite Partei ergreifen, hat aber keinen Kontakt mehr zu Ommer, mit dem er so oft die Probleme des Vereins erörterte. »Ich habe von Ommer schon seit längerer Zeit nichts mehr gehört. Zu den Heimspielen kam er auch nicht. Ich verhalte mich in der Angelegenheit neutral.« Das war Ende November 1993.

Bleibt der Erfolg aus, brechen alte Wunden auf. Anfang Oktober 1993, als der Streit eskalierte – einige unterstellen Geitlinger, er habe sich zu sehr in Ommers Schatten gefühlt[276] –, hatte der FC Homburg nacheinander mehrere Spiele verloren und stand lediglich noch auf dem abstiegsgefährdeten 15. Tabellenplatz. Vier Wochen später war es der sechste, eine Woche danach schon der vierte.

»Das alles ist nur auf Intriganten zurückzuführen, die für jeden Furz den Geitlinger in Südfrankreich anrufen und über Ommer herziehen«, behauptet ein Kenner[277] der Homburger Szene. So sei auch einem Geschäftsführer gekündigt worden, indem der Manager des Vereins ein Fax nach Südfrankreich – dort soll sich der 1. Vorsitzende meistens aufhalten – verschickt habe. Ommer sei darüber nicht informiert gewesen.

»Der Geitlinger wird sich noch wundern, was er alles in der Winterpause in den Verein stecken muß. Hunderttausend im Monat mindestens«, sagt Ommer und erweckt nicht den Eindruck, als sei er eingeschnappt. »Noch bin ich Präsident, da kann der Geitlinger gar nichts machen, das entscheidet allein eine Mitgliederversammlung.« Ommer hätte nichts dagegen, falls man ihn abwählt. »Dann könnte ich eher mein Geld zurückverlangen, das ich im Verein stecken habe.« Dann rückt er aber noch mit einem anderen Grund heraus: »Mittlerweile habe ich zwei Angebote von anderen Bundesligavereinen. Da könnte ich morgen anfangen.«

Auf diese Art und Weise könnte das seitenlang weitergehen.

Neid und Mißgunst sind allgegenwärtig im Management der Bundesliga.

Höchstes Gut im bezahlten Fußball ist der Meistertitel. Und für den kommen schon im Vorfeld der Saison immer nur wenige in Frage, die man allesamt an der Summe der getätigten Einkäufe erkennen kann. Bayern München standen 1993/94 16,5 Transfer-Millionen[278] zur Verfügung – einige meinen, es sei noch mehr, man habe aber weniger ausgegeben –, Bochum gerade mal gut eine Million. Insgesamt betrug 1992/93 das Umsatzvolumen in der Ersten Liga, was den Kauf und den Verkauf von Spielern betraf, 150 Millionen, davon gingen etwa zehn Prozent, also 15 Millionen, an die Vermittler.[279] Die Übereinstimmung zwischen Einkäufen und Erfolg scheint unübersehbar, zumindest glaubt Dortmund daran.

Weil einer des anderen Teufel ist und man nur nach außen Einigkeit bekundet, gibt es immer wieder Bundesligavereine, die Absprachen unterlaufen, sobald sich für sie ein Vorteil ergibt. »Da will doch jeder jeden über den Tisch ziehen«,[280] sagt Frankfurts Vizepräsident Hölzenbein. So kann es vorkommen, daß bereits bestehende Verträge eines Spielers mit einem Verein einfach nicht beachtet werden und man einen neuen, höheren abschließt. Ulf Kirsten, zuerst von Dresden an Dortmund verkauft, wanderte dann doch nach Leverkusen, weil die Transferentschädigung dort mit 3,75 Millionen höher war. Der verantwortliche Vermittler war Karnath. Er soll einfach alle drei Vertragsausfertigungen – kurioserweise befanden sie sich demnach alle in seinen Händen, genauer gesagt in seinem Safe – vernichtet haben.[281] Und was hat Dortmund mit dem agilen und karrieretüchtigen Manager Michael Meier, der so vehement gegen Spielervermittler ist, unternommen? Hat er etwa beim DFB interveniert, sich beschwert?

Fehlanzeige, nichts dergleichen. Der Vertragsbruch wurde hingenommen. Warum auch nicht? Der Verein »fällt« nicht weit vom Verband.

12. Bestechung und Schwarzgeld

»Ich kenne Manager und Trainer in der Bundesliga, die Geld genommen haben.« Das behauptet Anwalt Christoph Schickhardt – er berät oft Bundesligavereine in Lizenzfragen – und meint damit diskrete Zuwendungen beim Wechsel eines Spielers. Manfred Ommer, Präsident aus Homburg, wird wie folgt zitiert: »Selbstverständlich gibt es Manager und Trainer, die bei Transfers kassieren. Ich finde das nicht in Ordnung, aber es passiert jeden Tag.«[282]

Man muß es miterleben, sonst kann man es kaum glauben, wie es beim »Kauf« eines Spielers zugeht. Die beiden Parteien treffen sich am Freitag, den 21. Mai 1993, in einer Großstadt in Nordrhein-Westfalen. Anwesend sind der Präsident des Erstligavereins, der Spieler, um den es geht, und sein Berater. Im Rahmen der Emanzipation kann das auch schon mal eine Frau sein.
Der interessierte Verein aus der Zweiten Liga wird vertreten durch seinen Präsidenten und eine weitere Person.
Kaffee steht auf dem Tisch, Gebäck und Mineralwasser. Und dann beginnt ein Sitzungsmarathon. Im Verlauf von vielen Stunden werden alle Fragen durchgehechelt, Unterpunkte erörtert, Absprachen mehrmals wiederholt und modifiziert. Zwischendurch ziehen sich Spieler, Präsident und Berater zurück, um unter sechs Augen einzelne Aspekte zu erörtern. Schließlich hat man sich am wichtigsten Punkt festgebissen: der Ablösesumme. Um die 500 000 Mark soll sie sich bewegen. Die Bandbreite nach unten und oben ist abgesteckt, jede der Parteien versucht mit mehr oder weniger zutreffenden Argumenten ihre Vorstellung zu untermauern.
Es ist ein endloses Gefeilsche, obwohl jeder spätestens nach zwei Stunden den Eindruck haben muß, nun seien alle strittigen Fragen abgehandelt. Was dann noch geschieht, ist ein Taktieren auf Zeit, als müsse noch etwas Neues eintreten, denn das, was bisher gelaufen ist, kann noch nicht das Finale sein.

Der Kaffee drückt, das Mineralwasser schlägt auf die Blase, und als erster verläßt der Präsident des Erstligisten den Raum, er muß auf die Toilette. Das ist das Startsignal. Kaum hat er die Tür hinter sich geschlossen, sprechen Spieler und Berater hektisch miteinander, ohne Rücksicht auf die übrigen Anwesenden. Nach wenigen Minuten folgt dann die Eröffnung: Zwar sei man sich einig, aber es müsse noch etwas nachgebessert werden. Dann die entscheidende Frage: Wieviel denn nun sofort und »black« unter dem Tisch fließe. Das könne man von der Transferentschädigung abzwacken. Vorher werde man keinesfalls unterschreiben.

Der Präsident der Zweiten Liga bietet einen gewissen Betrag an. Die beiden überlegen es sich, aber bevor sie zustimmen können, was sie, ihren Gesichtern nach zu urteilen, gerade tun wollten, ist der andere Bundesligapräsident von der Toilette zurück.

Kurz darauf verläßt der Berater des Spielers den Raum, er muß auch einmal. Und nun beginnt das Gefeilsche unter anderen Vorzeichen von vorn. Präsident und Spieler tuscheln und hecken etwas aus. Anschließend das Ergebnis: Auch der Präsident möchte eine gewisse Summe gleich auf die Hand haben, sonst stimmt er dem Deal nicht zu. Immerhin gebe er einen seiner besten Männer ab. Der Präsident des Zweitligisten lacht, er kennt den Marktwert des Spielers genau.

Der Berater kommt zurück, noch ist keine Einigung erzielt worden. Da wieder alle am Tisch sitzen, bespricht man einen anderen Punkt: Falls man handelseinig wird, habe der Spieler ab sofort nicht mehr für seinen alten Verein anzutreten.

Das gehe nun aber nicht, protestiert der Präsident, denn noch bestehe die Chance, daß sein Club einen UEFA-Cup-Platz erreichen könne. Und dazu brauche man eben auch den Aktiven, den man gerade verkaufen will.

Als der Präsident des interessierten Vereins anmerkt, der Spieler sitze doch meistens auf der Bank, wird erneuter Protest laut: Im nächsten Spiel werde er bestimmt eingesetzt.

Jetzt muß der Spieler auf die Toilette, das Tuscheln beginnt von vorne. Präsident und Berater sprechen über das liebe Geld – und über einige andere Dinge.

Der Spieler kommt zurück. Wieder ein endloses Hin und Her. Erst als der Präsident erneut nach draußen verschwindet, macht der Berater dem Spieler deutlich, um was es geht: »Damit du klar siehst, ab sofort spielst du nicht mehr. Bist verletzt.«

Und der Spieler: »Meinst du, da wäre ich nicht schon längst drauf gekommen?«

Der Präsident erscheint zum richtigen Zeitpunkt, als habe ihm einer ein Zeichen gegeben. Selbstverständlich werde der Profi nicht mehr zum Einsatz kommen, verkündet der Berater. Der Spieler nickt. Falls es sich nicht umgehen lasse, dann sei er eben verletzt. Der Präsident des Erstligisten stimmt zu, denn er bekommt ja auch seinen Obolus.

Erneut wird Kaffee aufgesetzt, Schnittchen werden gereicht, man redet um den heißen Brei herum. Alle sind erschöpft, alle wollen endlich den Vertrag unterschreiben und trotzdem könnte man meinen, ein Abschluß sei mittlerweile in weitere Ferne gerückt als zu Beginn der Verhandlung.

Als sämtliche Beteiligten mindestens dreimal den Raum verlassen haben, so daß die übrigen sich ungeniert unterhalten und beratschlagen konnten, als sei man nun endlich ohne Aufpasser und Spion, kommt es nach mehr als sechs Stunden zur Unterschrift. Der Spieler verpflichtet sich, unterstützt durch die Zusage des Präsidenten, nicht mehr für seinen Verein anzutreten, um das Verletzungsrisiko zu mildern.

Die Summen, die man den drei Beteiligten zahlen muß, werden mündlich festgelegt, der Reihe nach werden Spieler, Berater und Präsident bedient. Und zu guter Letzt einigt man sich auch noch darauf, dem Lizenzfußballer einen Großteil des zukünftigen Gehalts unter der Hand zu zahlen. Zwei Drittel offiziell, so wie im Vertrag festgehalten, der Rest schwarz.

Als ich den Präsidenten des Zweitligisten auf die Barzahlung von wesentlich mehr als 100 000 Mark anspreche, winkt er ab.

»So läuft das eben in dem Geschäft. Machst du nicht mit, schnappen dir andere den Köder vor der Nase weg.«

Allerdings ist sich der Präsident darüber im klaren, daß er gegen etliche Paragraphen des Strafgesetzbuches verstoßen hat, darunter auch, was vielleicht am schwersten wiegt, Steuerhinterziehung wegen des Schwarzgeldes. Fließt es bei einem neu erworbenen Spieler, muß der Kreislauf der versteckten Zahlung bis zum Verkauf an einen neuen Verein aufrechterhalten werden. In manchen Vereinen macht das Schwarzgeld ein Drittel der Spielergehälter aus. Und schaut man sich die Hauptsponsoren der Vereine an, dann weiß man, woher es kommt. Prädestiniert für Schwarzgeld, das man in den Verein steckt, sind immer noch Bau- und Immobilienfirmen.

»In der freien Wirtschaft würde ich dafür einige Jahre in den Knast wandern«, erklärt mir der Präsident des Zweitligisten und fügt, darauf angesprochen, ob der DFB von den Vorgängen wisse, hinzu: »So blöd sind die nun auch wieder nicht.« Hätte man sich heute nicht auf die Ablösesumme geeinigt, dann wäre es Aufgabe des Schiedsgutachters gewesen, eine Lösung herbeizuführen. »Und der weiß doch ganz genau, was läuft und wie die Summen zustande kommen.«

Um noch größere Summen ging es Ende 1989 beim Kauf der guten Ex-DDR-Spieler Sammer, Thom und Kirsten. Sammer landete in Stuttgart, Thom für 2,6 Millionen – überwiesen auf die Staatsbank der DDR[283] – bei Bayer Leverkusen; von dort informierte man den beim DFB für Lizenzspieler zuständigen Funktionär Roland Weissbarth über den Kauf. Kirsten verschlug es zuerst nach Bochum, weil er eine Option unterschrieben hatte, anschließend zeigte Borussia Dortmund Interesse, fand jedoch die Transferentschädigung von vier Millionen zu hoch. Als sich auch noch Bayern München einschaltete, drängte Leverkusen auf eine Verpflichtung und handelte die Ablösesumme auf 3,6 Millio-

nen herunter (*Playboy* spricht von 3,75 Millionen und davon, daß Dortmund den Spieler per Vertrag gekauft habe).[284]
Die genauen Umstände der Abwicklung sind im VdV-Magazin *Profis* nachzulesen und klingen mehr als abenteuerlich: »Zwei Dresdener Unterhändler, Vorstandsmitglied André Mittler und Manager Bernd Kiesling, holten das Geld in zwei Raten bar im großen Koffer in Leverkusen ab. ›Sie haben uns gesagt, sie wollten es gewinnbringend bei einer Auslandsbank anlegen, um für Verstärkungen flüssig zu sein, wenn sie den Sprung in die Bundesliga schaffen sollten‹, erinnert sich Calmund. Zu Gerüchten, die Millionen seien angeblich verschwunden, sagt der Manager: ›Jeder fünftklassige Buchhalter kann in sechs Minuten prüfen, ob das Geld eingegangen ist oder nicht ...‹«[285]

Die »ganz normale Korruption« in der Bundesliga – dazu hat sich Manfred Ommer, Homburg, im *Playboy* wie folgt geäußert: »Fast alle machen bei diesem Geschäft mit. Warum auch nicht? Fußball ist ein reiner Überlebenskampf. Das ist ein Geschäft für Hyänen, das nichts mit normalem Unternehmertum zu tun hat. Wer aus der Bundesliga absteigen muß, ist oft jahrelang von der Bildfläche verschwunden. Deshalb kennen viele Club-Manager im Fußball keinerlei Hemmungen. Sie treffen im Verein ungeniert Entscheidungen, die sie aus ethischen Gründen im normalen Geschäftsleben niemals treffen würden.«[286]
Um diesen Überlebenskampf zu finanzieren, existieren im bezahlten Fußball »schwarze Kassen«, aus denen, wie in Schalke durch Ex-Präsident Eichberg, auch schon mal Handgelder für neuverpflichtete Spieler und die Aufwendungen von Trainern netto gezahlt wurden, um sie nicht mit Steuern zu belasten. Das Fazit einer Polizeirazzia in Nürnberg: »Der hochverschuldete Bundesligaverein führte über Jahre eine schwarze Kasse, aus der Provisionen, Honorare und sogar Autoreparaturen für die Fußballspieler bezahlt wurden. Nach zwei Tagen Verhör gestand der ehemalige Geschäftsführer Manfred Ränsch die doppelte Buchführung.«[287]

»Wenn Sie sagen, da sind irgendwelche Gelder vorbeigeflossen am Verein, das kann ich so nicht bestätigen«, antwortete Volker Stuckmann, Mitglied des Schalker Verwaltungsrates, auf die Frage von Günter Jauch im *Aktuellen Sportstudio*, ob Schwarzgelder gezahlt würden. Parallel dazu wurde ein Bild eingeblendet, das Ex-Präsident Günter Eichberg mit einem handgeschriebenen Beleg zeigte, aus dem hervorging, in welcher Höhe diskrete Zahlungen getätigt worden sind. In der Sendung war weiterhin die Rede von 600 000 Mark, die der Spieler Uwe Scherr auf ein Liechtensteiner Konto erhalten haben soll.[288]

Ex-Minister Jürgen Möllemann, Vorsitzender des Schalker Verwaltungsrates, möchte in der gesamten Bundesliga »ein funktionsfähiges System ohne Grauzonen« installiert sehen. In Politik, Stiftungen der Parteien und bei der Treuhand gebe es »Schattenhaushalte, die überall existieren, obwohl sie keiner will«. Und Schalke sei halt »die Treuhand des Reviers gewesen«.[289]

Die Mentalität der Vereine, was Bestechung und Schwarzgeld angeht, wird aus der folgenden Äußerung von Stuckmann, Schalke, deutlich: »Wir können doch nur das anschauen, was auf dem Papier ist. Und wenn einer irgendwo mal ein Geschenk bekommt oder kauft, ein Auto oder ein Handgeld, was auch immer, und der Verein hat das nicht gezahlt, sind wir immer froh, wenn es Gönner gibt oder Sponsoren, die dem Spieler hier und da was austun, was der Verein nicht kann.«

Moderator Jauch: »Aber Sie wollen das nicht wissen, was da einer (gemeint ist Eichberg) an Auto oder an Gehältern so bezahlt hat?«

Stuckmann: »Doch, das möchten wir schon wissen.«

Jauch: »Wissen Sie es denn auch?«

Stuckmann: »Nein, muß das ja gar nicht.«[290]

Eine diskrete Geldquelle des 1. FC Nürnberg soll von dem ehemaligen Schatzmeister des Clubs, Prof. Dr. Dr. Ingo Böbel, der inzwischen wegen Verdunklungsgefahr verhaftet

worden ist, geplündert worden sein.[291] Man wirft ihm vor, ungedeckte Schecks in Umlauf gebracht, Blankoquittungen ausgestellt und Gelder für sich abgezweigt zu haben. Das Sportmagazin *Kicker* weiß zu berichten, daß insgesamt 410 000 Mark verschwunden seien, von denen Böbel, Professor der Volkswirtschaft, die Veruntreuung von 210 000 Mark eingestanden habe. Bei den restlichen 200 000 Mark handele es sich um »sechs Ausgaben aus der sogenannten ›schwarzen Kasse‹, wobei die in den Belegen genannten Empfänger den Erhalt mit Nachdruck bestreiten«.[292]
Aber nicht genug damit, auch noch andere Mitarbeiter des Traditionsvereins haben sich zu verantworten. Gegen den Ex-Geschäftsführer, den Ex-Lizenzspielerobmann und die ehemalige Chefbuchhalterin »werden voraussichtlich Strafbefehle wegen Untreue oder Betrug beantragt«.[293]
Ist die Bundesliga wirklich ein Geschäft für Hyänen?

Zahlungen unter dem Tisch sind nicht nur eine Eigenart des deutschen Fußballs. Überall, wo sich im Sport dazu die Möglichkeit bietet, gehören sie zur Tagesordnung, so auch in England, dem Mutterland des Fußballs. Zwar gibt es dort dazu bisher, ähnlich wie in Deutschland, fast nur Gerüchte, aber die verdichten sich mehr und mehr. Man spricht von einer geheimen Welt des Sports.
Folgende Informationen habe ich von einem Bekannten erhalten, der sich im britischen Sport ausgezeichnet auskennt. Im Jahre 1992 kaufte der Verein Tottenham Hotspurs den Spieler Terry Sheringham, der Ende Mai 1993 sein Debüt in der englischen Nationalmannschaft absolvierte, von Nottingham Forest für zwei Millionen Pfund. Bei diesem Handel hatte Colin Sandy, der Schatzmeister von Hotspurs, auf Anraten von Manager Terry Venables 50 000 Pfund schwarz an den abgebenden Verein Nottingham zu überreichen.[294]
Angenommen hat das Geld Brian Clouth, seinerzeit Manager von Nottingham Forest. Die verschwiegene Transaktion von 50 000 Pfund war Bestandteil des Abkommens, ansonsten wäre der Wechsel nicht zustande gekommen.

Ausgewiesen wurde das Geld offiziell als eine Zahlung des Clubs Hotspurs an die Firma Firstwave Sports Management, und zwar als Entgelt für Kommission und Handel sowie deklariert als eine Werbe- und Marketingpauschale.

Die Sportagentur Firstwave wird von dem Schotten Frank McLintok geleitet, einen ehemaligen Fußballprofi von Arsenal London. Seine Firma habe einfach eine Rechnung an Tottenham Hotspurs verschickt, so wie man das in der Vergangenheit schon öfters praktiziert habe. Mein Informant weiß, daß der Umweg über eine Firma, die pro forma eine Rechnung für nicht geleistete Dienste ausstellt, in England Methode hat, um sich juristisch und fiskalisch abzusichern. In mehr als achtzig Prozent aller Transfers, so seine Einschätzung, gehe man auf diese Art und Weise vor.

Alan Sugar, der Präsident des Clubs Tottenham Hotspurs, hat aber inzwischen von dem Deal gehört, an dem Terry Venables, der Manager des Vereins, und Colin Sandy, der Schatzmeister, beteiligt waren. Sugar, im Hauptberuf leitender Manager bei der Computerfirma Armstrad, unternimmt im Mai 1993 etwas gegen »the secret world of backhanders«. Vor Gericht gibt Sugar eine eidesstattliche Versicherung ab, in der er detailliert ausführt, wie der Handel zwischen Tottenham Hotspurs und Nottingham Forest abgelaufen ist. Schriftliche Unterlagen untermauern seine Behauptung. Außerdem gibt er zu Protokoll, daß Venables ihm erzählt habe, wie es bei anderen Vereinen zugehe, nämlich genauso wie beim Terry-Sheringham-Deal mit Nottingham, indem große Summen als »under the counter cash« von einer zur anderen Partei wandern. Des weiteren beschreibt Sugar Unregelmäßigkeiten beim Wechsel von Gary Lineker, Tottenham Hotspurs, zum japanischen Club Grampus eight.

Schatzmeister Sandy, er übergab die 50 000 Pfund an Brian Clouth, Vertreter von Nottingham, hat an Eides Statt erklärt, daß Sugars Aussage stimmt. Darauf schaltete sich das Finanzamt ein und untersucht nun die Unregelmäßigkeiten beim Transfer sowie Schwarzzahlungen an die Spieler. Terry Venables hat inzwischen gegen seinen ehemaligen Verein Tottenham Hotspurs eine Millionenklage eingereicht.

Bereits drei Jahre zuvor wurde, so steht es in der *Sunday Times*,[295] der Club Luton mit einer Geldstrafe in sechsstelliger Höhe belegt, weil er beim Kauf eines Spielers ähnlich vorgegangen war und Schwarzgeld angenommen hatte. Brian Hillier, der ehemalige Präsident des Vereins Swindon Town, der Luton damals das Geld anbot, mußte sogar ins Gefängnis.

David Kohler, Lutons Manager seit 1990, sagt, auf den Vorfall von Tottenham Hotspurs und Nottingham Forest angesprochen: »Wenn jemand behauptet, der Fußball sei korrupt, dann liegt er 100 Prozent richtig.« Und weiter: »Fußball ist krumm von der Spitze abwärts. Es gibt überall den verdeckten Handel mit den braunen Umschlägen für Barzahlungen.«[296]

Mel Stein, Anwalt und im Nebenberuf Agent des englischen Stars Paul Gascoigne: »Es ist eine unheimliche Korruption im Spiel. Und keiner will etwas daran ändern.«[297]

Viele der Beteiligten machen für diese Entwicklung die Agenten und Spielervermittler verantwortlich, die sich ungeniert im englischen Fußball tummeln. Genauso wie in Deutschland ist auch dort ihre Tätigkeit illegal. Dazu Peter Swales, Präsident von Manchester City: »Genaugenommen sind sie illegal, man darf nicht mit ihnen verhandeln. Aber wenn du einen Spieler brauchst, und er hat einen Agenten, was willst du machen?«

Die gleichen Motive bewegten Uli Hoeneß, mit dem Spielervermittler Leukel zu verhandeln, den man erst kurz zuvor unter DFB-Aufsicht auf eine schwarze Liste gesetzt hatte.

13. Vorletzter Spieltag, Spielabsprachen, verschobene Spiele

Von Zeit zu Zeit tauchen die Hinweise auf Spielabsprachen auf, als gelte es, das Sommerloch mit Nachrichten zu füllen. Besonders stark kreisten bereits seit Weihnachten 1992 die Gerüchte in der Zweiten Liga, weil aus ihr sieben Vereine absteigen mußten. Sieben deshalb, da man die ehemals in Nord und Süd geteilte Zweite Liga zusammengelegt hat und die Anzahl der Vereine von vierundzwanzig auf achtzehn drücken will. Sieben Absteiger in einem Jahr, das hat es noch nie gegeben. Sieben Absteiger, das sind siebenmal zwanzig Spieler, die auf einen Schlag frei werden, sieben Trainer und sieben Vereine, die sich von ihren Millionenetats verabschieden müssen.

Ich bin diesen Gerüchten nachgegangen und, nach anfänglichen verheißungsvollen Signalen, auf eine Mauer des Schweigens gestoßen. Hinter vorgehaltener Hand bekam ich viele Hinweise auf eine Absprache geliefert, nicht nur in bezug auf das vorletzte Meisterschaftsspiel der Saison 1992/93, Werder Bremen gegen Hamburger SV, das die Bremer so eindrucksvoll mit 5:0 gewannen. Dadurch setzte sich Bremen an die Tabellenspitze und wurde schließlich auch zum dritten Mal Deutscher Fußballmeister.

»Es ist eine Frage der Fairneß, wie man sich als Mannschaft, für die es um nichts mehr geht, wehrt.«[298] So äußerte sich Bayern-Trainer Ribbeck dazu. Und Spieler Christian Ziege, der Augenzeuge der Begegnung war, sagte zu den beiden letzten Toren, die Hamburg kassierte: »Was sich da der Nils Bahr geleistet hat, war schon ganz schön happig.«[299]

Der *Sportkurier* bemerkte in diesem Zusammenhang: »Hamburgs Ersatztorhüter ... als Werders Meistermacher?«[300]

HSV-Trainer Benno Möhlmann schürte das Feuer: »Mir wäre es lieber, wenn die Bremer Meister würden.«[301]

Gerüchte über eine Absprache kursierten, aber alles eben nur ... Spekulation, Spekulation, Spekulation!

Daß im Fußball fast alles möglich ist, zeigte sich kurze Zeit später: In der neuen Saison im Oktober 1993 fertigten die Hamburger Gäste die Bremer zu Hause vor eigenem Publikum mit 2:0 ab. Neues Spiel, neues Glück, neues Geld – und dabei ging es noch nicht einmal um die Meisterschaft wie 1978, als Borussia Mönchengladbach die Dortmunder mit 12:0 deklassierte. Da aber gleichzeitig Köln in St. Pauli mit 5:0 gewann, wurden die Domstädter wegen der besseren Tordifferenz bei Punktgleichheit Deutscher Meister.[302]

Wenn ich nachhaken und Genaueres über Spielabsprachen wissen wollte, wurden die Gesichter verschlossen, und meine Gesprächspartner bastelten sich Ausreden zurecht.

»Äußere ich mich zu diesem Punkt, bin ich im bezahlten Fußball tot.« Das sagte mir ein Spieler der Nationalmannschaft im Frühjahr in Hamburg auf der Geburtstagsparty von *Sport-Bild* – das Magazin war fünf Jahre alt geworden. Andere Aktive und Trainer im bezahlten Fußball, die ich diskret befragte, reagierten ähnlich. Nur eines ist mir aufgefallen: Keiner dementierte, daß Spiele verkauft und abgesprochen würden.

Einige Wochen danach gibt ein Präsident der Bundesliga mir gegenüber zu, er habe genügend Unterlagen, um den ganzen DFB hochfliegen zu lassen. »Wenn ich morgen nicht mehr Präsident des Vereins bin«, führt er aus, weil seine Mannschaft gegen den Abstieg kämpft, »dann ist es mir egal.«

Etwas ausführlicher und mit vielen Andeutungen äußert sich ein Manager zu diesem Thema, den ich noch aus meiner aktiven Zeit kenne. Er führt aus, daß Bundesligabegegnungen mit Hilfe der Schiedsrichter verkauft werden. Er habe eindeutige Belege, schließlich sei das Geld durch seine Finger gegangen. Und er wirft ein: Nürnberg habe es doch vorgemacht.[303] Aber das sei überall im Fußball der Fall, daß Schiedsrichter manipulieren. Auf Nachfragen, wie das gemeint sei, weicht er aus.

Dann spricht er vom harten brutalen Geschäft Fußball und davon, daß Trainer sich Auflaufprämien zahlen lassen. Dafür setzen sie Spieler ein, die nicht unbedingt zur ersten

Garnitur zählen, aber auf den Einsatz in der Ersten Liga angewiesen sind, sonst finden sie wegen mangelnder Spielpraxis keinen neuen Verein. Zweitausend Mark mindestens pro Einsatz, das sei der Preis, den man an bestimmte Trainer zu zahlen habe. Aber das kenne ich bereits.

Mein Gesprächspartner erwähnt die Transfersummen, doch auch in diesem Punkt erzählt er mir nichts Neues. Schließlich geht er nochmals gezielt auf die Schiedsrichter ein. Er meint nicht alle, aber doch eine stattliche Anzahl.

»Denen können sie nichts am Zeug flicken. Jeder Pfiff ist eine Tatsachenentscheidung. Und so wird eine Schwalbe mit einem Elfmeter belohnt.«

»Wieviel kostet das?«

Zuerst keine Antwort. Dann einige Sekunden später: »Kommt auf die Begegnung an. Da muß mancher fast ein ganzes Jahr für arbeiten gehen.«

Vielleicht ändere sich das jetzt, spricht er weiter, wo man den Leuten in Schwarz-Grün pro Begegnung 2500 Mark zahlt. Zugleich gibt er zu bedenken, daß der DFB dadurch noch mehr Einfluß auf die Schiedsrichter habe. Zwei Einsätze im Monat, das seien jetzt immerhin 5000 Mark. Aber auch schon vorher habe ein Schiedsrichter, falls er dem DFB genehm gewesen sei, über 40 000 Mark im Jahr verdienen können.[304]

Es wäre ja unnatürlich, wenn der Verband nicht exakt die Schiedsrichter einsetze, die ihm auch angenehm seien. Der Malka (Vorsitzender des Schiedsrichterausschusses) sorge schon dafür, sein Ausschuß bestehe nur aus Jasagern.

»Wie angenehm?« will ich wissen.

»So angenehm, daß bestimmte Resultate herauskommen und gezielt Rote Karten verteilt werden. Fernsehaufzeichnungen werden nur herangezogen, um Spieler zu bestrafen. Abgesehen von einer einzigen Ausnahme wurde noch nie eine Schiedsrichterentscheidung revidiert. Aber genau das könnte man problemlos.«

»Hast du auch schon mal einen Schiedsrichter ... beeinflußt?«

Nach einigen Sekunden gibt er zu: »Ja.«

Wozu Schiedsrichter sonst noch in der Lage sind, zeigt die Partie Karlsruhe–Dortmund am letzten Spieltag der Saison 1992/93. Schiedsrichter der Begegnung war Amerell, ehemals auch Manager und Geschäftsführer in Karlsruhe, der bekannt dafür ist, daß er sehr schnell die Rote Karte zückt. An diesem Tag lief er mit einem Mikrophon auf den Platz, um aufzunehmen, was Spieler so von sich geben. Und abends ging alles über den Sender.

Der DFB leitete kein Verfahren gegen den Schiedsrichter ein, sondern beschwerte sich lediglich, er hätte den Verband vorher fragen sollen. Dabei liegt der DFB absolut falsch. Nicht er hätte gefragt werden müssen, sondern alle zweiundzwanzig Spieler und gegebenenfalls auch noch die Linienrichter, weil es um den Schutz der Persönlichkeit geht. Amerell hätte von jedem einzelnen die Genehmigung benötigt, und das Material hätte er nur nach Vorlage bei allen Betroffenen und mit deren Einwilligung an den Sender weitergeben dürfen. In einem solchen Fall, bei einem solch eklatanten Verstoß, sieht der DFB keinen Handlungsbedarf. Die Persönlichkeitsrechte der Spieler zu schützen, die vertraglich an den Verband gebunden sind, interessiert ihn nicht, obwohl es seine Pflicht wäre. Ansonsten hätte der DFB darauf ja auch bei der Rechtevergabe an die Gesellschaft ISPR und den Fernsehsender SAT 1 Rücksicht nehmen müssen.

Man muß sich nur einmal vorstellen, ein Spieler hätte das getan und es wäre dokumentiert worden, was so ein Schiedsrichter »abfackelt«. Daß manche Schiris die Sportler beschimpfen, ist eine Tatsache, aber ihnen kann ja nichts passieren.

Nicht nur in Deutschland gibt es Probleme mit den Schiedsrichtern. In Kolumbien hat im August 1993 eine Kommission 16 Schiedsrichter der 1. Division auf unbestimmte Zeit gesperrt: wegen Unregelmäßigkeiten, wie es heißt.[305]

Toni Schumacher umschreibt in seinem Buch *Anpfiff* elegant die Schiedsrichterbeeinflussung. »Eine Variante in diesem Wettbewerb lautet: Welcher Schiedsrichter tritt den Heimweg mit einer zweiten Tasche an?«[306]

Schon vor mehr als zwei Jahrzehnten im Bundesliga-Bestechungsskandal beeidete ein Zeuge vor dem Berliner Landgericht, daß der ehemalige DFB-Schiedsrichter-Obmann Karl Alt »insgesamt 9800 Mark an sechs Schiedsrichter habe verteilen lassen«. Im Gerichtsurteil heißt es: »Alt habe eine Abrechnung durchgeführt, wobei er Spielorte, Schiedsrichternamen und Beträge genannt und auch erklärt habe, daß es an bestimmten Orten mit bestimmten Schiedsrichtern nicht geklappt habe.«[307]

Korruption unter den Schiedsrichtern im bezahlten Fußball hat also demnach auch in Deutschland Tradition. Und aufregen braucht man sich darüber nicht sonderlich. Glaubt man dem Referee Manfred Neuner aus Leimen, dann weiß der DFB sogar von den teuren Geschenken, die die Vereine den Schiedsrichtern machen. Neuner hat im März 1992 von Schalke – zufällig stand die Partie gegen den MSV Duisburg auf dem Programm, die vorentscheidend für den Klassenerhalt der Gelsenkirchener war – ein Gewehr im Wert von angeblich 30 000 Mark erhalten. »Ihr braucht euch heute keine Sorgen zu machen«,[308] soll Neuner vor der Begegnung zu Schalker Präsidiumsmitgliedern gesagt haben. Zufällig gewann Schalke mit 3:0.

Ex-Präsident Günter Eichberg äußert sich dazu in *BamS* wie folgt: »Schließlich war es Neuners 100. Bundesligaspiel, und wir wußten, daß er ein leidenschaftlicher Jäger ist.«[309] Neuner selbst gibt zu, ein Geschenk angenommen zu haben, aber erst nach dem Spiel – also nach getaner Arbeit. »Ein normaler Vorgang, von dem der DFB unterrichtet war. Das Gewehr kostete auch nur 3000 bis 4000 Mark.«[310]

Dagegen erklärt DFB-Chefjustitiar Goetz Eilers: »Der Vorgang ist mir völlig neu. So etwas kann nicht akzeptiert werden, die ganze Sache wird gründlich untersucht.«[311]

Zurück zu dem Gespräch mit dem Manager, der seit Jahren in der Bundesliga tätig ist. Um zumindest die potentiellen

Möglichkeiten einer Spielabsprache aufzuzeigen, frage ich, zu welchem Zeitpunkt denn ein bestimmtes Ergebnis Sinn mache.

»Hast du keinen UEFA-Cup-Platz und bist du nicht abstiegsbedroht, dann macht es Sinn, ein Spiel zu verkaufen. Das ist leicht verdientes Geld. Ob du nun neunter oder dreizehnter bist, danach kräht kein Hahn.«

Ich will wissen, wieviel über den Tisch wandert.

Keine Reaktion.

Ich hake nach.

»Kommt auf die Situation an. Entgeht ein Verein dadurch dem Abstieg, dann ...«

»Nenn doch eine Zahl.«

»Mensch, das kannst du dir doch ausrechnen, was denen alles verlorengeht, wenn sie die Platte putzen müssen. Allein an Fernsehgeldern sind das in der Ersten Liga Millionen.«

Ich versuche herauszufinden, wie die Vorgehensweise sein könnte. Es müsse doch alles so ablaufen, unterstelle ich, daß niemand Verdacht schöpft.

»Ganz einfach«, so der Manager. »Die Fitgespritzten bleiben auf der Bank. Und zwei der Stammspieler verletzen sich überraschend im letzten Training. Schon kassierst du zu Hause drei Eier, ehe du dich versehen hast.«

Ob das denn so einfach gehe?

Mein Gegenüber lächelt nur.

»Weiß der Trainer davon?«

»Na klar. Er stellt doch die Mannschaft auf.«

Als ich immer noch bohre, kommt eine überraschende Wende.

»Um das Problem zu verdeutlichen, will ich an Homburg aufzeigen, wie die Manipulation, über die wir die ganze Zeit reden, ablaufen könnte. Wohlgemerkt nur aufzeigen.«

Der Manager setzt sich zurecht und schaut mich verschmitzt an.

»Leider haben die Homburger zu Hause gegen Hannover 96 am letzten Dienstag (gemeint ist der 25. Mai 1993) verloren.«

»Sonst wären sie aus dem Schneider.«

»Genau. Hätte Homburg gewonnen, stünden 44 Pluspunkte auf dem Konto, der Abstieg wäre nicht mehr möglich. Jetzt haben sie aber nur 42, brauchen unbedingt mindestens noch einen Zähler.«

»Auf was willst du hinaus?«

»Hätten die Homburger, wie gesagt, gegen Hannover gewonnen, dann wäre aus meiner Sicht alles reif gewesen für eine Absprache mit St. Pauli. Die Hamburger kämpfen ja noch mehr um den Klassenerhalt als die Saarländer.«

»Du meinst, Homburg hätte den Sieg verkauft?«

Der Endvierziger nickt: »Verkaufen können.«

»Und wie wäre das vor sich gegangen?«

»Zum einen dadurch, wie gesagt, daß die Fitgespritzten nicht aufmarschiert wären. Homburg hat enorme Personalnöte. Und zum anderen, daß man Cardoso, der in der kommenden Saison für Freiburg antritt, nicht aufgestellt hätte. Wegen Verletzung. Schon wäre St. Pauli als Sieger vom Platz gegangen.«

»Und der Schiedsrichter?«

»Den hätte man in diesem Fall nicht anfixen müssen. Da geht der Trainer des FC Homburg oder mein Freund Manfred einfach vor dem Spiel hin und sagt zu einem Spieler der eigenen Mannschaft: Dreitausend, wenn du im Strafraum den X oder Y von St. Pauli in der zweiten Halbzeit ummähst.«

»Und der Spieler hätte mitgemacht?«

Der Angesprochene lächelt.

Nachdenklich schaue ich auf meine Notizen und überlege. Was ich gehört habe, klingt einleuchtend.

»Jetzt aber ist die Situation für Homburg sehr vertrackt. Unter keinen Umständen dürfen die Saarländer gegen St. Pauli verlieren. Noch weniger aber die Hamburger zwei Punkte abgeben. Das wäre deren K.o. Ein Unentschieden hilft möglicherweise beiden.«

»Und was ist, wenn …?«

»Es geht nur noch um Braunschweig und um Unterhaching,

die sich eventuell aus der Abstiegszone retten können. Unterhaching muß am Sonntag gegen Chemnitz antreten (gemeint ist der 30. Mai). Wenn meine Informationen stimmen, dann hat Manfred einen guten Kontakt zu Chemnitz, will einen Spieler unter Vertrag nehmen oder steht zumindest mit ihm in Verhandlung. Und mit dessen Hilfe wird er vielleicht dafür sorgen, daß Unterhaching verliert. Die Chemnitzer haben keinen Bock mehr, denen kann nichts passieren.«

Ich erhalte eine Lehrstunde im Taktieren und Manipulieren von Spielergebnissen. Aber immer, wenn ich konkrete Spiele oder Namen wissen will, blockt mein Gesprächspartner ab. Schließlich sagt er: »Du triffst doch am Sonntag bestimmt Manfred Ommer. Sprich ihn einfach mal darauf an.«

Ich spreche Ommer an. Und er drückt sich um eine Antwort. Ein Verhalten, das ich an ihm nicht kenne.

»Weißt du, seit ich mit dir über bestimmte Dinge gesprochen habe, bin ich wesentlich mehr sensibilisiert worden. Früher habe ich mir bei vielem nichts gedacht, aber jetzt höre ich ganz anders hin, wenn ich gewisse Sachen erfahre.«

»Stimmt es nun, was X gesagt hat, oder stimmt es nicht?«

»Wenn wir heute gegen St. Pauli gewinnen, dann ist sowieso alles egal. Dann sind wir weiter in der Liga.«

Ich mache Ommer darauf aufmerksam, daß er ausweicht.

»Zumindest an den letzten beiden Spieltagen wird eine Absprache untereinander erschwert. Weil alle Mannschaften zur gleichen Zeit anzutreten haben.«

»Warum die Regelung?«

Ommer lacht. »Der DFB weiß doch genau, was im Fußball läuft. Und mit dieser Regelung versucht er Manipulationen zu verhindern. Es gibt genügend Skandale wegen gekaufter Spiele. Und die Regelung allein ist doch Indiz genug, daß der DFB davon eine Ahnung hat.«

»Heißt das, X hat unrecht? Man kann an den letzten beiden Spieltagen nicht manipulieren?«

Diplomatisch entgegnet er: »Wenn er dir das gesagt hat, dann wird das schon stimmen. Er kennt sich aus. Aber es geht bei all den Mauscheleien auch noch um einen anderen Aspekt. Du glaubst ja nicht, wie die Fernsehrechte verschoben werden. Und genau das ist der größte Batzen im bezahlten Fußball.«

»Inwiefern?«

»Schau dir doch nur an, wer im Aufsichtsrat sitzt und wie dessen Verbindung zum Fußball ist. Dann hast du die Antwort.«

»Du meinst den Sender SAT 1, der einen ganz heißen Draht zum DFB hat?«

Ommer zuckt mit den Schultern.

Homburg spielt unentschieden an diesem Sonntag, Unterhaching verliert in Chemnitz 4:2, allein Braunschweig gewinnt, und zwar auswärts mit 2:0 in Mainz. Plötzlich sehe ich dieses Ergebnis mit ganz anderen Augen. Mainz hat keine Sorgen mit dem Abstieg, und ich bin versucht, Harald Strutz, den Präsidenten des Vereins, darauf anzusprechen, lasse es dann aber doch.

Dafür aber will ich von Ommer nach dem Unentschieden gegen St. Pauli eine Wertung des Ergebnisses haben.

»Du hast doch die Begegnung gesehen.«

»Ja.«

»Und was ist dein Eindruck?« will Ommer von mir wissen.

»Es war ein … halbherziges Spiel. Beide Mannschaften konnten, aber wollten nicht recht.«

Ommer grinst. »Ich weiß gar nicht, was du hast. Es ist doch genau das Ergebnis herausgekommen, das beiden geholfen hat.«

»Und das stand vorher schon fest.«

Ommer grinst immer noch.

Ich frage Uwe Klimaschefski, den Trainer der Homburger, ob im bezahlten Fußball Spiele verschoben werden. Nach etlichen Sekunden antwortet er: »Also, dazu möchte ich gar nichts sagen.«

Und als ich nachhake, äußert sich Klimaschefski mit todernstem Gesicht: »Mir ist bisher in meiner Mannschaft noch kein Spieler aufgefallen. Was ein Präsident oder das Präsidium mit einzelnen Spielern vereinbaren, entzieht sich meiner Kenntnis.«

Gezielt gehe ich auf die Begegnung Homburg–St. Pauli ein. Klimaschefski winkt Winfried Klein, den Manager des Vereins herbei und sagt in seinem Beisein: »Von einer Spielabsprache ist mir nichts bekannt.« Und zu dem Manager gewandt: »Oder ist dir etwas zu Ohren gekommen?« »Nein.«

Nachdem der Manager gegangen ist, kommt Klimaschefski wieder auf die Absprachen zu sprechen. »Klar, man hört mal hier und mal dort was. Aber konkrete Beweise, wer wann wieviel an wen, habe ich bisher noch keine gesehen.«

Dann der letzte Spieltag der Saison 1992/93, die mit sechsundvierzig Begegnungen mörderisch lang war. Sieben Vereine müssen sich aus dem bezahlten Fußball verabschieden. Unterhaching gewinnt gegen Remscheid, aber St. Pauli auch gegen Hannover. Unterhaching muß absteigen, St. Pauli und Homburg sind gerettet. Warum gewinnt St. Pauli, das bestimmt nicht besser ist als Homburg, gegen Hannover, frage ich mich. Bei einer Niederlage wäre St. Pauli nämlich anstelle von Unterhaching abgestiegen. Nach all den Gesprächen liegt für mich die Antwort auf der Hand. Daß im nachhinein Wolfsburg für wenige Tage die Lizenz wegen nicht erfüllter Bedingungen verliert – der Verein hat mehr als eine Million Mark für Verstärkungen investiert[312] –, wodurch Unterhaching kurz in der Zweiten Liga verbleibt, ändert nichts. In einem Gnadenakt hat der DFB den Wolfsburgern die Lizenz wieder zugestanden.

Bereits 1965 gab es in der noch jungen Bundesliga einen Skandal. Freiwillige Zeugen behaupteten gegenüber dem DFB, Hertha BSC hätte mehr als dreißig Bundesligaspieler aus diversen Clubs mit Geldbeträgen bestochen.[313] Der DFB forderte die Vereine auf, gegen Hertha zu klagen, aber keiner nutzte die Erlaubnis des Verbandes. Ende der Saison war das nicht mehr erforderlich, denn Hertha hatte sich aus der Bundesliga zwangsweise zu verabschieden.

Ein Vorstandsmitglied von Hertha BSC, Wolfgang Holst, hatte Alfons Stemmer, Spieler von 1860 München, für 15 000 Mark gekauft. Der Abwehrspieler sollte den abstiegsbedrohten Berlinern zu einem Sieg verhelfen. Stemmer ermunterte den Berliner Uwe Klimaschefski, einfach durchzulaufen. Das Entgegenkommen des Abwehrspielers zahlte sich aus, denn Hertha gewann 3:1.

Uwe Klimaschefski, knapp dreißig Jahre später auf diesen Vorfall angesprochen, antwortet schmunzelnd: »Ich war mit dem Durchlaufen nicht gemeint gewesen.«

Zurück zur letzten Bundesligasaison und dem Beinaheabstieg eines Traditionsvereins. Ommer verdeutlicht mir, was alles als Konsequenz für die Kölner hätte eintreten können. Zum einen gebe es in der Domstadt vier Zeitungen, die dann jeden Tag eine Seite weniger über den Sport zu schreiben hätten. Die Folge: Journalisten wäre gekündigt worden. Der 1. FC hätte seine Spieler verkaufen müssen, einige wären arbeitslos geworden. Mitarbeiter des Vereins stünden auf der Straße, die Stadion-Zeitung hätte ihre Tätigkeit eingestellt. »Der Rattenschwanz zieht sich hin bis zum Würstchenverkäufer, der jetzt, da zehntausend Zuschauer weniger kommen, seinen Laden dichtmachen kann. Da stehen Existenzen auf dem Spiel.«

»Heißt das, die Kölner haben am Klassenerhalt gedreht?« Ommer zögert. »Nun, ich weiß es nicht. Aber als Präsident hätte ich die Verpflichtung, mich um die Zukunft der Leute zu kümmern.«

Quasi als Beleg, daß im Fußballgeschäft überall auf der Welt gemauschelt und bestochen wird, tauchte der Skandal im französischen Fußball auf. Dem Rudi-Völler-Club Olympique Marseille drohte der Zwangsabstieg, weil der Spieler Christophe Robert, Stürmer des US Valenciennes, zugegeben hatte, am 20. Mai 1993 beim 0:1 gegen den Europapokalsieger umgerechnet 75 000 Mark erhalten zu haben, »um nicht die beste Leistung zu bringen«. Robert täuschte eine Verletzung vor und ließ sich nach einer knappen halben Stunde auswechseln. Man fand das Geld, das der Manager von Marseille, Jean Pierre Bernès, vor dem Anpfiff der Ehefrau des Stürmers ausgehändigt hatte, bei seinen Eltern.

Aufgedeckt wurde der Skandal durch Jacques Glassmann, einen anderen Spieler von US Valenciennes, der zugab, Tage vor der Begegnung am Telefon eindeutige Angebote aus Marseille in Richtung Bestechung erhalten zu haben.

Zu einer Schmierenkomödie entwickelte sich die Aufführung, als Bernès, der beschuldigte Manager von Marseille, die Vorwürfe dementierte und behauptete, alles sei genau umgekehrt gewesen: Ihn habe man aus Valenciennes angerufen, um sich mit Olympique zu arrangieren. Die Staatsanwaltschaft sah es anders: Manager Bernès kam in Untersuchungshaft.

Bernard Tapie, Industrieller und seit 1986 Präsident des Vereins Olympique, wußte von allem angeblich nichts. Er glaube nicht an die Geschichte, weil die Spieler von Marseille fast alle Nationalspieler seien, die es nicht nötig hätten, einen Gegner zu bestechen. Außerdem meinte Tapie, es seien ja auch nicht die Spieler, die den Gegner bestochen hätten!

Und dann überschlugen sich die widersprüchlichen Nachrichten: Marseille steigt nicht ab in die Zweite Liga. Das entschied die Nationale Fußball-Liga (LNF) in einer Sondersitzung am 7. Juli in Marseille.

Wenige Tage später, am 13. Juli 1993, soll Marseille nun doch absteigen. Grund für den Sinneswandel des französischen Verbandes soll die zusätzliche belastende Aussage des Spielers Jean-Jacques Eydelie gewesen sein, der zwei Wochen in Untersuchungshaft verbrachte und zugegeben hat, im Auftrag des weiterhin inhaftierten Olympique-Managers Bernès neben Christophe Robert auch dem Argentinier Jorge Burruchaga und Jacques Glassmann – alle US Valenciennes – ein Bestechungsangebot von rund 75 000 Mark überbracht zu haben. Somit droht dem französischen Meister nicht nur die Aberkennung des nationalen Titels, sondern auch die Zweitklassigkeit.

426

Wendet der französische Verband seine Statuten konsequent an, dann muß Marseille eine Liga tiefer spielen. Nicht nur die Staaten Deutschland und Frankreich sind Nachbarn, auch die Fußballverbände gleichen sich ungemein.

Rudi Völler meinte in der Presse zu der Entwicklung: »In Marseille kann mich nicht mehr viel überraschen, aber ich hätte wirklich nicht geglaubt, daß an den Verdächtigungen tatsächlich etwas dran ist.«[314]

Die UEFA ließ durch das Exekutivmitglied Fournet-Fayard verlauten: »Marseille ist noch für den Europapokal der Landesmeister gemeldet, aber nur unter Vorbehalt.«

Auch die FIFA reagierte sofort und wollte – falls sich die Bestechungsvorwürfe bestätigen – die betroffenen Spieler für alle internationalen Begegnungen sperren. »Sollten Bestechungsgelder sogar auf Anweisung der Vereinsführung gezahlt worden sein, wird auch Marseille für alle internationalen Begegnungen gesperrt«,[315] sagte Josef Blatter, Generalsekretär der FIFA.

Es verwundert schon, wie die FIFA die Ausgangssitutation interpretiert, Marseille und die Funktionäre noch in Schutz nimmt und den Skandal so hinstellt, als ginge die Bestechung von den Spielern aus. Es wäre übrigens das erstemal in der Fußballgeschichte.

Schließlich kam Anfang August 1993 das voraussehbare Ende der Komödie, zumindest auf nationaler Ebene: Marseille verbleibt dank politischer Hilfe in der obersten französischen Liga. Man munkelt, Mitterrand habe sich direkt für Ex-Minister Tapie und dessen Club verwendet; wenigstens kritisierte er, dem *Kicker* zufolge, in einem Fernsehinterview die Richter und Staatsanwälte.

Als schon alle Welt glaubte, die Affäre sei ausgestanden und wie so viele andere vorher im Sande verlaufen, folgte am 6. September 1993 für Olympique ein unerwarteter »Nackenschlag«: Die UEFA strich Marseille aus dem Europapokal und bestrafte den Verein auf diese Weise wegen Verdachts auf Manipulation. Präsident Tapie, dessen Klub fünfmal in Folge Landesmeister wurde und 100

Millionen Mark Schulden haben soll – genausoviel wie Real Madrid –, drohte mit seinem Rücktritt: »Ich habe weder die Spieler noch das Geld, um ohne Europapokal leben zu können.«[316]

Die Ereignisse überschlugen sich. Am 9. September erwirkte Tapie vor einem Berner Gericht die Aufhebung des UEFA-Beschlusses, Marseille darf nun doch am Europapokal teilnehmen. Gleichzeitig wird die UEFA aufgefordert, binnen zehn Tagen neue Argumente darzulegen, dem Gericht genügt die angebliche Manipulation noch nicht.

Aber es vergehen keine zehn Tage, denn der Weltverband, FIFA, leistete der UEFA Schützenhilfe und reagierte sofort. Bereits am 10. September drohte der internationale Fußballverband Frankreich mit dem Ausschluß von der Weltmeisterschaft und den Europapokal-Wettbewerben. Olympique Marseille beugte sich dem starken Druck der internationalen Verbände, zog noch am gleichen Tag überraschend die Klage gegen die UEFA zurück und bewahrte den französischen Fußball damit vor der Isolation. Tapie zeigte sich bereit, den Preis »im höheren Interesse des französischen Fußballs zu zahlen«.

Der im Sportrecht bewanderte Anwalt Dr. Reinhard Rauball, Ex-Präsident von Dortmund, meint dazu: »Da hatte die UEFA nichts anderes versucht, als einen Rechtsspruch zu unterlaufen.«[317]

Aber das war noch nicht das Ende des Desasters. Der französische Verband erkannte Marseille am 23. September – wahrscheinlich auf Druck von FIFA und UEFA – den Meistertitel ab und sperrte vier Spieler auf Lebenszeit, die Drahtzieher im Hintergund blieben ungeschoren. Wenige Tage später, am 27. September 1993, schloß die FIFA Marseille auch von der Teilnahme am Weltpokal gegen São Paulo, Brasilien, aus. Anstelle des französischen Meisters, so verkündete FIFA-Generalsekretär Josef Blatter, werde nun der AC Mailand, der das Europacup-Finale gegen Marseille verloren hatte, zu den internationalen Cup-Spielen antreten.

Fazit: Die Eskalation wird (vorerst) abgewendet, die internationalen Verbände im Fußball zeigen sich stärker als ordentliche Gerichte. Und weil der französische Verband so einsichtig ist, darf er 1998 auch weiterhin die Weltmeisterschaft ausrichten.

Ungemach droht nur noch von dem Spieler Jean-Jacques Eydelie: Er hat ausgesagt, schon im Frühjahr 1992, damals noch in Diensten von Nantes, ein Bestechungsangebot von Marseille erhalten zu haben.

Ironie des Schicksals: Frankreich hat die Qualifikation zur Weltmeisterschaft 1994 in den USA – genau wie England, Ausrichter der Europameisterschaft 1996, und der amtierende Europameister Dänemark – nicht geschafft, die FIFA-Drohung mit dem Ausschluß von dem Turnier wäre also wirkungslos verpufft. Obwohl nur noch ein Punkt fehlte, verlor die Grande Nation die letzten beiden Heimspiele: gegen Israel mit 3:2 – die voreilig arrangierte Siegesfeier mußte abgesagt werden – und am 17. November 1993 gegen Bulgarien mit 2:1 durch einen Gegentreffer drei Sekunden vor Spielende.

Alle bekanntgewordenen Bestechungsskandale[318] im Fußball haben eines gemeinsam: sie gehen von Funktionären, Vereinen und Verbänden aus, aber nie von den Spielern. Und wenn man sich bestimmte Ergebnisse anschaut, dann kommen einem große Bedenken hinsichtlich gewisser Spielerergebnisse. Sind auch die großen Weltverbände schon so weit, daß sie Spiele verschieben und manche Ergebnisse kaufen?

14. Wetten, daß ...

... es in spätestens einem Jahr auch in der Bundesrepublik wie bereits in fast allen Staaten der EG die Möglichkeit gibt, Wetten auf den Ausgang von Bundesligaspielen abzuschließen? Dann wird man gegen eine festgesetzte Quote auf

Spieler setzen können, die die Chance haben, Torschützenkönig zu werden, und den Ausgang eines Fünferblocks an
Spielen vorauszusagen versuchen.
Dazu braucht nur das Bundesverwaltungsgericht ein anhän-
giges Verfahren, eingeleitet von einem Wettexperten, der
jahrelang als Promoter einer ausländischen Gesellschaft in
Deutschland fungierte und jetzt Wetten in Deutschland anbieten möchte, positiv zu entscheiden. Dem Gericht bleibt
im Hinblick auf ein vereintes Europa wenig Spielraum,
anders zu befinden.
Noch sind solche Wetten in Deutschland illegal, obwohl
es in Gera bereits eine Sportwetten GmbH gibt. Was in
Zukunft noch alles auf den DFB zukommt, läßt sich leicht
ermessen, wenn man sich die europäischen Nachbarländer
anschaut.
England zeigt, wieviel Geld man mit Wetten umsetzen kann.
Bei Ladbroke, der größten Gesellschaft auf der Insel, sind es
jährlich acht Milliarden. Und die Firma Hill macht allein im
Fußball 100 Millionen.
Nun weiß man, daß die Engländer schon seit jeher sehr
wettfreudig sind. Sie setzen auf den Zeitpunkt, wann die
erste Schneeflocke fällt, oder auf das Erscheinen des fünften
grauen Haares bei Lady Di. Wann die Apfelblüte einsetzt,
gehört genauso zum Angebot wie die exakte Voraussage, wer
denn nun die meisten Hamburger verdrücken kann.
Die wachsende Wettfreudigkeit der Bundesbürger führt
dazu, daß inzwischen mehr als zweihunderttausend regelmäßig kleine und große Beträge bei ausländischen Gesellschaften in Österreich und England setzen wie:

Sportwetten Bludenz, Österreich,
Wettbüro Kismet, A-5021 Salzburg, Österreich,
Wettbüro Linz, A-4021 Linz, Österreich (Gesellschafter ist
    ein Reporter des Südwestfunks),
Sportwetten Wien, A-3002 Purkersdorf, Österreich,
Alpha-Tip, A-5021 Salzburg, Österreich,
Teamwork Sportwetten, A-5021 Salzburg, Österreich,

Kersak Ltd., Manchester, England,
Intertops, London, England,
SSP OB Ltd., London, England (spezialisiert auf skandinavische Wetten).

Ganz offen werben diese Firmen unter anderem in der Fachzeitschrift *Kicker* und offerieren ein wesentlich vielfältigeres Wettprogramm als die deutschen Anbieter. Während hierzulande dem Fußballfreund lediglich die 11er-Wette und die Wette 6 aus 45 zur Verfügung steht, bieten die ausländischen Gesellschaften an, auf den Schützen des ersten Tores in jeder beliebigen Begegnung, den Tabellenführer, den Torschützenkönig einer Saison, den Meister aller europäischen Ligen, den Pokalsieger aller europäischen Ligen, den genauen Spielausgang und auf Halbzeit und Spielende zu setzen.
Allerdings beschränken sich die Möglichkeiten der freien Anbieter, einen Tip zu wagen, nicht nur auf den Fußball. Im Eishockey sind alle Bundesligaspiele einbezogen, im Tennis die wichtigen Turniere, Davis- und Federations-Cup, außerdem WM-Läufe im Motorsport, Motorrad und Formel 1, dann rund 40 bis 60 Disziplinen bei olympischen Sommer- und Winterspielen und alle Ligabegegnungen im Handball.

»Wetten sind für das Reinwaschen von Schwarzgeld ideal«, so der ehemalige Mitarbeiter eines solchen Büros, der auch viele Jahre in der Bundesliga als Geschäftsführer eines Vereins und in anderen Funktionen tätig war.
Bis zum Jahre 1991 gab es in Salzburg in der Willibald-Hauthaler-Straße die Gesellschaft Sport-Wetten GmbH, die unter Leitung eines Rechtsanwalts auf Wetten in Deutschland spezialisiert war. Jede Woche wurden von der Zentralstelle Freilassing nahe der österreichischen Grenze 25 000 bis 30 000 Wetten nach Deutschland verschickt, das waren zwei VW-Kombi, gefüllt bis unters Dach. Via Salzburg konnte jeder Fußballfan seine Prognose in Geld umsetzen, vorausgesetzt, sie traf auch zu. Wieviel aus dem Einsatz wurde,

das bestimmte die Quote. Einmal war sie mit 40:1 so günstig, daß viele Fußballfans in der Zweiten Liga auf einen 2:1-Sieg von Schalke gegen Havelse setzten. Einziger Haken an der Sache war, daß ein bestimmter Spieler das erste Tor zu schießen hatte. Als das in der Tat auch eintraf – viele sprachen in diesem Zusammenhang von Schiebung –, konnte die Gesellschaft die Gewinne nicht mehr auszahlen und ging Konkurs.

Als im Zusammenhang mit dem Salzburger Wettbüro im November 1991 eine der Wettgrößen von Polizei und Steuerfahndung hochgenommen wurde, begann das große Zittern. Nicht nur im Traditionsverein Schalke, sondern auch in anderen Clubs hatte man nämlich über die zwielichtige Gestalt Einsätze in großer Höhe getätigt.

Mehr als 150 Fußballer[319] sind damals als Folge der Telefonüberwachung illegaler Buchmacher aufgefallen, darunter der Kölner Frank Ordenewitz, der jetzt in Japan spielt, der Bremer Klaus Allofs und der Schalker Günter Schlipper. Wattenscheids Trainer Hannes Bongartz war ebenso mit dabei wie der damalige Schalker Manager Heribert Bruchhagen, der heute in Diensten des Hamburger Sportvereins steht. Alle beteuerten vor der Polizei, nie auf die eigene Mannschaft gesetzt zu haben, obwohl die Ermittlungsbeamten den Verdacht hatten, Resultate seien abgesprochen worden.

Eilig versicherte ein Sprecher des DFB im *Spiegel*, es gebe »keine Anzeichen dafür, daß Spiele manipuliert wurden«.

Gezittert hat in diesem Zusammenhang auch ein Redakteur des Westdeutschen Rundfunks, der eine Anlaufstelle für viele war, die unter dem Tisch wetten wollten. Obwohl der Redakteur sich seines illegalen Verhaltens bewußt war, hat er Woche für Woche Wetten entgegengenommen.

Seit Jahren ist dem DFB die Entwicklung bei Fußballwetten bekannt. Bereits seit geraumer Zeit versucht man jegliche Werbung dafür zu unterbinden. So auch, als die Sportwetten GmbH Salzburg 1988 im Begleitheft zur Europameisterschaft, EURO 88, eine Anzeige schalten wollte. Wolfgang

Niersbach, heute Pressesprecher des DFB, seinerzeit noch Angestellter des Sportinformationsdienstes (SID), war als Pressechef für das Heft verantwortlich. 40 000 Mark sollte die Anzeige kosten. Aus unerklärlichen Gründen kam die Anzeige nicht zustande, an die gleiche Stelle plazierte man ein Inserat der Toto-Lotto-Gesellschaft, das nun zweimal in dem Heft vertreten war.

Die Sportwetten GmbH hat gegenüber EURO 88 auf Erstattung der schon geleisteten Repro- und Vorschaltkosten in Höhe von etwa 8000 Mark zugunsten des DFB verzichtet und den Verband durch Direktor Bernd Pfaff, heute zuständig für Team-Management, Ausbildung, Jugend und Schule, wissen lassen, er möge das Geld, auf das man einen Erstattungsanspruch habe, für die Jugendarbeit verwenden. »Der DFB wird das Geld schon verabredungsgemäß eingesetzt haben«, hofft der Promoter, der mit Pfaff gesprochen hat. Wo es aber tatsächlich hingeflossen sei, wisse er nicht. Der Verband lasse sich nicht in seine Bücher gucken.

Der DFB hätte die Möglichkeit, auch im Ausland gegen das Wetten auf Begegnungen der Bundesligen einzuschreiten. Illegale Wetten ließen sich juristisch mit der Begründung unterbinden, daß die Büros auf DFB-Veranstaltungen zurückgreifen. Der Verband könnte den Betreibern eine saftige Rechnung für die Inanspruchnahme der Spielpaarung präsentieren. Aber Liga-Direktor Straub zeigt dazu nach Aussagen des Mitarbeiters eines Wettbüros wenig Neigung. Noch läuft eben alles im benachbarten Ausland ab.

Möglicherweise, so meint der ehemalige Promoter, der demnächst ein Wettbüro in Deutschland aufmachen will, ist auch der DFB bezüglich der Rechtslage überfordert, genauso wie der Eishockey-Verband und der Handballverband, deren Vereine gleichfalls mehr und mehr zum Objekt des Wettspiels werden.

Man darf beim Verband nicht so tun, als ginge das alles den Fußball überhaupt nichts an. Im Gegenteil. So hat ein Frankfurter Profi gegen sich gewettet, und zwar nach einem ganz einfachen, aber wirkungsvollen System. Spielte seine

Mannschaft auswärts unentschieden, dann kassierte er für den einen Punkt eine Prämie des Vereins, und die setzte er auf eine Niederlage. Spielte nun Frankfurt tatsächlich unentschieden, ging nur die Punktprämie als Einsatz verloren. Unterlag Frankfurt auswärts, kassierte er das Vier- oder Fünffache, je nach Quote. Gewann Frankfurt, dann fiel die Siegprämie so hoch aus, daß der Wettverlust leicht verschmerzt werden konnte.

Viele andere Frankfurter Spieler – teilweise auch ihre Freundinnen oder Lebensgefährtinnen – sollen gemeinsam bei einer Quote von 40:1 einen hohen Geldbetrag auf Andreas Möller als Torschützenkönig der Saison 1990/91 in der Bundesliga gesetzt haben.[320]

Auch in Dortmund und Duisburg wettet man wie wild.

Etliche Profifußballer aus dem Kohlenpott, wo Wetten Tradition hat, schicken immer noch Woche für Woche ihre Einsätze nach Österreich. Und den Umsatz eines Nationalspielers bei Pferdewetten schätzen Branchenkenner »auf eine halbe Million Mark im Jahr«.[321]

Als im Mai 1991 Wettfans in der Begegnung des späteren Deutschen Meisters Kaiserslautern in Wattenscheid auf ein 0:0 setzten, folgten sie nur einem ganz heißen Insidertip.[322] Leicht zu erraten, wie die Partie endete.

Fast eine gesamte Bundesligamannschaft hat bei den Wetten mitgemacht. Waren die Profis von ihrer Leistungsfähigkeit überzeugt, was zum Schluß nur sehr selten vorkam, dann setzten sie auf sich. Meist jedoch lief das Ganze in die andere Richtung. Aber zumindest der Wettgewinn versüßte in einem solchen Fall etwas die Niederlage. Inwieweit sind Fußballer wohl noch bereit, sich für die Mannschaft einzusetzen, wenn sie doch bei einer Niederlage einen ordentlichen Schnitt machen können?

Für den DFB wird vielleicht schon in naher Zukunft die Schreckensvision wahr, daß nicht mehr die beste Mannschaft Deutscher Meister wird – bei der wäre nämlich am meisten durch eine Niederlage zu verdienen –, sondern diejenige mit der günstigsten Siegquote.

16. Der K(r)ampf um die Lizenzen

Lizenz für Vereine

Das Lizenzierungsverfahren ist für die Vereine wie ein Lot-
teriespiel, weil sie nicht darauf bauen können, daß bei
gleichen Voraussetzungen auch die Entscheidung gleich
ausfällt. Zwischen einer Lotterie und dem DFB gibt es sogar
einen großen Unterschied: Im Gegensatz zum Fußballverband weiß man im Glücksspiel sofort, ob man gewonnen hat
oder nicht.
Dabei könnte alles so einfach sein. Die Beantragung der
Lizenzen regelt § 4 des Lizenzspielerstatuts.

»1. Die Vereine der Lizenzligen erhalten die Lizenzen
   durch einen Vertrag mit dem DFB.
 2. Der Vertrag regelt die Zulassung des Vereins, die verbindliche Unterwerfung unter die Satzung, das Lizenzspielerstatut, die Ordnungen des DFB und die Entscheidungen der DFB-Organe.
 3. Die Lizenz wird für die Dauer eines Jahres erteilt. Die
   Lizenzgebühr beträgt DM 100.–.«

Hundert Mark Lizenzgebühr ist ein bescheidener Betrag. Das
kann sich der DFB leisten, nachdem durch § 3 des Lizenzspielerstatuts geregelt wird, daß er allein für die Fernseheinn-
nahmen der Bundesspiele zuständig ist.
Allein die Wortwahl in Absatz 2 fällt auf: »Verbindliche
Unterwerfung unter die Satzung ...« Die gleiche Formulierung kehrt wieder, wenn es um die Lizenzvergabe der Spieler – der Verein muß sie beim Liga-Ausschuß schriftlich
beantragen – geht.
Die Lizenzerteilung durch den DFB ist für die Vereine an
bestimmte Bedingungen geknüpft, die in § 5 des Lizenzspielerstatuts aufgeführt sind. Voraussetzungen für die Lizenzerteilung sind:

»a) die schriftliche Bewerbung des Vereins;
 b) der Nachweis der sportlichen Qualifikation der Mannschaft;
 c) der Nachweis der sicherheitstechnischen Einrichtungen nach den vom DFB erlassenen Richtlinien sowie der erforderlichen technischen und verwaltungsmäßigen Einrichtungen. Hat ein Verein einen dieser Nachweise nicht erbracht, so kann ihm die Lizenz mit Bedingungen und/oder Auflagen mit Fristsetzung gewährt werden.
 d) der Nachweis der wirtschaftlichen Leistungsfähigkeit nach den vom DFB erlassenen Richtlinien.«

Unklar bleibt, auf welchem Weg der DFB einem Verein nach Buchstabe c), zweiter Absatz, die Lizenz mit »Bedingungen und/oder Auflagen« zugestehen kann, wenn er den Nachweis der sportlichen Qualifikation nicht erbracht hat. Die Wirklichkeit sieht, zeitlich gesehen, ganz anders aus. Zuerst kommt die sportliche Qualifikation, dann erst der Nachweis der wirtschaftlichen Leistungsfähigkeit. Deshalb bangen auch Vereine, die dem sportlichen Abstieg entgangen sind, um den endgültigen Klassenerhalt.
Beim Kampf um den Aufstieg führt diese Regelung dazu, daß ein Verein wie Union Berlin sich zwar 1993 sportlich qualifizieren konnte, wegen mangelnder Wirtschaftskraft aber schließlich doch keine Lizenz vom Verband erhielt.
Was die sportliche Qualifikation betrifft, macht es sich der DFB mit § 6 des Lizenzspielerstatuts sehr einfach.

»Sportliche Qualifikation
Der Verein ist sportlich qualifiziert, wenn er die für die Bewerber festgesetzten sportlichen Leistungen nachweist.«

Bisher mußten viele Vereine absteigen, weil ihre Bilanz nicht den Vorstellungen des DFB entsprach. So der Bonner SC 1976/77, FC St. Pauli 1978/79, 1860 München 1981/82,

Rot-Weiß Oberhausen 1987/88, Kickers Offenbach 1988/89, Rot-Weiß Essen 1991/92.

Besonders hart ist der Abstieg von Blau-Weiß 90 Berlin, dem der DFB-Liga-Ausschuß am 15. Mai 1992 trotz Einspruchs die Lizenz verweigerte. Der Herbstmeister, damals noch in der zweigeteilten Liga Gruppe Nord, mußte zwangsweise zurück in das Amateurlager und spielt nun wieder ganz unten. Allen anderen Clubs der Ersten und Zweiten Bundesliga erteilte man 1992 die Lizenz, inklusive des 1. FC Nürnberg und Dynamo Dresden.

Den Zwangsabstieg der Berliner begründete der DFB mit »fehlender wirtschaftlicher Leistungsfähigkeit im Hinblick auf die Saison 1992/93«.[323] Wenn man an den 1. FC Nürnberg denkt, kann man Vizepräsident Maringer von Blau-Weiß verstehen. »Ich muß annehmen, daß der DFB da mit zweierlei Maß mißt.«[324]

In der Tat war die Entscheidung des DFB sehr verwunderlich, denn die Nürnberger wiesen einen zehnmal höheren Schuldenberg auf als die Berliner. Und Maringer, der die finanziellen Verpflichtungen seines Vereins mit zwei Millionen Mark bezifferte, sagte: »Wir waren bereit, die Unterdeckung durch Bürgschaften abzusichern, und jetzt das. Das kann wirklich keiner bei uns verstehen.«[325]

Die Nürnberger genießen beim DFB scheinbar eine Sonderstellung. Im Mai 1992 erhielt der Traditionsverein trotz geschätzter Schulden in Höhe von 22 oder 23 Millionen – die Angaben in den Medien widersprachen sich – die Lizenz, obwohl Ende April, also kurz zuvor, auf der Tagung des DFB-Beirats in Frankfurt beschlossen worden war, der bezahlte Fußball solle sich gesundschrumpfen.

Unter Gesundschrumpfen verstand man die stufenweise Reduzierung der Zweiten Liga von 24 auf 18 Clubs und die Einführung von Regionalligen, deren Erstplazierte automatisch in die Zweite Liga aufsteigen sollen.

Die Rechnung von Liga-Sekretär Holzhäuser sieht für einen solchen Fall – 1993/94 gibt es in der Zweiten Liga zwanzig Vereine – wie folgt aus: »Bei zwanzig Clubs erhält jeder

Zweitligist neben den 300 000 Mark aus dem Übergangsfonds noch 400 000 Mark aus dem Fernsehtopf. Eine Summe, die einem Zuschauerschnitt von 4000 entspricht.«

Abgesehen vom Nürnberger Schuldenberg mit mehr als zwanzig Millionen gab es an dem Tagungswochenende noch andere schwarze Punkte des Traditionsvereins zu klären, so auch den Verdacht, Nürnberg habe Spiele verschoben. Der Kontrollausschuß unter dem damaligen Vorsitzenden Kindermann leitete aus diesem Grund ein Ermittlungsverfahren ein, das alle »im Zusammenhang mit der Schiedsrichterbetreuung des 1. FC Nürnberg in den Spieljahren 1988/89, 1989/90, 1990/91 und 1991/92 aufgetauchten Tatbestände ...« überprüfen sollte.[326]

Nun muß man wissen, daß Kindermann zufolge der Kontrollausschuß nur dann ein Verfahren in Gang setzt, »wenn der Vorgang seiner Auffassung nach so geklärt ist, daß er eine Verurteilung des Betroffenen rechtfertigt«.[327] Im Fall Nürnberg hatten Kindermann und Kameraden viel Arbeit. »Die Akten bestanden bei Abschluß der mehrmonatigen Ermittlungen immerhin aus zwölf vollen Leitz-Ordnern.«[328]

Zwar wurde der Manipulationsverdacht durch den DFB-Vorstand entkräftet, und das genügt beim DFB allemal, die Dinge auf sich beruhen zu lassen und auf die Zeit und die Vergeßlichkeit zu setzen. Aber der Vorwurf, Zahlungen in Höhe von 170 000 Mark[329] veranlaßt zu haben, blieb. Der DFB-Vorstand, durch interne Selbstkritik wachgerüttelt, verhängte sogar Sanktionen gegen die Männer in Schwarz.

»Die Betreffenden werden für gewisse Zeit aus dem Verkehr gezogen«,[330] so der inzwischen verstorbene Präsident Neuberger, ohne allerdings Namen zu nennen.

Schiedsrichter, die sich bestechen lassen, haben also nur zu befürchten, »für gewisse Zeit aus dem Verkehr gezogen« zu werden. Nach einigen Wochen Urlaub dürfen sie wieder auf den Platz. Oder sie informieren vorab den DFB, wie es Manfred Neuner, Leimen, getan haben will[331] – also »versuchte Bestechung«[332] mit Voranmeldung beim Verband –, dann geschieht ihnen womöglich überhaupt nichts.

Günter Eichberg, Ex-Präsident der Schalker, ist unter anderem auch durch den Vorwurf der Schiedsrichterbestechung – der Verein schenkte dem Referee Manfred Neuner im März 1992 nach der Schicksalsbegegnung mit Duisburg ein Gewehr, die er mit 3:0 gewonnen hatte – ins Gerede gekommen.

Eichberg: »Wir haben Schiedsrichter Manfred Neuner ... ein Präsent in Form eines Jagdgewehres gemacht, das den normalen Umfang überschreitet. Herr Neuner hat sich vorher beim DFB vergewissert, daß darin nichts Unrechtes liegt.«[333]

Moderator Günter Jauch befragte im *Aktuellen Sportstudio* zu diesem Thema Volker Stuckmann, Mitglied des Schalker Verwaltungsrates: »Herr Stuckmann, ein Jagdgewehr für Herrn Neuner zum 150. Spiel [*Anmerkung*: Jauch irrt sich, es war das hundertste]. Haben Sie das auch gewußt?«

Stuckmann: »Davon haben wir nicht nur nichts gewußt. Ich halte diese Geschichte für eine ganz, ganz böse Geschichte von dieser Zeitschrift, wie die anderen Behauptungen auch. So'n Sportsmann wie der Herr Neuner, der wird sich selbst nicht so ins Fettnäpfchen setzen. Und die Geschichte – wir haben jetzt gehört, wie die Dinge gelaufen sind, laß den Wert irgendwo zwischen zwei- und dreitausend liegen –, der DFB hat ganz klar und deutlich dazu gesagt: gehört in einen normalen Rahmen.

Das hat Herr Neuner mit Herrn Schmidt [Generalsekretär] vom DFB seinerzeit abgestimmt. Die hatten Kenntnis von vornherein, daß es ein persönliches Geschenk von Herrn Eichberg an den Herrn Neuner war.«[334]

Horst Schmidt, im Verband unter anderem zuständig für Organisation und Spielbetrieb – und damit auch für die Schiedsrichter –, bestreitet in *Sport-Bild*, vorab etwas gewußt zu haben. »Neuner hat den DFB über das Geschenk nicht informiert. Es hat von ihm keine spezielle Mitteilung über die Annahme eines Gewehrs gegeben.«[335]

Eichberg wiederum behauptet aus dem fernen Florida am 6. November 1993 im Fernsehen, Neuner habe sich beim DFB wegen des Geschenks nun doch rückversichert. Außerdem habe der Wert des Gewehres 2600 Mark betragen. Wichtig scheint folgende Anmerkung des Ex-Präsidenten zu sein: Er will Neuner das Gewehr erst sechs Wochen nach der Begegnung gegen Duisburg ausgehändigt haben – zu dem Zeitpunkt soll der Betroffene überhaupt kein DFB-Schiedsrichter mehr gewesen sein – , wodurch der Vorwurf der Bestechung gar nicht zutreffen könne.[336]

Zumindest einer der Herren sagt nicht die Wahrheit. Oder liegt die Wahrheit irgendwo in der Mitte?

Zurück zu den Nürnbergern. Die 14 Mitglieder des Liga-Ausschusses beschäftigten sich in der Zeit vom 17. bis 22. April 1993 sehr intensiv mit ihren Unterlagen und stellten *Sport-Bild* zufolge fest: »… der Club hat 1991/92 betrogen«,[337] und kurz vor der Abstimmung droht Nürnberg das Aus. Laut DFB-Plan sollen die Franken in der laufenden Saison sechs Punkte abgezogen bekommen, dazu noch eine Geldstrafe von 1,2 Millionen Mark. Die Stuttgarter Kickers fänden es gerecht, denn sie mußten 1992 absteigen, weil Nürnberg die DFB-Auflagen umgangen und sich unerlaubt verstärkt, also trotz Auflagen Spieler gekauft hatte.[338]

Die Abstimmung am 23. April geht, so ist in *Sport-Bild* zu lesen, mit 5:3 für die Nürnberger – sie haben ihre Schulden innerhalb eines Jahres von 22 Millionen auf 16,7 Millionen gedrückt – aus, weil Dünnwald-Metzler, Ausschußmitglied und Präsident der Stuttgarter Kickers, nicht anwesend ist, Hans Ehrt, einst Präsident von Nürnberg, sich der Stimme enthält und Siegfried Kirchen, Frankfurt/Oder, und Werner Tomsen, Chemnitz, nicht stimmberechtigt sind.[339] Nürnberg bekommt keine Punkte abgezogen, muß aber immerhin noch 480 000 Mark Strafe zahlen.[340] Die Franken können also aufatmen, in der Saison 1993/94 bleibt ihnen die Lizenz erhalten. Schon im ersten Anlauf hat man sie ihnen zugestanden, allerdings mit der Einschränkung, daß bei einem Schuldenberg von immer noch 16 Millionen die Erlöse des

Vereins aus Spielerverkäufen die Investitionen um mindestens 500 000 Mark übersteigen müssen.[341] Damit kann Nürnberg dann für drei Monate die Zinsen seiner Bankverpflichtungen bezahlen.

Warum kommen die Nürnberger zweimal in den Vorzug einer Ausnahmeregelung, während Blau-Weiß 90 die Lizenz zurückgeben mußte, obwohl man Bürgschaften in Höhe der Schulden angeboten hatte?

Liegt der Grund vielleicht darin, daß der DFB bei den Nürnbergern größere Geldstrafen aussprechen kann als bei kleineren Clubs? Daß er sich so eine zusätzliche Einnahmequelle erschließt? Dann fragt sich: Wie werden die kräftig sprudelnden Strafgelder beim DFB eigentlich verbucht? Was da jährlich zusammenkommt, geht in den siebenstelligen Bereich – allein Nürnberg, Dresden und Schalke mußten 770 000 Mark zahlen –, aber in den Jahresberichten ist nichts darüber zu finden.

Der DFB hat also Nürnberg zu einer beachtlichen Strafe in Höhe von 480 000 Mark verurteilt, die Blau-Weiß 90 Berlin niemals hätte aufbringen können. Mußten die Berliner deshalb ins Amateurlager absteigen, um einem finanzkräftigeren Verein Platz zu machen?

»Der Deutsche Fußball-Bund (DFB), der im Rahmen des alljährlichen Lizenzierungsverfahrens die Vereinsbilanzen scheinbar penibel prüft, ist als Kontrollorgan in Wirklichkeit überfordert. Obwohl konkursreife Klubs, etwa der 1. FC Nürnberg, die vom DFB angeordneten Sparmaßnahmen nicht einhielten, wurde bislang noch keinem Erstligisten die Lizenz entzogen.«[342]

Schalke gesteht man ebenfalls unter Auflagen und garniert mit einer Strafe von 190 000 Mark[343] die Lizenz für die Saison 1993/94 zu. Positiv hat sich ausgewirkt, daß der Verein den Schuldenstand von 18 auf 9 Millionen reduziert haben soll. Außerdem wird die Marketing-Gesellschaft aufgelöst, die die Transferrechte vom Verein erstanden hatte. Genau das wäre eine Erklärung für die ungemein schnelle Schuldentilgung, denn möglicherweise sind die Spieler mit ihrem Marktwert in die Vereinsbilanz eingeflossen, die Verluste jedoch bei der GmbH verblieben. So ganz koscher scheint der Schachzug aber nicht gewesen zu sein, denn selbst auf der Hauptversammlung des Vereins am 4. Oktober 1993 konnte der mit großer Mehrheit wiedergewählte Präsident Günter Eichberg – knapp zwei Wochen später schickte er ein Fax aus seinem Wochenendhaus an der Mosel und trat, nachdem er kurz zuvor noch Trainer Schulte gegen den Widerstand des Verwaltungsrates entlassen hatte, überraschend zurück – diesen Punkt nicht genau darlegen.[344]

Daß auf diesem Mitgliedertreffen auch massiv Stimmen gegen Eichberg laut wurden – man unterstellt ihm, er habe Gelder zwischen Verein, der Marketing-Gesellschaft und seinen Kliniken hin und her geschoben[345] –, schien keinen Einfluß auf dessen Wahl gehabt zu haben.

»Wir sind doch total verschuldet. Wir haben doch keine müde Mark mehr, um existent zu sein.«[346] So deutlich ließ sich einer der Mahner vernehmen. Etliche Zuhörer quittierten es mit Pfiffen.

All die Jahre hat der Verband unliebsame Clubs mit Hilfe von bilanztechnischen Revanchefouls in einer tieferen Spielklasse verschwinden lassen, so auch Blau-Weiß 90[347]. Bochum dagegen läßt sich anfangs die DFB-Entscheidung nicht gefallen, will die ordentlichen Gerichte bemühen und hätte vielleicht Vorreiter für eine Kette von Verfahren sein können, bei denen es nicht um unsportliches Verhalten gegangen wäre, sondern um Lizenzerschleichung, Falschaussage, gefälschte Bürgschaften und gefälschte Bilanzen.[348] Inzwischen jedoch ist Bochum Spitzenreiter der Zweiten Liga und macht sich berechtigte Hoffnungen auf den direkten Wiederaufstieg. Da würden Prozesse nur den Fußballfrieden stören.

Dresden: Rein oder raus?

Im Lizenzierungsverfahren gibt es folgenden Verfahrensweg:

1. Alle Vereine im bezahlten Fußball haben entsprechend § 8 des Lizenzspielerstatuts bis zum 15. März die Unterlagen beim DFB einzureichen, Bewerber aus dem Amateurfußball bis zum 1. März. Diese Unterlagen werden vom DFB-Gutachterausschuß – Edgar Roth, Wolfgang Holzhäuser und Dr. Karl-Heinz Decker – geprüft, der daraufhin eine Empfehlung an den Liga-Ausschuß ausspricht, der entscheidet, welche Bedingungen die Vereine zu erfüllen haben oder ob die Lizenz aberkannt wird. Normalerweise führt Mayer-Vorfelder den Vorsitz, im Falle Dresdens war es Dr. Franz Böhmert.
   Im Jahre 1993 fiel die Entscheidung am 23. Mai, den Vereinen räumte man eine Nachfrist bis zum 15. Juni ein, den Auflagen nachzukommen, Wolfsburg hatte Zeit bis 22. Juni. Anwalt Christoph Schickhardt, der sehr oft in Diensten von Bundesligavereinen steht, überarbeitete die Wolfsburger Unterlagen. Schickhardt vertrat auch die Saarbrücker und Union Berlin.

2. Falls ein Verein mit der Entscheidung des Liga-Ausschusses nicht einverstanden ist, besteht für ihn die Möglichkeit, innerhalb von acht Tagen nach Zustellung beim DFB-Vorstand zu protestieren. Daraufhin prüfen fünf Vorstandsmitglieder die Beschwerde und fällen anschließend ihre Entscheidung. Der VfL Wolfsburg erhielt auf diesem Weg – quasi durch Gnadenakt – dann doch noch am 3. Juli die Lizenz für die Saison 1993/94.

3. Sind die Vereine auch mit der Entscheidung des Vorstandes nicht einverstanden, können sie sich als letzte Instanz an das ständige Schiedsgericht wenden, welches laut DFB den Status eines unabhängigen Gerichts haben soll und von verbandsunabhängigen Leuten geführt wird, so dem Hamburger Juristen Günter Baarz als Vor-

sitzendem. Beisitzer wechseln häufig, 1993 waren es unter anderem Sportrichter Georg-Adolf Schnarr und der Ex-Präsident des 1. FC Köln, Dietmar Artzinger-Bolten.

Dynamo Dresden hatte sich unter Ex-Präsident Rüdiger Ziegenbalg die Lizenz erschlichen durch »Scheinfirmen, falsche Bürgschaften und falsche Bilanzen«.[349]
Im November 1991 war die finanzielle Situation des Clubs katastrophal. Der damalige Präsident Ziegenbalg geriet in Zeitdruck, der Gerichtsvollzieher hatte bereits die Vereinskasse gepfändet, schnell mußte ein Darlehen über 2,5 Millionen her. »In seiner Not wandte sich Ziegenbalg an Georg Rebmann, den Geschäftsführer der Saarbrücker Marketingfirma SORAD. Der sicherte ihm das Geld zu. Doch gleichzeitig verlangte er, daß der Ost-Club acht Verträge mit seiner Firma abschließen muß. Der blauäugige Ziegenbalg unterschrieb an jenem 21. November im Büro des Saarbrücker Notars Dr. Günter Delwing alles.« So wird der Vorfall in *Sport-Bild*[350] beschrieben, und SORAD stellte im Rahmen eines »gemeinsamen Sanierungskonzepts« dem FC Dresden »Kapitalmittel in Höhe von 2 500 000 Mark zur Verfügung«. Was so gut klingt, ist im Grunde genommen ein Knebelvertrag, denn Dresden soll SORAD bei allen Geschäftätigkeiten eine Provision in Höhe von 30 Prozent plus Mehrwertsteuer garantiert haben.[351] Das bedeutete die endgültige finanzielle Entmündigung für den Club.
Seltsamerweise wollte die SORAD – im Dezember 1993 ist der SORAD-Chef Georg Rebmann wegen Betrugs und Untreue verhaftet und zwei Wochen später gegen Kaution wieder auf freien Fuß gesetzt worden – nicht nur bei Spielerverkäufen mitverdienen, sondern auch bei Einkäufen. Die Firma schreibt am 6. Juni 1992 Dresden eine Rechnung über 1 624 500 Mark, weil der Verein 4 750 000 Mark für den Kauf von Profis aufgewendet hat. SORAD bezieht sich dabei auf Vertrag Nr. 2431, der der Sportler- und Sportmanagement GmbH 30 Prozent aus *allen* Transferrechten garantierte. Demnach hat Dresden nicht 4,750 Millionen für den Spie-

lertransfer zu zahlen, sondern annähernd 6,4 Millionen, darin eingeschlossen die Neuerwerbungen Rath und Schmäler für 650 000 und 600 000 Mark.

Soweit die Vorgeschichte, die ein Jahr zuvor angeblich keinem im DFB aufgefallen ist, weil laut Präsident Otto damals noch nicht einmal eine Buchführung in Dresden existierte.[352] Nach welchen Kriterien hat man dann im DFB die wirtschaftliche Leistungsfähigkeit des Vereins beurteilt?

Aber mit Bilanzen hat der Verband so seine Schwierigkeiten, wie sich noch zeigen wird. Dabei sollen in dem Gutachterausschuß, der die Vereine im Auftrag des Liga-Ausschusses überprüft, fähige Leute sitzen. Edgar Roth ist der Leiter, Dr. Karl-Heinz Decker, von Beruf Wirtschaftsprüfer, der Experte, genau wie das Lizenzspielerstatut es vorschreibt. Als dritter gehört Liga-Sekretär Wolfgang Holzhäuser – manche meinen, er sei der fähigste Kopf im DFB, andere lauern nur darauf, daß er endlich seinen Vorgesetzten Straub beerbt – zu dem Triumvirat. Diesen drei Herren scheint also entgangen zu sein, daß Dresden massiv die Zahlen verfälscht und Millionenschulden verschwiegen hat.

Der gleiche Wirtschaftsprüfer Dr. Decker hat, wie im Bericht der Kassenprüfer des Verbandes vom 12. Juni 1992 zu lesen ist, der Buchführung des DFB den Bestätigungsvermerk erteilt und dem Verband ordnungsgemäßes Rechnungswesen bescheinigt.

Laufen im DFB wirklich nur »Schlafmützen« herum, wie Homburgs Präsident Ommer meint? Er könnte richtig liegen, denn erstaunlicherweise sieht der DFB keinen Handlungsbedarf, wenn sich jemand selbst des Betrugs bezichtigt, wie Präsident Ziegenbalg von Dynamo Dresden am 31. Oktober 1992, als man ihn vom Verband aus aufforderte, die Finanzlage des Vereins darzulegen. Vom DFB kam sogar dann noch keine Reaktion, als eine anonyme Strafanzeige bei der Staatsanwaltschaft in Dresden einging, die nicht nur Wolf Rüdiger Ziegenbalg, sondern auch Ex-Geschäftsführer Manfred Kluge betraf. In der

Anzeige ist von Steuerhinterziehung, Betrug, Untreue und Unterschlagung die Rede.[353]

Der *Spiegel* informierte seine Leser im Oktober 1992: »Die Buchhaltung des mit angeblich zehn Millionen Mark verschuldeten Bundesligaklubs Dynamo ist derart verschlungen, daß der Fall an die sächsische Schwerpunktstaatsanwaltschaft für Wirtschaftskriminalität in Chemnitz abgegeben werden soll.«[354]

Dazu Anwalt Kletke: »Es ist schon seltsam, daß sich der DFB eine eigene Rechtswelt ohne Kontrolle schaffen kann. Und nur aus dieser Rechtswelt heraus ist zu verstehen, warum der Verband nichts unternommen hat, als Ziegenbalg sich anzeigte.«

Dresden raus, Bochum rein

Kenner der Szene behaupten, der Verband vermeide alles, um die Fans der Traditionsvereine, so die von Nürnberg und Schalke, zu reizen. Denen wäre zuzutrauen, daß sie sich zu einem Sternmarsch in Richtung DFB-Zentrale nach Frankfurt aufmachen und alles kurz und klein schlagen würden. Möglicherweise deshalb bekommen die einen ihre Lizenz und andere nicht. Außerdem interessiere sich der DFB seit Jahren nur noch dafür, ob die Vereine für die Dauer einer Spielzeit den Spielbetrieb finanziell aufrechterhalten können, also die Gehälter pünktlich an die Spieler gezahlt werden.

Belegt wird der letzte Aspekt durch Auflagen des Verbandes bei der Lizenzvergabe des Jahres 1993, die zufällig genau für eine Spielzeit gelten. Bochum muß den Nachweis erbringen, daß der Verein bis zum Ende der Spielzeit 1993/94 einen Überschuß von 1,2 Millionen Mark aus Spielerverkäufen erzielt. Dresden traf es ganz dick und hatte zu garantieren, daß bis zum 30. Juni 1994 ein Kontokorrent-Kredit von 200 000 Mark und ein Darlehen von drei Millionen Mark bei der Dresdner Bank nicht zurückgezahlt werden müssen.[355] Weiterhin bestand der DFB auf dem notariellen Nachweis, daß das von der Trend-Bau GmbH – Gesellschafter ist der Dynamo-Präsident Otto – »zur Verfügung gestellte Darlehen von 3,2 Millionen Mark während der Saison 1993/94 nicht fällig wird. Die gleiche notarielle Beurkundung wurde auch für ein 5,4-Millionen-Mark-Darlehen von Vizepräsident Burmester verlangt.«[356] Mönchengladbach und St. Pauli haben ähnliche Auflagen zu erfüllen: Kredite dürfen nicht gekündigt werden, und Überschüsse aus dem Transfer sind zu erwirtschaften – für Mönchengladbach in Höhe von einer Million, bei St. Pauli sind es 900 000 Mark.[357] Sämtliche DFB-Bedingungen gelten nur für die jeweils bevorstehende Spielzeit. Was danach geschieht, scheint in der Tat niemand zu interessieren.

Im Fall Dresden weiß der DFB von den Schulden, unter anderem durch Ex-Präsident Ziegenbalg:

- am 31. 10. 1992 erstattet dieser in der Frankfurter Zentrale eine Selbstanzeige, legt die finanzielle Situation des Vereins dar und spricht bei dieser Gelegenheit auch von Dynamos Mauscheleien bei der Lizenzvergabe 1991/92,[358]
- im Dezember 1992 gibt Ziegenbalg die Schulden mit zehn Millionen an, später sogar mit elf.[359]

Als der Verband im Januar 1993 von Dresden einen Liquiditätsnachweis über zwei Millionen Mark verlangt und mit Lizenzentzug droht, rückt das Übergangspräsidium Hoff/Burmester – Ziegenbalg hatte inzwischen abgedankt – mit einer neuen Schuldenzahl heraus: fünfzehn Millionen Mark, davon neun Millionen langfristige Verpflichtungen.[360] Wenige Tage später stellt Rolf-Jürgen Otto, der spätere Präsident von Dynamo, dem DFB ein Sanierungskonzept vor. Am 21. Januar 1993 wird Otto zum Präsidenten gewählt, der Schuldenstand soll mittlerweile 16,5 Millionen betragen.[361]
Einen Monat darauf unterrichtet man Otto im DFB darüber, daß schon 1992/93 die Lizenz mit unlauteren Mitteln erworben worden sei. Wenige Tage danach versichert Otto, die

Schulden seien um mehrere Millionen abgebaut worden. »Wie, verrät er nicht«, kommentierte *Sport-Bild.*[362] Am 15. März 1993 reicht Dresden die Unterlagen für die Lizenzierung ein. Der Liga-Ausschuß prüft die Unterlagen Ende April und bestellt den Schatzmeister von Dynamo Dresden nach Frankfurt, um Unklarheiten zu bereinigen.

»Der Ligaausschuß, das Kontrollorgan des Profifußballs, war fest entschlossen, Dynamo Dresden wegen Lügen und Betrügereien bei der letztjährigen Lizenzvergabe mit einem Abzug von vier Punkten zu bestrafen, was den Abstieg bedeutet hätte.«[363]

Es ist für den Außenstehenden unverständlich, daß der Verband im Fall Dresden so lange untätig war und abwartete. Zuerst hat also der Liga-Ausschuß auf seiner Sitzung im April 1993 die Empfehlung ausgesprochen, die Vertragsstrafe – Zielvorgabe waren 100 000 Mark und vier Punkte Abzug in der laufenden Saison[364] – mit Dresden zu vereinbaren. Dazu beauftragte der Ausschuß die Herren Ehrt und Gramlich,[365] um gemeinsam mit dem Kontrollausschuß, der in einem solchen Fall zustimmen muß, mit Dresden zu einer Einigung zu gelangen. Das geschah dann am 12. Mai 1993.[366]

Es ist schon sehr skurril, daß man mit dem betroffenen Verein über die Höhe der Strafe verhandelt. Aber noch skurriler ist es, daß ein Paragraph im Lizenzspielerstatut, und zwar § 19, Absatz 3, genau dies vorsieht. Darin heißt es: »Zur Ahndung von Verstößen wirtschaftlicher Art kann der Kontrollausschuß im Einvernehmen mit dem Liga-Ausschuß mit den betroffenen Vereinen eine Vertragsstrafe vereinbaren.«

Was also muß ein Verein tun, um den DFB gnädig zu stimmen?

Hätte man Dresden die Punkte sofort aberkannt, wäre Bochum in der Bundesliga verblieben.

Der vom Liga-Ausschuß eingesetzte Gutachterausschuß des DFB – Edgar Roth, Wolfgang Holzhäuser und Dr. Karl-Heinz Decker – kommt zu dem Ergebnis, die wirtschaftliche Leistungsfähigkeit Dresdens in der Saison 1993/94 sei nicht gegeben.[367]

In dem für Dresden ablehnenden Bescheid heißt es:

»Bereits zum Lizenzierungsverfahren 1992/93 konnten keine prüffähigen Unterlagen vorgelegt werden. Dieses veranlaßte den DFB-Gutachterausschuß bereits damals darauf hinzuweisen, daß wegen der fehlenden Bilanzen er sich nicht in der Lage sehe, eine objektive externe Beurteilung der wirtschaftlichen Leistungsfähigkeit vor dem Hintergrund der Erteilung einer Lizenz für die laufende Spielzeit 92/93 abzugeben.«[368]

Dies klingt im nachhinein wie eine Rechtfertigung, ein Jahr zuvor Dresdens Millionenschulden nicht aufgespürt zu haben. Weiter ist zu lesen:

»Auch die damals vorgelegten Unterlagen ließen bereits erkennen, daß der Verein buchmäßig überschuldet und nur durch Aktivierung nicht belegter, aber vermuteter verdeckter Reserven in der Lage gewesen war, seine Vermögensverhältnisse ausgeglichen darzustellen.«[369]

Der Gutachterausschuß hat also bereits im April/Mai 1992 erkannt, daß Dresden buchmäßig überschuldet war und dem Verein trotzdem die Lizenz erteilt. Die seinerzeitige Begründung:

»… Berücksichtigung der besonderen Situation, in der sich die Vereine der neuen Bundesländer im April/Mai 1992 befanden.«[370]

Nun argumentiert der DFB andersherum:

»Der sich so darstellende ›Ost-Bonus‹ kann aber nicht noch einmal in Anspruch genommen werden …«[371]

Plötzlich ist dann am 12. Mai 1993 alles ganz anders gekommen, da man Dresden jetzt die vier Punkte erst in der kommenden Saison aberkennen will.[372]

In jedem Rechtssystem wird jemand sofort bestraft, und nicht später. Würde die Gerichtsbarkeit in Deutschland so verfahren, unsere Gefängnisse wären leer, weil die Diebe, Bankräuber und Dealer sich bei Beginn des Strafantritts alle im Ausland aufhalten würden.

Dresden rein, Bochum raus

Am 11. Mai übernimmt der aus den Medien und dem Krabbe-Fall bekanntgewordene Anwalt Rauball die Verteidigung von Dresden, und Präsident Otto muß einen Tag später vor dem Kontrollausschuß des DFB erscheinen. Das Ergebnis: Die Herren Ehrt und Gramlich können sich mit der Empfehlung des Liga-Ausschusses nicht durchsetzen. Zwar bleibt es bei 100 000 Mark Geldstrafe und vier Punkten Abzug, die jetzt allerdings erst am Ende der kommenden Saison abgezogen werden sollen.

Chefjustitiar Goetz Eilers schaltet sich ein: »Nun wird sich wohl das unabhängige ständige Schiedsgericht der Sache annehmen. Dieses Gremium wurde installiert, um kurzfristig Verfahren zu ermöglichen.«[373] An dieser Stelle hätte Eilers mit seinen Ausführungen besser aufgehört. Prophetisch schickte er noch hinterher: »Aber ich sehe kaum Chancen für Bochum.«[374]

Der VfL Bochum, der seine sportliche Existenz gefährdet sieht, klagt vor dem ständigen Schiedsgericht, weil Ehrt und Gramlich nicht berechtigt gewesen seien, eigenmächtig der Verschiebung des Punktabzugs auf die kommende Saison zuzustimmen. Dem widerspricht der Liga-Ausschuß später in Berlin und behauptet, daß sie dazu doch in Absprache mit dem Kontrollausschuß bevollmächtigt gewesen seien.[375]

Das ständige neutrale Schiedsgericht stützt sich auf die schriftliche Erklärung des Liga-Ausschusses, kippt dessen ursprünglichen Vorschlag – sofortiger Punktabzug –, negiert den Gutachterausschuß und erteilt Dresden durch die Verlagerung des Punktabzugs in die Zukunft die Lizenz. Dabei wäre es Aufgabe des Schiedsgerichts gewesen, »…objektiv unbillige Vertragsstrafen, die nicht als Vereinssanktionen des DFB gegenüber dem Verein verhängt worden sind, nach billigem Ermessen herabzusetzen«.

So ist es in § 1, Absatz 3 des Schiedsgerichtsvertrages nachzulesen, den jeder Verein, der eine Lizenz beantragt, zu unterschreiben hat. Und in Absatz 4 steht: »Das Schiedsgericht ist weiter berufen, sonstige nach § 315 BGB vom DFB getroffene Festsetzungen und Bestimmungen, die gegenüber den Vereinen wirken, zu überprüfen und im Falle grober Unbilligkeit durch eine der Billigkeit entsprechende Festsetzung oder Bestimmung zu ersetzen.«

Das Schiedsgericht agierte selbstherrlich und setzt sich dabei sogar über eine frühere Entscheidung des Verbandes hinweg: »Punktabzug nur in derselben Saison.«[376] Das Urteil zugunsten von Dresden ist demnach willkürlich und kann sich auf keine Rechtsgrundlage stützen.

Hat es vielleicht, wie Insider meinen, ein Telefonat gegeben zwischen dem Ministerpräsidenten von Sachsen, Kurt Biedenkopf, und seinem Parteikollegen, Landesminister Mayer-Vorfelder, der zugleich auch noch Vorsitzender des Liga-Ausschusses ist? Politische Einflußnahme legt die Äußerung von Prof. Fritz Scherer, Präsident von Bayern München, nahe: »Eine Bundesliga ohne Ostklub darf es nicht geben – das ist ein Politikum.«[377]

So betrachtet, macht der Schwenk des Schiedsgerichts und damit des DFB Sinn, um Dresden vor dem Abstieg zu retten. Und zwar zu einem Zeitpunkt, als noch nicht abzusehen war, daß mit Leipzig ein zweiter »Ostverein« in der höchsten Klasse spielen würde. Aber ein Politikum ist es auch, wenn der Regierende Bürgermeister von Berlin sich für Union Berlin einsetzt – »der Verein darf nicht unter dem Mist leiden, den andere gebaut haben« – und mehrfach in der Frankfurter Zentrale interveniert.[378]

Dresden wird also im Mai 1993 zu einer Geldstrafe von 100 000 Mark verurteilt und bekommt zusätzlich noch in der kommenden Saison vier Punkte aberkannt. Das bedeutet: Hat Dresden am Ende der Spielzeit einen Punktestand von 34:34, was den Verbleib in der Bundesliga garantieren würde, so ändert sich das durch den Abzug auf 30:38.

Otto Höhne vom DFB-Vorstand sieht in dem Urteil »fußballsportpolitische Akzente«.

Egidius Braun, Präsident des DFB, spricht sich gegen den Punktabzug aus.[379] Zu Recht, wie einige im DFB meinen, denn mit den vier Minuspunkten bestraft man Spieler, die bestimmt nichts für die Bilanzmanipulation können. Und die Geldstrafe trifft einen Verein, der schon genügend Schulden hat, nach jedem Strohhalm greift und sich bemüht, für mehrere Millionen Mark Bürgschaften oder Darlehen beizubringen – siehe SORAD.

Die Konkurrenten im Abstiegsstrudel der Bundesliga sind verständlicherweise empört. Saarbrückens Ex-Trainer Neururer wetterte, das Urteil sei ein Witz: »Wenn die Verstöße nachgewiesen worden sind, hätte die Lizenz entzogen werden müssen.«[380]

Ähnliche Reaktionen sind aus Uerdingen, Bochum und Köln zu hören, die auf ein vernichtendes Urteil gehofft haben. Bochum will sogar ein ordentliches Gericht bemühen, sagt Manager Klaus Hilpert, weil der Verein in dem DFB-Beschluß eine »Lex Dresden« auszumachen glaubt und »die größte Ungerechtigkeit«.[381]

Der DFB, so ist in der Presse zu lesen, läßt im Fall Dresden Gnade vor Recht ergehen und kaschiert das als »fußballsportpolitische Akzente«.

Bochum klagt

Bochum ist nicht mit der DFB-Entscheidung einverstanden, klagt vor dem Landgericht in Frankfurt, will per Einstweiliger Verfügung in der Liga bleiben, und verliert. Die Art und

Weise, wie der DFB agiert, wirkt geradezu bedrohlich, weil bei den Vereinen ein Ohnmachtsgefühl entsteht. Verstärkt werden muß dieses Gefühl, wenn das Landgericht Frankfurt auch noch befindet, im Schiedsgericht des DFB säßen rechtskundige Volljuristen, folglich sei das Ganze also rechtmäßig, ohne zu prüfen, welche Beweggründe zur Abänderung des Schiedsspruchs geführt haben.

Bochum läßt der DFB-Zentrale neues Belastungsmaterial über Dresden zukommen. Demnach sollen der ehemalige SORAD-Geschäftsführer Christian Ulbrich und der Dynamo-Werbepartner Peter Bogun (Boards & Sports) Bochum Unterlagen ausgehändigt haben, wonach »die von Dresden beim DFB eingereichten Werbeverträge aus der Saison 1991/92 gefälscht wurden«.[382] Ulbrich belastet nicht nur sich, sondern auch den Ex-Geschäftsführer von Dynamo, Manfred Kluge. Die Verdachtsmomente verdichten sich mehr und mehr, daß Dresden die Unterlagen für die Saison 1992/93 und 1993/94 manipuliert hat. Egidius Braun, DFB-Präsident, verspricht dem VfL Bochum: »Wir werden alles sorgfältig prüfen.«[383] Bei diesem Versprechen bleibt es, obwohl Bochum dem DFB mit einer Schadensersatzklage in Höhe von zehn Millionen Mark droht (entgangene Einnahmen aus Werbung, Zuschauerschwund und Fernsehübertragung). Aus der Klage wird aber später nichts, weil so etwas drei Jahre und länger dauern könne, wie Anwalt Bernhörster meint. Das ist ein Grund. Der andere könnte womöglich der sein, daß Bochum den DFB nicht vergrätzen will.

Auch die zweite Instanz, das Oberlandesgericht, wies in einem Eilverfahren die Beschwerde des Bundesligaabsteigers gegen die Ablehnung einer Einstweiligen Verfügung durch das Landgericht (13. Juni 1993) zurück.

Der gerichtliche Vorstoß der Bochumer diente dem Zweck, herauszufinden, ob sich der DFB an seine eigenen Statuten hält.

Bochum bezieht sich auf DFB-Unterlagen und stellt deshalb vor dem Oberlandesgericht diverse Anträge. Das einfachste wäre gewesen, nachzuschauen und zu sagen: Das ist so oder das ist nicht so. Aber man soll von DFB-Seite noch nicht einmal die Dokumente präsentiert haben, die beweiskräftig gewesen wären. Stets wurde vor Gericht vom DFB mündlich erklärt: Das stimmt nicht. Und dieser Argumentation hat sich das Oberlandesgericht angeschlossen.[384]

Nun hat jedoch Bochum behauptet, Dresden habe im Lizenzierungsverfahren 1992/93 keine testierte Bilanz vorgelegt, sich also die Lizenz erschlichen und folglich zu Unrecht in der Bundesliga gespielt. Hätte man in die Lizenzierungsakte geschaut, wäre der Vorwurf schnell zu überprüfen gewesen. Liga-Direktor Straub vom DFB weigerte sich, die Akte herauszurücken – sie falle unter Datenschutz – und erklärte statt dessen, die testierte Bilanz liege vor.[385]

Der Gutachterausschuß allerdings, der Dresden die wirtschaftliche Leistungsfähigkeit abgesprochen hat, stellt einem in *Sport-Bild* veröffentlichten Dokument zufolge in seiner Beurteilung fest: »Bereits zum Lizenzierungsverfahren 1992/93 konnten keine prüffähigen Unterlagen vorgelegt werden.«[386] Straub behauptete, das Dokument sei eine Fälschung. Daraufhin fragte der Vorsitzende des Bochumer Wirtschaftsrates, Werner Altegoer, nach. Straub bekräftigte: »Dynamo hat von einem Wirtschaftsprüfer alle Bilanzen erstellen lassen.«[387]

Dabei wäre es so einfach gewesen: Man hätte nur in den Unterlagen nachschauen müssen.

Anwalt Bernhörster droht Liga-Direktor Wilfried Straub und Justitiar Goetz Eilers mit einer Strafanzeige, sollte sich beweisen lassen, daß sie am 13. Juni vor dem Schiedsgericht falsch ausgesagt haben. »Ich will die Testate sehen, auf die sich der DFB damals berufen hat.«[388] Monate später im Dezember antwortet Bernhörster, als er auf die Strafanzeige angesprochen wird: »Wir sind mit dem DFB im Gespräch.« Eine weitere Möglichkeit hätte darin bestanden, die Herren Roth, Decker und Holzhäuser zu befragen, die alle drei als Mitglieder des Gutachterausschusses das Dokument erstellt haben. Das Gericht erachtete dies nicht als notwendig und bestätigte das erstinstanzliche Urteil des Landgerichts.

Das Magazin *Kicker* – der *Spiegel* bezeichnete es 1971 als »Hofkurier des Deutschen Fußball-Bundes« –, in dem viele eine Art offizielles DFB-Mitteilungsblatt sehen, unterstützt den DFB und seine Mitarbeiter auf ungewöhnlich entgegenkommende Weise. Redakteur Franzke spricht in einem Kommentar von Denunziantentum,[389] nur weil Bochum die ehemaligen Dresdner Verantwortlichen aus der Vorstandsebene als Zeugen aufruft. Dabei wollte Bochum lediglich wissen, warum die Entscheidung so ausgefallen ist und sich das ständige Schiedsgericht über den Liga-Ausschuß hinweggesetzt hat.

Nicht ohne Einfluß auf das Oberlandesgericht wird die Entscheidung eines vom DFB bestellten Wirtschaftsprüfers gewesen sein. »Dr. Decker bescheinigt Dynamo die Vollständigkeit und Korrektheit der Lizenzunterlagen.«[390] Die Quadratur des Kreises scheint gelungen zu sein, denn das Testat ist wenig schmeichelhaft für Dr. Decker – er ist für die Buchführung des Verbandes verantwortlich, hat ihr den Bestätigungsvermerk erteilt und ist 1992 auf dem Bundestag von DFB-eigenen Kassenprüfern entlastet worden.[391] Schenkt man dem ursprünglichen Urteil Dr. Deckers Glauben – er gehört dem Gutachterausschuß an, der Dresden die wirtschaftliche Leistungsfähigkeit absprach[392] –, muß man sich fragen, wieso er jetzt zu einem anderen Ergebnis gelangt. Vielleicht hat er sich beim ersten Mal geirrt? Oder sind zwischenzeitlich die Unterlagen vervollständigt worden? Egal wie man es sieht: Das Ergebnis ist für den Wirtschaftsprüfer des DFB sehr unangenehm.

Eilig fordert Präsident Braun die Bochumer auf, alle juristischen Verfahren einzustellen. »Ich erwarte, daß der VfL von seiner zivilrechtlichen Klage und dem Gang vor das Schiedsgericht absieht.«[393]

Um die Tragweite des DFB-Urteils erkennen zu können, muß man sich vorstellen, das wäre mit Ben Johnson passiert. Er gewinnt 1988 die Goldmedaille, läuft Weltrekord und wird, wie geschehen, beim Dopen erwischt. Und dann sagt das IOC: Er ist toll gelaufen, darf die

Goldmedaille behalten, darf den Weltrekord behalten, aber bei der nächsten Olympiade, 1992 in Barcelona, da startet er mit vier Metern Rückstand. So lautet im Grunde das DFB-Urteil. Jetzt kommt der Viertplazierte von Seoul und erklärt: Das darf doch nicht wahr sein, ich würde normalerweise eine Medaille bekommen. Das IOC sagt: Das können wir dem armen Ben Johnson nicht zumuten, und jetzt denunzier du uns nicht den Johnson, auch wenn du hundertmal gesehen hast, wie er sich das Zeug reingepfiffen hat. Und im übrigen können wir dir nur sagen: In vier Jahren startest du ja mit vier Metern Vorsprung. Daraufhin der Athlet: In vier Jahren laufe ich nicht mehr. Das IOC: Das ist dein Problem.

Dieses Beispiel zeigt deutlich die Fragwürdigkeit der DFB-Entscheidung. Dabei gibt es auf Dresden bezogen bis heute noch nicht einmal den Nachweis, ob der Verein überhaupt wirtschaftlich gesehen – sportlich scheint er es zu sein – lebensfähig ist. Man muß sich nur folgendes vorstellen: Dresden spricht beim DFB vor und sagt: Das mit der Lizenz ist schön und gut, aber wir haben kein Geld mehr.

In einer solchen Situation kann doch der DFB gar nicht zugeben und erklären, daß Dresden wirtschaftlich marode ist. Was also wird geschehen? Jeder kann sich die Frage beantworten, denn der DFB muß Dresden ruhigstellen und sein Gesicht in der Öffentlichkeit wahren, um nicht als der Blamierte dazustehen.

»Das Lizenzierungsverfahren der vergangenen Jahre ist nicht mehr tragbar.« So deutlich drückt sich Ottokar Wüst, der altgediente Präsident von Bochum, aus: »Es war eine Entscheidung gegen den Menschenverstand. Wenn sich Anstand und Korrektheit bei der Lizenzvergabe nicht mehr auszahlen, dann sehe ich schwarz für den Profifußball. Es ist eine Frage des Prinzips, nicht der Kampf des VfL [Bochum] um den Klassenerhalt oder gegen Dresden.«[394]

Selbst Mayer-Vorfelder hat das Problem erkannt. »Das Lizenzierungsverfahren ist eine Farce. Wer richtig schummelt, kommt durch. Die Statuten müssen geändert werden. Solange sich der Kontrollausschuß und der Beklagte gütlich über eine Vertragsstrafe zu einigen haben, wird es nie eine angemessene Strafe geben.«[395]

Der DFB ist unglaubwürdig, hat sich in Widersprüche verstrickt und seine Entscheidung ist keine sportliche, sondern eine politische, denn man möchte die neuen Bundesländer nicht verprellen. Während der Liga-Ausschuß dafür gestimmt hat, Dresden die Punkte in der laufenden Saison 1992/93 abzuziehen, was gleichbedeutend mit dem Abstieg gewesen wäre, hat der Verband bereits im Mai 1993 in seiner Argumentation für die Erteilung der Lizenz den »Ostbonus« ins Feld geführt. Zu diesem Zeitpunkt war noch nicht abzusehen, daß Leipzig als einer der drei Aufsteiger in Zukunft auch die neuen Bundesländer im Oberhaus des Fußballs vertreten würde. Hätte dies damals schon festgestanden, vielleicht wäre die Entscheidung für Dresden weniger günstig ausgefallen.

Der größte DFB-Widerspruch ist jedoch der, daß 1985 die Herren aus Frankfurt im Verfahren gegenüber Kickers Offenbach argumentiert haben: »Punkteabzug gibt es nur in derselben Saison.«[396]

Bochum bliebe allenfalls noch der Weg, den DFB über ein ordentliches Gericht auf Schadensersatz zu verklagen. Dazu muß aber ein Schaden nachgewiesen werden. Fährt Bochum seine Verpflichtungen entsprechend der Mindereinnahmen an Fernsehgeldern zurück, verkauft der Verein Spieler und reduziert ihre Gehälter, gleichen sich also Ein- und Ausgaben aus, dann ist kein Schaden entstanden. So könnte das Gericht argumentieren.

Macht Bochum weiter wie bisher, versucht der Club, über Sportlichkeit, das heißt gute Leistung und teure Spieler, auf Anhieb den direkten Wiederaufstieg in die Erste Liga zu schaffen, dann sind logischerweise für ein Jahr die Kosten höher als die Einnahmen. Legt Bochum dann dem DFB die entsprechend schlecht ausfallende Bilanz vor, könnte dieser dem Verein unter Berufung auf mangelnde wirtschaftliche Leistungsfähigkeit die Lizenz verweigern. So simpel ist das im Profifußball!

Das Gerangel geht weiter

Was tut man nicht alles, um bilanzmäßig den Klassenerhalt zu sichern? Wenn die unerfahrenen Dresdner neun Millionen Schulden unterschlagen, was verschweigen oder frisieren dann andere? Wie jonglieren sie mit Aktiva und Passiva? Union Berlin beispielsweise hat laut *Sport-Bild* im Mai 1993 ein gefälschtes Dokument[397] vorgelegt, durch das Sponsorengelder garantiert werden sollten, um neben der sportlichen auch die bilanzmäßige Qualifikation zu erreichen und in die Zweite Liga aufsteigen zu können. Tennis Borussia, Unions Mitkonkurrent, informierte den DFB – dort soll die Mauschelei keinem aufgefallen sein[398] –, wonach die am 5. Mai nachgereichte Bürgschaft des Sponsors Ghut, ausgestellt von der CC-Bank, »mit Schere, Kleber und Fax-Gerät«[399] gefälscht worden sei. Union Berlin redete sich damit heraus, man wisse nicht, wer der Fälscher ist, und stellte Strafantrag gegen Unbekannt. Union, vertreten durch Anwalt Schickhardt, verlor die Lizenz, obwohl letztlich nicht nachgewiesen werden konnte, ob der Verein die Manipulation begangen oder man sie ganz einfach den Berlinern untergeschoben hat. Dazu Chefjustitiar Eilers in *Sport-Bild*: »Union konnte nicht nachweisen, Opfer einer kriminellen Intrige geworden zu sein.«[400] Union Berlin wäre auch gerne wie Dresden behandelt worden und mit vier Punkten Rückstand in die Zweite Liga gestartet.
Wolfsburg dagegen hat man die Lizenz zuerst wegen eines Formfehlers versagt, sie dem Club dann aber doch noch zugestanden. Karl Schmidt, der Vorsitzende der DFB-Vorstandssitzung, begründete das wie folgt: »Wolfsburg hatte schon am 15. Juni alle Bedingungen erfüllt, aber der VfL bestätigte unglücklicherweise Fehler, die dem Liga-Aus-

schuß aufgefallen waren. Diese Bestätigung hat sich nun als falsch herausgestellt.«[401]

Die Wolfsburger hatten Werbeeinnahmen in Höhe von 522 000 Mark[402] zweimal angegeben. Betrug oder Versehen? Leidtragende wären bei einem so späten Lizenzentzug nicht nur der Verein, sondern auch die Spieler, die sich nicht um einen neuen Club bemüht haben. Dafür gab es im Fall Wolfsburg ja auch keine Veranlassung, denn die Mannschaft stand in der Zweiten Liga auf einem sicheren Mittelplatz. Wäre Wolfsburg die Lizenz verweigert worden, hätten sich die Aktiven um einen neuen Arbeitgeber bemühen müssen. Nur wäre dies den meisten nicht mehr gelungen, denn alle anderen Mannschaften hatten sich längst mit frischem »Material« eingedeckt. Die Folge: einige der Profis wären arbeitslos geworden, denn etwa fünfzig suchten noch im Juli 1993 einen neuen Arbeitgeber. Das Lizenzierungsverfahren des DFB ist den Spielern gegenüber ungerecht, weil erst sehr spät darüber befunden wird, ob ein Verein im bezahlten Fußball bleiben darf oder nicht.

Mitte Mai ist wirklich zu spät. So gesehen, wäre es besser, wenn der DFB seine Entscheidungen im Februar oder März treffen würde. Im Frühjahr jedoch zeichnet sich noch nicht ab, welcher Club sportlich gefragt ist, und so könnte der Bannstrahl des Lizenzentzuges theoretisch auch einen potentiellen Deutschen Meister treffen. Da ist es einfacher, Absteigern oder Vereinen, die in der Tabelle unten zu finden sind und möglicherweise sowieso die Liga zu verlassen haben, auch noch die Lizenz abzuerkennen. Dadurch verprellt man keinen von den Großen. Das Verhalten des DFB im Vertrauen darauf vorherzubestimmen, daß der Verband sich an gewisse Normen hält, ist unmöglich.

Nachdem der Verband den Vereinen für die Saison 1993/94 die Spielberechtigung erteilt hat, haben alle, auch Dresden, für ein Jahr Ruhe. Dabei wird, wie die Beispiele zeigen, von manchen Vereinen bei der Lizenzvergabe getrickst, wie und wo es eben nur geht.

DFB verursacht ein Chaos

Mit der Lizenzerteilung für Dresden ist das absurde Fußball-theater noch nicht zu Ende. Bochum ist abgestiegen in die Zweite Liga und damit wird Unterhaching, Tabellensech-zehnter der vergangenen Saison in der Zweiten Liga, aus dem bezahlten Fußball hinauskomplimentiert. Hätte man Dresden die Lizenz nicht gegeben, wäre Dynamo gleich ins Amateurlager verschwunden.

Unterhaching trifft es doppelt hart. Zwischenzeitlich durf-ten sie trotz des Dresdner DFB-Urteils hoffen, in der Zweiten Liga zu verbleiben, weil Wolfsburg für einige Tage ohne Lizenz dastand. Voreilig, wie der DFB nun mal ist, hatte man Unterhaching schon mitgeteilt, daß sie weiter in der Zweiten Liga spielen dürfen. Doch als der DFB-Vorstand Wolfsburg auf dem Gnadenweg die begehrte Lizenz erteilte, flog Unter-haching aus dem bezahlten Fußball raus.

Das Gerangel um die Zweite Liga und den Auf- bzw. Abstieg in diese Spielklasse ist noch längst nicht ausgestanden, sondern höchstens vertagt. Bekanntlich gibt es zwei Krite-rien für die Erteilung der Lizenz: die sportliche und die wirtschaftliche Qualifikation. Um möglichst rechtzeitig mit dem Lizenzierungsverfahren der Amateurvereine beginnen zu können, überprüft der DFB im Frühjahr die Bilanzen der fünf für den Aufstieg in Frage kommenden Clubs aus der jeweiligen Regionalliga. Unter ihnen, so vermutet man in Frankfurt, befindet sich der sportliche Aufsteiger.

Vor einigen Jahren allerdings lag der DFB vollkommen falsch, denn zum Zeitpunkt der Überprüfung der Amateurvereine dümpelte der spätere Aufsteiger, VfL Oldenburg, noch auf dem dreizehnten Tabellenplatz herum und wurde deshalb auch nicht in das Lizenzierungsverfahren einbezogen. Die Oldenburger marschierten durch bis an die Spitze und spiel-ten bereits im bezahlten Fußball, ohne das Lizenzierungsver-fahren absolviert zu haben. Erst in der schon laufenden Sai-son erteilte man ihnen rückwirkend die Spielberechtigung. Die Statuten sehen eine solche Konstellation nicht vor.

Ein Verein, der eigentlich aus der Bundesliga absteigen müßte, kann dann in der höchsten Spielklasse verbleiben, wenn einem anderen Verein die Lizenz entzogen wird. Diese Regelung gilt nicht für die Zweite Liga. Falls ein Aufsteiger, der sich durch Qualifikationsspiele als sportlich tauglich erwiesen hat, die Lizenz wegen wirtschaftlicher Diskrepanzen nicht erhält, darf nicht der abstiegsbedrohte Verein weiter in der Liga spielen, sondern der nächstbeste Verein, der um den Aufstieg gekämpft hat, steigt auf. Dadurch entsteht ein Wirrwarr sondergleichen.

Union Berlin hatte sich für die Zweite Liga sportlich qualifiziert, aber nicht wirtschaftlich. Durch Manipulation versuchte man das auszugleichen. Nach einem diskreten Hinweis durch einen Mitkonkurrenten erteilte der DFB Union Berlin nicht die Lizenz und Tennis Borussia, Zweiter der Aufstiegsrunde, rückte nach.

Unterhaching pocht nun darauf, in der Zweiten Liga verbleiben zu dürfen, da Union Berlin sich die Lizenz habe erschleichen wollen. So wie auch Bochum in der Bundesliga verblieben wäre, hätte man Dresden ...

Unterhaching sagt: »Das kann doch nicht sein, wir haben doch die Lizenz, wie kann jetzt Tennis Borussia aufsteigen, die sich überhaupt nicht sportlich qualifiziert haben.«

Es entspricht dem bisherigen Prozedere des DFB, daß Tennis Borussia nachrückt, ohne die sportlichen Auflagen erfüllt zu haben.

Union Berlin soll nach den Vorstellungen des FC Halle nach dem Gleichbehandlungsprinzip genau wie Dresden vier Punkte für die kommende Saison aberkannt bekommen, wodurch die Messestädter eine günstigere Ausgangsposition hätten. Halle erwägt ebenfalls rechtliche Schritte.

Urplötzlich taucht noch ein ganz anderer Verein auf, der auch im bezahlten Fußball mitmischen möchte: Bischofswerda. Man muß wissen, daß Bischofswerda in der abgelaufenen Saison Dritter der Oberliga war, hinter Union Berlin und Sachsen Leipzig. Leipzig hat schon von vornherein keine Lizenz erhalten, weil die kompletten Unterlagen zu spät beim DFB eingegangen sind, Union Berlin aus den bekannten Gründen. Bischofswerda argumentiert nun wie folgt: Union habe schon zum Zeitpunkt der Aufstiegsrunde nicht die Auflagen für eine Lizenz erfüllt, also müssen wir das jetzt noch mal sportlich ausfechten mit Tennis Borussia, da die Lizenzerschleichung und der Betrug von Union vor den Aufstiegsspielen in die Zweite Liga geschehen sei.

Über diese Konstellation kann man wirklich nur den Kopf schütteln, denn die Situation stellt sich für Unterhaching vor Gericht wie folgt dar. Antrag Nummer 1: Da Union nicht lizenziert wird, verbleiben wir drin. Antrag Nummer 2: Wie kann Wolfsburg, denen man die Lizenz entzogen hat, plötzlich wieder drin sein, obwohl man uns mitgeteilt hat, ihr habt die Lizenz. Also Wolfsburg raus, wir rein. Antrag Nummer 3 kommt von Braunschweig, die in Lauerposition verharren und hinter Unterhaching in der Zweiten Liga auf Platz 19 waren. Die sagen: Wenn man zweien die Lizenz entzieht, also Wolfsburg und Union, müßten auch zwei in der Liga verbleiben, Unterhaching und wir.

Die Verwirrung ist komplett. Vereine und Spieler sind verunsichert, so unberechenbar ist die Lizenzverteilung durch den DFB geworden.

Mitte Juli 1993 wußte Mainz 05 noch nicht, wo die erste Begegnung der neuen Saison endgültig stattfinden soll: Bei Union in Berlin, östlicher Stadtteil, Tennis Borussia in Berlin-West oder in Unterhaching ...

Der schale Beigeschmack

Was zahlen die Bundesligaclubs unter dem Tisch? Wer kann am besten Dokumente fälschen? Wie wird unter der Oberaufsicht des DFB finanztechnisch jongliert?

Jeder Club im bezahlten Fußball sieht sein Glück in der Ersten Liga, denn dort gibt es jährlich aus dem Verkauf der

Übertragungsrechte pro Verein 5 Millionen Mark, in der Zweiten sind es nur 1,5 Millionen Mark, jeweils inklusive Mehrwertsteuer.

Wer die Summen addiert, kommt auf insgesamt knapp 600 Millionen inklusive Mehrwertsteuer – Präsident Braun behauptet ja, daß von der 120-Millionen-Jahresrate knapp 15 Millionen an Mehrwertsteuer zu entrichten seien –, die der DFB in fünf Jahren an seine Mitgliedsvereine ausschüttet. Aber der Verband hat seine Rechte für 720 Millionen an die ISPR, eine Rechteverwertungsgesellschaft, die durch den Rechtsanwalt Meyer-Wölden vertreten wird und je zur Hälfte dem Axel Springer-Verlag und der Kirch-Gruppe gehört, verkauft. Wo ist der Restbetrag von 120 Millionen verblieben? Wie werden die Zinserträge ausgewiesen? Spielen Verband und Vereine das gleiche Spiel auf verschiedenen Ebenen?

Von dem süßen Kuchen Fernsehgeld möchte jeder Bundesligaclub ein möglichst großes Stück ergattern. Obwohl alle Vereine durch den Vertrag mit SAT 1 einen bestimmten Sockelbetrag aus der Übertragung von Bundesligabegegnungen erhalten, der unabhängig vom Tabellenstand ist, gibt es im bezahlten Fußball eine Zweiklassengesellschaft.

Die einen, das sind diejenigen, die Deutscher Meister sind oder einen UEFA-Cup-Platz haben, erhalten Sonderzuwendungen aus den Übertragungsrechten, wenn sie an einem internationalen Wettbewerb teilnehmen. Die anderen schauen zu und wollen auch mal was abbekommen. Selbst Bayern München steht seit zwei Jahren auf der Schattenseite. Einmal hat der Verein nicht am Europacup teilgenommen, ein anderes Mal verlor er gleich in der zweiten Runde gegen Kopenhagen.

Nun muß man wissen, daß der DFB die Rechte am UEFA-Cup für fünf Jahre jeweils im Wechsel vergeben hat an die Verwertungsgesellschaften ISPR (Springer/Kirch) und Ufa (Bertelsmann). Bezahlt werden an den DFB dafür jährlich 60 Millionen Mark,[403] was die Vereine erhalten, ist unklar.

Die UEFA selbst besitzt die Rechte – Wert 70 Millionen Franken, knapp achtzig Millionen Mark – an der Champions

League, also der Endrunde der Landesmeister. Jeder teilnehmende Verein erhält nun aus diesem UEFA-Topf seinen Anteil. Europacup-Gewinner Olympique Marseille bekam im letzten Jahr natürlich mit 6,5 Millionen Mark den größten Teil.[404] Erstaunlicherweise ist das, was Marseille kassiert, aber nicht viel gegenüber dem, was Borussia Dortmund via DFB im UEFA-Cup verdient hat. Die Dortmunder, ab dem Viertelfinale der einzige Bundesligaverein in einem internationalen Wettbewerb, erzielten Einnahmen in Höhe von 23,5 Millionen Mark,[405] also knapp vierzig Prozent der 60 Millionen, die der DFB Jahr für Jahr aus dem Rechteverkauf erhält. Mannschaften aus Lettland, Litauen und von den Faröer-Inseln, die gleich zu Beginn ausgeschieden sind, wurden immerhin noch mit etwa 160 000 Mark bedacht.

Die Dortmunder standen nach diesem Geldregen vor der Frage, ob sie den Gewinn ordentlich vor dem Finanzamt versteuern oder in neue Spieler investieren sollten. Man entschied sich für neue Spieler, wie zum Beispiel Karlheinz Riedle.

»Heute ist es nicht mehr wichtig, ob du Meister wirst oder nicht. Es ist nur wichtig, daß du dich für einen internationalen Wettbewerb qualifizierst.«[406] So wird Erich Ribbeck, Ex-Trainer der Bayern, in *Sport-Bild* zitiert.

DFB-Vize Mayer-Vorfelder will eine Änderung bewirken und sich dafür einsetzen, daß nicht ein Verein alles bekommt, während die vorzeitig ausgeschiedenen fast leer ausgehen. Mayer-Vorfelder hat allen Grund, das Leistungsprinzip im Spitzensport zu beschneiden. Stuttgart gingen 1992 durch einen Wechselfehler seines Trainers Daum im Spiel gegen Leeds Einnahmen in Höhe von mindestens zehn Millionen verloren, 1993 haben sie sich gar nicht erst qualifiziert. Nach der zu Hause mit 4:1 verlorenen Partie gegen Leverkusen scheint Daum am vorläufigen Tiefpunkt seiner Karriere angelangt zu sein. »Das ärmste Schwein, was zur Zeit rumläuft«, sagte ein Spieler der Mannschaft über den VfB-Trainer im Fernsehen,[407] dessen Vertrag zwei Wochen später aufgelöst worden ist.

Weil es für die Bundesligaclubs keine Garantie auf einen Meistertitel oder einen UEFA-Platz gibt, kalkuliert man normalerweise die möglichen Einnahmen nicht ein – obwohl Dortmund, Leverkusen, München, Bremen und Frankfurt fast jedes Jahr vertreten sind. Aber auch die anderen Vereine der Bundesliga haben nach Meinung vieler keinen Grund, sich zu beschweren. Es sei denn, man steigt aus der Oberklasse ab, dann türmen sich die Verpflichtungen: Verträge mit Spielern müssen erfüllt werden, Zuschauer bleiben aus, die Kassen schrumpfen, Sponsoren ziehen sich zurück. Ein Loch von durchschnittlich mindestens fünf Millionen ist nicht so leicht zu füllen. Als Konsequenz droht nach § 42 (2) BGB der Gang zum Amtsgericht, um das Konkurs- oder Vergleichsverfahren zu beantragen. Gleichzeitig droht der Entzug der Lizenz durch den DFB. Sportlicher und finanzieller Ruin schaukeln sich gegenseitig hoch, wie das Beispiel des 1. FC Saarbrücken zeigt, der durch den Abstieg aus der Oberklasse seinen Verpflichtungen nicht nachkommen kann und zeitweise sogar befürchten mußte, noch nicht einmal die Lizenz für die Zweite Liga zu erhalten. Inzwischen ist zumindest diese Gefahr gebannt und Saarbrücken verbleibt im bezahlten Fußball, aber der Konkurs droht immer noch.

Um nicht in eine solche Situation zu kommen, täuscht man wirtschaftliche Leistungsfähigkeit vor, manipuliert an Bilanzen und fälscht Unterlagen. Dadurch werden andere Vereine aus dem Oberhaus des Fußballs gedrängt, wie die Stuttgarter Kickers am Ende der Saison 1991/92, auf deren Kosten Dresden sich die Lizenz erschlichen oder »weil Nürnberg sich vor der Saison unerlaubt verstärkt« hat.[408] Der Schaden der Schwaben, entstanden durch Mindereinnahmen an Fernsehgeldern, geht in die Millionen. Normalerweise müßten die Schwaben ein Gericht bemühen, damit ihr Verlust nicht so groß ausfällt. Klagen die Stuttgarter jedoch und gewinnen womöglich auch noch, dann gibt es für den DFB durch Satzung und Statuten Möglichkeiten genug, den Schwaben das Leben im bezahlten Fußball schwer zu machen.

Was aber bleibt den Vereinen in letzter Konsequenz anders übrig, als außerhalb des Machtbereichs des DFB ihr Recht zu suchen?

Das weitverbreitete Spiel, Wirtschaftlichkeit vorzutäuschen und DFB-Auflagen zu umgehen, um mit allen Mitteln in der Bundesliga zu verbleiben, wird auch Schalke vorgeworfen. Dem Traditionsverein, noch mehr aber seinem ehemaligen Präsidenten Günter Eichberg, wird vom *Spiegel* unterstellt, sich die Lizenz erschlichen zu haben. Eichberg gründete gut ein Jahr nach Beginn seiner »Regentschaft« im Sommer 1990[409] seine Marketing GmbH, die nach und nach alle geschäftlichen Belange – Vermarktung des Vereins, der dafür mit Ausnahme der Fernsehverträge alle Werberechte an die GmbH übertrug – abwickelte. Gewinne aus Transaktionen waren für den Verein bestimmt, während Eichberg, der alleinige Inhaber der GmbH, die Verluste angeblich großzügig aus eigener Tasche begleichen wollte.

Um nun vom DFB die Lizenz zu erhalten – eine Auflage des Verbandes lautete, daß der Club keine Spieler erstehen durfte –, kauften Eichberg und Schatzmeister Höffken 1990 scheinbar privat Profifußballer ein – laut *Spiegel* waren das Wladimir Ljuty, Peter Sendscheid und Dietmar Schacht – und ließen sich, gleich nach Erhalt der Lizenz, von der Marketing GmbH die Kosten erstatten.

Schatzmeister Rüdiger Höffken – seine Firma ist Trikot-Werbepartner, und er wacht als Schatzmeister darüber, wie sein Sponsorengeld eingesetzt wird – bestreitet dieses Vorgehen nicht. »Unsere Verpflichtungen sind in die Marketing GmbH eingeflossen und übernommen worden. Darüber war auch der DFB informiert.«[410]

Der Trick funktionierte, denn in der Bilanz, die man dem DFB vorlegte – laut Höffken wußte ja der Verband von dem Spielerkauf auf Umwegen, der *Spiegel* allerdings behauptet, das sei nicht der Fall gewesen –, waren die neu erworbenen Profifußballer samt den daraus resultierenden Verbindlichkeiten nicht aufgeführt. Im April 1993 verlangte der DFB die

Auflösung der mit 12 Millionen verschuldeten Marketing GmbH.

Der ehemalige Bundesminister Möllemann, Vorsitzender im Schalker Verwaltungsrat, weist den Vorwurf, im Lizenzierungsverfahren betrogen zu haben, zurück: »Die entsprechenden Unterlagen, die dem DFB vorgelegt wurden, erschienen dem Verwaltungsrat als korrekt.«[411] Und DFB-Liga-Direktor Straub geht davon aus, »daß der Tatbestand, der zur Lizenzerteilung für Schalke geführt hat, nach wie vor gegeben ist«.[412]

Aus dem Mund des Funktionärs klingt das seltsam, denn ein Kollege von ihm, Liga-Sekretär Wolfgang Holzhäuser, soll schon frühzeitig von den Schalker Problemen in Kenntnis gesetzt worden sein. *Sport-Bild* weiß von einem Treffen im April 1993, an dem neben Holzhäuser von Schalker Seite das Verwaltungsratsmitglied Jochen Burdenski, der entlassene Manager Helmut Kremers und der damalige Geschäftsführer Ralf Brinkmann teilgenommen haben sollen. »Zwei Stunden lang wurde Holzhäuser an diesem Abend auf viele Ungereimtheiten bei dem Lizenzierungsverfahren für Schalke hingewiesen.«[413]

Demnach wäre der DFB schon vor der Lizenzvergabe über die Finanzsituation der Gelsenkirchener unterrichtet worden.

Präsident Eichberg und Schatzmeister Höffken sprechen Ende April 1993 in der Frankfurter Zentrale vor und können die Herren des Verbandes von der Wirtschaftlichkeit des Clubs überzeugen. Kurioserweise soll jedoch der Verband nicht, wie in vergleichbaren Fällen, auf notariell beglaubigte Urkunden gepocht, sondern sich überwiegend mit einfachen Erklärungen zufriedengegeben haben.[414]

Am 6. Mai 1993 geht bei Schalke ein Brief vom DFB ein mit der Zusage an Eichberg, wonach der Traditionsverein unter Auflagen die Lizenz erhält. *Sport-Bild* informiert seine Leser über Hintergründe, wonach der DFB-Präsident Braun im kleinen Kreis gesagt haben soll: »Schalke ist für die Bundesliga lebenswichtig. Wir können es uns gar nicht erlauben, denen keine Lizenz zu geben.«[415]

Eichberg – er will den *Spiegel*, dem er unterstellt, unsauber recherchiert und die Unwahrheit berichtet zu haben, verklagen – behauptet im Fernsehen,[416] Schalke habe die Lizenz nur bekommen, weil er persönlich am 30. April beim DFB die Verpflichtung eingegangen sei, die Schulden der Marketing GmbH zu übernehmen, um dadurch den finanziell angeschlagenen Verein zu entlasten.

Auf dem Höhepunkt des Skandals um Lizenzmauschelei, Betrug und Bestechung[417] – all das kreidet die Presse dem Ex-Präsidenten an – meldet sich Eichberg am 24. Oktober 1993 aus dem fernen Florida. Er bestreitet die Unterstellungen und erklärt in den *ARD-Tagesthemen*, es habe keine Vermischung zwischen Verein, Marketing GmbH und seinen Kliniken gegeben. Auf den Vorwurf des Moderators, 90 000 Mark aus einem Transfer (gemeint ist Profi Uwe Scherr) für sich abgezwackt zu haben, antwortet der Ex-Präsident: »Ich wüßte nicht, was ich genommen haben sollte.« Eichberg führt weiter aus, die drei Millionen für den Spieler Uwe Scherr aus seiner »Privatkasse« bezahlt zu haben. »Ich habe das finanziert und habe also dazu einen aufgeglätteten Kredit in Anspruch genommen, und 90 000 waren im ersten Augenblick genau übrig. Es war ein Transfer, der zu meinen wirtschaftlichen Lasten ging. Es war also mein Geld.«

Ein Mitglied des Verwaltungsrates gibt wenig später zu: »Wir selbst haben keinen weiteren Einblick in die Marketing GmbH gehabt.«[418] Obwohl, wie er einräumt, das Gremium bei allen Ausgaben, die 400 000 Mark übersteigen – so Spielerkäufe und das Aushandeln von Gehältern –, hätte gefragt werden müssen.

Nach dem Debakel mit Dresden muß der DFB unbedingt vermeiden, bei der Lizenzvergabe an Schalke einen Fehler einzugestehen, und gibt mitten im Strudel der Ereignisse Entwarnung. Mayer-Vorfelder, der Vorsitzende des Liga-Ausschusses, sieht nach einer ersten Prüfung »keine negativen Folgen für die wirtschaftliche Leistungsfähigkeit des Vereins«, schließt wirtschaftliche und sportliche Konsequenzen für Schalke aus, kündigt jedoch weitere Überprüfungen an. »Wir befinden uns seit dem Spieljahr 92/93 in konkreten Gesprächen mit dem Verein zur Klärung des Verhältnisses zwischen Schalke 04 und der Marketing GmbH.«[419] Obwohl keiner der Insider den genauen Schuldenstand von Schalke kennt – der Geschäftsführer spricht im *Aktuellen Sportstudio* von 13,2 Millionen Verbindlichkeiten, denen 4,2 Millionen Forderungen gegenüberstehen, woraus sich ein Minus von 9 Millionen errechnet, der Manager beziffert die Schulden mit 6,6, der Schalker Pressesprecher mit 6,8 Millionen[420] –, scheint für Mayer-Vorfelder alles im Lot zu sein. »Der Liga-Ausschuß hat sich überzeugt, daß die Marketing GmbH aufgelöst ist.«[421]

Liga-Direktor Straub geht bezüglich der Marketing GmbH davon aus, »daß rechtlich alles in trockenen Tüchern ist«, will sich aber trotzdem die Akte Schalke im Hinblick auf die Lizenzvergabe »noch einmal genau ansehen. Wenn es Verstöße gegeben hat, droht natürlich eine Strafe. Wie im Fall Dresden.«[422] DFB-Präsident Braun behauptet am 25. Oktober 1993 im Deutschlandfunk, daß im Lizenzierungsverfahren von seiten des Verbandes »alles Menschenmögliche getan worden ist, um die Prüfung niet- und nagelfest zu machen«.

Eichberg bestätigt die Verbandsfunktionäre Ende Oktober 1993 im Fernsehen: »Der DFB weiß ohnehin über alle Dinge Bescheid. Es wird also keine Stimme da sein, die vom DFB berechtigterweise kommen kann, daß wir unkorrekte Dinge gemacht haben.«[423]

Verwirrung auf der ganzen Linie also, was den Traditionsverein betrifft. Jede Seite – Presse, Eichberg, Verwaltungsrat – behauptet etwas anderes, und der DFB schwingt sich zum Fürsprecher eines finanziell angeschlagenen Clubs auf. Es hat den Anschein, als entwickelten Verband und Verein eine gemeinsame Strategie der Besänftigung, um die Öffentlichkeit nicht mit Ungereimtheiten zu überfordern.

Dabei wissen Insider der Bundesliga schon längst, in welche Richtung auf Schalke der Zug rollt. Einer informierte seine

Freunde und Bekannten bereits Monate vorher über die Hintergründe der Affäre in Gelsenkirchen.[424]

Leidtragende sind die Spieler, die ihre Privatvereinbarungen mit Eichberg nicht offenlegen dürfen. Die Folge wäre laut *Spiegel*: »Würden sie jetzt offen die versprochenen Eichberg-Schecks anmahnen, hätten sie sich als Schwarzgeld-Empfänger geoutet und damit die bereits ausgeschwärmten Steuerfahnder direkt ins Eigenheim gelockt.« Weiter berichtet das Magazin: »Profi Scherr wurde offiziell vom Training freigestellt, um Vorwürfe wegen eines angeblich nach Liechtenstein überwiesenen Handgelds mit seinem Anwalt zu besprechen.«[425]

16. Wie aus dem Dilemma herauskommen?

Vereine und DFB

Längst ist der Sport ein milliardenschwerer Wirtschaftsfaktor geworden. Hohen Einnahmen aus Übertragungsrechten, Werbung, Sponsoren und Toto-Lotto steht oft eine unprofessionelle Art und Weise gegenüber, Vereine zu führen. Mißmanagemant ist die Folge, weil der ehrenamtliche Funktionär den Anforderungen längst nicht mehr genügt.

»Fürs Finanzielle sind bei den Profis allzuoft Amateure zuständig, ausgediente Fußballer oder eitle Selbstdarsteller – meist Baulöwen, Immobilienhaie, Paradiesvögel aus dem Versicherungs- und dem Getränkefach. Die führen das Unternehmen Bundesliga dann nach einem anachronistischen Vereinsrecht, das ihnen – wie gewünscht – viel Raum zur freien Entfaltung läßt.«[426]

Zu diesem Ergebnis kommt das *Managermagazin*, das am Beispiel Schalke die Verschwendungssucht eines Clubs aufzeigt. Bei jedem Spiel strömen 40 000 Zuschauer ins Gelsenkirchener Parkstadion, insgesamt hat der Verein Einnahmen in Höhe von 20 Millionen, und trotzdem steht er tief in den roten Zahlen.

»Für Günter Eichberg (damals noch Präsident von Schalke) ist alles im Lot. Daß ein Spieler, der im Revierverein meist bloß die Ersatzbank drückt, bei ihm monatlich 103 600 Mark brutto verdient, Haus und Nobelkarosse gratis dazubekommt, daß mancher Spieler sein Gehalt selbst bestimmen kann und die halbe Mannschaft der Schalke-Geschäftsstelle auf Vereinskosten mit schweren Daimlern herumkutschiert, all das ist für Eichberg nun wirklich nicht aufregend.«[427]

Schalke muß es wirklich ausgezeichnet gehen, denn allein die Geschäftsstelle kostet Monat für Monat 250 000 Mark. Kein Betrieb kann sich ein solches Mißmanagement leisten. Bei Schalke stehen Vorstand und Verwaltungsrat – Mitglied ist unter anderem der ehemalige Wirtschaftsminister Möllemann – laut *Sport-Bild* massiv in der Kritik, weil sie »Millionenbeträge verschleudert und Eigeninteresse zum Maßstab für die Bekleidung eines Ehrenamtes« gemacht haben sollen.[428] Zumindest auf der letzten Jahrerhauptversammlung scheint das die Mitglieder des Traditionsvereins (noch) nicht gestört zu haben, denn man wählte die alte Führung erneut.

Uli Stein, Torhüter in Frankfurt, hat als Aktiver einen langjährigen Einblick in die Funktionärs- und Managerkaste gewonnen. »In diesem harten Geschäft sind viel zu viele Amateure am Werk. Größtenteils sind es Leute, die mit Fußball überhaupt nichts zu tun haben, die das Wesen dieses Sports nie begreifen werden ...«[429]

In Frankreich, Italien und England sind Fußballvereine längst Kapitalgesellschaften unterschiedlichster Konstruktion. Bei einer Aktiengesellschaft liegt der Vorteil darin, daß Präsidenten, die die Aktienmehrheit halten, eventuell eintretende Verluste mit Gewinnen aus anderen Bereichen verrechnen können. In Italien sind deshalb die Vereinspräsidenten zugleich auch oft Vorstandsvorsitzende eines großen Unternehmens. Bestes Beispiel ist Agnelli, Chef von Fiat, der Juventus Turin als Steuerabschreibungsmodell betrachtet. Das ist der Grund dafür – da lediglich ein Drittel der Vereinskosten von den Einnahmen gedeckt werden –, daß sich die italienischen Clubs trotzdem so teure Spieler wie Matthäus, van Basten, Lentini oder Vialli leisten können. Kommt es ganz hart, dann wird ein Verein verkauft, so wie der AS Rom. Die Verbindlichkeiten des Clubs, in dem der deutsche Thomas Häßler spielt, betragen 120 Millionen.[430] Gleich zwei neue Besitzer hat der AS Rom nun: Einen Unternehmer aus dem Baugewerbe, Pietro Mezzaroma, und den Mathematiker und im Ölgeschäft aktiven Franco Sensi. Die beiden kauften dem Präsidenten Giuseppe Ciarrapico die Aktienmehrheit ab und mußten außerdem für 80 Millionen Mark[431] an Steuer-, Bank- und Transferschulden geradestehen. Die potenten Neuerwerber stecken Geld in das Unternehmen Fußball, und schon rollt der Ball wieder.

Auch in Deutschland sollten sich die Vereine im bezahlten Fußball offiziell als Wirtschaftsunternehmen, als eingetragene Kapitalgesellschaften präsentieren, ohne jedoch Turin oder Mailand zu kopieren und italienische Verhältnisse schaffen zu wollen. Allein der § 42 (2) des BGB hätte als Grundlage dafür zu gelten, wer noch in der Bundesliga spielen darf und wer nicht: Clubs, die Konkurs oder Vergleich anmelden müssen, sind auszuschließen, der sportlich und wirtschaftlich Nächstbeste könnte aufsteigen.
Somit würde einem Bundesligaverein das alleinige Recht zustehen, Verträge aller Art abzuschließen, nicht nur mit Sponsoren, wie bisher schon geschehen, sondern auch mit den einzelnen Fernsehanstalten unter Berücksichtigung des Persönlichkeitsrechts der Spieler. Der bessere Club erzielt auch hier den höheren Preis.
Laut DFB-Präsident Braun ist es legitim, »über die juristische Form, in die die Lizenzabteilung eines Vereins gegossen wird, nachzudenken«. Weiter sagt er zu diesem Thema im *DFB-Journal*: »Die Lizenz allerdings wird immer nur der Verein erhalten, nie eine AG oder eine GmbH innerhalb oder

neben dem Verein. Es wird nie die Bavaria AG gegen die Colonia GmbH spielen, sondern immer der FC Bayern gegen den 1. FC Köln.«[432]

Ob er sich da nicht täuscht?

Vereine können jetzt schon den wirtschaftlichen Geschäftsbetrieb ihrer Fußballabteilung in Form einer eigenständigen GmbH auslagern – wie es im Handball bereits Wallau Massenheim vorexerziert –, Anteile verkaufen und trotzdem Hauptgesellschafter bleiben.

Kapitalgesellschaften haben im Wirtschaftsleben eine viel bessere Stellung als Vereine. Banken verhandeln lieber mit kompetenten Gesprächspartnern als mit Ehrenamtlichen, deren kleinkarierte Denkweise oft der Kalkulierbarkeit im Wege steht. Über kurz oder lang wird es in der Bundesliga Aktiengesellschaften geben, die ja nicht unbedingt an der Börse notiert werden müssen. Viel interessanter scheint es jedoch zu sein, Vereine als GmbH zu führen – während das, was der HSV gemacht hat, lediglich ein müder Versuch war, die Finanzlage zu verbessern. 1000 Fans sollten jeweils 1000 Mark für eine »Aktie« ausgeben, deren Wert höchst zweifelhat schien. Deshalb kam das Modell auch nicht zum Tragen.

Noch sind viele Ideen unausgegoren und nicht in die Realität umgesetzt worden – obwohl einige Vereine wie Bremen, Dortmund, Frankfurt, München und Stuttgart bereits fertige Pläne in der Schublade liegen haben sollen.

Schalke wollte neue Wege gehen und hat eine Vermarktungs-GmbH gegründet, deren Aufgabe es war, die Transferrechte der Spieler abzuwickeln. Da jedoch in der GmbH keine Gewinne anfielen – wie sollten sie auch, wo doch im Transfergeschäft stets mehr ausgegeben als eingenommen wird, im April 1993 verlangte deshalb der DFB die Auflösung der mit 12 Millionen Mark verschuldeten Marketing GmbH[433] –, hat man diese Konstruktion wieder rückgängig gemacht. Nicht zuletzt auch deswegen, weil es eine der DFB-Auflagen zur Lizenzerteilung für die Saison 1993/94 war, den Schuldenstand des Vereins herunterzufahren. Man übertrug einfach die Transferrechte wieder dem Verein,

wodurch die Verbindlichkeiten von 18 Millionen auf 9 Millionen gesenkt wurden.[434] Hinzu kamen Gelder von außerhalb, womit gemeint ist, daß Förderer des Vereins, besonders Ex-Präsident Eichberg, die Privatkasse plündern mußten, um den Schuldenstand von 14 auf 6 Millionen herunterzufahren. In den knapp fünf Jahren seiner Regentschaft soll Eichberg »rund 20 Millionen Mark in den Verein gepumpt haben«.[435] Trotzdem hatte der Verein zum Ende des Geschäftsjahres am 30. Juni 1993 wieder Verbindlichkeiten in Höhe von 12,153 Millionen, wie Schatzmeister Rüdiger Höffken einräumte. Da »auf Schalke« alles anders ist, wurde dennoch am 4. Oktober 1993 auf der Jahreshauptversammlung, zu der immerhin dreitausend Mitglieder erschienen waren, Präsident Günter Eichberg wiedergewählt. Möglicherweise hat den Anwesenden sein neues Konzept gefallen. Er will den Vorstand mit hauptamtlichen Kräften besetzen, um 1994, wenn der Club seinen 90. Geburtstag feiert, bessere Zahlen vorlegen zu können. Dazu wird es nun unter Eichberg nicht mehr kommen, er ist zurückgetreten. »Meine Gründe sind rein privat. Ich muß mich im Augenblick so stark um meine Unternehmen kümmern, daß mir für die Vereinsführung die Zeit fehlt.«[436]
Auch wenn die Bundesligavereine in Zukunft mehr auf Wirtschaftlichkeit und den Markt ausgerichtet operieren wollen – so einfach an die Luft setzen lassen sich die Ehrenamtlichen nicht. Sie kleben an ihren Posten, manchmal lebenslänglich. Für sie gibt es keinen Aufsichtsrat, der ihre Leistung beurteilt. Sie reklamieren für sich das Vereinsrecht und können – falls sie sich einig sind – auf Hauptversammlungen die Wahl des kompletten Präsidiums beeinflussen. Wie meist üblich erhält derjenige ihre Stimme, der am lautstärksten markige Versprechungen für die Zukunft machen kann.

Wie paßt der DFB in diese neue Fußballlandschaft? Ihm muß das Privileg, die Wirtschaftlichkeit der Vereine zu überprüfen und Lizenzen zu erteilen, entzogen werden. Dem Verband geht es offensichtlich nur noch um die Aufrechterhaltung des Spielbetriebes für jeweils ein Jahr. Was danach geschieht, scheint ihn wenig zu interessieren. Dokumentiert wird dies durch die vielen Fehlurteile und Fehlentscheidungen bei der Lizenzierung in den letzten dreißig Jahren, besonders jedoch durch das Hickhack vor der Saison 1993/94 und die vier Punkte, die man Dresden erst später abziehen will. Völlig überschuldet, verkauft Dresden seine besten Spieler, um die Auflagen des DFB zu erfüllen, und geht ungemein geschwächt in die neue Saison. Wie soll der Club in der Bundesliga mithalten können? Das Desaster ist vorprogrammiert, der Verband schaut tatenlos zu.

Die Selbstverwaltung könnte im bezahlten Fußball zukünftig in die Hände der Vereine aller drei Ligen übergehen. Denkbar wäre eine Konstruktion, bei der die Clubs wie Tochtergesellschaften in einem Konzern wären, die sich einen Vorstand, Aufsichtsrat, ein Konsortium oder einen Liga-Ausschuß wählen, der die Einhaltung von Verpflichtungen und Regeln überwacht. Alles, was der DFB dann noch an Leistung zu bieten hat, wäre von einer um achtzig Prozent geschrumpften Verwaltung zu bewältigen, und der DFB könnte sich endlich auf den Amateurbereich zurückziehen, wo er hingehört.

Allerdings wird sich der Verband gegen eine solche Machtschrumpfung entschieden wehren. DFB-Präsident Braun tritt den Bestrebungen, Profifußball und Amateurbereich zu trennen, strikt entgegen:[437] »Ich bin zutiefst überzeugt, daß der Fußball nur bestehen kann und stark bleibt, wenn er unter einem Dach organisiert ist. Profi- und Amateurfußball bedingen und befruchten einander.«

Eine Trennung würde der »Befruchtung« nicht im Wege stehen, wie der Profisport in den amerikanischen Ligen zeigt. Basketball, Eishockey, Baseball und American Football kommen ausgezeichnet damit zurecht.

Möglicherweise gibt es für Präsident Braun aber noch einen profaneren Grund, denn am Profifußball läßt sich trefflich verdienen. Mercedes gibt »Millionen für den Sponsorenvertrag mit dem DFB«[438] aus, und die Nationalmannschaft, so Braun, »erhält daraus 25 Prozent, weil mit ihr die Werbung gemacht wird«.[439] Eine kuriose Argumentation, denn ohne die Nationalmannschaft wäre der DFB wohl kaum in der Lage gewesen, einen Sponsorenvertrag in Millionenhöhe mit Mercedes oder einem anderen Werbepartner zu unterzeichnen.

Vereine, die nach rein ökonomischen und marktwirtschaftlichen Gesichtspunkten geführt werden, böten viel eher eine Garantie, die Überschuldung zurückzufahren und unseriöse Praktiken, wie sie in Schalke, Dresden und Nürnberg vorgekommen sind, zu vermeiden. Das Finanzamt mit seinem Strafkatalog fürchten sie mehr als den DFB. Und die Farce mit der Gemeinnützigkeit hätte auch ein Ende.

Spieler

In Zukunft führt kein Weg daran vorbei, daß sich alle Spitzenathleten national und international zusammenschließen müssen, um gegen die »Willkür«[440] der Sportadministrationen stark zu sein. Das von den Aktiven nicht zu kontrollierende Handeln der Verbände wie IOC, IAAF, DFB, FIFA und UEFA über die Köpfe der Betroffenen hinweg steht in keinem Verhältnis zu ihrer Bedeutung für den Sport.

Die deutschen Profifußballer haben seit 1987 die Möglichkeit genutzt, sich zu organisieren. Der Vereinigung der Vertragsfußballspieler, VdV, gehören mittlerweile achtzig Prozent aller im bezahlten Fußball tätigen Spieler an. Mehr und mehr wird die VdV zum Gegenpol des DFB, obwohl sich der Verband immer noch sträubt, diese Organisation anzuerkennen, und es deshalb nur einen minimalen Konsens gibt. Dabei weiß die Vereinigung die Mehrheit der Spieler hinter sich – ein unschätzbares Plus gegenüber der Zentrale in Frankfurt, die permanent so tut, als handele sie im Auftrag der Aktiven und selbstverständlich auch nur zu derem Besten.

Solange die jetzige Ablöseregelung bestehen bleibt, sind die Aktiven auf eine Einrichtung angewiesen, die sie vor illegalen Vermittlern schützt.

Wenn im Fußball künftig Kapitalgesellschaften das Sagen haben sollten, muß die VdV als Gegengewicht zu den Vereinen und den Profimanagern in den Chefetagen die Interessen der Spieler uneingeschränkt vertreten können. Wer kann die Probleme der Fußballer besser beurteilen als eine Vereinigung, in der sich so viele Profis zusammengeschlossen haben und deren Selbstverständnis darin besteht, »den Bedürfnissen und Belangen der Mitglieder umfassend und nachhaltig gerecht zu werden«?[441] Das ist ein Punkt, den der DFB über Jahrzehnte zu erfüllen versäumt hat.

Ein weiteres Motiv für den Zusammenschluß von Spitzensportlern ist es, daß sich aus der beruflichen Situation heraus Probleme ergeben können, die nur noch ein Experte für Recht, für Verträge, für Versicherung und Vorsorge und für Vermarktung lösen kann. Der einzelne Spieler ist damit überfordert und hat keine Chance, sich gegen den Verband, sei es nun der DFB oder ein anderer, zu wehren. Spitzensportler, auf Training und Leistung fixiert, brauchen jemanden, der sich für sie einsetzt, wenn man ihre legitimen Rechte beschneidet. So verweigerte man den Profifußballern bisher einen Anspruch auf Urlaubsgeld – ein Recht, das ihnen aber jetzt höchstrichterlich durch das Bundesarbeitsgericht zugestanden worden ist.[442] Verletzung und Krankheit waren für viele Vereine eine willkommene Gelegenheit, die Prämien nicht auszuzahlen. Die VdV hat sich für Lohnfortzahlung eingesetzt, so daß Spieler nun auch bei Krankheit eine Prämie erhalten und behandelt werden, als hätten sie auf dem Spielfeld gestanden.

Nur über eine starke Sportlervereinigung lassen sich auch viele weitere Ungereimtheiten des Fußballs beseitigen, wie zum Beispiel die Transferregelungen mit den unsinnigen Ablösesummen. Die Aufgabe dieser Regelung würde für den DFB bedeuten, einen Teil seiner Kontroll- und

Machtfunktion abgeben zu müssen. Der Verband aber will gemeinsam mit der FIFA eine Neuregelung präsentieren, die im Grunde doch nur auf eine Beibehaltung der bisherigen hinausläuft.

Vielleicht das wichtigste Argument für Sportlervereinigungen ist die Situation der Aktiven der zweiten Garnitur, die immer noch eine besondere Form der Unterwerfung erdulden müssen, wollen sie als Stammspieler ihre Arbeit erfüllen. Athleten der zweiten Garnitur sind austauschbar, und das läßt man sie auch spüren.

17. Zusammenfassung

Schon seit jeher stehen sich im bezahlten Fußball die Aktiven und die Administration mißtrauisch gegenüber. Die einen halten ihren Körper hin, begeistern die Massen, werben für den Sport, die anderen bemühen sich sehr erfolgreich, die Profifußballer durch Regelwerk, Satzung und Ordnungen in ihrem Handlungsspielraum einzuschränken.

Was den Fußball auszeichnet, sind nun mal die Aktiven – der erste Zuschauer, der wegen eines Funktionärs zum Spiel kommt, muß erst noch geboren werden. Dabei macht es keinen Unterschied, ob sie in der Kreisklasse spielen oder in der Nationalmannschaft. Hier wie dort geben sie meist ihr Bestes, fiebern vor einem Spiel, sind nicht mehr ansprechbar. Hier wie dort gehört die Freude am Sport, am Fußball, ebenso dazu wie eine Motivation bis in die Haarspitzen und der unbedingte Wille zur Leistung.

Und es ist bewegend mitzubekommen, wie sich Spieler auf eine Begegnung vorbereiten, sich konzentrieren, umhergehen und in Gedanken versunken die kommenden zwei Stunden mental durchgehen. Mit dem Einlaufen fällt alle Ungewißheit von ihnen ab, dann zählt nur noch der Körper und dessen Leistungsfähigkeit. Und es zählt der Lohn, der

Applaus. Finden sich die Akteure bestätigt, dann zerreißen sie sich für die Zuschauer. Werden sie ausgepfiffen – oft genügt dazu schon ein einziger Fehlpaß –, wollen sie am liebsten im Boden versinken.

Aber genau das macht die Faszination des Fußballs aus: Die Unberechenbarkeit. Und was die Spieler in neunzig Minuten aufbauen, Jahre über Jahre, das untergräbt der eigene Verband fortwährend. Es mutet einen an, als stehe der DFB unter dem ständigen Zwang, sich in den Vordergrund zu spielen, um ja nicht den Eindruck zu erwecken, man falle gegenüber den Leistungsträgern ab. Deshalb legt man sogar die Stars an die Kandare und droht bei jeder Gelegenheit mit der Satzung oder dem Strafkatalog.

Der DFB ist von der gleichen Krankheit infiziert wie andere Sportverbände auch: Er und seine Funktionäre bemühen sich unentwegt, den Spielern das Gefühl zu vermitteln, als seien sie für den Verband da. Aber ohne die Aktiven gäbe es keinen Verband, gäbe es keine Funktionäre, keine Spiele im bezahlten Fußball und keine Begegnungen mit dem Ausland.

Was also kann der bezahlte Fußball tun, um sich vom DFB und seiner Machtfülle, die er nicht angemessen zu nutzen weiß, zu befreien?

Es gibt nur eine Möglichkeit: Lizenzspieler und Lizenzvereine müssen sich vom Verband lossagen, Profis als Manager einsetzen, eigenständig Werbeverträge abschließen und die Übertragungsrechte an Sendeanstalten verkaufen sowie gemeinsam mit der Vereinigung der Vertragsfußballspieler ein neues Transfersystem entwerfen. Die Ahndung nach Fouls sollte im Interesse der Gesundheit der Aktiven wirkungsvoller gehandhabt werden. Ein funktionierendes Sozialwerk für Lizenzfußballer gilt es ebenso aufzubauen wie einen rechtssicheren Raum, der das Arbeitsverhältnis von Profifußballern regelt.

Dem DFB muß endlich die Rote Karte gezeigt werden.

Anmerkungen

1 *Sport-Bild* Nummer 30, 1993
2 *Spiegel* Nummer 43, 1993
3 *Kicker* Nummer 58, 1993
4 *Spiegel* Nummer 10, 1987, Interview mit Paul Breitner
5 *ZDF-Sportstudio* am 31. Oktober 1993
6 Ebd.
7 Ähnlich hat es der *Spiegel* schon im Jahre 1988 formuliert.
8 *Penthouse*, November 1992
9 *Sport*, Zürich, 24. Juli 1992
10 *Penthouse*, November 1992
11 *Sport*, Zürich, 24. Juli 1992
12 Ebd.
13 *Deutscher Fußball-Bund*, herausgegeben vom Verband, Mai 1993
14 *Trierischer Volksfreund*, 24. Oktober 1992
15 *Die Chronik des Sports*, Dortmund 1990
16 *Trierischer Volksfreund*, 26. Oktober 1992
17 *DFB-Journal*, 1/93
18 *Sport-Bild* Nummer 29, 1993
19 *Profis*, Nummer 3, 1992
20 *Trierischer Volksfreund*, 15. November 1993
21 *DFB-Jahresbericht* 1989–92
22 *Stern* Nummer 44, 1987
23 *DFB-Jahresbericht* 1989–92
24 *Neue Wirtschaftsbriefe* Nummer 6, 4. Februar 1991
25 Ebd.
26 Am 31. Oktober 1993 war im *ZDF-Sportstudio* ein solcher
   handschriftlicher Beleg eingeblendet.
27 *Playboy*, April 1993
28 *Deutscher Fußball-Bund*, herausgegeben vom Verband, Mai 1993
29 Kartellamtspräsident Wolf im *Heute Journal* des ZDF am 27. August 1993
30 *DFB-Journal* Nummer 4, 1992
31 Ebd.
32 *Spiegel* Nummer 51, 1991
33 Ebd.
34 *Stern* Nummer 44, 1987
35 *DFB-Jahresbericht* 1989–1992
36 *Kicker* Nummer 88, 1993
37 *Stern* Nummer 44, 1987
38 Ebd.
39 Ebd.

40 *Deutscher Fußball-Bund*, herausgegeben vom Verband, Mai 1993
41 *Stern* Nummer 44, 1987
42 Toni Schumacher in seinem Buch *Anpfiff*, München 1987,
S. 207 ff.
43 *DFB-Broschüre*, die anläßlich dieses Cups erstellt wurde
44 Ebd.
45 *DFB-Journal* Nummer 4, 1992
46 *Deutscher Fußball-Bund*, herausgegeben vom Verband, Mai 1993
47 *Sport-Bild* Nummer 30, 1993
48 Kartellamtspräsident Wolf im *Heute Journal* des ZDF am
27. August 1993
49 Ebd.
50 Redakteur Tobien im *DFB-Journal* Nummer 1, 1993
51 *Südwestfunk*, Sendung *Ab*, 8. September 1993
52 Martina Köth, Diplomarbeit im Fachbereich Sport an der Universität Saarbrücken, Juli 1987, S. 54 ff.
53 Ebd.
54 Ebd.
55 *Deutscher Fußball-Bund*, Jahresbericht 1989–92
56 *Bild am Sonntag*, 20. Juni 1993
57 Ebd.
58 *Stern*, Nummer 44, 1987
59 Ebd.
60 Ebd.
61 Ebd.
62 Ebd.
63 Ebd.
64 Ebd.
65 Ebd.
66 Ebd.
67 Ebd.
68 Ebd.
69 ebd
70 Ebd.
71 Ebd.
72 Ebd.
73 *DFB-Journal* Nummer 4, 1992
74 Ebd.
75 Toni Schumacher in seinem Buch *Anpfiff,* a. a. O., S. 87
76 Uli Stein in seinem Buch *Halbzeit*, Frankfurt a. M. 1993, S. 166
77 Toni Schumacher in seinem Buch *Anpfiff,* a. a. O., S. 126
78 *Penthouse*, August 1990
79 *Spiegel* Nummer 20, 1991
80 Ebd.
81 *Spiegel* Nummer 21, 1985

82 *Capital*, April 1993
83 *Playboy*, April 1993
84 *Spiegel*, Nummer 21, 1985
85 *Kicker* Nummer 60, 1993
86 *SAT 1*, 9. Mai 1993
87 *Kicker* Nummer 60, 1993
88 *Sport-Bild* Nummer 20, 1993
89 *Kicker* Nummer 60, 1993
90 *Die Tageszeitung*, 11. November 1992
91 *Trierischer Volksfreund*, 23. November 1993
92 *Die Welt*, 22. November 1992
93 *Trierischer Volksfreund*, 23. November 1993
94 *dpa* vom 21. November 1993
95 *Die Welt*, 23. November 1993
96 *Spiegel* Nummer 20, 1988
97 *Trierischer Volksfreund*, 3. März 1992
98 Ebd.
99 *Spiegel* Nummer 28, 1971
100 *Trierischer Volksfreund*, 10. April 1993
101 *Spiegel* Nummer 28, 1971
102 Ebd.
103 Ebd.
104 *Spiegel* Nummer 20, 1991
105 *DFB-Journal* Nummer 1, 1993
106 *Trierischer Volksfreund*, 14./15. August 1993
107 Ebd.
108 Ebd.
109 *Sport-Bild* Nummer 37, 1993
110 Ebd.
111 Ebd.
112 *Spiegel* Nummer 20, 1991
113 *Sport-Bild* Nummer 21, 1993
114 Ebd.
115 Ebd.
116 *Spiegel* Nummer 10, 1987
117 Winkler, »Laufleistungen deutscher Bundesligaspieler« in: *Leistungsfußball* Nummer 21, 1983
118 *Sport-Bild* Nummer 21, 1993
119 *Kicker* Nummer 60, 1993
120 Durchführungsbestimmungen Doping des DFB
121 *Manager-Magazin* August 1993
122 *Focus* Nummer 10, 1993
123 *Spiegel* Nummer 51, 1985
124 *Spiegel* Nummer 10, 1987
125 Ebd.

126 *Express*, 27. Februar 1992

127 *Welt am Sonntag*, 23. August 1992

128 Ebd.

129 Ebd.

130 *Penthouse*, August 1990

131 *Welt am Sonntag*, 23. August 1992

132 Auch am 8. September 1993 hat Ommer in einer Fernsehsendung des Südwestfunks gesagt: »In der Bundesliga wird gedopt.«

133 *Sport-Bild*, 19. August 1992

134 *Bild*, 13. August 1993

135 *Die Welt*, 13. August 1992

136 *Welt am Sonntag*, 23. August 1992

137 *Trierischer Volksfreund*, 30. November 1993

138 *Süddeutsche Zeitung*, 24. November 1993

139 *Spiegel* Nummer 52, 1990

140 *Spiegel* Nummer 10, 1987

141 Ebd.

142 *Express*, 27. Februar 1992

143 Ebd.

144 *Spiegel* Nummer 10, 1987

145 *Stern* Nummer 18, 1993

146 *Bild*, 27. April 1993

147 *Welt am Sonntag*, 23. August 1992

148 *Sport-Bild*, 19. August 1992

149 *Express*, 27. Februar 1992

150 *DFB-Journal* Nummer 1, 1993

151 *Trierischer Volksfreund*, 2. Oktober 1992

152 *Sport-Bild*, 19. August 1992

153 *Die Welt*, 15. August 1992

154 *Bild*, 14. August 1992

155 *Bild*, 19. August 1992

156 *DFB-Jahresberichte* 1989–1992

157 *Die Welt*, 13. August 1992

158 *Südwestfunk Radio*, 3. Programm, 1. Dezember 1993

159 *Saarbrücker Zeitung*, 3. April 1993

160 *Stern* Nummer 18, 1993

161 *Playboy*, April 1993

162 Ebd.

163 Ebd.

164 Ebd.

165 Ebd.

166 Ebd.

167 *Profis*, Nummer 1, 1992

168 Ebd.

169 Ebd.
170 *Die Woche* 25, März 1993
171 Ebd.
172 *Playboy*, April 1993
173 *Sport-Bild* Nummer 30, 1993
174 *Spiegel* Nummer 10, 1988
175 *Die Woche*, 25, März 1993
176 *Playboy*, April 1993
177 *Die Woche*, 25, März 1993
178 Ebd.
179 *Playboy*, April 1993
180 *Die Woche*, 25, März 1993
181 *Playboy*, April 1993
182 Ebd.
183 Ebd.
184 Ebd.
185 *Spiegel* Nummer 16, 1990
186 *Fußball Sport Extra*, Köln, Sommer 1993, ohne Datum, und *Kicker* Nummer 57, 1993
187 *Trierischer Volksfreund*, 25. Mai 1992
188 *Spiegel* Nummer 38, 1989
189 Ebd.
190 Ebd.
191 *DFB-Journal* 1/93; *Deutsches Sportfernsehen*, Juni 1993
192 *Profis* Nummer 2, 1991
193 *Trierischer Volksfreund* vom 24. Juni 1993
194 *Spiegel* Nummer 23, 1992
195 *Trierischer Volksfreund*, 12. Mai 1992
196 *Spiegel* Nummer 11, 1992
197 *Trierischer Volksfreund*, 12. Mai 1992
198 *Spiegel* Nummer 11, 1992
199 *Trierischer Volksfreund*, 22. Mai 1992
200 *Trierischer Volksfreund*, 12. Mai 1992
201 *Profis* Nummer 1, 1992
202 Uli Stein in seinem Buch *Halbzeit,* a. a. O., S. 206
203 *Trierischer Volksfreund*, 13. April 1992
204 *Spiegel* Nummer 11, 1992
205 Ebd.
206 *Sport-Bild* Nummer 29, 1993
207 *Sport-Bild* Nummer 21, 1993
208 Uli Stein in seinem Buch *Halbzeit,* a. a. O., S. 181
209 *Spiegel* Nummer 49, 1991
210 *Spiegel* Nummer 35, 1992
211 *Spiegel* Nummer 35, 1992
212 *Trierischer Volksfreund*, 3. September 1993

213 Ebd.
214 *Profis* Nummer 1, 1993
215 *Profis* Nummer 1, 1993 und *Sport-Bild* Nummer 29, 1993; allein die Trikotwerbung bringt laut *Manager-Magazin* jährlich 35 Millionen Mark.
216 *Profis* Nummer 1, 1993
217 *Trierischer Volksfreund*, 27. Oktober 1993
218 Ebd. Laut *Manager-Magazin*, August 1993, bringt eine einzige der 60 Werbetafeln jährlich bis zu 97 500 Mark.
219 *Spiegel* Nummer 28, 1993
220 *Trierischer Volksfreund*, 27. Oktober 1993
221 *Spiegel* Nummer 43, 1993
222 *Trierischer Volksfreund*, 29. Juli 1993
223 Ebd.
224 *DFB-Jahresbericht* 1989–1992
225 *Spiegel* Nummer 49, 1991
226 Ebd.
227 Ebd.
228 *Profi* Nummer 2, 1993
229 Ebd.
230 Ebd.
231 Ebd.
232 Ebd.
233 *Spiegel* Nummer 28, 1971
234 *Spiegel* Nummer 49, 1991
235 *Sport-Bild* Nummer 42, 1993
236 Ebd.
237 Ebd.
238 *Spiegel* Nummer 16, 1988
239 Ebd.
240 *Spiegel* Nummer 20, 1991
241 *Spiegel* Nummer 28, 1993
242 Uli Stein in seinem Buch *Halbzeit*, a. a. O., S. 254
243 Zur gleichen Zeit waren mehr als zwanzig Leichtathleten in Estepona in einem Trainingslager. Ein Hammerwerfer stand auf der Treppe »Schmiere«.
244 So in einer Sendung der ARD, 22. April 1993
245 *Sport-Bild* Nummer 32, 1993
246 Information eines ehemaligen Mitarbeiters der Kaiserslauterner Geschäftsstelle.
247 Toni Schumacher in seinem Buch *Anpfiff*, a. a. O., S. 113
248 *Spiegel* Nummer 16, 1988
249 Ebd.
250 Telefonische Auskunft Sport-Informationsdienst, 22. Juni 1993
251 *Profis* Nummer 2, 1993

252 *Profis* Nummer 2, 1991
253 *Spiegel*, Nummer 52, 1985
254 Ebd.
255 *Spiegel* Nummer 51, 1986
256 Ebd.
257 Ebd.
258 Ebd.
259 *Spiegel* Nummer 43, 1993
260 *Sport-Bild* Nummer 21, 1993
261 *Die Woche*, 25, März 1993
262 *Spiegel* Nummer 20, 1991
263 Ebd.
264 Genau lautet das Calmund-Zitat: »Wenn der Teufel 'ne Granate im Angebot hat, dann paktiert jeder von uns auch mit dem Teufel.« *Playboy*, April 1993
265 Ebd.
266 Ebd.
267 *Trierischer Volksfreund*, 3. November 1993
268 *Playboy*, April 1993
269 *Sport-Bild* Nummer 20, 1993
270 *Kicker* Nummer 40, 1993
271 *Spiegel* Nummer 15, 1993
272 *Sport-Bild* Nummer 32, 1993
273 *Sport-Bild* Nummer 47, 1993
274 *Sport-Bild* Nummer 42, 1993
275 Ebd.
276 Ein ehemaliger Mitarbeiter der Homburger Geschäftsstelle
277 Ebd.
278 *Trierischer Volksfreund*, 29. Juli 1993
279 *Playboy*, April 1993
280 Ebd.
281 Ebd.
282 Ebd.
283 *Profis* Nummer 2, 1990
284 *Playboy*, April 1993
285 *Profis* Nummer 2, 1990
286 *Playboy*, April 1993
287 *Spiegel* Nummer 43, 1992; auch im *Kicker* Nummer 59, 1993, ist von »Schwarzen Kassen« die Rede.
288 *ZDF-Sportstudio* vom 6. November 1993 und im *Spiegel* Nummer 43, 1993
289 *Spiegel* Nummer 44, 1993
290 *ZDF-Sportstudio* vom 6. November 1993
291 *Kicker* Nummer 59, 1993
292 Ebd.

293 Ebd.

294 *Sunday Times*, 30. Mai 1993

295 Ebd.

296 Ebd.

297 Ebd.

298 *Sportkurier* Nummer 44, 1993

299 Ebd.

300 Ebd.

301 Ebd.

302 *Rhein-Main-Presse*, 3. Juni 1993

303 *DFB-Jahresbericht 1989–92*; der Kontrollausschuß beschäftigte sich mit Nürnberg. »Die Akten bestanden aus ... immerhin zwölf vollen Leitz-Ordnern.«

304 Schiedsrichter Aron Schmidthuber verdiente laut *Sport-Bild* (Nummer 37, 1993) in der Saison 1992/93 47 000 Mark.

305 *Trierischer Volksfreund*, 7./8. August 1993

306 Toni Schumacher in seinem Buch *Anpfiff,* a. a. O., S. 157

307 *Spiegel* Nummer 25, 1971

308 *Spiegel* Nummer 43, 1993

309 *Bild am Sonntag*, 24. Oktober 1993

310 *Trierischer Volksfreund*, 25. Oktober 1993

311 *Trierischer Volksfreund*, 26. Oktober 1993

312 *Trierischer Volksfreund*, 23. Juni 1993

313 *Spiegel* Nummer 25, 1971

314 *Trierischer Volksfreund*, 14. Juli 1993

315 *Trierischer Volksfreund*, 19. Juli 1993, und *Sonntags Blick*, Zürich, 18. Juli 1993

316 *Trierischer Volksfreund,* 7. September 1993

317 *Sport-Bild* Nummer 45, 1993

318 Der *Kicker* (Numer 57, 1993) verweist auf den Skandal in Polen, als man Warschau und Lodz wegen Bestechung sperrte.

319 *Spiegel* Nummer 51, 1991

320 Nach Aussagen des Promoters und eines Mitarbeiters von Alpha- Tip, Salzburg.

321 *Spiegel* Nummer 51, 1991

322 Ebd.

323 *Trierischer Volksfreund*, 25. Mai 1992

324 Ebd.

325 Ebd.

326 *DFB-Jahresbericht* 1989–92

327 Ebd.

328 Ebd.

329 *Trierischer Volksfreund*, 27. April 1992

330 Ebd.

331 *Trierischer Volksfreund*, 25. Oktober 1993

332 *Spiegel* Nummer 43, 1993
333 *Trierischer Volksfreund*, 26. Oktober 1993
334 *ZDF-Sportstudio*, 6. November 1993
335 *Sport-Bild* Nummer 45, 1993
336 *ZDF-Sportstudio*, 6. November 1993
337 *Sport-Bild* Nummer 29, 1993
338 Ebd.
339 Ebd.
340 Ebd.
341 *Trierischer Volksfreund*, 26. Oktober 1993
342 *Spiegel* Nummer 43, 1992
343 *Sport-Bild* Nummer 29, 1993
344 *Sport-Bild* Nummer 45, 1993
345 *Trierischer Volksfreund*, 25. Oktober 1993
346 *ZDF-Sportstudio*, 6. November 1993
347 *Trierischer Volksfreund*, 25. Mai 1992
348 *Sport-Bild* Nummer 29, 1993
349 Ebd.
350 *Sport-Bild* Nummer 32, 1993
351 *Sport-Bild* Nummer 29, 1993
352 Ebd.
353 *Spiegel* Nummer 43, 1992
354 Ebd.
355 *Sport-Bild* Nummer 45, 1993
356 Ebd.
357 Ebd.
358 *Sport-Bild* Nummer 29, 1993
359 Ebd.
360 Ebd.
361 Ebd.
362 Ebd.
363 *Spiegel* Nummer 28, 1993
364 *Kicker* Nummer 40, 1993, schreibt von vier Punkten Abzug in
    der Saison 1993/94.
365 *Sport-Bild* Nummer 29, 1993
366 Ebd.
367 *Sport-Bild* Nummer 20, 1993
368 Ebd.
369 Ebd.
370 Ebd.
371 Ebd.
372 *Sport-Bild* Nummer 29, 1993
373 Ebd.
374 Ebd.
375 Ebd.

376 Ebd.
377 Ebd.
378 Ebd.
379 *Kicker* Nummer 40, 1993
380 *Trierischer Volksfreund*, 14. Mai 1993
381 *Sport-Bild* Nummer 29, 1993
382 Ebd.
383 Ebd.
384 Diese Angaben wurden von mehreren anwesenden Personen
    bestätigt, darunter auch Bochums Anwalt Bernhörster.
385 Ebd.
386 *Sport-Bild* Nummer 20, 1993
387 *Sport-Bild* Nummer 29, 1993
388 Ebd.
389 *Spiegel* Nummer 28, 1993: » …das Fachblatt *Kicker* beklagte ein
    neues ›Denunziantentum‹ im Männerbund …«
390 *Sport-Bild* Nummer 29, 1993
391 *DFB-Jahresbericht* 1989–92
392 *Sport-Bild* Nummer 20, 1993
393 *Sport-Bild* Nummer 29, 1993
394 *Trierischer Volksfreund*, 15. Mai 1993
395 *Sport-Bild* Nummer 29, 1993
396 Ebd.
397 Ebd.
398 *Spiegel* Nummer 28, 1993
399 Ebd.
400 *Sport-Bild* Nummer 29, 1993
401 Ebd.
402 Ebd.
403 *Sport-Bild* Nummer 30, 1993
404 Ebd.
405 Ebd.
406 Ebd.
407 SAT 1, 13. November 1993
408 *Sport-Bild* Nummer 29, 1993
409 *Sport-Bild* Nummer 45, 1993. Der *Spiegel* behauptet in Num-
    mer 43, 1993, bereits einen Monat nach der Wahl zum Präsi-
    denten habe Eichberg diese GmbH gegründet. Dort heißt es
    auch, er habe sich die Lizenz erschlichen.
410 *Trierischer Volksfreund*, 25. Oktober 1993
411 Ebd.
412 Ebd.
413 *Sport-Bild* Nummer 44, 1993
414 *Sport-Bild* Nummer 45, 1993
415 *Sport-Bild* Nummer 44, 1993

416 *ARD-Tagesthemen*, 24. Oktober 1993
417 *Trierischer Volksfreund*, 25. Oktober 1993; *Sport-Bild* Nummer
    37, 44, 46, 1993; *Spiegel* Nummer 43, 44, 1993
418 *ZDF-Sportstudio*, 6. November 1993
419 *Trierischer Volksfreund*, 26. Oktober 1993
420 *ZDF-Sportstudio*, 30. Oktober 1993
421 *Trierischer Volksfreund*, 26. Oktober 1993
422 Ebd. und *Sport-Bild* Nummer 44, 1993
423 *ARD-Tagesthemen*, 24. Oktober 1993
424 Es handelt sich um einen dem Autor bekannten Manager in der
    Ersten Bundesliga.
425 *Spiegel* Nummer 44, 1993
426 *Managermagazin*, August 1993
427 Ebd.
428 *Sport-Bild* Nummer 37, 1993
429 Uli Stein in seinem Buch *Halbzeit,* a. a. O., S. 25
430 *Sport-Kurier*, Nummer 42, 1993
431 Ebd.
432 *DFB-Journal* Nummer 4, 1992
433 *Sport-Bild* Nummer 45, 1993; in einer früheren Ausgabe von
    Sport-Bild reduzieren sich die Schulden für den Verein nach
    Auflösung der GmbH von 18 auf 9 Millionen.
434 *Sport-Bild* Nummer 29, 1993
435 *Trierischer Volksfreund*, 19. Oktober 1993
436 Ebd.
437 *DFB-Journal* Nummer 4, 1992
438 Ebd.
439 Ebd.
440 Prof. Dr. August Kirsch, im Dezember 1993 verstorbenes Mit-
    glied des Councils der IAAF, spricht bezüglich der Strafbe-
    messung für Katrin Krabbe durch die IAAF von Willkür.
441 *Die VdV stellt sich vor*, eine Broschüre der Vereinigung der
    Vertragsfußballspieler
442 *Profis* Nummer 2, 1993

Register

Decker, Karl-Heinz 443, 448, 454, 455
Delwing, Günter 444
Derr, Manuela 166, 168, 258
Dickel, Norbert 153, 195, 196, 348, 349, 383
Diepgen, Eberhard 30
Donike, Manfred 224, 241, 243, 244, 245, 251, 253, 254, 256, 257, 258, 259, 261, 263, 267, 268, 269, 282, 283, 284, 287, 289, 299
Dooley, Thomas 350
Drechsler, Heike 64
Dressel, Olaf 179
Dubajic, Slobodan 292
Dubberke, Harald 322, 323

Effenberg, Stefan 19, 130, 131, 132, 134, 321, 324, 325, 327, 343
Ehrt, Hans 52, 105, 448, 450
Eichberg, Günter 222, 372, 403, 410, 411, 419, 439, 440, 442, 466, 467, 468, 469, 470, 471, 474
Eilenfeld, Norbert 389
Eilers, Goetz 22, 38, 50, 61, 62, 65, 150, 175, 225, 232, 235, 249, 259, 261, 419, 450, 454, 458
Eilers, Tom 62
Ellicott, Peter 166
Elze, Jupp 242
Emmerich, Lothar 8
Engelbrecht, Karl-Ernst 48, 59, 60, 317, 384
Evers, Dr. 268
Eydelie, Jean-Jacques 426, 429

Feldkamp, Karlheinz 388
Finke, Dieter 154, 157, 211, 239, 272, 273, 274, 376, 378, 379, 380
Finke, Volker 364, 365
Flohe, Heinz 382

Franco, Francisco 30
Franzke, Rainer 112
Freund, Oliver 175, 176
Freund, Steffen 372
Friedmann, Kai 315, 316
Friedrichs, Hans 239
Frontzek, Michael 179
Fuchs, Fritz 336
Fuchs, Uwe 160
Fuhr, Bernd 378
Führer, Manfred 181
Furtok, Jan 142, 401

Gascoigne, Paul 414
Gay, Mark 165
Geitlinger, Udo 315, 403, 404
Gerhardt, Wilfried 61, 281
Gerster, Klaus 354
Geyer, Peter 135, 141, 147, 148, 149, 150, 151, 152, 153, 154, 162, 172, 195, 211, 223, 224, 225, 239, 269, 297, 375
Glassmann, Jacques 426
Gorlukowitsch, Sergej 224
Götz, Falko 177
Grabowski, Jürgen 140
Graf, Steffi 117
Grahammer, Roland 145, 304, 325
Gramlich 53, 60, 448, 450
Grimm, Thomas 32
Gschwend, Norbert A. 121
Gullit, Ruud 17, 343, 350
Günther, Emanuel 382
Gütt, Friedel 47, 232
Gyulai, Istvan 166, 167

Hägele, Hans 331
Hagemann, Heribert 81, 101
Hammer, Uwe 47
Hansen 253
Hansen, Hans 122, 281
Häßler, Thomas 18, 299, 472
Hausmann, Christian 185
Havelange, João 353
Heese, Horst 51, 163, 402

Krabbe, Katrin 165, 166, 168, 244, 248, 253, 257, 258, 259, 264, 291, 294, 301, 450
Kremers, Helmut 467
Kreuzer, Oliver 175, 176, 197
Kubick, Manfred 185
Kutowski, Günter 180

Labbadia, Bruno 145
Laessig, Heiko 179
Lambsdorff, Otto Graf 239
Langhorst, Armin 224
Lattek, Udo 152, 400
Laudrup, Brian 19, 186
Lehnertz, Uwe 185
Lemke, Klaus 401, 402
Lentini 360, 472
Leukel, Joachim 319, 320, 322, 323, 324, 325, 327, 329, 331, 333, 399, 400, 414
Liberam, Wolfgang 329
Lienen, Ewald 154, 155, 382
Liesen, Heinz 241, 271, 287, 390
Lineker, Gary 413
Littbarski, Pierre 334, 336
Ljuty, Wladimir 466
Lorkowski, Michael 64
Lottermann, Stefan 27, 28, 373
Lüthi, Caesar W. 104, 118, 120, 121, 122, 127

Maier, Sepp 106
Malka, Johannes 32, 47, 181, 182, 417
Mamon, Neil 215
Manglitz, Manfred 173
Mann, Uli 187
Maradona, Diego 133, 271, 299, 343
Mazinho 19
Mast, Günter 107
Matthäus, Lothar 17, 19, 61, 104, 105, 117, 131, 132, 134, 144, 149, 154, 161, 179, 186, 197, 321, 324, 336, 355, 356, 361, 380, 472

Mayer-Vorfelder, Gerhard 38, 47, 50, 57, 58, 59, 60, 63, 64, 65, 105, 292, 297, 298, 306, 330, 331, 346, 347, 348, 372, 393, 443, 451, 456, 464, 468, 469
Meyer-Wölden, Axel 84, 87, 463
McLintok, Frank 413
Meier, Michael 327, 331, 399, 401, 402, 405
Mezzaroma, Pietro 472
Mielke, Erich 58
Mitterrand, François 427
Mittler, André 410
Möhlmann, Benno 415
Moldenhauer, Hans-Georg 43, 47, 105
Möllemann, Jürgen 411, 467, 471
Möller, Andreas 317, 324, 343, 352, 353, 354, 358, 361, 434
Montag, Hans 106
Moore, Roger 116
Müller, Dieter 141, 142, 334
Müller, Gerd 82
Müller, Hansi 354
Müller, Norbert 155
Müller, Rudolf 82
Müller-Wohlfahrt, Dr. 198

Nebiolo, Primo 166, 168, 169, 291
Nelle, Engelbert 47
Neuberger, Hermann 41, 50, 55, 56, 57, 59, 60, 65, 66, 67, 102, 108, 113, 114, 115, 119, 121, 122, 123, 124, 125, 126, 127, 269, 295, 296, 297, 298, 372, 438
Neuberger, Irmgard 115, 123
Neudecker, Wilhelm 173
Neuner, Manfred 419, 438, 439, 440
Neururer, Peter 452
Nickel, Günter 140
Niersbach, Wolfgang 63, 65, 92, 102, 105, 231, 233, 433
Novak, Michael 109